《디지털은 운명이다》에 대한 찬사

숀의 저서를 읽기 시작할 때만 해도 나는 그가 지나치게 낙관적이라고 생각했다. 하지만 숀은 이 책에서 연결과 온라인 서비스들이 미래는 말할 것도 없고 현재의 우리 삶을 어떻게 바꾸고 있는지를 보여주는 다양하고 생생한 많은 실례를 제시해 정말 많은 시사점과 조언을 제공해주었다.
― 빈트 서프 Vint Cerf, 최초 인터넷 개발자이자 구글 인터넷 리더

숀 두브라박은 기술과 사회가 만나는 접점에서 일하는 사람이다. 그가 지금 우리가 살고 있는 세상의 추세를 이해시키기 위해 적용하는 관점은 겉보기에 데이터의 나열처럼 보이지만 실제로는 지극히 인간적이다. 이 때문에 나는 그의 이야기에 귀를 기울인다.
― 더그 솔로몬 Doug Solomon, 애플사 전 전략팀장

두브라박은 이 책에서 디지털혁명에 관한 독특한 관점을 제시한다. 두브라박의 관점은 디테일을 놓치지 않을 만큼 충분히 엄밀하면서도 이 혁명의 장기적 추세를 이해시킬 만큼 충분히 거시적이다. 이 책은 절대 피상적이거나 타성적이지 않다. 《디지털은 운명이다》는 이미 우리 앞에 와 있는 것들에 근거해서 다가올 혁명에 대해 분석한 명석하고 뛰어난 예언서다.
― 폴 사포 Paul Saffo, 미래학자이자 예언가

두브라박의 메시지는 명확하다. 디지털혁명은 우리가 서로 소통하는 방식과 우리 주위의 세상을 근본적으로 바꿀 것이다. 《디지털은 운명이다》는 수많은 센서를 통해 얻어진 데이터들이 예전에는 상상도 못했던 방식으로 어떻게 신사업과 신산업의 잠재력을 실현시켜나가는지를 탐구한다.
― 타일러 코헨 Tyler Cowen, *Foreign Policy* 매거진이 선정한 100대 글로벌 사상가 중 한 사람

숀 두브라박은 이 책에서 네트워크화된 미래에 대해 대단히 합리적이고 정당하게 해석한다. 일반적인 빅데이터 분석과 달리 이런 게 바로 우리의 미래를 좀더 살기 좋게 만들어주는 올바른 빅데이터 분석방법이다. 이 책을 강력하게 추천한다!

– 앤드루 킨 Andrew Keen, 인터넷 기업가이자
The Cult of the Amateur, *Digital Vertigo*와 *The Internet Is Not the Answer*의 저자

소비자가전협회의 경제팀장이라는 자신의 독특한 위치에서 출발한 두브라박은 데이터가 쏟아지고 3D프린터와 센서와 자동화기기로 가득한 가까운 미래로 독자들을 곧바로 데려간다. 하지만 잊지 말고 안전벨트를 매길. 두브라박은 우리의 목적지가 필연이긴 하지만, 도중에 많은 장애물과 급커브가 있다는 사실도 숨기지 않는다.

– 래리 다운스 Larry Downes, 뉴욕타임스 베스트셀러 저자

디지털혁명은 악이라는, 잘못 알려졌지만 지금은 너무 일반화된 반(反)기술 교조주의에서 벗어나게 해주는 해독제, 《디지털은 운명이다》에 오신 것을 환영합니다. 두브라박은 이 책에서 지금 떠오르고 있는 디지털 데이터 시대가 어떻게 인류의 진보를 위한 마법의 무기가 될 수 있는지 그 근거들을 제시하면서 웅변적으로 보여준다.

– 로버트 에트킨슨 Robert Atkinson, *Innovation Economics*의 저자

디지털은
운명이다

지은이 **숀 두브라박**Shawn DuBravac

소비자 가전협회(CEA)의 수석 경제학자인 숀 두브라박은 미래의 산업과 기술 동향에 관해 주요
한 경제적 분석을 관련 업계에 제공하는 경제학자이자 디지털 기술혁명이 인류의 미래를 어떻게
바꿀지를 예견한 미래학자다.

숀 두브라박은 조지워싱턴대학과 매리워싱턴대학, 조지메이슨대학 등에서 강의하였으며, 글로벌
기술산업의 경제 동인과 미래 트렌드에 관한 그의 예리한 통찰력으로 인해 전세계 곳곳의 관련
모임 등에서 기조연설이나 강연 활동을 펼치고 있다. 또 미래학자로서 그의 분석 칼럼들은 《월스
트리트저널》, 《뉴욕타임스》, 《파이낸셜타임스》, 《로스앤젤레스타임스》 등의 매체에 실린 바 있다.

당신의 삶과
인류의 미래를 바꾸는
데이터 혁명!

디지털은
운명이다

손 두브라박 지음 | 최유리 옮김

아름드리미디어

게리 샤피로의 서문

《디지털은 운명이다》는 미래에 관한 책이다. 이 책은 당신에게 우리가 곧 맞닥뜨릴 세상의 로드맵을 제공할 것이고, 놀라운 혁신이 일어나는 분야를 당신에게 알려주어 당신이 나아갈 바를 결정할 수 있게 할 것이다. 어쩌면 이 책은 당신의 사업 아이디어에 영감을 줄지도 모른다.

전설적인 아이스하키 선수인 웨인 그레츠키Wayne Gretzky는 자신의 성공비결이 퍽이 있는 곳이 아니라 퍽이 갈 수밖에 없는 곳으로 몸을 움직이는 것이라고 말했다.《디지털은 운명이다》도 우리에게 혁신이라는 퍽이 갈 수밖에 없는 곳이 어디인지 보여준다.

이 책의 많은 예측이 들어맞겠지만, 그렇지 않은 것들도 물론 있을 것이다. 예측할 수 없는 세계적인 사건들과 기술의 약진, 비용, 소비수요 등이 기업들이 제품과 서비스를 제공하는 방법과 시기만이 아니라 새로운 산업의 창출 여부에까지 영향을 줄 수 있기 때문이다.

정부의 동향도 혁신에 영향을 줄 수 있고, 줄 것이다. 나의 이런 견해는《뉴욕타임스》베스트셀러가 되었던 졸저《재기: 혁신은 어떻게 미국의 꿈을 회생시키는가》에서도 이미 이야기한 바 있다. 오늘날의 정부들이 기존산업들을 보호하기 위해 에어비앤비Airbnb나 리프트Lyft, 우버Uber 같은 시민 간 직거래를 억누르는 것도 이런 사례의 하나이다. 사실 이것이 숀과 내가 소속된 미국가전협회CEA가 혁신운동을 하는 이유다. 우리는 다음 세대에게 더 나은 삶을 약속하는 혁신을 지원하는 것이 핵심적인 국가전략이 되어야 한다고 믿는다.

하지만 정치적 불확실성에도 불구하고 나는 숀의 예측과 비전이 정확하다고 확신한다. 나는 12년 이상을 숀과 함께 일하면서 그의 수많은 프레젠테이션을 즐겁게 듣고, 상업시장의 발견에서부터 혁신 경향성에 이르기까지 그의 예측 능력에 놀라곤 했다. 사실 숀과 그의 CEA 동료들에게는 향후 몇 년간의 수백 개 소비자 기술 동향을 정기적으로 예측하는 능력이 있다.

특히나 숀은 정확하게 예측하기로 유명하다. 그는 애플이 아이패드를 개발하기 훨씬 전에 포터블 미드 스크린의 시장 잠재력에 대해 공공연하게 역설했다. 또 그는 미국에 HDTV라는 단어가 쓰이기 훨씬 전부터 10년 후의 HDTV 연간 판매량을 정확하게 예측한 바 있으며, 손목이나 몸에 착용하는 웨어러블 기기들의 유행도 내다보았다.

사실 미래를 예측하는 건 전문 미래학자도 하기 힘들다. 하지만 숀은 거시적 시야와 업무 전문성을 결합함으로써 그것이 가능했다.

사실 이 책은 역사를 위한 기록이자 역사의 평가를 받을 예언서다. 그 면에서 이 책은 야심적이고 뛰어난 걸작인 레이 커즈와일Ray Kurzweil의《특이점이 온다》와 매우 비슷하다. 그 책은 지금으로부터 수십 년 전에 컴퓨터의 발달이 불러올 미래와 과학영역들의 놀라운 발전을 세심하게 예견했다. 반면,《디지털은 운명이다》는 기술에 대해 거의 모르는 독자들도 쉽게 읽을 수 있다. 숀이 복잡하고 추상적인 개념과 원리를 설득력 있고 재미있는 산문으로 바꿔 쉽게 읽히게 한 덕분이다.

미래를 재미있게 묘사한다는 건 일종의 도전이다. 왜냐하면 실제 펼쳐질 미래는 공상과학소설에 나오는 하늘을 나는 자동차나 일반인용 우주선 같은 건 없을 것이고, 광선총도 없을 가능성이 크기 때문이다. 그보다는 숀이 밝혔듯이, 우리의 미래는 데이터와 관련이 있고, 인류가 그 데이터를 새롭고 독창적이고 생명을 구하는 방식으로 사용하는 것과 관련이 있을 것이다. 다시 말해《디지털은 운명이다》는 현실적이고, 유용하고, 실용적이어서 설득력이 있다.

이 책은 기술 트렌드의 세계적 전문가 중 한 사람을 길잡이로 삼은 합리적인 분석서다. 사실 이 책은 분석과 경험만이 아니라, 세계의 선도적 혁신가들 및 첨단기술회사들과 숀의 만남과 토론을 통해서 나온 결실이다.

숀은 참여형 관찰자다. 그는 좋은 아이디어를 생각해낼 뿐 아니라 그것을 실현시키기도 한다. 엘리노어 루스벨트는 "위대한 정신들은 아이디어에 대해 토론하지만, 평범한 정신들은 사건에 대해 토론하고, 작은 정신들은 사람들에 대해 토론한다"고 설파한 바 있다.

《디지털은 운명이다》는 미래라는 캔버스 위에 사물과 아이디어의 교차점을 그린다. '감성지능'이 높은 숀도 우리가 매 순간 세 지점(과거, 현재, 미래) 중 하나에 있다는 사실을 안다. 이 독특한 관점으로 말미암아 숀은 에티오피아의 소변기에 달린 센서처럼 작고 평범한 사물들이 함축하는 의미를 간파한다. 과학기술자로서 숀은 그것을 센서화의 증거로 보고, 경제전문가로서 숀은 에티오피아 같은 가난한 나라들조차 저렴한 센서들의 수혜를 입는 현상을 본다. 그리고 그 둘을 합칠 때 도달하는 결론은, '디지털 운명은 전 세계 방방곡곡에 영향을 미칠 수밖에 없다'이다.

당신이 숀과 함께 전 세계를 여행한다면, 당신은 분명 삶을 사랑하는 숀이 어떤 경우에도 삶을 경험하는 것에 주저하지 않는 사람임을 알 것이다. 게다가 그는 미래를 예측하기 위해서뿐만 아니라 미래의 모습을 분명하게 규정하기 위해서도 '지금'을 자주 이용한다. 숀은 스키나 스노보드를 타고 슬로프를 내려가는 순간을 즐기고, 체력단련실에서 격렬하게 운동하는 것을 즐기면서도, 유머와 열정으로 다른 사람들을 독려하고, 오래달리기를 즐기면서도 치열하게 토론하는 것을 마다하지 않는다.

그는 모든 여행의 매 순간을 샛길 체험과 맛집 탐방으로 채워넣으며 즉흥적인 경험을 한다. 2014년 중반에 코펜하겐을 여행했을 때를 생각하면, 나는 아직도 흥분되는 동시에 화가 난다. 그는 미래를 창조하는 일에 나를 끌어들여 내 평생 가장 훌륭하고 비싼 음식을 먹게 했다. 장장 네 시간에 걸쳐 22개의 코스요리를 먹은 후, 우리는 밤 12시를 넘겨서야 식당을 떠났다. (술을 거의 마시지 않았음에도) 청구서에는 1,000달러가 넘는 액수가 적혀 있었다. 우리의 협동 작업으로 나는 어마어마한 돈을 지불해야 했다. 고맙네, 숀!

이처럼 삶에서 꿀을 짜내는 숀의 능력이 이 책에 소개되는 그의 의견의 많은 부분을 형성했다. 디스토피아(현대사회의 부정적인 측면이 극단화된 암울한 미래상-옮긴이)적인 미래를 보여주는 소설들의 문학적인 분노와는 반대로, 미래에 대한 숀의 비전은 희망과 기회로 가득 차 있다. 그는 기업과 국가와 세계를 위한 새로운 시장을 본다. 그는 생명을 구하는 혁신과 미래의 직업들을 본다. 《디지털은 운명이다》에서 우리가 조우하는 미래는 대체로 긍정적이다. 그것은 내가 살고 싶은 미래다. 그리고 우리의 자녀 세대들이 그 기회를 가지게 되리라고 생각하니 기쁘다.

그러나 경제학자로서 숀의 정신은 미래를 그저 하나의 색으로만 채색하려는 유혹에 저항한다. 그는 파괴와 혼란과 격변 역시 본다. 디지털 데이터가 인간의 삶에 그런 심오한 영향을 미치리라는 바로 그 이유 때문에, 숀은 독자들의 눈을 가리고 전부 잘될 거라고 말할 수 없다. 잘될 가능성이 크다. 하지만 거기에 도달하기까지 길고 험한 길이 기다리고 있을 것이다.

그런 이유로 《디지털은 운명이다》는 독자들에게 우리가 역사의 변곡점에 서 있다는 것을 반복해서 상기시킨다. 미래세대들이 돌아보며 '그때가 모든 것이 바뀐 때였다'고 말하게 될 시간 말이다. 이것이 역사상 현재와 가장 비슷한 시기를 구텐베르크가 인쇄술을 발명한 1450년이라고 보는 이유다. 이 독일 발명가가 세계에 불러일으킨 혁명적 결과를 제대로 평가하는 사람이 거의 없긴 하지만 말이다.

단지 몇몇 사람들만 최첨단 상품들과 무인자동차의 전망을 넘어서서 현재의 큰 그림을 본다. 숀은 개개의 상품들을 넘어서는 시야를 가졌다. 그는 디지털 데이터가 세상에 촉발할 결과가 인쇄술이 우리 조상들에게 촉발했던 것 못지않게 기념비적이라는 사실을 본다. 좋든 나쁘든 엄청난 파도가 밀어닥칠 것이다.

당신도 나처럼 숀의 비전의 진가를 알아보기를 바란다. 혁신은 우리를 위대한 미래로 데려가고 있다. 즉흥적인 삶이 미래의 혁신이라는 수많은 코스의 향연에 기꺼이 참여하고 계획하는 것을 막지는 못한다.

2014년 10월 14일

게리 샤피로Gary Shapiro

'소비자 가전협회' 회장이자 CEO

뉴욕타임스 베스트셀러 저자

차례

들어가며

어린 소년이었을 때, 나는 심각한 교통사고를 당한 적이 있다. 나와 형제들을 태우고 운전하던 어머니가 깜빡 조는 바람에 차가 길에서 벗어나고 만 것이다. 우리 차가 고속도로를 경계짓는 하수관 속으로 추락할 때 느꼈던, 온몸이 마비되는 듯한 두려움을 지금까지도 선명하게 기억하고 있다. 나는 움직일 수도 비명을 지를 수도 없었고, 심지어 숨도 쉴 수 없었다. 그러다 그 상황은 시작될 때 그랬던 것처럼 갑자기 끝이 났다. 차가 갑자기 멈춘 것이다. 우리 다섯 명은 기적적으로 아무도 다치지 않았다.

하지만 2013년, 미국에서는 32,850명의 운 나쁜 사람들이 자동차 사고로 사망했다. 2012년에는 33,561명, 2011년에는 32,367명이 사망했다. 그런데 유감스럽지만 이 수치는 상대적으로 나은 편이다. 《USA 투데이》는 2012년의 교통사고 사망자 통계를 발표하면서 "그럼에도 교통사고 사망자는 1950년 이래로 여전히 최저 수준을 유지하고 있다"고 설명했다. 사실 교통사고 사망자 수는 지난 8년 중 7년간 계속 감소 추세를 보이고 있다.

하지만 시야를 세계적인 범위로 넓히면, 양상은 좀더 우울해진다. '세계보건기구World Health Organization, WHO'에 따르면 2010년에 인도의 교통사고 사망자는 231,027명이었다고 한다. 그리고 공식 통계는 없지만, WHO는 같은 해 중국의 교통사고 사망자 수를 275,983명으로 추산했다. 마지막으로 WHO는 2010년에 교통사고로 인한 전 세계 사망자 수가 124만 명에 이를 것으로 추산했다. 물론 이건 그냥 추정치다. 왜냐하면 WHO도 인구 615만 명인 리비아나 1,020만 명인 소말리아, 3,848만 명인 알제리 같은 나라들을 비롯하여 약 12개국의 공식 사망 통계치를 갖고 있지 않기 때문이다.

질병의 경우를 제외하고 어떤 다른 요소, 예컨대 전쟁 같은 요소가 해마다 미국인 3만 명의 목숨을 앗아간다고 하면, 분개한 사람들은 그 상황을 결코 그냥 두고 보지 않을 것이다. 하지만 교통사고로 인한 사망의 경우에는, 연말 기사에서 그 수치상의 약간의 증감을 지적하는 것 외에 사람들은 별반 신경 쓰지 않는다. 그리고 그 이유는 우리 모두 알고 있다. 불완전한 존재인 인간이 차를 조작하기 때문에 불행한 사고는 필연적으로 일어날 수밖에 없다는 것이다. 우리는 차로 인한 이 재난을 현대생활의 비극적 현실로 그냥 받아들인다.

하지만 굳이 이 재난이 최첨단 기술로 무장된 우리 시대의 비극적 현실일 필요가 없다면 어떻게 될까? 이 교통 재난이 매년 2%, 3%, 5%씩이라도 줄어들기를 바라는 대신에, 50%, 75%, 심지어 90%까지 **영구적으로** 줄일 수 있다면? 그리고 이 수치가 지구 저편의 인도와 중국을 포함하여 지구 전체로 확대될 수 있다면?

사실 교통 재난을 **의미심장하게** 감소시킬 방법을 찾아내는 건 인간의 주요 질병을 치유할 방법을 찾아내는 것에 맞먹는 업적이 될 것이다. 그것은 역사의 전환점, 한 시대의 종말을 의미할 것이다. 그렇게 되면 지금으로부터 몇십 년 후, 당신이 당신의 손주들에게 교통사고로 미국에서만 매년 3만 명 이상이 죽고, 전 세계적으로는 100만 명 이상이 죽던 시절이 있었다는 이야기를 하면, 그들은 엄청 놀라워할 것이다. 그리고 그 시절을 기억하는 사람들 중 일부는, 그 시절을 잠시 돌이켜보면서 우리가 해마다 100만 명 이상이 사망하는 그 상황을 도대체 어떻게 묵과할 수 있었는지 의아해할 것이다.

나는 지금 그런 일이 **일어날 수도 있는 가능성**에 대해 이야기하는 것이 아니다. 나는 그런 일이 **일어날 것이라고** 말하고 있다. 이것을 현실로 만들어줄 기술이 지금 우리 앞에 있다. 그 새로운 패러다임의 도입을 예고해주는 무인자동차의 기술 말이다. 사실 무인자동차는 우리의 미래이자 우리의 운명이다.

자동차의 운전 조작에서 인간적 요소를 제거하면, 자동차 관련 사망사고의 원인이 되는 거의 모든 단일 요소들을 제거할 수 있다. 무인자동차가 보편화되면 음주운전이나 보복운전, 부주의한 차선 변경 같은 것들이 사라질 것이다. 그리고 무인자동차가 알아서 급정거를 할 것이기 때문에 앞차와의 추돌사고 같은 것도 거의 발생하지 않을 것이다.

그리고 승차는 하지만 운전은 하지 않아도 되는 당신은 더 이상 도로 상황에 집중하지 않고, 글을 쓰거나 대화를 하거나 영화를 보거나 업무를 볼 수 있다. 당신은 이전에는 운전에 투자했던 그 많은 시간들을 이제 다르게 사용할 수 있다. 시간이 없어 읽지 못했던 책을 끝까지 읽을 수 있고, 당신의 도움 없이는 해결할 수 없었던 아이의 숙제를 해결할 수 있으며, 시간이 없어서 먹지 못하거나 즐기지 못했던 식사를 즐길 수 있고, 시간이 없어서 자지 못했던 잠을 자면서 긴 출퇴근 시간 때문에 잃었던 생산성을 되찾을 수 있다.

부모들은 더 이상 자녀들이 무사히 차를 가지고 돌아올 때까지 뜬눈으로 서성이며 밤을 샐 필요가 없고, 본인도 졸음운전을 할까 봐 염려하는 일이 없을 것이며, 맹인들도 차 운전을 대신해줄 사람을 찾아야 할 필요가 없게 될 것이다.

그냥 한번 해보는 예언이 아니다. 무인자동차는 여러분이 이 책에서 만나게 될 예언들 중 가장 빨리 실현될 예언의 하나다. 사실 **무인자동차는 이제 가능한가 아닌가의 문제가 아니라 언제 어디서의 문제가 되었다.** 나는 이 질문에 대한 대답을 다음 장들에서 탐구할 것이다.

내가 하는 이런 예언들이 단순히 망상이 아닌 이유를 이해하기 위해서 전 세계 2,000개 이상의 가전제품 생산업체들을 대표하는 비영리 동업조합 '가전협회Consumer Electronics Association, CEA 연구소' 경제학 팀장으로서의 내 배경을 알아두면 좋을 것이다. CEA는 매년 전체 기술생태계에서 가장 창의적이고 멋진 생각쟁이들이 만들어낸 최신 기기와 장치들을 전시하는 박람회를 개최한다. 이 박람회는 1967년에는 '가전박람회Consumer Electronics Show, CES'라는 명칭으로 시작했지만, 지금은 그냥 '국제 CES'라는 명칭으로 통용되고 있다. 이 활기찬 박람회에서 전시의 중심이 되는 것은 개별 장치들과 생산물들과 혁신들이지만, 창의적 인재들을 흥분시키는 요소는 이것들만으로 한정되지 않는다.

나는 매년 약 25만 킬로미터에 달하는 출장을 다닌다. 기업들과 만나고, 임원들과 대화하고, 업계 행사들에서 연설하기 위해서다. 10년 넘게 내가 CES에서 보았던 것들은 그냥 단순한 플라스틱 조각들이 아니다. 나는 발전 흐름을 보았다. 시장의 창출 과정도 보았다. 지금 내가 보고 있는 것은 마이크로칩의 도입 이후로 아마도 가장 경천동지할 단일 흐름이라고 할 수 있는 '우리 주변 세상의 디지털화'다.

디지털 자체는 새로운 것이 아니다. 내 계산법에서 보면 우리가 디지털화의 '두 번째 10년'에 들어선 것은 이미 확실하다. 그런데 이 두 번째 10년은 첫 번째 10년의 연장이나 단순한 확장이 아니다. 우리는 이 두 번째 10년 동안 새로운 시대의 디지털 기술이라는 문턱을 넘었다. 역사가들은 이런 압도적인 역사적 순간을 묘사하기 위해 '혁명'이라는 용어를 사용하곤 한다. 첫 번째 산업혁명과 두 번째 산업혁명도 지금 우리가 들어서고 있는 것과 비슷한 역사적 시기들이었다. 하지만 지금 우리가 들어서고 있는 시대가 자신의 권능을 전적으로 펼치고 나면, 아마도 앞의 두 시기의 의미는 상대적으로 왜소해지고 말 것이다.

우리는 인간이—선진국 사람들만이 아니라—살아가는 방식을 완전히 바꾸게 될 새로운 혁명의 벼랑 끝에 서 있다. 이미 지금도 우리는 그것을 보고 있다. 사실 현 시대를 나타내는 명칭들은 우리에게 별반 도움이 되지 않는다. 사람들은 흔히 현 시기를 디지털혁명기니, 정보시대니, 컴퓨터 시대니 하고 부른다. 하지만 조만간 이런 명칭들을 만들어낸 기술과 기기들이 이제부터 전개시킬 상황과 비교하면 단순한 골동품으로밖에 보이지 않을 시대가 올 수도 있다.

핵심으로 들어가기 위해, 사람들이 익히 아는 사례를 들어보자.

1998년에는 개인용 컴퓨터인 PC를 소유한 가구가 41%에 불과했고, 그 외에 가구들이 실제로 소유한 유일한 디지털 기기는 CD플레이어 뿐이었다. 또 그 당시에는 극소수의 가구들에만 인터넷 선이 깔려 있었다. 그렇게 21세기의 새벽을 맞은 우리는 놀랄 정도로 연결되지 않은 상태에서 거의 배타적으로 실물 아날로그의 영역에서 움직였다.

하지만 1998년은 첫 번째 디지털 10년이 시작된 해이기도 하다. 이 해에 샌디에이고의 전문 소매대행업자는 처음으로 HDTV를 팔았다. 그리고 이를 시작으로 소비자들이 자신들의 아날로그 기기를 디지털 버전으로 교체하기 시작하는 소비패턴에 불이 붙기 시작했다. 얼마 안 가 소비자들은 디지털 카메라와 디지털 뮤직플레이어(MP3)와 디지털 모바일폰을 비롯하여 다양한 디지털 기기들을 수용하기 시작했다. PC 소유비율 또한 계속해서 증가하여 2015년이 되면 미국 전체 가구의 90% 이상에 이를 것으로 예상된다.

2000년에는 가정용 인터넷에 접근할 수 있었던 사람들 중에서 겨우 3, 4%만이 광대역(브로드밴드) 인터넷에 연결되었다. 하지만 정확히 10년 후에는 그 수치가 완전히 역전되었다. 퓨 리서치Pew Research의 〈인터넷과 미국인의 생활방식 프로젝트〉는 최근에 전화 회선에 의존한 가정용 인터넷 연결 가구는 겨우 3%에 불과하다고 보고했다.

다양한 많은 사례들이 있지만, 이야기의 주 흐름은 여기에서 벗어나지 않는다. 2011년에는 미국인의 35%가 스마트폰을 가지고 있었다. 그로부터 몇 년 지나지 않은 2015년에는, 한 대 이상의 스마트폰 사용자의 비율이 70%에 육박한다. 물론 스마트폰 사용자의 증가는 거의 유례가 없을 정도로 급속한 현상이다. MIT 연구에 따르면, 이에

견줄 만한 유일한 기술적 현상은 1950년에서 1953년 사이에 일어난 텔레비전 도입뿐이라고 한다.

요컨대 앞으로 10년 정도가 지나면 디지털 기기 소유의 큰 물결은 우리 생활의 구석구석까지 미치리란 것이다. 물론 단일기기를 발명한다고 해서 혁명이 일어나지는 않는다. 우리들 상당수가 1990년대에 CD플레이어를 가지고 있었지만, 우리 생활의 주요 부분을 지배한 것은 텔레비전에서부터 라디오와 카메라, 전화기에 이르기까지 아날로그 기술이었다. 사실 CD플레이어는 아날로그 시대가 저물고 있음을 알리는 전조가 되기는 했지만, 그렇다고 그것을 실현한 것은 아니다. 1990년대까지도 타자기가 여전히 남아 있었던 것처럼 오늘날에도 아날로그는 우리 일상생활 속 여러 부분에 여전히 남아 있다.

하지만 그 규모는 갈수록 축소되고 있다. 우리가 '디지털의 두 번째 10년' 중에 있다고 말하는 이유가 이것이다. 디지털의 첫 번째 10년 동안에는 위에서 설명한 대로 아날로그 기기의 디지털 기기로의 대체가 이루어졌고, 그 교체과정은 유례가 없을 정도로 광범했다.

우리 시대를 역사로 기술할 때가 되면 역사가들이 새로운 디지털 시대로 인류가 들어선 그 순간을 단순히 PC나 CD플레이어, 스마트폰의 발명만으로 한정지어 묘사하지 않으리란 건 불을 보듯 명확하다. 대신 역사가들은 인간의 기술이 작동하는 지배적인 매개체로서 디지털이 아날로그를 압도하기 시작한 때가 언제인지를 살펴볼 것이다. 그리고 그 순간이 이제 우리 눈앞에 다가와 있다.

나는 이 새로운 시대를 새로운 용어로 명명하는 데는 별 관심이 없다. 내가 관심을 갖는 것은 이 새로운 세상, 다시 말해 전면 디지털화된 세상이 우리 모두에게 실제로 어떤 의미를 갖는가이다. 우리가 디지털 시대로 들어갈 것인가 말 것인가는 더 이상 선택의 문제가 아니다.

인간이 돛을 발명했을 때, 인간은 더 이상 노의 사용으로 되돌아갈 수 없었다. 인간이 스팀 엔진을 발명했을 때, 인간은 더 이상 여행할 수 있는 유일한 방법이 말horse밖에 없는 듯이 행동할 수 없었다. 인간이 원자 에너지를 발견했을 때, 인간은 이 새로운 혁신이 가져온 혜택과 위험성—발전소에서 원자폭탄에 이르기까지—을 함께 끌어안을 수밖에 없었다.

디지털 기술 또한 이런 변형 기술들과 같은 범주에 위치하는 것이어서, 이미 이루어진 것을 무효로 할 수 없다. 이것이 우리의 디지털 운명이다. 이것은 우리가 다른 길을 버리고 이 길을 택하면 일어날 수 있는 그런 것이 아니다. 이것은 우리가 어떤 길을 택해도 벌어질 사태다.

돛이 인간에게 바람을 이용할 수 있게 해준 것처럼, 디지털 기술도 우리에게 지금까지 한 번도 상상해보지 못했던 방식으로 데이터, 즉 정보의 힘을 이용할 수 있게 해준다. 바람처럼 데이터도 언제나 거기에, 다시 말해 우리 주변에 있었지만, 대부분의 경우 쓸모가 없었던 것은 우리가 그것을 체계적인 방식으로 수집할 수 없었기 때문이다. 적어도 지금까지는!

2009년에 영국 기술학자 케빈 애시턴Kevin Ashton은 '사물인터넷Internet of Things'이라는 용어를 만들어내면서 다음과 같이 썼다.

만일 우리가 인간의 어떤 도움도 없이 모은 데이터를 사용해서 사물에 대해 알아야 할 모든 것을 알고 있는 컴퓨터를 가지고 있다면, 우리는 모든 사물을 추적하고 셈할 수 있을 것이고, 낭비와 결손과 비용을 크게 줄일 수 있을 것이다. 우리는 그 사물이 언제 대체되어야 하는지, 언제 수리해야 하는지, 언제 리콜해야 하는지, 또 그것들이 최근 상품인지, 성능이 떨어지고 있는 낡은 상품인지 알게 될 것이다.

우리는 그들 나름의 방식으로 정보를 모을 힘을 컴퓨터에 부여할 필요가 있다. 그래서 그것들이 전적인 무작위의 영광 속에서 세상을 직접 보고 듣고 냄새 맡을 수 있도록 말이다. RFID(전파 식별을 통한 무선인식 기술을 말함 - 옮긴이)와 센서 기술은 인간이 입력하는 데이터라는 한계 없이 컴퓨터 스스로가 세상을 관찰하고 정의하고 이해할 수 있게 해준다.

6년 전 일이지만, 애시턴은 제대로 정곡을 찔렀다. 가전제품에서 서프보드에 이르기까지, 자동 탈것에서 신체기능 측량기에 이르기까지 점점 더 많은 일상 사물들이 디지털화되고 있는 오늘날, 우리는 수천 개의 새로운 장치들에 센서를 심고 있는데, 그중 다수는 인터넷과 연결되어 있다. 이것은 사람들과 서비스와 기기들을 연결하는 흐름을 묶어내는 방식으로 정보를 디지털로 포착할 수 있게 해준다. 지금 점점 더 많은 컴퓨터들과 기기들과 일상 사물들이 사람이 입력한 데이터라는 한계를 극복하고 자기 나름으로 데이터들을 모아들이듯이.

2008년에 인터넷에 연결된 '사물'의 수는 현재의 지구 인구 수를 넘어섰다. 시스코Cisco는 2015년에는 연결된 사물의 수가 150억에서 250억 개로 늘어날 것이고, 2020년에는 400억에서 500억 개로 폭발적으로 증가하리라고 예언했다. 그런데 시스코가 제시한 통계에서 또 하나 놀라운 사실은 2020년에 연결 사물이 500억 개에 달한다 해도 이 500억 개는 지구상에 존재하는 '사물들'의 4%에 불과해서, 언젠가 이루어질 '사물인터넷 세상'이라고 칭할 만한 수준이 되기에는 턱없이 부족하다는 것이다.

사물들이 디지털화되고, 문맥 이해와 처리능력, 에너지 자립과 같은 능력들을 더해갈수록, 그리고 더 많은 사람들과 새로운 유형의 정보들이 연결될수록 사물인터넷은 폭발적으로 확장될 것이다. 그것은 수백조 개의 연결들이 기업과 개인과 국가를 위해 무한한 기회를 만들어내는 네트워크 중의 네트워크가 될 것이다.

사실 시스코의 회장이자 CEO인 존 챔버스John Chambers는 2014년의 국제 CES박람회에서 행한 자신의 주 연설에서 "만물 인터넷 Internet of Everything은 다음 10년 동안에 지금까지 전체 인터넷이 이뤄낸 것보다 5배에서 10배는 더 강력해질 것이다"라고 말했다. 달리 말하면 아직 우리 눈에는 아무것도 보이지 않는다는 이야기다.

현재 엄청난 양의 실험들이 이루어지고 있다. 기기 제작업자들은 예전에는 상상도 할 수 없었던 방식으로 사물을 인터넷에 연결시키기 위해, 예를 들어 열쇠나 커피포트, 자동온도조절기, 건강과 피트니스 모니터 등과 같은 이동식 기기들을 활용하고 있다. 그리고 이 연결 기기들이 더 작아지고 더 빨라지고 더 저렴해질수록 시장 침투력도 비약적으로 강화될 것이다. 예전에는 기술적으로 어려운 데다가 비용과 크기 때문에 상업적으로도 유리하지 않던 것들이 기술적으로도 상업적으로도 그 가능성을 높이고 있는 것이다.

사물인터넷은 단지 기술과만 관련되는 게 아니라는 점에 주목해야 한다. 사물인터넷은 사람과 관련되어 있다. 단순히 물체들을 연결하는 것만으로는 가치가 창출되지 않는다. 가치는 이 연결된 사물들이 잡아낸 데이터들이 적절한 때에 적절한 기구를 통해 적정한 인물에게 성공적으로 전달되어 더 나은 결정을 내릴 수 있게 하는 데서 나온다. 우리는 갈수록 더 많은 연결들에 둘러싸이게 될 것이다. 역으로 이 연결점들에 지성적 의지(인간의 판단)를 제공하는 것은 우리가 행하는 모든 일에 영향을 미칠 것이다.

이 모든 혼란의 중심에 있는 것이 태곳적 개념인 데이터다. 인류는 고대 상인들이 고안한 최초의 설형문자를 쓰기 시작한 이래로 데이터를 모아왔다. 기술이 발달할수록 점점 더 많은 종류의 데이터를 모으고 분석하고 사용하는 우리의 능력도 커졌다.

하지만 기술 진보의 다른 측면들과 비교할 때 데이터는 상대적으로 정체 상태였다고 할 수 있다. 왜냐하면 데이터를 수집하고 유통시키는 방식이 여러 세기 동안 변하지 않았기 때문이다. 세상은 우리가 더 많이 생산하고 더 빨리 움직이고 더 따뜻하게 지내고 더 잘 먹게 해주는 더 나은 기계적 기술들을 사용하는 데는 능숙해졌지만, 데이터를 보고 잡아내는 방식만큼은 달라지지 않았다.

사실 순수하게 데이터의 '진보'라고 할 만한 사건들의 수는 디지털 기술의 도입 때까지 구텐베르크의 인쇄술과 전신, 모스부호, 라디오, 텔레비전, 그리고 전화의 발명 등 그리 많지 않다. 이런 발명들은 예전에는 볼 수 없었던 속도로 데이터가 획득되고 소비되는 것을 가능하게 했지만, 다른 기술혁신들과 비교했을 때 대부분의 경우 데이터의 획득과 전송속도 면에서는 거의 달팽이가 기어가는 속도 정도로 발전되었다고 할 수 있다.

그러다가 디지털화가 일어났고, 마침내 우리는 데이터의 무한한 양과 그것에 곁들여진 권능을 이용할 수 있는 뭔가를 가지게 되었다. 데이터는 우리 주위 어디에나 있다. 하지만 우리는 이 데이터들 대부분을 알아채지 못하고 포착하지도 않는다. 당신의 승용차가 얼마나 빨리 연료를 소비하는가는 단 한 번 매뉴얼에 따라 측정된 데이터로 추정되고 만다. 예전에는 당신이 자동차를 몬 거리를 사용된 기름의 양―연료 게이지를 읽어서―으로 나누는 방식으로 연비를 구했는데, 연료 계량기 자체가 아날로그로 표시되기 때문에 그 값이 부정확하게 측정될 수밖에 없었다. 게다가 그런 식의 연비 측정은 지속적으로가 아니라 이따금 이루어지게 되므로, 평균값으로 사용하기에도 문제가 있다. 또 설사 당신이 달리고 있는 그 순간에 계산을 한다 하더라도, 계산이 끝났을 무렵에는 그 데이터가 이미 과거의 것이 되고 만다는 문제가 있다. 하지만 지금은 기술진보 덕분에 데이터는 디지털로 지속적으로 측정되고, 연산은 그 데이터를 사용하여 남은 연료로 몇 킬로미터를 더 갈 수 있는지, 또 평균 연비가 얼마인지를 당신에게 알려줄 수 있다.

데이터는 우리를 둘러싸고 있다. 당신이 지금 이 순간 이 책을 읽는 속도와 당신의 심박 수와 혈압, 어제 혹은 매일매일의 당신의 통근시간, 당신이 개개 이를 칫솔질하는 시간, 더 들어가서 칫솔질하는 동안 당신이 각각의 이들에 가하는 압력의 정도, 이 모두가 데이터다. 데이터의 형태는 다양하지만 사실 무한하다.

하지만 지금까지 우리는 이 데이터들을 사용할 수 없었다. 데이터는 존재했지만, 그것을 체계적으로 기록하고 활용할 수 있는 방도를 우리가 갖지 못했기 때문이다. 인간이 충분한 정보에 근거한 결정을 내리기 위해서 필요한 모든 데이터를 획득하고 입력할 수 없다는 건 자명하다. 이건 우리의 능력을 넘어서는 과제다.

지금까지는!

다음 산업혁명의 연료는 그전 역사에서와 달리 기계적 발명이 아닐 것이다. 미래세계를 움직여갈 생명력은 온갖 다양한 양태로 표현되는 데이터일 것이다. 마침내 데이터를 잡아내고 의미 있게 만들 수 있는 기계들을 발달시키는 것으로 우리는 인간의 기원 이후로 우리를 괴롭혀온 문제들의 해결책을 가동시킬 것이다. 교통재난을 근절하는 방법은 이런 문제들 중 단지 하나에 지나지 않는다. 디지털혁명은 지금까지 우리가 그 존재조차 인식하지 못했던 문제들의 해결책들을 강구하도록 해줄 것이다.

이것이 우리의 디지털 운명이 진정으로 의미하는 바다. 그건 멋진 장치와 재미있는 장난감들이 풍성해진다는 의미 이상이고, 해상도가 뛰어난 텔레비전이나 안전한 자동차 이상을 뜻한다. 인류의 미래, 다시 말해 우리의 운명은 디지털화를 통해 데이터의 권능을 이용하는 능력이 높아지는 것이다.

1장

우리 여행의 시작과
데이터라는 자산

데이터 수집은 쓰레기 수집과 비슷하다는 이야기가 있다.
그러니 당신은 데이터를 수집하기 전에
수집된 데이터를 가지고 무엇을 할 것인지를
염두에 둬야 한다.

— 러셀 폭스Russell Fox, 맥스 고버니Max Gorbuny, 로버트 후크Robert Hooke 저 《과학의 과학》 중에서

내가 이 책을 써야겠다는 아이디어를 떠올린 때를 굳이 콕 집어 이야기하자면, 2011년 라스베이거스에서 열린 국제CES박람회에서 전시장을 돌아다니고 있을 때였다. 어떤 전시회든 전시회가 끝나고 나면 기술 작가들은 그 전시회에서 가장 멋진 신상품과 기술이 무엇이었는지를 놓고 논쟁하는 것을 좋아한다. 2011년의 CES에서 그들은 풍성한 선택지들을 가지고 있었다. 4일이라는 길지 않은 날들 동안 신기술과 혁신적인 제품들이 봇물 터지듯 선을 보였다. 포드는 자신의 첫 전기차를 선보였고, 베리즌Verizon은 4G LTE 네트워크 기술을 펼쳐 보였다. 삼성은 최신 스마트TV 기술을 뽐냈고, 초창기 3D프린터 모델 몇 개를 전시했다. 우리는 2011년을 태블릿의 해로 만들어 주는 태블릿 컴퓨터들의 홍수를 목격했다. 1세대 PC 울트라북들과 대단히 가벼우면서도 성능 좋은 노트북들, 그리고 마이크로소프트의 엑스박스 키넥트Xbox Kinect도 이제 막 시장에 모습을 드러냈다. 기네스 기록에 따르면, 이 엑스박스 키넥트는 가장 빠른 속도로 팔린 전자장치가 되었다.

2011년에 내 머릿속의 경광등을 켠 것은 어떤 특별한 생산물이나 기술이 아니라, CES에 제출된 모든 기술과 장치들이었다. 1961년에 쓴 저서 《미래의 프로파일》에서 이야기한 세 번째 법칙으로 널리 알려진 미래학 작가인 아서 C. 클라크Arthur C. Klarke는 "기술이 충분히 발전하면 마법과 구별할 수 없게 된다"고 했다. 2011년의 CES 박람 회장에서 내가 본 것은 마법이었다. 그 현장에서 나는 마치 계시처럼 얼마 전까지만 해도 새롭고 획기적인 것이었던 어떤 경향이 갑자기 평범하고 일상적인 것, 다시 말해 현저하게 지배적인 경향이 되었음을 깨달았다.

10년 이상에 걸쳐 물밑에서 진행되어오던 디지털로의 전환이 거의 마무리되는 단계에 도달했던 것이다. 전시물품 중에 아날로그 제품은 거의 없었다. CES에서 처음으로 디지털 카메라와 디지털 텔레비전을 선보이던 1990년대에는 혁명적이었던 것이 이제는 상식이 되고 있었다. 그리고 이제 점점 더 빠른 속도로 완전히 새로운 장치와 서비스들을 만들어내면서 디지털 제품들끼리 서로 충돌하고 있었다.

그전에도 이런 생각을 하지 않았던 건 아니다. 내 업무는 기술 경향을 관찰하면서 그것이 함축하는 의미를 해석하는 것이다. 그리고 나는 태블릿 PC 열기나 혁신적인 4G 네트워크에 대해 이야기할 압축적이면서 멋진 표현들을 충분히 가지고 있었다. 휴대용 기기들의 경제적 영향이나 텔레비전의 미래에 대해서라면 하루 종일이라도 강의할 수 있을 정도였다. 개별적으로 보았을 때 이런 생산품들과 기술들은 하나하나가 다 특별해서 경제적 연구대상이 될 가치가 충분히 있었다.

상황 하나하나를 이렇게 개별적으로 받아들이는 게 당신이 문명의 전환점에 서 있을 때 통상 일어나는 일이다. 점들을 연결하고, 패러다임의 변화 경향을 찾아내고, 그 모든 것이 의미하는 바를 설명하는 건 미래의 역사학자들 몫이다. 현재 시점에서는 이렇게 하기가, 그 모든 것들을 다 묶어서 설명하기가 훨씬 더 힘들다.

세상이 완전히 디지털로 넘어갔다는 다소 소박한 관찰에 압도당한 나는 여러분이 읽고 있는 이 책이 있게 한 질문 하나를 나 자신에게 던졌다. '모든 게 디지털화된다는 것이 우리 인류에게 의미하는 바는 뭐지?' 이게 그냥 패션처럼 겉모습은 바뀌어도 우리가 살아가는 방식에는 실제로 거의 영향을 미치지 않는 호기심에서 나온 경향일까?

그것보다 훨씬 더 큰 의미를 갖는 건 확실했다. 그렇다면 이 경향이 인간이 정보를 받아들이고 제공하는 방식을 완전히 바꾸었던, 말하자면 게임룰의 변화를 불러온 전화나 텔레비전의 발명과 비슷한 것일까? 유사한 면이 있긴 하지만, 그것들은 그래 봤자 단 두 개의 발명품에 지나지 않는다. 그 영향이 가히 혁명적이었던 건 사실이지만, 전체에서는 분리되어 있었다. 다시 말해 당신은 텔레비전에서 돌아서거나 전화기를 내려놓을 수 있었다.

내 사고방식은 여전히 너무 협소했다. 내가 단지 두세 개 물품이 아니라 **모든 것이** 디지털화되면 어떻게 될까라고 자문했던 사실을 잊지 말길 바란다. 그래서 나는 좀더 규모가 큰 뭔가로 생각을 옮겨가야 한다는 걸 깨달았다. 예를 들면…… 전기의 도입 같은 것으로…….

아하! 나는 비로소 우리 시대가 직면한 변화의 본질에 근접했다는 느낌이 들었다. 내 간단한 질문이 내가 생각해보지 않았던 지평선을 열기 시작한 것이다. 참으로 무한한 디지털의 영역이 내 머릿속에서 펼쳐지기 시작했다. 디지털 기술은 우리가 하는 일과 일하는 방식만 바꾸는 것이 아니었다. 디지털 기술은 문화의 틀을 완전히 바꾸고, 사회규범들을 완전히 재규정하는 방식으로 진화해가고 있었다.

토머스 에디슨이 처음으로 전구를 발명했을 때 그것이 놀라운 순간인 건 분명하지만, 그건 그냥 전구라는 한 가지 물품에 지나지 않왔다. 그 단일 물품이 어떻게 문명을 바꾸었을까? 가정집들에 갑자기 전선이 깔려서? 하룻밤 사이에 발전소가 솟아나서? 누구 한 사람이라도 언젠가는 **모든 것이** 전자제품이 될 것이라는 어떤 현실적인 개념을 가졌기 때문에? 사실 CES CEO인 게리 샤피로는 자신의 베스트셀러 저서《닌자 혁신: 세계 거대 성공기업들의 열 가지 킬러 전략》에서 에디슨의 진짜 혁명적인 혁신은 맨해튼의 펄 스트리트 발전소였다고 말했다. 이 발전소가 전구를 밝히는 데 필요한 만큼의 전력을 공급했다.

펄 스트리트 발전소가 그렇게 중요한 이유와 그것을 세우지 않았으면 에디슨도 실패할 수밖에 없었던 이유는 전구를 지탱할 전체 전기시스템이 만들어지지 않고서는 전구가 일차 점등원으로서 가스램프를 대체하지 못했으리라는 데 있다. 만일 그렇게 하지 못했다면, 에디슨은 멋지지만 쓸모없는 기기를 만들어낸 남자에 지나지 않았을 것이다. 달리 말하면 에디슨에게 전구의 발명은 끝이 아니라 시작에 불과했다는 것이다.

최초의 디지털 소비재인 CD플레이어가 CES에 출품된 것은 1981년이다. 중요한 순간이긴 했지만, 그렇다고 디지털 시대의 개막을 나타내는 순간은 아니었다. 하나의 제품으로는 그렇게 할 수 없다. 컴퓨터가 만들어진 것은 50년 전으로 거슬러 올라가지만, 1980년대 전까지는 정말로 선택된 소수만이 자기 집에 컴퓨터를 둘 수 있었다. 1980년대 초까지만 해도 게임기로 주로 사용되는 소수의 틈새 기기들을 빼면 개별 가정은 컴퓨터 판매를 위한 시장이 되지 못했다.

개인용 컴퓨터가 대중시장向이 된 것은 1984년에 애플이 처음으로 소비자 중심적이고 **가성비**(비용 대비 성능)가 좋은 매킨토시 컴퓨터 모델 하나를 시장에 내놓고 나서였다. 이것은 패러다임의 전환을 가져온 사건이었고, 그 외의 업적을 논외로 하더라도 스티브 잡스를 인류의 역사에서 한 위치를 점하게 만든 이유였다. 그 사건은 컴퓨터의 발명이 아니라 컴퓨터의 대중화였다.

20년 전만 해도 스마트폰을 소유한 사람은 아무도 없었고, 극소수의 부자들만이 휴대용 기기를 가졌지만, 지금은 미국 인구의 70%가 스마트폰을 가지고 있고, 사람들은 하루에 평균 150번씩 이 기기를 확인한다. 보다시피 발명 자체가 곧바로 전화 부스의 소멸을 불러오지는 않았다. 전화 부스의 시대는 10년도 더 지나서 **누구나** 핸드폰을 갖게 되고서야 끝이 났다.

훨씬 더 뒤로 돌아가보자. 자, 누가 자동차를 발명했는가? 자동차는 인류사에서 가장 중요한 발명 중 하나이지만, 대부분의 사람들은 그 업적을 이룬 사람이 누구인지 잘 모른다. 내연기관 엔진으로 움직이는 자동차의 최초 발명자로 인정받는 인물은 독일인 엔지니어 카를 벤츠(메르세데스-벤츠라고 할 때의 그 벤츠)다. 그가 자동차를 발명한 것은 1886년이었다. 하지만 1886년, 아니 1896년이나 1906년에 얼마나 많은 사람들이 자동차를 소유했을까? 거의 아무도 없었다고 봐도 무방하다.

그런데 혹시 당신은 자동차 발명가로 헨리 포드를 떠올리지 않았는가? 만약 그랬다면 이유가 있다. 자동차를 대중화시킨 건 벤츠가 아니라 포드였기 때문이다. 포드 이전에는 자동차가 말과 사륜마차의 사치스런 대안에 지나지 않았다. 포드 이후에 자동차는 필수품이 되었다. 그리고 많은 사람이 알고 있듯이, 자동차의 대량생산을 가능하게 만든 건 포드의 혁명적인 제조 공정이었다. 포드 모델T가 생산되기 시작한 첫 해인 1909년에 자동차 값은 850달러(지금 물가로 하면 약 23,000달러)였지만, 1920년에는 그 가격이 250달러(지금 물가로는 약 3,000달러)로 떨어졌고, 그만큼 시장수요는 극적으로 늘어났다. 1929년 11월에 《월간 대중과학》은 다음과 같이 전했다.

> 전 세계에서 현재 사용되고 있는 32,028,500대의 자동차 중에서 28,551,500대, 즉 90% 이상이 미국 제조사들이 생산한 것으로 알려져 있다. (…) 이 수치에 따르면 세계인구 61명당 1대의 자동차가 있는데, 이 중 미국인은 인구 4.87명당 1대라는 높은 비율로 자동차를 소유하고 있다고 볼 수 있다.

자동차의 시대는 1886년에 벤츠가 최초의 자동차에 시동을 걸었을 때 시작된 것이 아니다. 자동차의 시대는 포드식 조립라인의 노동자가 딱 4달치의 봉급으로 자신이 생산한 그 제품을 살 수 있게 된 1914년에 시작되었다.

벤츠가 없었다면 포드가 최초 모델T를 만들어내지 못했을 것이고, 에디슨이 최초의 전구를 발명하지 않았다면 그가 펄 스트리트 발전소를 세울 이유가 없었을 거란 건 말할 필요도 없다. 그럼에도 내가 말하고자 하는 핵심은 제품의 존재, 혹은 제작이 세상을 바꾸지는 않는다는 것이다.

사람들의 체험이 바뀌고 새로운 시대가 탄생하는 건 해당 제품이나 기술을 사용하고 채택하는 사람들의 수가 임계질량에 도달할 때다. 사실 우리의 생활방식을 근본적으로 바꿀 수 있었던 획기적인 발명들은 이외에도 무수히 많다. 하지만 어떤 이유에선가 대량소비 단계에 이르지 못한 발명품들은 사라지거나 대량소비가 가능한 다른 것으로 진화하곤 했다.

결국 디자인이나 엔지니어링, 수학 같은 기술의 발전에 큰 역할을, 아니 많은 경우 지배적인 역할을 하는 것은 경제다. CES 박람회에 나온 신제품을 놓고 그 제작자와 관련산업 전문가와 비평가들이 다음번 대박 제품이 될 것이라고 장담했던 경우만 해도 셀 수 없이 많았다. 그들의 장담과 예상이 옳을 수도 있다. 그 신제품들이 그렇게 될 가능성은 여전히 있다. 하지만 그 제품이 두 명의 자녀를 가진 맞벌이 부부의 손에 들어갈 때까지는 그건 그냥 신제품에 지나지 않는다.

지금 데이터와 기기의 디지털화는 강력한 전염력을 가지고 확산되고 있다. 디지털 기기들에 대한 접근 가능성이 높아짐에 따라 점점 더 많은 사람들이 그것들을 채택하고 있다. 디지털이 세상에 미치는 영향은 전기가 세상에 미친 영향보다 더 결정적일 것이다. 나도 이것이 현재로서는 좀 과한 단정이란 걸 안다. 디지털로의 전환이 가져올 결과가 왜 그토록 심대하고 중요한지 다음 장에서 더 깊이 있게 탐구하기로 하고, 일단 여기에서는 몇 가지 개략적인 현상만을 제시하는 것으로 하자.

1. 전기와 아날로그 기기들을 비롯한 다른 기술들과 달리 디지털 기술은 무어의 법칙Moore's Law을 따른다. 1965년에 《일렉트로닉스 매거진》에 논문을 쓴 고든 무어의 이름을 따서 명명된 이 법칙은 집적회로를 탑재한 트랜지스터의 수가 매 2년마다 2배

씩 증가한다는 것이다. 이것은 두 개의 주요 결과를 가져온다. 첫째는 처리 동력이 계속해서 늘어나고, 따라서 기술혁신이 끊임없이 일어나는 것이고, 둘째는 디지털 기기들이 아주 빠른 시간 안에 매우 값싸지는 것이다.

2. 자동차에서 여러 주요 장치들에 이르기까지 디지털 기기들과 디지털 기술의 시장 점유율이 훨씬 높다. 이 점은 그냥 간단하게 훑어보기만 해도 확인할 수 있다. 80% 이상의 미국인들이 휴대전화와 DVD플레이어, 디지털 텔레비전, 컴퓨터, 디지털 카메라를 소유하고 있다.

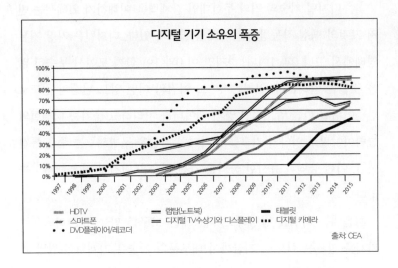

디지털 기기 소유의 폭증

HDTV
스마트폰
DVD플레이어/레코더
랩탑(노트북)
디지털 TV수상기와 디스플레이
태블릿
디지털 카메라

출처: CEA

3. 디지털 제품이 들어가지 않은 사회영역이 거의 존재하지 않게 되었다. 이 책에서 우리는 디지털이 침투한 영역들 중 사람들이 익히 아는 영역은 물론이고, 대다수 사람들이 상상하지 못했던 영역에 대해서도 탐구할 것이다. 하지만 디지털화는 오늘

날 우리가 볼 수 있는 범위를 훨씬 넘어서 진행될 것이다. 전기 장치들은 '동력을 필요로 하는 것'에서 시작해서 거기에서 끝났다. 하지만 디지털 기기들은 데이터에서 시작해서 데이터로 끝난다. 그리고 앞으로 보겠지만, **데이터는 무한하다.**

데이터의
간략한 역사

디지털 기술의 거의 무한대인 잠재력을 이해하기 위해서는 먼저 그것의 핵심 작동방식을 이해할 필요가 있다. 디지털은 가장 기본형태에서 그냥 0과 1이다. 하지만 이 0과 1이 함께 모여서 무수히 많은 것들을 알려준다. 엄청난 양, 그 이전의 어떤 양도 난쟁이 정도로 만들어버릴 만큼 압도적인 양의 데이터를 처리하고 옮기는 디지털의 능력이야말로 여타의 기술들과 디지털 기술을 구별해주는 주요 특징이다. 이런 능력과 유사한 능력을 가진 기술은 디지털 기술을 빼고는 없다.

처음에는 바퀴를 발명하고, 다음에는 도구를 만들고, 그다음에는 기계를 만드는 식으로, 지금까지 대부분의 기술은 기계적인 발달 과정을 밟아왔다. 산업혁명도 결국 처음에는 농업영역에서, 그다음에는 제조업영역에서 이루어진 기계적 엔지니어링에서의 혁명이었다. 이 과정에서 우리는 더 멋진 신제품을 만들 방법을 발견했다. 그럼에도 기본적으로 그 진전에서 데이터는 거의 건드리지 않았다.

인류역사 전체를 통틀어 데이터의 이송과 수집에서의 혁명은 놀랄 만큼 드물다. 우리가 여기서 간략한 역사를 기술할 수 있을 정도다.

먼저 인간의 뇌에서 시작해보자. 인간의 뇌는 주변의 데이터를 시각, 청각, 촉각, 후각, 미각 등 감각기관을 통해서 받아들인다. 또 우리의 뇌는 몸에서 오는 아픔, 허기, 갈증, 졸림 등의 내부 데이터 신호들을 받는다. 이런 면에서 데이터의 역사는 뇌의 데이터 처리능력을 재창조하려는 시도의 역사라고 요약할 수 있다.

말spoken langauge을 예로 들어보자. 말 혹은 언어는 뇌의 즉자적인 신호를 재창조하려는 인간의 불완전한 시도일 뿐이지 않는가? 언어가 없었더라도 우리는 알고 느끼며, 우리가 지금 하고 있는 모든 것을 원했을 것이다. 왜냐하면 이런 게 우리 뇌가 작동하는 방식이기 때문이다. 우리 내면과 교류하는 데는 말이 필요하지 않다. 우리는 다른 사람과 교류하기 위해서, 즉 뇌에서 보낸 메시지를 상대에게 묘사하기 위해서 언어를 필요로 한다.

데이터의 전달과 해석에서 언어가 초기 혁명 중 하나임은 분명하다. 언어를 가짐으로써 인간은 뇌 속의 데이터를 서로에게 전달할 수 있게 되었다. 물론 언어가 생기기 전에도 인간은 존재했지만, 언어의 사용은 사회적 동물인 인간이 함께 살고, 상호작용하고, 서로 돕고, 좀더 쉽게 조직할 수 있게 해주었다. 언어의 형성 이전에도 인간은 초보적인 상태에서나마 이런 일들을 해왔을 가능성이 높지만, 언어의 발달은 이 모든 과정을 촉진했다. 언어는 우리가 아는 바로 그 인류문명의 시작을 촉진했다.

하지만 언어는 데이터를 받고 전달하는 데 심각한 결함이 있다. 가장 기본적인 결함이자 중대한 결함은 말이 일시적이라는 것이다. 말은 뱉어지는 순간, 날아가고 만다. 처음에는 언어를 통해 전달되는 데이터를 유지하는 유일한 방식이 인간의 기억이었다. 이건 우리 모두가 알다시피 차선의 해결책이다. 그럼에도 불구하고 초기 인류는 아주 간단한 방식인 더 나은 기억력을 만들어내기 위한 접근법에 적응했다. 인류의 초기 사회들은 자신들의 신화와 역사를 기계적 암기방식으로 전달했다. 이것은 글이 무대에 등장하고서 한참 지나서까지도 계속되어온 현상이다. 많은 학자들은 누군가가 그것을 글로 받아적기 전까지는 《일리아드》와 《오디세이》가 본래 말로 전승되어오던 시일 것이라고 믿는다. 사실 이 엄청나게 긴 서사시 중 하나라도 전승되지 않았다면, 그리스와 로마는 주요한 고대 문명국으로 존중받지 못했을 것이다.

하지만 말 자체는 유지가 되지 않는다는 결점이 있기에 메소포타미아 문명은 글자를 발명했다. 기원전 4세기경 지금의 이라크 지역에 살던 수메르인들은 세계 최초라고 단언할 수는 없어도 인류의 초기 문자들 중 하나일 것으로 추정되는 **설형문자**를 만들었다. 본래 설형문자는 상거래의 결과를 기록하기 위한 방식, 다시 말해 간단한 그림글자를 사용하는 선사시대식 장부에서 발달되었다. 수백 년의 시간이 흐르면서 그 그림글자들은 알파벳에서처럼 소리에 상응하는 기호를 가진 글자 형식으로 발전해갔다. 원시적이라고 볼 수도 있지만, 설형문자는 오늘날 우리가 사용하는 어떤 근대어보다 오랜 기간―약 4,000년―동안 사용되었다.

물론 데이터 전달의 한 양식으로서 쓰기의 시대는 이보다 훨씬 더 오래 지속되었다. 사실 쓰기는 지금도 계속되고 있는 양식이라고 볼 수 있다. 글이 전달되는 속도는 기계기술의 발달로 빨라졌지만, 언어를 전달하는 기본 기술은 19세기까지도 변하지 않았다. 다시 말해 데이터를 축적하고 전달하는 우리의 능력을 혁신하기까지 긴 시간이 걸렸다는 이야기다. 이 사실이 오늘날 진행되고 있는 데이터 혁명의 심대한 중요성을 상징적으로 설명해준다.

하지만 너무 앞서가지는 말자. 다시 과거로 돌아가면, 말이 그러했듯이 글도 심각한 결함을 가지고 있었다. 글로 쓰는 것은 지속성이라는 문제는 해결했지만 복제의 문제를 대두시켰다. 데이터 전달의 수단으로서 글은 그것이 적혀 있는 조각을 손에 들고 있는 사람에게만 쓸모가 있다는 점에서 몹시 불충분했다. 모든 글을 사람이 직접 적어야 했다. 그것도 글을 쓸 줄 알 만큼 충분히 학식 있는 사람이! 시간 측면에서 이것은 엄청난 양의 인력을, 너무 과다한 인력을 필요로 했다. 이 때문에 글을 이용한 물품 생산을 확대하기 위해 미래의 서기들을 교육할지, 아니면 밭이나 군대에 더 많은 인력을 유지할지를 선택해야 했을 때 대부분의 고대사회들은 후자를 택했다.

글자의 발명이라는 혁명적 혁신에도 불구하고 글쓰기는 사회활동 전체에서 보아 비중이 매우 낮았고, 이로 인해 데이터 복제로 해결책을 찾아낼 잠재력도 제한당했다.

고대세계에서도 글이 광범하게 퍼져 있었던 것은 맞지만, 그럼에도 그 글을 읽기 위한 대량소비 시장은 전혀 일어나지 않았다. 그건 흡사 벤츠 자동차처럼 부유한 엘리트들만이 향유할 수 있는 사치품과 같은 것이었다. 이제 데이터의 지속성은 유지될 수 있었지만, 그럼에도 여전히 무척 제한적이었던 것이다.

정보의 복제와 전달의 문제는 수천 년 동안 인간을 괴롭혀왔다. 고대에서 시작해 중세시대를 거치면서도 읽기와 쓰기, 그리고 학습은 서기 계층이나 엘리트들에게만 한정되어 있었다. 다른 사람들이 그것을 즐기기에는 너무 비쌌다. 책들은 금만큼 값어치가 있는 보물로 간주되었다. 그런데 15세기 중반이 되자 상황이 완전히 변했다. 그토록 오래 제한되어 있던 데이터가 마침내 첫 번째 출구를 찾아내어 쏟아져나오기 시작했다.

일시가 명확하지는 않지만, 1450년 무렵에 독일의 대장장이였던 요하네스 구텐베르크가 인쇄기를, 그것도 이동 가능하고 유성잉크를 사용하는 인쇄기를 발명했다. 그리고 그 결과, **중세가 끝났다!** 인쇄술은 현대 이전의 다른 어떤 기술도 해내지 못했던 방식으로 유럽을 혁신했다. 그 파급효과는 혁명적인 것 이상이었다. 인쇄술은 대격변을 불러왔다. 르네상스와 종교개혁, 과학혁명, 이 모든 것의 연원을 구텐베르크의 인쇄술에서 찾을 수 있다.

역사라면 당신도 잘 알겠지만, 여기서는 데이터라는 렌즈를 통해 인쇄술의 혁신을 살펴보자. 수백 년 동안 지속되던 복제의 딜레마가 갑자기 사라졌다. 제한에서 풀려난 데이터는 값싸고 쉽게 접근할 수 있는 책의 형태로 유럽 구석구석까지 스며들 수 있게 되었다. 수천 년 동안 선택된 소수의 부자들에게만 허용되었던 정보와 지식과 문학이라는 사치품이 갑자기 어디서나 구할 수 있게 되었다. 기계 하나가 수백 시간의 손노동을 불필요하게 만들었고, 결과적으로 책의 가격은 곤두박질쳤다. 덕분에 대량소비 시장이 생성되었고, 식자율識字率이 솟구쳤다.

게다가 데이터의 양도 기하급수적으로 증가했다. '르네상스 인간'이라는 용어가 '알아야 할 모든 것을 아는 사람'이란 뜻이지만, 그 후 2, 30년도 안 되어서 이런 개념 자체가 소멸할 정도로 지식이 일반화되었다. 이렇게 정보를 담은 책값이 값싸지자, 과학은 순식간에 고대의 과학 수준을 회복하고, 나아가 훨씬 더 능가하기 시작했다.

우리 시대에 인쇄술의 도입에 비견될 수 있는 유일한 사례는 인터넷의 창설이다. 쉽게 접근할 수 있고 값싸게 정보를 얻을 수 있는 시스템인 인터넷은 구텐베르크의 인쇄술이 불러온, 기존 시스템의 붕괴와 비슷한 수준의 붕괴를 일으킨 유일한 혁신이라고 할 수 있다. 하지만 여기서도 우리는 유리한 고지에 서 있다. 왜냐하면 우리는 포스트post 구텐베르크 시대를 살고 있기 때문이다. 인터넷은 구텐베르크가 500년 전에 시작한 데이터 혁명을 확장시킨 것에 지나지 않는다.

500여 년 동안, 인류는 구텐베르크가 만들어낸 세상에서 살았다. 19세기에는 전신에서 시작하여 전화로 이어지는 통신의 발달이 있었다. 또 텔레비전과 라디오 같은 기술혁신들도 있어서, 아날로그 신호들을 사용하여 인쇄된 글로는 결코 넘볼 수 없는 거리를 가로질러 데이터를 송출하기도 했다.

구텐베르크의 인쇄술로도 해결되지 않았던, 데이터의 제한이라는 마지막 문제는 거리였다. 하지만 아날로그 기술을 가지고 시작했지만, 이제 디지털 기술을 사용하게 됨으로써 이 문제도 해결되었다. 인터넷이 개설되고 나서는 이제 데이터가 전달되기에 너무 먼 거리란 존재하지 않게 되었다. 데이터 도서관 전체가 어디에서든 어디로든 거의 즉각적으로 옮겨질 수 있게 된 것이다.

디지털의 도입과 관련된, 데이터의 짧막한 역사에 대해서는 다음 장에서 살펴보기로 하고, 먼저 우리 이야기에서 가장 중요한 요소가 될 데이터의 속성 중 일부에 대해 논의해보자.

데이터의
특징

앞에서 기술한 데이터의 짧막한 역사에서 내가 데이터에게 나름의 자유의지를 부여하고 있다는 사실을 눈치챈 독자들이 있을지도 모르겠다. 나는 인류사에서 데이터 혁명들이 데이터가 복제나 도피 같은 일들을 할 수 있도록 해주었다고 설명했다. 데이터의 인격화는 그것의 역사를 기술할 때 유용한 수사적修辭的 도구이기도 하지만, 나는 이런 식의 접근법을 한 단계 더 진전시켜 데이터의 독특한 개성에 대해 설명하고자 한다. 디지털 데이터의 잠재력을 정말로 이해하기 위해서는 데이터의 이런 개성들이 어떤 영향을 미치는지 이해해야 하기 때문이다. 이 면에 대해 케빈 켈리는《기술이 원하는 것What Technology Wants》에서 다음과 같이 말했다.

우리는 기술을 첫째, 하드웨어의 파일로 생각하고, 둘째, 우리 인간에게 전적으로 의존하는 무력한 소재 정도로 생각한다. 이 관점에서 보면 기술은 우리의 피조물에 지나지 않는다. 우리가 없으면 기술도 존재하기를 그만둔다. 기술은 우리가 원하는 것만을 한다. 하지만 기술적 발명의 전체 시스템을 자세히 살펴볼수록 나는 기술이 우리가 생각하는 것보다 더 능력 있고 자가발전한다는 사실을 깨닫는다.

켈리는 기술을 살아 있는 유기체로 여기는 관점을 수립하는 데 혁혁한 공을 세웠다. 그리고 켈리의 혁신적인 프레임에 근거해서 나아가는 것이 나의 목표다. 내가 여러분에게 요구하는 도약이 부자연스럽게 느껴질 수도 있지만, 나는 그것이 여러분의 시야를 열어주고 데이터에 접근하는 데 필요한 필수적인 패러다임을 제공해줄 것이라고 본다. 그것은 우리 세상의 0과 1에 관한 책이 한 권의 책으로서 충분한 자격을 갖는 이유를 알 수 있게 해줄 것이다. 그러니 여러분도 데이터의 인격화에 동참해주길 바란다.

기술을 살아 있는 유기체로 묘사하면서 켈리는 말했다.

단세포 미생물의 욕구는 당연히 당신이나 내 욕구보다 덜 복잡하고 덜 강렬하며 수적으로도 더 적을 것이다. 하지만 모든 유기체는 생존하고 성장하려는 기본 욕구를 똑같이 가지고 있다. 그리고 이 '욕구'들에 끌려간다. 원생동물의 욕구는 의식되지도 표현되지도 않아서 욕구라기보다는 충동이나 경향과 비슷해 보인다.

켈리와 나는 데이터가 인간 같은 고등 생명체의 복잡한 소망과 유사한 어떤 욕구들을 발달시킨다고 주장하는 것이 아니다. 오히려 데이터는 얼굴 없고 방향성 없는 경향 때문에, 전부 아니면 무를 향해 돌진하는 억제할 수 없는 추세 때문에, 또 피할 수 없는 미래를 가지고 있다는 점에서 저등 유기체와 닮았다.

켈리는 기술은 생명이 원하는 것을 원한다고 주장한다. 즉,

기술은,

효율성과

기회와

출현과

복잡성과

다양성과

특별함과

편재성偏在性과

자유와

공생과

아름다움과

감성과

구조와

친화력의 증대를 원한다는 것이다.

만일 여러분이 아직도 데이터를 인격화하는 것에 충분히 확신하지 못하거나 마음이 불편하다면, 또 다른 비유로 데이터를 물과 비슷한 것으로 생각하면 된다. 우리 아버지는 항상 "물은 제자리를 찾아가게 마련이지"라고 말씀하셨다. 마치 물이 자신이 흘러갈 곳을 선택할 수 있기라도 한 것처럼.

하와이의 북쪽 해변에 살 때 나와 내 친구들은 폭우가 내린 다음이면 와이메아 만으로 놀러 가곤 했다. 우기인 겨울 동안 와이메아 계곡을 가로질러 달려온 강은 해변의 가파른 모래언덕에서 범람하곤 했다. 우리는 댐으로 막힌 강물의 수위보다 약간 더 낮게 손으로 작은 도랑을 팠다. 강물은 우리가 제공하는 이 작은 도움을 받아 바다로 돌아갈 길을 천천히 뚫어가기 시작했다. 물론 이건 중력의 힘에 지나지 않았지만, 강의 물분자들이 바다의 분자들과 재결합하려는 욕구, 그 무엇도 가로막을 수 없는 과정이기라도 한 것처럼 보였다.

꾸준하고도 점점 더 커지는 열정을 가지고 흐름은 앞으로 나아가면서 모래 입자들을 바다로 실어나르다가 마침내 둔덕에 커다란 골을 뚫고 만다. 우리가 팠던 도랑에서 흘러온 물이 바다와 만나 그 골에 정지파standing wave(파봉과 파곡이 동일 장소에서 번갈아 일어날 뿐이고 진행하지 않는 진동파振動波를 말한다-옮긴이)를 만들어내는데, 이렇게 되면 물은 지휘자가 보내는 크레센도 지시에 따르기라도 하는 것처럼 바다로 가는 길을 트기 위해 치열하게 자신을 밀어붙인다. 그러다 마침내 한 번 크게 밀어붙이는 데 성공하면 일시에 물이 빠지고 물의 수위가 같아지면서 물결도 사라진다. 시작할 때 그랬던 것처럼 모든 상황이 돌연 끝나고 마는 것이다.

이 사례에서 우리는 다양한 상태, 혹은 당신이 이런 표현을 허용한다면 다양한 '감정'의 발현을 볼 수 있다. 갇힌 상태로 조금씩 부풀어오르는 도랑물의 고요와 첫 번째 찰랑임의 열망, 자기 앞에 놓인 모든 것을 쓸어버릴 것같이 점점 더 강하게 밀어붙이는 집요함, 그리고 물이 바다를 다시 만났을 때의 기쁨, 물이 자신의 위력을 과시할 때의 분노와 폭력, 마침내 모든 것이 끝났을 때의 평온함 등등.

물론 물은 감정을 느끼지 않는다. 하지만 지극히 인간적인 렌즈를 통해 물의 처신을 조망하면, 그것의 원리와 위력을 깨달을 수 있다. 달리 말해 물에게 감정을 부여하는 건 오로지 우리가 물을 이해하고 최종적으로는 그것을 활용하기 위해서다. 보다시피 물은 다른 상황들에 놓이면, 즉 물에게 다른 기회가 주어지면, 외관상 자신의 분자구조가 제시하는 것 이상으로 바뀐다.

데이터의 역사와 나름의 디지털 변형을 통해 실현되는 것으로서 그보다 더 중요한 데이터의 미래는 데이터가 특정 속성을 소유한 것으로 볼 때 더 잘 이해할 수 있다. 데이터는 시간의 흐름에 따른 운동만이 아니라 데이터에 대한 우리의 반응까지도 규정하는 속성을 가지고 있다. 물분자에 대해서 그러하듯이, 우리는 데이터에 대해서도 힘을 행사한다. 그리고 데이터는 이 힘들에 반응해서 외관상 데이터의 가장 기본적인 구조가 제시하는 것 이상이 된다. 자기 나름의 수위를 찾아내는 물처럼 데이터도 결국에는 속성상 자기 나름의 수준을 찾아낼 것이다. 데이터의 이런 속성들에 대해서는 이미 여러 번 언급했지만, 포괄적으로 정리하면 다음과 같다.

데이터는,

- **지속적이다.** 데이터는 지속성을 추구한다. 데이터는 우리가 그것을 기록하든 아니든, 존재한다. 하지만 데이터를 붙잡으려는

인간의 강력한 욕구는 항상 있어왔다. 그것이 초기 구술문학의 형태를 취했든, 아니면 조각이나 집필, 그림의 형태를 취했든. 인류의 모든 문명에서 데이터는 지속성을 향해 나아갔다. 그리고 이제 디지털화의 도입으로 갈수록 폭발적으로 늘어나는 데이터를 저장할 수 있게 되었다. 사용되는 기술은 계속 변하겠지만, 기술 덕분에 데이터가 무한하게 저장될 수 있는 환경이 만들어지고 있다.

● **복제할 수 있다.** 데이터는 복제되기를 원한다. 나는 <u>위에서</u> 데이터가 영화 〈쇼생크 탈출〉의 앤디 뒤프렌처럼 갇혀 있기라도 한 듯이 '풀려났다'는 용어를 사용했다. 구텐베르크의 인쇄술 같은 혁신들을 통해 데이터는 '위대한 탈출'의 순간들을 경험했다. 전통 경제에서 가치를 낳는 것은 희소성이었다. 하지만 데이터의 경우에는 풍부성도 가치를 낳는다. 데이터가 복제되는 것은 그것이 가치를 갖고 있기 때문이다.

복제는 오랫동안 데이터의 중요 특성이 되어왔다. 그래서 사람들은 데이터를 접하면 항상 복제하려는 경향을 보인다. 나아가 디지털화는 데이터를 기하급수적으로 복제할 수 있게 해주었다. 스포티파이Spotify(온라인에서 음악 스트리밍 서비스를 제공하는 회사─옮긴이)에서 제공되는 노래가 수많은 여러 연주들에 의해 '복제될' 수 있는 디지털 미디어보다 이것이 더 잘 드러나는 경우는 없다.

● **즉각적이다.** 데이터는 직접적이어서 즉각적이길 추구한다. 우리의 정신에서 나온 것이든 우리 컴퓨터에서 나온 것이든, 데이터가 우리에게 천천히 오는 것은 인간의 기록과 통신 메커니즘

의 불완전성 때문이다. 하지만 데이터는 즉각적인 인지만이 아니라 즉각적인 이해도 원한다. 데이터가 존재하게 되었을 때, 데이터가 처음으로 추적되고 포착되거나 복제될 때, 데이터는 힘과 영향력을 행사하기 위해 즉각적으로 이용되기를 원한다.

- **효율적이다.** 데이터는 끊임없이 효율성을 향해 움직인다. 데이터는 장벽을 제거하고, 거리를 줄이고, 인식과 이해 사이의 간격을 붕괴시킨다. 데이터는 이해되기를 원하기 때문에 저항을 싫어한다. 데이터는 자신을 이해하고 전파할 좀더 나은 방식, 좀더 효율적인 방식을 찾아내도록 우리에게 요구한다.

- **질서를 향해 간다.** 데이터는 혼란을 만들지만, 언제나 질서를 이루는 쪽으로 움직인다. 데이터의 역사는 혼란에서 질서로 가는 여정이다. 각각의 데이터 혁명—지금 우리도 그중 하나를 경험하고 있다—은 엄청난 정보의 소용돌이를 촉발했다. 하지만 시간이 지나면 인간은 그것들을 질서 있게 놓는 법, 소음 속에서 신호를 찾아내는 법을 발견한다.

  간단한 예로 검색엔진은 인터넷의 풍요가 어마어마한 규모로 데이터를 방출하면서 만든 혼란 속에 질서를 주입하기 위해 발명되었다. 그런데 검색엔진의 질서는 웹사이트들의 범람을 불러와 이제는 전통적인 검색조차도 디지털이 촉발시킨 혼란으로부터 질서를 충분히 제공하지 못하고 있다. 그럼에도 우리는 질서를 필요로 하기에, 다시 한 번 질서를 찾아낼 것이다.

- **동적이다.** 데이터는 정적이지 않다. 데이터는 움직이고, 움직이길 원한다. 각각의 혁신적인 데이터 전송법들—말에서 글과 구텐베르크 인쇄술과 조랑말 속달우편과 전보, 전화, 위성, 인터

넷으로 이어지는—은 정보의 흐름과 교환을 가속화했다.

- **무한하게 나눌 수 있다.** 데이터는 무한하게 나누어진다. 데이터는 묶일 수도 있고, 묶이지 않을 수도 있으며, 더 작은 조각들로 나눠질 수도 있다. 또 데이터는 작은 부분들에서 견본을 추출할 수도 있다.

독자들이 앞으로 보게 되듯이, 이 속성들 중 다수는 중첩된다. 그리고 일부는 다른 것들보다 좀더 글자 그대로 데이터에 적용된다. 하지만 우리가 우리 앞에 펼쳐지고 있는 디지털혁명을 더 깊이 파고들어 갈 때 이 리스트가 큰 도움을 줄 것이다. 데이터의 이 속성들은 우리가 보고 있는 것과 앞으로 보게 될 것을 이해하는 데도 도움을 줄 것이다.

중요한 점은 디지털 기술은 데이터의 이런 특성들을 강화한다는 것이다. 따라서 이런 특성들을 이해하면 우리 앞에 펼쳐질 디지털의 미래가, 데이터가 가장 자유로운 표현을 찾아낼 디지털의 미래가 단지 있을 법한 미래가 아니라 우리의 운명임을 이해할 수 있게 될 것이다.

2장

디지털 운명의
씨앗들

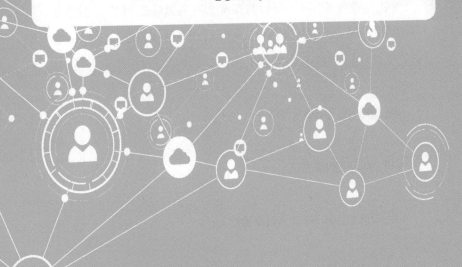

"모든 혼란 속에는 질서가 있고, 모든 무질서 속에는 감춰진 질서가 있다."

— 칼 융Carl Jung

9/11에 대한 논의를 시작할 때 흔히 던져지는 물음은, **'당신은 어디에 있었는가?'**이다. 당시 일정 나이 이상이었던 미국인이라면 누구나 이 물음에 내놓을 이야기를 가지고 있을 것이다. 그런데 이상한 것은 그것이 그 사람이 실제로 어디에 있었던가, 다시 말해 물질 우주의 어느 지점에 대한 이야기가 아니라는 것이다. 그 사람이 그 끔찍한 날에 뉴욕이나 워싱턴 D.C.에 있지 않았다면, 사실 그 사람이 있었던 장소는 중요하지 않다. 그보다 더 적절한 질문은 '당신은 어떻게 그 소식을 듣게 되었는가?'다.

나는 텔레비전 뉴스에서 봤다.⋯⋯

우리 엄마가 전화를 했다.⋯⋯

나는 직장 동료에게서 그 소식을 들었다.⋯⋯

그런데 거의 누구도 말하지 않은 대답이 무엇인지 알겠는가? 그건 **'나는 그 사건을 인터넷에서 봤다'**다. 당연하다. 9/11사건은 케네디 대통령 암살사건 이래로 가장 비극적인 뉴스이지만, 당시에는 페이스북이나 트위터는 말할 것도 없고 PC나 스마트폰도 거의 없던 시절에 일어났기 때문이다. 그 뉴스가 2001년의 온라인에 없었다는 이야기를 하는 게 아니다. 하지만 사람들에게 일차 소식통으로서 인터넷에서 뉴스를 찾아보는 습관이 생기기까지는 아직 몇 년의 시간이 더 필요했다. 2000년의 퓨 리서치 보고서에는 이렇게 적혀 있다. "1998년의 20%에 비하면, 이제 미국인 3명 중 한 명은 적어도 일주일에 한 번은 온라인에서 뉴스를 본다. 그리고 15%가 인터넷에서 일일보고를 받는다고 하는데, 2년 전에는 이 수치가 6%였다. 그리고 같은 시기에 전국지를 일상적으로 구독하는 독자는 38%에서 30%로, 지방지 구독자의 수는 64%에서 56%로 감소했다."

2001년 당시, 인터넷 뉴스 소비는 증가하고 있었지만, 아직 임계질량에까지는 이르지 못했던 것이다. 건너뛰기 위해서가 아니라 비교를 위해서 퓨 리서치의 2014년 보고서에 실린 디지털 뉴스 소비에 관한 통계를 살펴보자.

이제 미국인 대다수는 디지털 양식으로 뉴스를 얻고 있다. 2013년에는 미국인의 82%가 데스크탑이나 노트북에서 뉴스를 보았으며, 스마트폰 등 모바일 기기를 통해 뉴스를 보는 사람도 54%에 달했다. 게다가 데스크탑이나 노트북에서 '자주' 뉴스를 본다고 한 사람은 35%였고, 모바일 기기(핸드폰이나 태블릿)의 경우는 21%였다.

신문의 광고 수입이 2000년에 490억 달러로 정점을 찍은 건 전혀 놀랄 일이 아니다. 10년 후에는 그 수입이 290억 달러였으니, 10년 새약 40%가 감소한 셈이다. 대다수 주요 일간지들과 몇몇 지역신문의 사이트가 2001년의 온라인에 존재하지 않았던 건 아니지만, 이 사이트들의 이용을 가로막는 또 다른 요소들이 있었다. 예를 들면 2001년 1월에 미국의 인터넷 보급률은 정확히 60%였다. 하지만 광역대 인터넷 보급률은 한자리 수에 지나지 않았기 때문에 인터넷을 '켜기' 위해서는 부가의 노력을 들여야 했다. 이런 이유로 인터넷은 뉴스를 보기 위해 가장 먼저 찾는 매체가 아니었다. 퓨 리서치에 따르면 9/11 당시에 온라인 뉴스에서 가장 인기 있었던 것은 날씨 정보였다고 한다. 반면에 월드 와이드 웹World Wide Web의 25주년 기념일이었던 2014년 3월 14일에는 미국 성인의 87%가 인터넷을 사용했다. 게다가 "그중에서 연 75,000달러 이상 소득이 있는 가구(99%)와 18~29세의 젊은 층(97%)과 대학생들(97%)의 경우는 포화상태에 육박하는 이용률을 자랑하면서."

하지만 2001년과 오늘날의 가장 큰 차이는 뭐니 뭐니 해도 모바일 기술에 있다고 할 수 있다. 2000년에는 미국 성인의 53%가 핸드폰을 가졌는데, 당시에는 아직 스마트폰이 존재하지 않았던 터라 스마트폰을 소유한 사람은 아무도 없었다. CEA 연구에 따르면 오늘날에는 미국 성인의 90% 이상이 핸드폰을 가지고 있고, 그중 70%는 스마트폰을 소유하고 있다고 한다. 그러니까 지금은 미국인의 상당수가 주머니에 넣고 다니는 기기를 가지고 인터넷에 접속한다. 2001년 9월 11일에는 불가능한 일이었다.

그러니까 9/11테러는 오늘날 우리가 살고 있는 세상과는 전혀 다른 세상에서 일어났다. 2001년에 우리들 대다수는 그 사건에 대한 정보를 아날로그 형태로 받았다. 인터넷에서 그 사건을 알게 된 사람들도 분명 있겠지만, 규칙을 벗어나는 예외는 항상 있게 마련이다. 오히려 당시의 규칙은 선사시대 이래로 인간이 살아온 아날로그 환경이 미국인들 대다수에게 주요 생활환경이었다는 것이다.

비영리 저널리즘 학파인 포인터연구소Poynter Institute는 테러사건 1년 후에 이렇게 지적했다.

그 끔찍한 2001년 9월 1일의 사건은 여전히 상대적으로 새로운 온라인 매체였던 인터넷이 처음으로 대형사건을 포괄할 기회를 얻었다는 의미이기도 했다. 1995년에 티모시 맥베이가 오클라호마의 연방정부 청사를 폭발시켰을 때 웹사이트를 통한 뉴스 전파가 강화된 건 사실이지만, 그 비극적인 사건조차 작년에 일어난 테러에 비할 바가 아니다. 9/11테러는 일본의 진주만 공격에 맞먹는 정도의 사건이다(그보다 더 큰 사건이라고 말하는 사람들도 있다). 게다가 온라인 뉴스산업 자체가 1995년 당시보다는 훨씬 더 무르익었다. 따라서 뉴욕과 워싱턴에 대한 테러 공격은 최신 뉴스 매체인 인터넷에게는 거대한 시험대를 의미했다.

완전히 디지털화한 세상이었다면 9/11은 어떻게 달라졌을까? 아마도 거의 대부분의 사람들이 PC나 휴대용 기기에 깔린 인터넷을 통해 그 소식을 접했을 것이다. 이런 추세가 진행되고 있음을 나타내는 몇 가지 증거들이 있다. 2011년에 《빈 라덴의 죽음과 정보혁명》이라는 제목을 달고 포브스지에서 발행한 분석서에서 게리 샤피로는 트위터가 "10:45 p.m.에서 2:20 a.m.까지 ET 유저들이 초당 3,440건의 비율로 트위터를 사용하고 있다"고 보고한 사실에 주목하면서, "18세에서 34세까지 청년층의 14%가 트위터나 페이스북 같은 SNS

를 통해 빈 라덴의 사망 소식을 들었는데, 이는 그 소식을 네트워크 뉴스(19%)와 케이블 뉴스(17%)를 통해 들은 비율에 거의 맞먹는다"고 한《워싱턴포스트》와 퓨 리서치의 통계를 인용했다.

미국 언론연구소가 최근에 실시한 설문조사를 보면, "긴급속보라고 이름 붙일 수 있는 뉴스를 접하는 사람들의 반 정도는 텔레비전을 통해서 그 사건을 처음 듣는다고 한다. 그리고 그들 중 약 절반(성인의 49%)은 더 많은 정보를 알고 싶어 하는데, 이 경우 대다수는 텔레비전 뉴스를 계속 듣고 있기보다는 다양한 기기를 사용하여 웹을 검색한다(59% 대 18%)."

완전히 디지털화한 세상에서 9/11이 일어났다면, 당신은 그 사건과 관계된 다양한 소식들이 계속 올라오는 광역대 네트워크를 이용해 그 뉴스를 따라갔을 것이다. 상상만 해도 끔찍하긴 하지만 이 네트워크를 통해 건물에 갇힌 사람이나 납치된 비행기에 탄 사람이 보내주는 생생한 현장 상황을 접할 수 있었을지도 모른다. 그리고 사람들은 인터넷 사이트나 SNS, 이메일 등을 통해 친구나 가족(심지어는 희생자와도)과 정보를 주고받았을 것이다. 아니면 휴대전화를 통해 정부가 보낸 비상경계 소식을 받았을 수도 있다.

그 공격과 관련된 데이터들의 전달 속도 또한 2001년의 우리로서는 감당하기 힘들 만큼 충격적이었을 것이다. 그렇다고 그 시절이 더 감당하기 쉬웠다는 이야기를 하는 건 아니다. 오히려 많은 경우, 정보 부족은 사건을 훨씬 더 혼란스럽게 만든다. 오늘날에는 소문이 인터넷을 달리는 속도를 초당으로 계산해야 할 정도이지만, 9/11 당시에는 온라인이 루머 제조기의 역할을 거의 하지 못했다. 당시 정보의 주요 전달자는 사실과 허구를 구별해서 전해야 했기에 그 양에서 제한적일 수밖에 없었던 매스미디어였다. 덕분에 9/11사건의 끔찍함에도 불구하고 사람들이 보고 들은 것은 실제로 일어난 상황의 단편에 지나지 않았다. 아마 지금이라면, 사람들은 수십, 수백만 개의 사진과 수백, 수천 시간에 달하는 동영상과 즉석 인터뷰 기록들을 인터넷에 올렸을 것이다. 보다시피 2001년 당시 데이터는 존재했지만, 기술 혁신은 아직 일어나지 않았다. 다시 말해 당시의 우리는 데이터를 기록하고 복제하고 전달할 능력을 갖지 못했다. 지금의 우리는 할 수 있다. 아니, 적어도 그렇게 할 수 있는 능력이 수천 배는 커졌다.

물론 아날로그에서 디지털로의 진화가 하룻밤 새에 일어나지는 않는다. 하지만 이런 변화들은 완전히 디지털화된 미래로 나아가고 있음을 보여주는 징후들이다.

디지털의 대두

디지털 9/11에 대한 숙고는 이 장의 끝부분에서 다시 돌아가기로 하고, 지금은 데이터의 역사 개요라는 주제를 다시 잡아보자.

우리는 앞에서 구텐베르크의 인쇄술이 수천 년 역사 중에서 데이터의 가장 큰 진전을 의미한다고 말했다. 사실 많은 점에서 우리는 여전히 데이터를 쉽게(그리고 싸게) 복제하는 능력이 갈수록 향상되던 구텐베르크의 세상에 살고 있다. 정확히 60년 전에 레이 브래드버리 Ray Bradbury는 전제적인 정부가 책들을 없애서 질서를 유지한다는 디스토피아 소설 《화씨 451》을 발표했다. 그 소설의 플롯에는, 책은 글자들이 인쇄된 페이지들을 모두 합친 것 이상이라는 발상, 다시 말해 책은 지식이고 정보이며 데이터라는 발상이 내재되어 있다. 만일 어떤 가공의 정권이 대중을 통제하고자 한다면, 무엇보다 먼저 대중이 데이터에 접근하는 것을 막을 거란 게 브래드버리의 추론이었다. 구텐베르크의 자식들인 책은 너무 위험한 존재다. 책은 데이터의 **영구적인 보관소**이고, 한 권의 책이라도 존재하게 되면 복제를 통해 더 많이 만들어낼 위험이 있다는 것이다. 이 소설의 주인공은 결국 선사시대부터의 데이터 전달 수단인 암기를 통해 데이터의 파멸을 극복한다.

브래드버리의 가상세계에서조차 억압적인 정부는 존재하는 모든 책을 없애는 데 어려움을 겪는다. 구텐베르크 인쇄술의 위력이 다시 한 번 드러난 것이다. 디지털이 지배하는 오늘날의 세상에서는 브래드버리의 이야기가 오히려 믿기 어렵다. 어떤 정부가 인간의 모든 지식을 지우고 데이터 억압을 통해 질서를 유지할 수 있다는 생각은 인터넷과 고속 브로드밴드, 그리고 모바일 기술의 시대를 살고 있는 우리로서는 소화하기 힘든 발상이다. 인터넷 시대에 들어서는 정부의 가장 한정된 검열 노력조차 거의 대부분 좌절되었다. 물론 그것이 불가능하다는 이야기는 아니다. 북한 같은 나라를 슬쩍 보기만 해도, 디지털세상에서도 나라 전체를 대상으로 한 정보 검열이 일어날 수 있다는 걸 알 수 있다. 하지만 그렇게 하려면 나라 전체를 나머지 세상으로부터 완전히 격리시켜야 한다.

우리는 어떻게 여기로 왔을까라는 역사 강의로 돌아가보자. 하지만 디지털 데이터에 이르게 된 전 과정, 인쇄술에서 오늘날에 이르기까지의 모든 혁신을 일일이 다 검토하는 건 이 책의 역량을 넘어서는 일이다. 우리는 앞의 장에서 탐구했던 데이터의 속성을 염두에 두고 그와 관계되는 하이라이트들만을 다룰 것이다.

글자의 선구자격인 초창기 상징체계들 중 일부는 한정된 별개의 상징체계를 사용한다. 이 체계를 디지털과 동격화하거나 디지털 역사의 시작이라고 부를 수는 없지만, 그것들이 디지털의 기본 벽돌을 제공한 건 사실이다. 예를 들어 수판을 보자. 3,000년 전에 발명된 그 계산기구는 수판알이 위에 있는가, 아래에 있는가에 따라 나타내는 수가 다른 시스템이다. 모스 부호와 점자, 해상 신호기도 디지털 체계의 또 다른 현대판 선구자들이다.

이제 시계를 약간 앞으로 돌려서 모든 컴퓨터와 여타 디지털 기기들에 쓰이는 기본 언어인 2진법 코드가 발명된 때로 가보자. 그러려면 우리는 다시 한 번 고트프리트 빌헬름 폰 라이프니츠Gottfried Wilhelm von Leibniz(1646~1716)라는 이름의 수학자이자 철학자가 단 두 개의 수자(0과 1)만으로 모든 가치를 나타내는 이진법 수 체계를 '발명했던' 독일로 가야 한다. 라이프니츠도 자신이 발견한 것이 무엇인지 깨달았던 것 같다. 1671년에 그는 '사칙연산 계산기'로 알려진 세계 최초의 기계식 계산기를 만들기 위해 이진법을 사용했다. 비록 초기 원형은 과도적인 것이었지만, 그 기계는 더하기·빼기·곱하기·나누기의 기본적인 산수 계산을 해낼 수 있었다.

하지만 라이프니츠의 혁신적 통찰력은 여기서 끝나지 않았다. 그는 구슬을 사용해서 이진수를 나타내는 기계를 구상하기도 했다. 여기서 기술이 그 구슬들을 대신할 수 있었더라면, 라이프니츠는 기본적으로 현대식 전자디지털 컴퓨터를 발명한 셈이 된다. 하지만 기술이 인간의 상상을 따라잡기까지는 300년의 시간이 더 필요했다.

라이프니츠의 사칙연산기가 상류사회를 열광시키고 나서 약 200

년이 지났을 때, 영국 수학자 조지 불George Boole이 독일인 선배의 이진법을 손보았다. 불은 1847년에 이진법에 근거해서 논리의 대수체계를 설명한 〈논리의 수학적 분석〉이라는 논문을 출판했다. 이후 불이 일명 불대수학이라 일컬어지는 논리대수학을 발전시키는 과정에서 이 연구가 주요한 밑받침이 되었으리란 건 어렵지 않게 추측해볼 수 있다.

이제 다시 100년을 건너뛰어 신세계였던 미국으로 가보자. 클로드 섀넌Claude Shannon이라는 젊은 MIT 학생이 〈회로의 전달과 전환에 대한 상징적 분석〉이라는 획기적 논문을 발표했는데, 이는 불대수학을 전기회로에 적용한 것이었다. 이 논문은 다소 무미건조한 제목 때문에 그 안에서 펼쳐진 이론의 혁명성이 덮인 면이 있지만, 40년 후에 한 추종자는 섀넌의 논문을 놓고 "아마도 금세기에 가장 중요하고 유명한 테제일 것"이라고 평가했다.

무미건조한 제목에도 불구하고 섀넌의 연구가 과학자 그룹에 의해 수용되자 상황은 빠른 속도로 발전되기 시작했다. 조지 로버트 스티비츠George Robert Stibitz라는 이름의 벨 랩Bell Labs 연구자는 섀넌의 논문을 읽은 후, 기본적이긴 하지만 혁명적인 디지털 계산기를 만들어냈다. 이진법 덧셈을 사용하는 이 기계의 명칭은 '모델 K'(스티비츠가 그것을 조립했던 주방kitchen의 철자를 따서)였는데, 벨 랩이 새로운 프로그램을 추진하는 데 큰 도움을 주었다. 이 프로그램의 담당자였던 스티비츠는 1940년에 복소수 연산기를 개발했다. 명칭에서 알 수 있듯이 복소수로 작업할 수 있는 계산기였다.

스티비츠는 시연에서 전화회선을 통해 뉴햄프셔 주 하노버에 있는 다트머스대학 강의실에서 뉴욕에 있는 전기기계 컴퓨터에 명령어를 보내기 위해 무선전신 타자기(텔레타이프)를 이용했다. 이것은 놀라운 사건이었다. 다트머스 대학의 맥넛 홀에 그 사건을 기념하여 붙여진 명판에는 이렇게 적혀 있다. "1940년 9월 9일, 이 건물에서 당시 벨 전화기 연구소의 수학자였던 조지 로버트 스티비츠는 먼저 전기 디지털 컴퓨터의 원거리 조작을 시연했다. 1937년에 벨 랩에서 전기 디지털 컴퓨터를 고안했던 스티비츠는 이곳에서 개최된 미국 수학자 협회 모임에서 자신의 발명품인 '복소수 연산기'에 대해 설명했다. 그런 다음 참석자 몇 명이 뉴욕시 벨 랩에 있는 컴퓨터로 문제를 전송했는데, 몇 초 안에 그 컴퓨터에서 전송된 답을 이 홀에 있던 무선전신 타자기가 종이에 찍었다."

이 상황을 한 문장으로 표현하면, "컴퓨터의 시대에 오신 것을 환영합니다"일 것이다.

여기서부터 우리 이야기는 수천 가지 다양한 방향으로 진행된다. 그러니 이후의 발전과정은 연도별로 묶어서 설명하는 편이 좋을 것이다.

1947년: 벨 연구소의 과학자들이 거의 모든 전기기구의 핵심 부품인 최초의 트랜지스터를 발명한다. 트랜지스터는 이 시기까지 사용되고 있던 진공관보다 상대적으로 값싸게 생산할 수 있었고, 훨씬 더 신뢰할 수 있었다.

잠시 이 단일 변곡점의 규모를 생각해보자. 인쇄술의 그 모든 혁명적 가치에도 불구하고 인쇄기는 여전히 너무 비싸고, 작동시키기에 복잡한 기계였다. 그것은 개인 집 지하실에 설치할 수 있는 기계가 아니었다. 책값은 쌌지만, 책을 제작하는 데 필요한 기계는 대중소비가 가능한 장치와는 거리가 멀었다. 반면에 미래의 모든 전자장치의 핵심 부품인 트랜지스터는 비용 효율성이 높아서, 이제부터 전개되려고 하는 디지털혁명의 속도를 높이는 데 크게 기여했다.

1958년: 텍사스 계기사에서 일하는 과학자 잭 킬비Jack Kilby가 처음으로 집적회로를 선보였다. 이것은 판 하나에 전자회로, 즉 트랜지스터 세트를 붙인 것에 지나지 않는다. 우리는 이 혁신적인 부품을 흔히 마이크로칩이라고 칭한다.

1964년: 인텔사의 공동 창업주인 고든 E. 무어Gordon E. Moore는 〈집적회로에 더 많은 부품을 탑재하자〉라는 활기찬 제목의 논문을 《일렉트로닉스 매거진》에 발표했다. 논문에서 무어는 집적회로의 발명 이후로 회로판에 붙이는 부품의 수가 매년 두 배씩 늘었다고 말한다(여기서의 부품이란 트랜지스터를 말하는 것이어서 결국 마이크로칩의 용량이 2배씩 늘어나 처리속도와 메모리의 양이 2배씩 늘어난다는 뜻이다 - 옮긴이). 무어의 결론은 이렇다.

최소비용당 부품 복잡성이 매 2년마다 대략 두 배씩 증가하는 걸 확인할 수 있는데, 단기적으로 보면 이 비율은 설령 늘어나지는 않더라도 유지는 되리라고 예상된다. 하지만 장기적인 증가 비율은 좀더 불확실하다. 그럼에도 적어도 10년 동안은 상수로 유지될 것임이 거의 확실한데, 그렇게 되면 1975년에는 최소비용의 집적회로당 부품 수가 65,000개에 이르게 된다. 나는 이처럼 대용량 회로라도 한 장의 실리콘 웨이퍼wafer 위에 설치될 수 있다고 확신한다.(무어의 법칙이란 1965

년 페어차일드의 연구원으로 있던 고든 무어가 마이크로칩의 용량이 매년 2배가 될 것으로 예측하며 만든 법칙으로, 1975년 24개월로 수정되었고, 그 이후 18개월로 정의되었다. 이 법칙은 컴퓨터의 처리속도와 메모리의 양이 2배로 증가하고, 비용은 상대적으로 떨어지는 효과를 가져왔다 - 옮긴이)

약간의 수정을 거쳐 무어의 관찰이 옳다는 것이 증명되었다. 수학자들은 '법칙'이라는 용어를 아주 엄격하게 적용하지만, 무어의 발견이 미친 여파와 현저한 지속성 덕분에 그 발견에는 '무어의 법칙'이라는 이름이 붙었다. 아래의 그래프는 처음으로 상용화된 마이크로프로세서가 시장에 나온 1971년 이래로 무어의 법칙이 작동하고 있음을 말해준다.

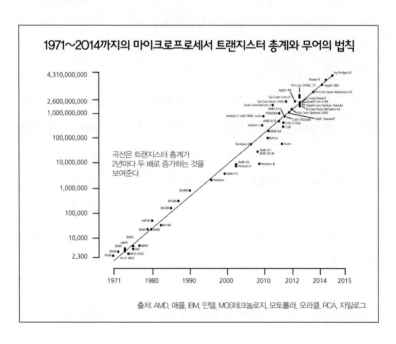

무어의 법칙은 마이크로칩 용량이 앞으로 얼마나 더 엄청나게 커질지를 예견하는 것이기도 하지만, 다른 한편에서는 디지털 제품들이 그 상대인 아날로그 제품들보다 훨씬 더 빨리 가격이 하락할 것임을 예견하는 것이기도 했다.

1969년: 미 국무부 산하의 고등연구계획국ARPA은 인터넷의 선조격인 ARPA넷이라는 이름의 컴퓨터 네트워크를 구축했다. 과학자들과 연구자들을 잇기 위해 설계된 ARPA넷은 우타의 한 컴퓨터와 캘리포니아의 컴퓨터 3대를 연결했다. 연결은 성공적이었다. 첫 번째 단어를 끝내기도 전에 보내진 첫 번째 메시지가 시스템에 도달한 것이 확인되었기 때문이다. 나중에 정부가 다른 대학들과 연구소들도 이 시스템에 연결하는 것을 허락한 덕분에 이 네트워크는 1975년경에는 57개의 IMP(네트워크에서 데이터 전달을 촉진하는 중계장치인 라우터)를 갖게 되었다.

1973년: 다비드 보그를 비롯한 몇몇 동료들의 도움을 받은 밥 멧캘프Bob Metcalfe가 제록스사의 팔로 알토 리서치 센터PARC에서 일하는 동안 처음으로, 이더넷Ethernet(여러 대의 컴퓨터로 네트워크를 형성하는 시스템-옮긴이) 시제품을 설계하여 수정 보완한다. 그 첫 시제품은 1km의 케이블로 100대 이상의 단말기 컴퓨터들을 연결할 수 있었다. 오늘날에는 모든 컴퓨터가 이더넷이나 유사품을 통해 인터넷에 연결된다.

1975년: 이스트맨 코닥사의 전기 기사였던 스티브 사손Steve Sasson

이 세계 최초로 디지털 카메라를 발명한다. 8파운드 무게에 겨우 1만 화소짜리 카메라였다. 그것은 사손만이 다룰 수 있는 저장장치인 아날로그 카세트테이프에 30장의 이미지를 저장할 수 있었는데, 화질마저 열악해서 상품화되지는 못했다. 언제 화질이 '충분히 좋아질' 것으로 예상하는지를 묻는 질문에 사손은 무어의 법칙을 써서 10년에서 15년이 걸릴 것으로 예견했다. 적어도 200만 화소는 되어야 한다고 보았기 때문이다.

1981년: 국제적으로 가장 규모가 큰 기술제품 전시회인 CES 박람회에 소니사가 소비재시장용 CD플레이어compact disc player를 처음으로 출품했다. 18개월 후인 1982년 10월 1일, 소니는 CDP=101을 출시했다. 토머스 에디슨이 축음기를 발명한 지 100년 이상이 지나고 LP레코드가 발명된 지 30년이 지난 시점에, CD는 사람들이 음악을 듣는 방식을 바꾸게 했다. 디지털 오디오가 대중시장에 소개된 것이다. CD플레이어는 많은 사람들이 받아들인 최초의 디지털 제품이다. 하지만 디지털 기기들이 가전시장을 지배하기까지는 대략 20년 이상이 소요되었다.

1984년: 애플사가 1월 24일 2,495달러(2015년 달러가치로는 5,595달러에 해당한다)라는 합리적인 가격으로 매킨토시를 출시했다. 타자기만큼 값싸지는 않았지만, 헨리 포드가 모델T를 가지고 70년 전에 그러했듯이, 첨단제품치고는 상대적으로 낮은 가격이었다. 이것은 1977년 Tandy/Radio Shack TRS-80에서 시작되고, 싱클레어사와 IBM과 컴팩사와 오즈본사 등이 이어오던 보급용 PC 개발의 정점이라고 할 수 있다. 컴퓨터가 소수 엘리트그룹의 범위에서 벗어나 개인이 컴퓨터를 소유하는 PC의 시대가 시작되었다. 당시의 《뉴욕타임스》 기사는 새로 출시된 매킨토시를 극찬하면서도 어느 정도의 불평을 쏟아내는 것도 잊지 않았다.

맥라이트MacWrite(매킨토시를 말함 - 옮긴이)는 책으로 치면 9쪽에서 10쪽 정도에 해당하는 한정된 크기의 파일을 갖는다. 이것은 한 캐비닛에 같은 크기의 폴더 하나만 보관해두는 것과 흡사하다. 만일 20쪽짜리 보고서를 준비해야 한다면 당신은 그것을 두 부분으로 나누어야 한다. 이건 그리 편리하지 않다. 프린터 또한 마찬가지다.

게다가 그래픽적 경향과 한 페이지를 인쇄하려면 점을 수십만 번 찍어야 하는 방식 때문에 인쇄 과정이 몹시 느리다. 나는 도트 매트릭스 프린터로 서류 하나를 인쇄하려면 먼저 컴퓨터가 그 파일을 디스크에 옮겨야 하고, 다시 프린터기가 디스크에서 그 정보를 받아야 한다는 사실을 알고 놀랐다. 게다가 이런 상황이 진행되는 동안에는 새로운 데이터를 입력할 수 없기 때문에 한참을 기다려야 한다.

비록 투박하고 전혀 능률적이지 않았지만 매킨토시는 개인 사무실들을 돌연 구텐베르크 인쇄소로 바꾸었다. 어쨌든 커다란 창고에 들어앉은 대형인쇄기 대신 PC를 통해 개인이 직접 인쇄할 수 있게 된 것이다.

1985년: 닌텐도사가 NES라는 게임 콘솔을 시장에 내놓았는데, 폭발적인 성공을 거두었다. 하지만 여기 우리 논의에서 다루려는 것은 게임기 자체가 아니라 닌텐도 재퍼라고 불리던 NES의 한 부속물, 즉 라이트건light gun(컴퓨터게임 때 쓰는 총 비슷한 도구 - 옮긴이)이다. 그것은 빛 센서를 사용해서 게임에서 총의 발사를 자극한다. 센서에 대해서는 4장에서 더 깊이 다루도록 하자.

1989년: 유럽 원자핵 공동연구소CERN에서 근무하던 영국 컴퓨터 과학자 팀 버너스리Tim Berners-Lee가 기본적으로 월드와이드웹WWW 이라고 할 수 있는 구상을 제안한다. 버너스리는 나중에 이렇게 설명했다.

사실 웹을 만든 건 배수진을 치는 필사적인 행동이었다고 할 수 있다. 왜냐하면 CERN에서 일해보니 웹이 없이는 일 처리가 너무 힘들었기 때문이다. 하이퍼텍스트(사용자에게 비순차적인 검색을 할 수 있도록 제공되는 텍스트. 문서 속의 특정 자료가 다른 자료나 데이터베이스와 연결되어 있어 서로 넘나들며 원하는 정보를 얻을 수 있다 - 옮긴이)나 인터넷, 다양한 서체 등 웹에 포함된 기술들 대부분이 이미 개발되어 있었다. 나는 그것들을 그냥 함께 묶으면 되었다. 이것은 일반화의 단계, 더 고차적인 추상화의 단계를 뜻하는 것이었다. 예를 들어 연결된 모든 문서들이 가상의 대형 서고에 체계적으로 정리 분류되어 있는 모습을 생각해보라.

"필사적인 행동"이었다는 표현도 재미있지만, 이를 다른 식으로 설명하면 이렇다. CERN에서 근무하는 동안 버너스리와 그의 동료들은 혼란이라는 문제에 직면했다. 너무 많은 정보들이 충분히 효율적이지 않은 방식으로 조직되고 있었던 것이다. 그들이 무질서에서 질서를 원했던 건 분명한 것 같다. 인간 존재는 구조를 만들고 싶어 한다. 버너스리도 데이터가 체계적이고 효율적이기를 요구했다. 게다가 내가 1장에서 이야기한 데이터의 속성을 떠올려보라. 데이터 또한 속성상 그런 흐름이 되기를 원한다. 그러니 버너스리가 말하는 '필사적인 행동'이란 버너스리가 데이터에게 질서를 요구하고 데이터가 버너스리에게 질서 잡아줄 것을 요구한 쌍방 요구에 다름 아니었고, 그 결과가 월드와이드웹이라고 할 수 있다.

당신은 지금도 여전히 세계에서 가장 먼저 만들어진 웹주소 http://info.cern.ch/hypertext/WWW/TheProject.html을 방문할 수 있다.

오늘날의 기준으로 보면 이상해 보이지만, 그 웹사이트는 웹 '프로젝트', 즉 WWW프로젝트를 설명하는데, 두어 번 클릭해 들어가면 이런 요약 설명을 만날 수 있다.

WWW프로젝트는 손쉬우면서도 강력한 전 지구적 정보 시스템을 만들기 위해 정보검색 기술과 하이퍼텍스트를 하나로 합친다.

이 프로젝트는 더 많은 학술정보를 누구나 자유롭게 이용할 수 있어야 한다는 정신에 근거하고 있다. 그것은 전 세계적으로 흩어져 있는 연구팀들이 정보를 공유하고 정보를 받은 그룹이 다시 정보를 전파하는 것을 목표로 한다. 애초 고에너지 물리학의 정보교환소가 되는 걸 목표로 했지만, 그것은 다른 영역들로도 확산되어 자원 발견이나 협동작업 영역들의 사용자 그룹에서 큰 관심을 보이고 있다.

서로 떨어져 있는 데이터 센터들을 "손쉬우면서도 강력한" 방식으로 연결하자 누구라도 정보에 접근할 수 있게 되었다. 본래 의도했던 월드와이드웹은 데이터를 질서 잡아줄 시스템을 체계화하는 것 이상도 이하도 아니었다. 월드와이드웹이 없었다면, 데이터는 격납고에 갇히고 말았을 것이고, 물리적으로 그 데이터에 접근 가능한 사람을 제외하고는 어느 누구도 이 데이터들을 의미 있게 분석할 기회를 가질 수 없었을 것이다. 우리에게는 그런 상황이 혼란스럽게 보이지 않을지도 모르지만, 버너스리와 CERN과 세계 곳곳의 그의 동료들은 그렇게 느낀 게 확실하다.

　같은 해에 후지사가 최초의 휴대용 디지털카메라 DS-X를 팔기 시작했다. 사손이 그 가능성을 예견한 지 15년 만이다. 2만 달러였던 그 카메라의 가격은 대중용이라 하기는 힘들었지만, 이후로는 무어의 법칙에 따라 빠른 속도로 저렴하면서 성능 좋은 카메라로 발달하기 시작했다.

　1998년: 8월 6일 아침, 브루스 콜비가 고화질 디지털 텔레비전을 구매하는 최초의 고객이 된다. 콜비는 이 최초의 디지털 텔레비전—56인치 파나소닉 텔레비전—을 캘리포니아 샌디에이고의 오디오 비디오 특선품 소매점인 도우Dow 스트레오/비디오 점에서 5,499달러에 구입했다.

　1999년: 션 파커Sean Parker와 숀 패닝Shawn Fanning이 파일공유 서비스인 냅스터Napster 첫 번째 버전을 내놓는다. 이 사이트 덕분에 사용자들은 MP3에 코드화할 수 있는 디지털 파일들—대부분 오디오 파일과 노래들—을 공유할 수 있었다. 파일공유 사이트들은 1990년대 중반 이후로 여기저기서 생겨났지만, 또 MP3 포맷 방식은 이보다 더 거슬러 올라가지만, 냅스터는 그야말로 소비자의 폭발적인 관심을 불러일으켰다. 디지털 파일 사용자의 범위가 순식간에 확대되기 시작했다. 무료 음악과 손쉬운 사용법의 유혹에 넘어간 대학생들이 냅스터로 몰려들었다. 두 창업자로서는 축복이자 저주였다.

결정적 수렴

CD플레이어와 디지털 텔레비전, 디지털 카메라, 디지털 MP3는 시작일 뿐이었다. 세기말이 되자 디지털 제품들은 매대에 넘쳐흐르듯 진열되었고, 우리 생활의 모든 영역에서 느리지만 확실하게 자신의 아날로그 상대를 대체해갔다. 그리고 새로운 세기의 다음 10년 동안에 걸쳐서는 디지털 제품의 소지율이 확대되고 증가했을 뿐 아니라, 1인당 소지 밀도 또한 높아지기 시작했다.

2000년에 들어서 우리는 가지고 있던 아날로그 카메라들을 디지털 제품으로 바꾸기 시작했다. 텔레비전 역시 마찬가지였다. 2001년에 애플은 아날로그 음악산업에게 조종弔鐘을 뜻했던 최초의 아이팟 iPod을 소개했다. 디지털 기기의 시대가 우리 앞에 펼쳐졌고, 이어지는 10년 동안 사람들은 너도나도 디지털 기기 구매에 뛰어들었다.

거의 대부분의 경우, 특정 기기를 디지털화하면 어느 한 나라에 국한되지 않고 전반적으로 판매량이 늘어났다. 그리고 이것은 사용자의 손에 더 많은 기술을 안겨주었다.

무어의 법칙은 소비자들로 하여금 기존의 것을 대체할 뿐 아니라, 더 많이 구입하게 했다. 역사적으로 비용이나 여타 요인들 때문에 특정기술 제품에 접근하기가 쉽지 않았던 개인 가구들이 갑자기 단 하나의 디지털 제품이 아니라 다양한 디지털 제품들을 구매하고, 많은 경우 같은 범주에 속하는 디지털 제품들을 중복해서 소유했다.

이상의 역사적 과정을 탐구하면서 나는 컴퓨팅과 인터넷, 디지털 소비재의 세 가지 특정 추세에 초점을 맞추었다. 지난 세기말에 이루어진 이 세 가지 추세의 수렴은 인류에게 새로운 시대의 도래를 의미한다. 이 모든 추세들은 단순한 경제원리들 때문에 뿌리 내릴 수 있었다. 만일 그 기기 부품들이 성능이 좋아지는 만큼 가격도 높아졌다면, 이런 기술적 성공은 가능하지 않았을 것이다. 하지만 무어의 법칙 덕분에 디지털 부품 가격은 아날로그 부품들보다 더 빨리 하락했다. 예를 들어 화질이 조정된 텔레비전의 가격은 디지털이 도입되기 전까지는 연 1~2% 떨어지는 정도에 불과했다. 오늘날에는 텔레비전 가격이 매달 1~2%씩 떨어진다. 기술이 진공관 텔레비전에서 디지털 텔레비전으로 바뀌었을 뿐인데 이런 일이 일어난 것이다.

동시에 제조업에서 가장 중요한 변화가 일어났다. 역사적으로 가전제품 제조업자들은 자체 생산시설을 직접 소유했다. 생산시설의 직접 소유가 가격 전략에서 효과적이었기 때문이다. 하지만 오늘날 애플과 같은 기업들은 자체 생산설비를 전혀 가지지 않고, 다른 가전제품 제조사들과 합작투자를 맺는다. 가전산업이 발전할수록 제조업은 집약성과 효율성, 규모의 경제성을 높인다.

여기에서 중요한 건 공급망이다. 디지털 기술에 대한 가격하락 압력은 공급망 전체에 걸쳐 작용한다. 예를 들어 반도체 가격은 약 2년마다 50%씩 하락하는데, 이는 공급망의 다양한 층위들에 영향을 미친다. 이 가격하락이 미치는 영향은 칩 제조과정에서 시작되어, 부품가격과 기기의 조립 제조과정, 유통업자와 소매업자를 거쳐 결국 소비자가 혜택을 입는 것으로 끝난다.

공급망의 어느 한 단계, 아니 공급망 전체 단계조차도 자기 나름의 이익과 이윤을 추구하는 이 가격하락을 저지할 수는 없다. 이미 우리는 기술은 개선되면서도 제품가격은 하락하는 이 현상을 몇 십 년 동안 누려왔다. 이제 우리는 가격하락(디플레이션) 곡선의 가파른 경사로에 서 있다. 오늘날 우리가 누리는 가격하락은 지난 몇십 년간의 가격하락의 결과물이고, 그 응축된 파워는 이제 우리를 완전히 새로운 영역 속으로 쏘아올리려 하고 있다.

레이 크루즈윌Ray Kruzweil은 저서《스피리추얼 머신의 시대: 컴퓨터가 인간의 지성을 능가할 때》에서 체스의 발명에 관한 이야기를 되새긴다. 그 이야기는 이런 식으로 진행된다.

게임을 무척 즐기던 왕이 있었다. 그 왕은 게임 발명자에게 자기 왕국에 있는 것이면 무엇이든 원하는 만큼 상으로 주겠노라고 약속했다. 그러자 발명자는 체스판의 첫째 칸에 쌀 1알을 주되, 한 칸씩 옮길 때마다 앞의 칸에 놓은 쌀알의 두 배씩을 놓아주는 식으로 체스판의 전체 칸에 해당하는 쌀을 달라고 했다. 왕은 발명자가 그렇게 간단한 요구를 하는 것이 기뻤다. 하지만 왕의 기쁨은 그리 오래가지 못했다.

쌀 한 알은 두 알이 되었고, 두 알은 네 알이 되었다. 그래서 체스판의 첫째 줄이 끝났을 때, 왕은 총 255알의 쌀을 그 발명자에게 주어야 했다. 한 칸씩 건널 때마다 쌀알의 수가 기하급수적으로 증대하는 듯이 보였다. 왕은 발명자에게 두 번째 줄의 8개 칸에 해당하는 쌀알 수 65,280알을 지불해야 했다. 또 세 번째 줄의 쌀알은 1,670만이 넘었고, 네 번째 줄의 쌀알은 42억 알이 넘었다.

체스판의 중간쯤에 이르렀을 때, 왕은 자신이 불리한 거래를 했다는 사실을 깨달았다. 이 지점에서 왕은 그 발명자의 머리를 베어버리고 말았다.

만약 그 이야기가 계속 진행되었다면, 우리는 체스판의 뒷부분에서야말로 쌀알수가 폭발적으로 증가한다는 사실을 확인할 수 있었을 것이다. 체스판의 반이 채워지는 데 필요한 쌀알의 수는 약 43억 알이다. 체스판의 나머지 반을 채우는 데 필요한 쌀알수는 억 단위에서 조 단위로, 다시 경 단위로 늘어나는데, 좀더 구체적으로 계산하면, 상상하기도 힘든 1,840경 알이 넘는다.

에릭 브린욜프슨Eric Brynjolfsson과 엔드루 맥아피Endrew McAfee도 같은 일화를《2차 머신 시대: 찬란한 기술 시대의 업무와 진보와 번영》이라는 책에서 이야기한다. 브린욜프슨과 맥아피와 크루즈월 모두 우리가 이제부터 체스판의 뒷부분, 즉 정말로 광란의 성장이 위력을 발휘하는 시대로 들어가고 있다고 주장한다.

하지만 그들이 지적하지 못한 한 가지 사실이 있다. 그건 새로운 칸에 놓는 쌀알의 수, 즉 직전 수의 2배인 쌀알의 수는 그 앞에 놓았던 쌀알의 수 모두를 합친 것보다 크다는 것이다.(예를 들어 1, 2, 4, 8…… 식으로 놓게 되는데, 8은 앞의 세 수 1, 2, 4를 합친 것보다 크다 – 옮긴이) 잠시 이것에 대해 생각해보고, 이 원리를 오늘날의 컴퓨팅에 적용해보자. 컴퓨터의 처리능력은 대략 2년마다 2배가 되고, 새로 도달한 수준은 그전에 존재했던 그 모든 기하급수적 성장의 합계보다 더 크다.

기하급수적 성장은 실제로 엄청나게 큰 수들을 만들어낸다. 이건 황제를 속여서 큰 상을 얻어내려던 발명가에게는 좋지 않지만, 기하급수적으로 성장하는 컴퓨터의 성능을 지닌 기기 사용자들에게는 사용자를 전적으로 새로운 차원으로 데려간다는 의미에서 좋다. 내가 위에서 지적했다시피, 어떤 단계의 공급망도 이 기하급수적인 성장(혹은 역으로 기하급수적인 비용하락)을 저지할 수 없다. 소비자이자 사용자인 우리는 쌀알 하나씩을 받는 사람들이지만, 현재 우리가 받는 것은 이전의 것을 전부 합친 것보다 더 많다. 미래 역시 이전의 어떤 것보다 더 크고 오늘날 우리가 가진 것보다 더 많은 것들이 소비자에게 전달될 것이다. 이것이 우리 후세대에게 운명처럼 주어질 디지털 미래다.

세 가지 중요한 요소(유비쿼터스 컴퓨팅, 인터넷 접속, 디지털 소비재의 급증)가 세기의 첫해에 함께 도래했다. 그리고 이것들이 우리의 디지털 운명의 기초를 놓았다.

두 번째 디지털 10년의 중반인 현재, 이 전환의 변곡점들이 우리를 둘러싸고 있다. 음악을 예로 들어보자. 디지털 음악 다운로드의 판매량이 다른 형식의 음악 미디어를 처음으로 앞질렀다. 전자책들 또한 종이책의 판매량을 앞질렀다. 뉴스 독자 역시 디지털 기기로 뉴스를 읽고, 잡지나 신문 같은 인쇄매체들도 디지털 보급에 주로 의존하고 있다. 두 번째 디지털 10년이 시작되었을 때, 우리는 완전 디지털 사회로 나아가고 있었다. 사실, 시스코의 추산에 따르면 현재 모바일로 연결된 기기들의 수가 전 세계 인구수를 능가한다.

물론, 우리가 짧게 살펴본 디지털 역사에는 생략된 내용이 많다. 그 이유는 우리가 이미 알고 경험했기 때문이기도 하지만, 이 지점에서는 이야기의 초점을 전환할 필요가 있기 때문이기도 하다. 우리는 컴퓨팅과 인터넷과 디지털 소비재의 수렴이 우리 앞에 불러온 것을 검토할 다음 장에서 데이터의 역사를 마저 다룰 것이다.

최초의 디지털
범인 추적

2013년 4월 15일 오후 2시 49분, 두 개의 압력솥 폭탄이 보스턴마라톤의 결승점 가까운 곳에서 폭발했다. 그 공격의 여파로 세 명의 사망자와 249명의 부상자가 발생했다. 규모 면에서 보면 보스턴 폭발은 9/11사태와는 비교도 되지 않는다. 그럼에도 불구하고, 폭탄이 폭발한 후 일어난 일은 내가 이 장의 앞부분에서 제기했던 질문(완전한 디지털세상에서 9/11 사태가 일어났다면 어떤 일이 벌어졌을까?)에 대한 답이 될 수 있다. 우리는 보스턴 비극의 렌즈를 통해 그것을 어렴풋이 추측할 수 있다.

폭발이 일어남과 거의 동시에, 소셜미디어도 폭발했다.

오후 2시 50분, 한 목격자가 폭발 장면을 찍은 사진을 트위터에 업로드했다.

오후 2시 51분, 또 다른 목격자가 트윗을 올렸다, "보스턴 도심에서 방금 폭발이 있었음. 보신 분들은 #보스턴마라톤 코스로 달려가기 바람."

오후 2시 52분, 지방 팍스 스포츠 계열사가 트위터로 메시지를 전달했다. "속보: 보스턴 마라톤 현장에 나가 있는 우리 직원에 따르면, 폭발이 있었음. 후속 뉴스가 곧 나올 것임." 텔레비전 보도가 금세 뒤따랐지만, 최초의 뉴스 전달은 디지털 네트워크를 통해 이루어졌다.

《내셔널지오그래픽》이 설명한 바에 따르면, 보스턴 글로브는 일시적으로 자사 홈페이지를 보스턴 당국들과 언론매체들, 시민들이 보낸 트윗을 받는 실시간 블로그로 전환했다. 심지어 당국들도 소셜미디어를 모니터하고 있었다. 테러리즘 연구와 테러리즘 대응을 위한 국가협력기구 이사인 빌 브래니프는, "당국은 이와 같은 사건이 발생했을 때 사람들이 앞으로 무엇을 해야 할지에 대해 다른 사람들이 하는 말을 듣기 위해 가장 먼저 달려가는 장소들 중 하나가 소셜미디어라는 것을 안다"고 말했다.

그리고 당국들은 트위터로 가서 앞으로 할 일에 대한 좀더 분명한 그림을 제공할 수 있는 전통적인 미디어 환경으로 그들을 유도했다.

우리는 사람들이 일반적으로 시정조치를 하기 전에 보강정보(텔레비전에서 토네이도가 만들어지고 있다는 뉴스를 들은 사람들은 친지나 이웃과 대화를 나눈다)를 검색한다는 것을 위기 시 소통 조사를 통해 안다.

실제로 #보스턴마라톤은 트위터에서 유행하는 해시태그가 되었다. 그 주말까지, 폭발 비디오 영상은 40,000번 이상 리트윗되었다. 보스턴 경찰국 트위터 계정의 팔로워는 500% 증가한 273,000명으로 늘어났다. 나중에 퓨 리서치는 미국인의 4분의 1이 페이스북과 트위터를 통해 보스턴 폭발과 폭파범 추적에 대해 알았다고 보고했다. 18

세에서 29세 인구 중 절반 이상(56%)이 SNS를 통해 폭발 관련 뉴스를 접했다.

　폭발과 그 여파를 담은 사진과 비디오가 계속해서 인터넷을 통해 유통되자, 경찰들은 증거를 자세히 조사하기 시작했다. 《워싱턴포스트》의 보도에 따르면, "그 목적은 사진들을 시간에 따라 배열한 후, 잠재 용의자들이 보도를 따라오는 모습을 추적해, 수많은 전화기와 카메라가 포착한 뒤죽박죽 섞인 수천 장의 사진들로부터 사건의 줄거리를 구성하는 것이었다." 역사상 처음으로, 물리적인 사건현장이 디지털 영역에서 훨씬 중대하게 분석되었다.

　폭발 발생과 거의 동시에 소문이 퍼져나갔다(디지털세상에서 재난의 불리한 면 중 하나는 소문과 근거 없는 정보의 확산을 포함한 데이터의 가속화다). 어떤 이들은 폭탄의 개수가 두 개가 아닌 네 개라고 말했다. 알카에다의 소행이라고 말하기도 했다. 아니, 우익 극단주의자들의 소행이다. 아니, 좌익 극단주의자들의 소행이다. 그러다 사람들은 혼란스런 현장을 찍은 흐릿한 이미지에서 이 사람 혹은 저 사람을 특정해 범인으로 지목하기 시작했다. 몇 주 동안 행적을 감춘 인도계 미국인 학생 한 명이 폭파범들 중 한 명으로 오인되기도 했다.

　《워싱턴포스트》의 보도에 따르면, "Reddit.com의 조사 포럼에서, 현장에서 떨어져 있던 사용자들은 수천 장의 사진들을 수집해 수상한 백팩을 맨 사람들은 없는지 조사한 후, 돌아다니는 가설들 중 가장 개연성 있는 것을 더 넓은 인터넷으로 확산시켰다."

　레딧 포럼의 익명의 전달자가 썼다. "검정색 가방을 멘 사람들을 찾아라. 수상쩍어 보이는 사람들이 있으면 그들을 포스트하라. 그러면 사람들이 모든 이미지를 이용해 그들의 움직임을 추적할 것이다."

《워싱턴 포스트》가 정체불명 인물 두 명의 사진을 '가방을 멘 남자들'이라는 제목을 붙여 1면에 게재하자 피해자는 광분했다. 하지만 그 사진은 나중에 용의자가 아닌 것으로 판명되었다. 4월 18일, FBI는 아직 신원이 밝혀지지 않은 용의자들을 목격한 사람이 찍은 사진을 대중에게 공개해 도움을 요청했다. FBI는 웹상에 넘쳐나는 근거 없는 추측을 끝내기를 원했다.

오래 지나지 않아, 진짜 용의자들이 특정되었고 결국 체포되었다. 경찰이 두 명의 용의자에게 총을 겨눴을 때, 수천 명의 사람들이 다시 한 번 인터넷으로 유혈이 낭자한 결말을 지켜보았다. 결국 한 명은 사망하고, 정박된 모터보트에 숨어 있던 다른 한 명은 부상을 입고 체포되었다.

만약 보스턴 폭발 후의 처음 며칠을 확대경으로 들여다본다면, 우리는 9/11사태가 지금과 같은 디지털세상에서 발생했다면 어땠을지 충분히 짐작할 수 있다. 보스턴 사건에서처럼, 데이터 캡처와 복사와 배포가 폭발적으로 일어났을 것이다. 따라서 그 비극적 사건에 대해 우리는 지금보다 더 분명하고 정확한 시각을 갖게 되었을 것이다. 물론 당시로서는 훨씬 혼란스럽고 두려웠을 수 있다. 명확성이 안심을 보장하지는 않으니까 말이다. 하지만 질서를 잡기 전까지 혼란을 겪는 것은 불가피하다.

3장

데이터는 언제
디지털화되는가

"지식의 현 상태를 요약하자면, 태초에는 무(無)였던 것이 폭발했다고 할 수 있다."
— 테리 프리쳇Terry Pratchett

2013년 5월 20일, 에드워드 스노든Edward Snowden은 4대의 노트북을 들고 홍콩에 도착했다. 12일 후, 그는 홍콩 구룡호텔에서 영국 일간지 《가디언》의 기자 글렌 그린월드와 이완 맥캐스킬을 만났다. 스노든은 처음 만난 두 기자에게 루빅큐브로 자신의 신분을 증명했다. 루빅큐브라는 사소한 소품이 내 관심을 사로잡지만, 그에 앞서 먼저 디지털이라는 렌즈를 통해 에드워드 스노든이라는 인물을 살펴보자.

실제 숫자는 기밀에 부쳐져 있지만, 스노든이 미국과 영국, 오스트리아의 정보기관들로부터 확보한 서류의 양은 대략 1,500만 부에 달하는 것으로 추정된다. 서류의 총량을 정확히 알 수는 없지만, 1,500만 부 중 일부만이라도 상상해보자. 우리가 지금까지 몸담고 살아온 아날로그세상에서는 불가능한 일이다. 1,500만 부라면 트레일러를 가득 채우고도 남을 것이다. 스노든은 서류뭉치에 깔려 죽고 말았을 것이다. 그러나 새로 등장한 디지털세상에는 스노든 사건에서 보듯이 1,500만 부도 휴대가 가능하다.

스노든이 디지털세상에서 했던 일은 아날로그세상이었다면 거의 불가능했을 것이다. 일단 그 정도 분량의 서류를 훔치려면 많은 조력자가 필요했을 것이다. 게다가 스노든이 가져간 서류 중 다수는 아날로그세상에서는 존재하지도 않는 것들이다. 말하자면 디지털로만 생성되고 존재하는 문서다. 디지털로 생성되고 존재하는 정보의 좋은 예가 이메일이다. 그 데이터는 오직 디지털로만 존재한다. 이메일 같은 매체의 디지털적 속성과 그에 수반되는 낮은 생산비 덕분에 결과적으로 훨씬 많은 양의 데이터가 생산된다. 이처럼 디지털 전환은 데이터가 애초부터 디지털로 생성되는 것을 가능하게 했고, 이는 디지털 데이터의 폭풍이 휘몰아치는 결과를 불러왔다. 우리는 문자메시지와 이메일로, 그것들이 없었다면 어쩌면 공유하지 않았을 글과 사진 등을 공유한다. 공유의 용이성과 저비용 덕분이다.

스노든이 유출한 서류들 중 일부는 미국 국가안전국National Security Agency, NSA과 영국 정보통신본부Government Communications Headquarters, GCHQ의 대량 감시프로그램이다. 그 감시프로그램들 중 하나인 프리즘PRISM은 한편으로는 미국의 주요 정보회사들이 개인에게 사전 고지 없이 수집한 정보에 정보기관들이 접근할 수 있도록 해주면서, 다른 한편으로는 그 프로그램 자체가 디지털 정보통신망으로부터 대량으로 데이터를 수집하는 프로그램이다. 이런 정보들 중 다수는 디지털 데이터를 생산하는 디지털 기기를 통해서 생성되었다. 게다가 디지털 기기들은 데이터의 체계적 수집을 가능하게 만들었다. 결국 디지털이 데이터의 생성과 수집을 촉진시킨 것이다.

스노든의 행동을 놓고 시시비비를 다투는 책은 이미 수십 권이 나왔고 앞으로도 나올 것이다. 하지만 여기서는 그가 테러리즘을 빌미로 자행되고 있는 현대사회의 거악巨惡을 폭로한 내부고발자인지 아닌지를 다루지는 않을 것이다. 그 문제는 이 책의 주제가 아니다. 이 책의 주제와 관계가 있는 건 스노든이 악당이건 영웅이건 간에, 그는 디지털로의 전환이 데이터에 엄청난 영향을 끼치고 있음을 만천하에 드러냈고, 지금 우리는 단지 그 표면을 건드리기 시작했을 뿐이라는 점이다. 스노든 사건은 이 거대한 물결의 한 단면을 우리에게 드러내는 계기가 되었다.

이제 루빅큐브로 돌아가보자. 루빅큐브는 아이들 장난감이긴 하지만 질서와 혼란에 대한 탐구다. 오리지널 루빅큐브(3×3×3)는 디자인과 기능은 단순해 보이지만 수십억 개의 조합이 가능하다고 광고했다. 하지만 실제로 가능한 조합의 숫자와는 거리가 멀다. 여기까지 읽고 '역시 수십억 개의 조합이라니, 터무니없는 과장광고군'이라고 생각하는 독자가 있다면 안심하기엔 아직 이르다는 점 또한 분명히 말씀드린다. 소문에 따르면, 루빅큐브 제조사는 수학적 정확성보다 이윤창출에 더 관심이 많았다고 한다. 그들은 실제 숫자를 잘 이해하지(혹은 믿지) 못하는 일반 소비자들에게 '수십억' 정도면 마케팅의 목적 달성에 충분히 기여할 숫자라고 생각했다. 하지만 실제로 루빅큐브가 돌면서 생길 수 있는 조합은 모두 4.3×10^{19}, 43퀸틸리언(4,300경 - 옮긴이)이다. 정확한 수는 43,252,003,274,489,856,000이다.

그렇다면 43,252,003,274,489,855,999개의 틀린 조합과 단 1개의 올바른 조합이 있는 셈이다. 수학자 스콧 보겐Scott Vaughen의 말처럼, 만약 누군가가 루빅큐브의 모든 가능한 순열을 적용하며 1초마다 하나의 조합에서 다른 조합으로 물리적으로 바꾼다고 가정했을 때, "모든 가능한 조합을 만드는 데만도 우주의 나이보다 긴 시간이 걸린다." 색깔스티커가 붙여진 값싼 플라스틱 장난감이 우주를 능가하는 셈이다.

이처럼 그야말로 믿기지 않는 루빅큐브의 가능한 경우의 수를 전제로 하면, 오직 천재만이(혹은 슈퍼컴퓨터만이) 그 퍼즐을 풀 수 있을 것 같아 보이지만, 알다시피 그렇지 않다. 그 퍼즐은 어느 정도의 판단력과 시간만 있으면 아이라도 풀 수 있다. 인간의 정신은 올바른 순열을 찾기 위해서 가능한 경우의 수 모두를 훑고 지나가지 않는다. 우리의 뇌는 직관적으로 큐브의 혼란을 뚫고 질서를 찾을 수 있다. 이건 이리로 보내고, 저건 저리로 보내면 되겠지, 아하! 됐다. 혼란은 얼마 안 가 질서로 마무리된다.

43퀸틸리언이라는 경우의 수를 놓고 보면 루빅큐브는 아무 의미도 없어 보이는 블록들의 집합에 지나지 않는다. 누군가가 죽을 때까지 무작위로 큐브를 돌려도, 그는 한 번도 퍼즐을 맞추지 못하고 생을 마감할 가능성이 대단히 높다. 죽음의 순간까지 그의 손에 쥔 큐브는 혼란만을 상징할 뿐이다. 그러나 인간의 뇌는 무작위로 작동하지 않는다. 인간의 뇌는 구성체계를 알고 **각 변의 색이 어떤 식으로 배열되어야 하는지를 안다.** 우리의 뇌는 마치 '이것이 그들이 원하는 존재방식이야'라고 말하는 양, 색깔 사각형들에게 의지를 부여한다. 올바른 배열을 찾으려면 어느 정도의 노력은 필요하지만, 설사 우주의 역사를 초로 환산한 것보다 더 많은 경우의 수가 존재하더라도, 인간은 퍼즐을 충분히 풀 수 있다. 단 하나의 올바른 배열이 자신을 발견해달라고 크게 소리치는 데다가, 우리의 뇌가 그 무언의 소리에 감응하기 때문이다.

반대로 루빅큐브 사용자라면 누구나 알듯이, 질서를 혼란으로 바꾸는 데는 단 두세 번의 회전만으로 충분하다. 혼란의 시작에서 위세를 떨치는 것은 43퀸틸리언이라는 경우의 수다. 인간의 뇌는 순식간에 무력해진다. 보통 사람의 뇌는 불과 몇 바퀴에 불과한 큐브의 회전을 따라잡지 못한다. 그래서 역추적하는 방식으로는 혼란을 질서로 바꿀 수 없다. 역추적 방식이 아니라 혼란에서 질서를 찾아내는 원칙적인 방식이 적용되어야 한다.

그런데 경우의 수가 정해져 있는 루빅큐브와 달리, 무한히 확장 가능하고 무한하게 다양한 데이터의 경우에도 질서가 가능할까? 다시 말해 인간의 뇌는 혼란을 질서로 바꿀 수 있을까? 보다시피 그 답은 질서가 가능하지만, 데이터의 무한성과 과정성 때문에 그 질서는 언제나 가변적이리란 것이다. 데이터가 혼란과 질서의 주기성을 갖는 이유가 여기에 있다.

빅데이터의 우주

데이터의 역사를 이야기하기에 앞서, 먼저 혼란에서 질서로, 질서에서 혼란으로, 즉 동트는 새벽에서 미지의 어둠으로, 다시 어둠에서 새벽으로 반복해서 이어지는 데이터의 주기성을 충분하게 이해할 필요가 있다. 다음 장에서 자세히 설명하겠지만, 데이터의 이런 특성이 우리가 오늘날 보고 있는 많은 것을 설명해준다. 우리는 지금 데이터 폭발의 한가운데에, 따라서 엄청난 혼란의 한가운데에 있다.

앞서 논의한 인터넷의 역사를 생각해보자. 처음에는 소량의 디지털 문서가 있었다. 디지털 문서의 수가 늘어남에 따라 혼란이 닥쳐왔다. 정보관리시스템인 월드와이드웹을 1989년에 개발한 팀 버너스리를 살펴보자. 웹이 만들어진 초기에는 웹사이트들의 수는 충분히 관리 가능한 정도였다. 그러나 시간이 지남에 따라 그 수가 기하급수적으로 증가해 웹은 사이트들로 이루어진 정글이 되었고, 사용자들은 혼란 속에서 길을 잃기 시작했다.

그러던 1995년, 래리 페이지Larry Page가 스탠퍼드에서 세르게이 브린Sergey Brin을 만났다. 미시건대학을 갓 졸업하고 스탠퍼드대학원 진학을 고려하던 중인 래리 페이지에게 그 학교 소개를 담당했던 사람이 세르게이 브린이었다. 1997년, 그들은 구글닷컴Google.com—수학 용어인 '구골(10의 100제곱, 혹은 1뒤에 0이 100개 붙은 수)'의 언어유희—을 창업했다. 이 이름은 무한히 흩어져 있는 웹상의 정보들에 체계를 부여하려는 그들의 목표를 반영한다.

데이터가 질서를 잃으면 혼란이 시작된다. 검색어에 따라 다르지만 전에는 검색을 하면 수백에서 수천 개 정도의 결과가 나왔다. 하지만 오늘날에는 '두브라박'은 15만 개, '오바마'는 1억 6천만 개의 검색결과가 나온다. 데이터가 증가하면 질서를 부여하려는 시도가 이루어진다. 그러나 다시 폭증하는 데이터가 그 질서를 깨뜨린다. 그리고 새로운 질서가 만들어질 때까지 혼란이 계속된다. 이것이 데이터의 주기다. 즉, 질서에서 혼란으로, 그리고 다시 새로운 질서로 가는 것이다.

또 다른 비유가 있다. 우주는 대략 132억 2천만 년 전에 시작되었다. 그 순간 물질과 시간과 공간, 나아가 모든 물리법칙이 생성되었다. 파편이 퍼져나가 우주를 채우는 동안, 다른 한편에서는 중력으로 인해 파편들이 뭉치면서 별과 행성과 은하가 형성되었다. 소용돌이치는 혼란 속에서 중력이 질서를 만들어낸 것이다. 태양이 존재하기 전에 이미 수십억 개의 별들이 탄생하고 소멸했다. 별들이 죽음에 이르면 폭발한다. 그러면 질서는 또 한 번의 혼란으로 대체된다. 태양 또한 그럴 것이다. 태양의 파편들도 우주로 퍼져나가 다른 별이나 행성을 형성할 것이다. 알다시피 세상은 혼란에서 탄생했다.

우주에서는 이런 순환이 끝없이 되풀이된다. 혼란이 질서를 낳고, 시간이 지나면 또 다시 혼란이 오는 순환이다. 그런데 물리학에서 질서가 혼란이 되고 혼란이 질서가 되는 데는 에너지가 필요하다. 데이터도 마찬가지다. 데이터의 폭발로 인해 어떤 혼란이 일어났는지는 무엇보다 인쇄기의 발명과 디지털 데이터의 개발이라는 두 가지 역사적 사례를 보면 알 수 있다. 앞서 언급했듯이, 인쇄기의 발명은 르네상스와 종교개혁, 대항해시대와 산업혁명을 일으킨 주요 인자(원동력까지는 아니라 하더라도)였다. 비록 덜 직접적이긴 하지만 그 영향력은 오늘날까지도 지속된다.

하지만 이보다 더 중요한 핵심은 디지털 기술이 불러온 데이터 폭발은 인쇄기가 만들어낸 데이터의 폭발보다 훨씬 더 커서 둘을 비교하는 것 자체가 무의미하다는 것이다. 인쇄기가 인간사회의 혁명에 도움을 주었던 반면, 디지털 기술은 인간의 경험 자체를 혁명화시킨다. 한 번 데이터가 물리적 한계에서 벗어나고 복사 비용이 무한대로 0에 가까워질 때 어떤 일이 벌어질지를 상상해보라. 이것은 1450년 구텐베르크 성경이 처음으로 인쇄되어 나오던 그 순간처럼 우리가 자신을 발견하는 순간이다.

지나친 과장이라고? 그럴지도 모른다. 판단은 당신에게 맡기겠다. 그러나 생각해보라. 2013년, 노르웨이의 연구소인 SINTEF의 연구자들은 세계에 현존하는 데이터의 약 90%가 **지난 2년 동안에** 생성되었다고 보고했다. 매초 205,000기가바이트가—혹은 1억 5천만 권의 책이—새로 만들어지는 셈이다. 구텐베르크를 거의 초죽음에 이르게 할 양이다. 그러나 이 숫자를 제대로 된 맥락에 놓고 우리 앞에 놓인 데이터의 어마어마한 양을 더 잘 이해하기 위해서는 비교기준이 필요하다.

서던캘리포니아대학USC의 연구에 따르면, 1986년 세계의 기술적인 정보저장능력—아날로그와 디지털을 모두 포함해서—은 2.6엑사바이트였다(엑사바이트는 퀸틸리언이다. 이제 당신은 퀸틸리언이 얼마나 큰 수인지 안다). 이것을 맥락 속으로 가져가면, 2.6엑사바이트의 데이터는 세계 인구 일인당 하나의 CD롬을 의미한다. 1993년에는 그 수가 15.8엑사바이트, 혹은 일인당 약 4개의 CD롬으로 커졌고, 다시 2000년경에는 54.5엑사바이트(CD 12개)로 커졌다. 디지털 저장능력이 아날로그 데이터의 양을 넘어선 것은 2002년이고, 2007년경에는 295엑사바이트의 데이터가 저장되었다. 결과적으로 1986년부터 연구가 끝난 2007년까지의 기간 동안 세계의 정보저장량은 매년 23%의 성장률을 보였다.

그것은 점점 흥미롭게 진행되고 있다.

USC의 연구는 전체 저장용량에 대한 것이어서 디지털 데이터 생성량과 일치하지는 않는다. 그러나 다음의 수를 이해하는 데는 도움이 될 것이다. 시장조사 회사인 국제데이터회사International Data Corporation, IDC는 2007년부터 매년 생성되고 복사되고 소비되는 전체 정보로 정의되는 '디지털 우주'에 어느 정도의 바이트가 추가되었는지 연간 추정치를 발표해왔다. 디지털 우주의 규모는 2005년—이 책에서 편의상 디지털 우주의 '원년'이라 부르겠다—부터 측정되었다. IDC는 그 원년에 32엑사바이트의 데이터가 만들어지고 복사되었다고 보고했다. 다르게 말하면, 1986년에 저장 가능했던 데이터의 15배가 2005년에 만들어졌다.

2014년의 보고서는 그 영역을 완전히 벗어났다. 하찮은 엑사바이트는 잊어라. 이제는 **제타바이트**—10^{21} 혹은 **섹스틸리언바이트**—가 기준이다. 2013년, IDC 보고서는 세계가 4.4제타바이트의 데이터를 생산했다고 말했다. 그 보고서는 만일 디지털 우주를 PC태블릿의 하나의 스택(저장장치 - 옮긴이)에 있는 메모리로 비유하면, 2013년의 스택은 '지구에서 달까지 거리의 3분의 2'에 달한다고 평가했다. 더욱이 고든 무어의 주장대로 디지털 우주의 크기는 **2년마다 2배씩 증가한다.** 그렇다면 2020년경에 우리가 해마다 만들고 복사하는 데이터는 44제타바이트—달까지 거리의 스택을 6.6개 만들기에 충분한 데이터—에 달할 것이다.

이것은 전후사정을 모른다면 이해할 수도 없을 만큼 압도적으로 큰 수다. 다행스럽게도 데이터 시각화 회사인 도모DOMO는 익숙한 예시를 사용해 매분每分 생산되는 데이터의 양을 계산했다.

2014년 현재, **매분**······

······2억 4천만 개의 이메일 메시지가 전송된다.

······400만 건의 구글 검색이 이루어진다.

······246만 건의 글이 페이스북을 통해 공유된다.

······277,000건의 트윗이 전송된다.

……216,000개의 사진이 인스타그램에 게재된다.

……48,000개의 앱이 애플 앱스토어에서 다운로드된다.

……26,380건의 리뷰가 옐프에 올라간다.

……3,472개의 이미지가 핀터레스트에 올라간다.

……72시간 분량의 새 비디오가 유튜브에 업로드된다.

이 숫자들을 기억할 필요는 없다. 디지털 데이터의 성장은 너무나 빨라서 이것들도 이미 구시대의 것이 되었기 때문이다. 이런 유의 숫자들은 날마다 아주 빠른 속도로 증폭되고 있다. 모바일기술, 특히 인터넷이 나온 이후 스마트폰과 태블릿PC의 출현은 디지털 데이터 성장에서 가장 큰 동력이었다. 오늘날 약 36억 인구가 모바일로 소통하고 71억 건 이상의 모바일 접속이 이루어진다. 곧 지구 인구보다도 더 많은 모바일 접속이 있을 것이다. 스마트폰 가입자는 해마다 4억 명 이상씩 증가하고 있다.

모바일 트래픽에 관한 연례보고서를 발간하는 시스코에 따르면, 전 세계 모바일 데이터 트래픽은 2013년 말에 매달 1.5엑사바이트—2012년 말에는 820페타바이트(10^{15} 혹은 콰드릴리온 바이트)였다—에 달했다. 2013년의 모바일 데이터 트래픽은 2000년의 전체 인터넷 규모의 거의 18배였다. 세계는 과거보다 훨씬 더 많은 데이터를 생산하고 있고, 더 자주 변하고 있다. 여기에서 우리는 앞서 논의한 데이터의 속성―복제와 변동―이 우리 세상에 영향을 미치고 있는 것을 본다.

이 엄청난 데이터 트래픽에 활기를 불어넣고 있는 것은 모바일 공간의 상대적으로 새로운 참가자인 비디오다. 2013년 말의 시스코 보고서에 따르면, 모바일 비디오 트래픽은 전체 모바일 트래픽의 53%를 점했다. 비디오는 이제 4G의 훨씬 빠른 접속 속도 덕분에 모바일을 매개로 할 수 있게 되었다. 시스코는 모바일 네트워크 접속속도가 2013년에 2배 이상―초당 526킬로비트에서 1387킬로비트로― 증가했다고 한다. 4G접속이 전체 모바일 접속의 2.9%에 불과한데도 전체 모바일 트래픽의 30%를 차지하는 것이다. 2018년경이면 무선과 모바일기기의 트래픽이 유선기기의 트래픽을 능가할 것이다.

2014 IDC보고서를 발표하는 비디오에서, 수석부사장인 버논 터너가 익숙한 비교를 했다. "물리적인 우주와 마찬가지로, 디지털 우주는 광대하다. 2020년경, 디지털 우주에는 우주의 별의 수―300섹스틸리언―와 거의 맞먹는 디지털 바이트가 존재할 것이다. 그리고 물리적인 우주처럼 디지털 우주도 확장되고 있다. 2년마다 배로 증가하는, 아니 더 빠른 속도로."

무언가를―하물며 인간이 만든 것을―우주와 비교하는 것은 거의 언제나 과장이지만, 디지털 데이터만은 예외다. 현재 그 비교는 적절하다. 게다가 우리가 여전히 살아 있는 동안에 그 비교가 구식이 될 때가, 다시 말해 디지털 우주의 바이트가 물리적 우주의 규모를 능가할 때가 올 것이다. 달리 말하면, 우리 아이들은 우주에서 가장 큰 것이 우주가 아닌 세상에서 자랄 것이다. 우주에서 가장 큰 것은 인간이 만든 디지털 우주가 될 테니까.

데이터의 지속적
성장을 위한 촉매

우리는 이미 디지털 데이터 폭발의 주요 인자 중 일부를 다뤘다. 전자부품의 가격인하 효과인 무어의 법칙과 더 많은 것의 디지털화가 데이터의 지속 성장을 위한 촉매 역할을 했다. 그러나 이건 절반의 설명에 불과해서, 지난 5년간은 말할 것도 없고 지난 15년간 보았던 디지털 데이터의 기하급수적인 성장을 완전히 설명하지는 못한다.

앞장에서 언급한 것처럼, 2000년대가 시작된 후 10년간 세 가지 중요한 요소—컴퓨터의 성능 향상, 디지털 통신 네트워크의 성장과 보조를 같이하는 인터넷 접속의 폭증, 디지털 소비재의 급증—가 함께 작용했다. 여기에 덧붙여 디지털 저장용량의 증가와 동시에 디지털 저장비용의 감소가 이루어짐으로써 디지털 데이터 폭발의 근간을 형성했다. 이것이 디지털의 운명을 지탱하는 네 개의 핵심기둥이다(다음 장에서 5번째이자 마지막 기둥을 소개하겠다). 그리고 이것들은 대체로 디지털로의 이행에 도움을 주는 중요한 수학적 특성을 가지고 있다.

이 퍼즐의 첫 번째 조각은 '메트칼프Metcalfe의 법칙'으로 알려진 이론이다. 간단히 설명하면, 메트칼프의 법칙은 통신 네트워크의 가치가 시스템 사용자 수의 제곱(n^2)에 비례한다는 법칙이다. 그 핵심 의미는 팩스기나 컴퓨터나 전화기 같은 네트워크의 노드(접속점 – 옮긴이)를 두 배로 증가시키면, 그 가치는 4배로 증가한다는 것이다. 이더넷의 공동발명가 로버트 메트칼프의 이름을 따서 명명된 이 법칙은 원래는 기기에 적용되는 법칙이었다. 예를 들면, 이 이론이 처음 만들어진 1993년에는 팩스기에 적용되었다. 그러나 인터넷, 특히 소셜네트워크의 등장은 사용자 정의를 확장(사람을 포함하는 것으로)시켰다. 그래서 예를 들면, 페이스북상의 두 사람은 하나의 접속점을 만들지만, 페이스북상의 다섯 사람은 10개의 접속점을, 그리고 12사람은 66개의 접속점을 만든다.

그러나 페이스북 같은 소셜네트워크가 어떤 식으로 작동하는지 이해한다면, 당신은 메트칼프의 법칙이 지니는 더 큰 의미를 알게 될 것이다. 한 명의 친구를 가진 페이스북 사용자가 상태 업데이트를 공유해서 친구가 그것을 보면, 그 정보는 기본적으로 두 배가 된다. 그러나 그 친구에게 100명의 페이스북 친구가 있어 그들과 함께 네트워크를 공유하고, 그들 중 절반이 자신들의 네트워크와 그것을 공유한다면…… 음, 그러면 당신은 메트칼프의 법칙이 어떤 것인지 여실히 느낄 것이다. 하나의 데이터가 소셜네트워크와 메트칼프의 법칙에 힘입어 수천 개로 복사되는 것이다 그것도 고작 몇 분 만에, 사실상 비용은 전혀 들이지 않고.

물론 소셜네트워크는 사용자가 없으면 힘도 효과도 크지 않다. 사용자가 접속하지 않는 경우에도 마찬가지다. 하지만 실제로 지난 10년에 걸쳐 두 번째 핵심 요소인 시간과 장소에 구애받지 않는 인터넷 접속의 빠른 성장이 이루어졌다. 더 중요하게는 미국 가정에서 광대역 상시접속이 빠르게 증가했다. 2000년에는 미국 가정의 절반 이하가 인터넷에 접속했는데, 그중에서도 단지 4%만이 상시 광대역 인터넷에 접속했다. 그러나 2001년부터 가정용 인터넷 가입률이 가파르게 증가했다(S자 형태의 가입곡선은 혁신 확산 모형임을 잘 보여준다). 2003년에는 거의 20%에 달하는 미국 가정이 광대역 인터넷에 접속했다. 3년 전에 비해 5배가 증가한 것이다. 그리고 그로부터 4년 후에는 광대역 인터넷을 사용하는 미국 가정이 처음으로 전체 가정의 절반을 넘을 것으로 예측되었다. 오늘날에는 인터넷을 사용하는 가정의 96%가 광대역 접속을 사용한다.

지난 10년 동안 무선접속 역시 급증했다. 공짜 와이파이를 제공하는 공공장소와 민간장소가 많아지면서, 몇 년 전만 해도 꿈에 불과했던 '언제 어디서나 접속 가능'이 현실이 되어가고 있다. 오늘날 미국의 무선접속은 인구 수를 능가하는 수준이다.

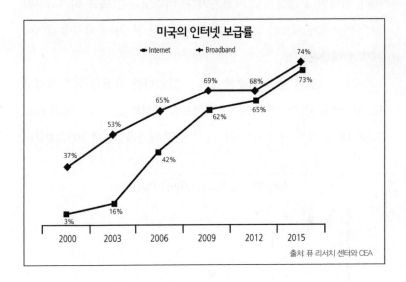

출처: 퓨 리서치 센터와 CEA

인터넷 접속, 특히 광대역 접속은 디지털 데이터를 전파하고 기기들을 연결하는 이상의 역할을 한다. 상시접속을 통해 인터넷 노드가 만들어지고 네트워크에 더해진다. 그럼으로써 모든 접속된 기기—세계의 모든 스마트폰과 태블릿, 나아가 아직 만들어지지 않은 많은 기기들에 이르기까지—에 메트칼프의 법칙을 적용시킨다. 아직 접속되지 않은 아주 많은 것들도 언젠가는 인터넷에 접속될 것이다. 미래에는 연결된 기기가 홍수처럼 쏟아질 것이며, 그 모두가 시스템 속으로 데이터를 쏟아낼 것이다.

데이터 대폭발의 마지막 방아쇠는 낮아지는 가격과 높아지는 성능, 그리고 데이터 용량이다. 오늘날 우리는 메모리나 저장용량에 대해서는 별로 신중히 검토하지 않는다. 대부분의 무료 이메일 시스템이 우리에게 필요한 저장용량 이상을 제공하며, 대부분의 데스크탑이나 랩탑이나 태블릿도 마찬가지다. 비디오나 그래픽 디자인처럼 많은 메모리가 필요한 직업을 가진 경우에만 저장용량이 충분한지에 대해 염려한다.

우리는 그것이 항상 이렇게 쉽지는 않았다는 사실을 쉽게 망각한다. 생각해보라! 1980년, 26메가바이트에 불과한 모로 디자인의 하드 드라이브 가격은 약 5,000달러, 다시 말해 기가바이트당 193,000달러

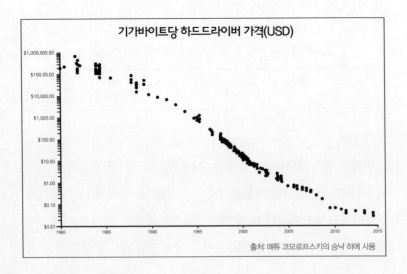

기가바이트당 하드드라이버 가격(USD)

출처: 매튜 코모로프스키의 승낙 하에 사용

였다. 1985년에는 기가바이트당 평균 가격이 105,000달러였고, 1990년에는 11,200달러였다. 5년 후에는 1,120달러였는데 2015년이 되자 기가바이트당 평균 가격은 0.05달러—5센트—아래로 떨어졌다.

컴퓨터 처리능력에 대한 무어의 법칙처럼, 저장능력 역시 꽤 규칙적인 하락곡선을 그린다. 수학자 매슈 코모로프스키Matthew Komorowski가 말했듯이, "지난 30년 동안 유닛 가격당 공간은 14개월마다 약 2배로 커졌다(48개월마다 자릿수가 증가한다)." 구글드라이브나 드롭박스 등의 서비스를 제공하는 클라우드 스토리지의 출현과 증가 또한 세계 어느 곳, 어떤 기기에도 접속될 수 있는 저장능력을 가진 하드드라이브의 수를 증가시키고 데이터 저장의 장벽을 대폭 낮추었다.

오늘날에는 구글이나 아마존의 운영자가 아닌 일반인들에게 저장비용은 거의 고려대상이 되지 않는다. 일반 사용자들이 사용하는 대부분의 소비재들은 충분하고도 남는 저장용량을 가지고 있다. 이것이 디지털 기술 발전의 주요 요인이었음은 분명하다.

이전 세대에게는 데이터 보급에서 저장용량이 주요 장벽의 하나였다. 되풀이해서 말하지만 인간은 처음에는 기억만이 저장의 수단이었다. 데이터를 영구적으로 저장하려면 많은 비용과 힘든 과정이 필요했다. 종이는 비쌌고 필사는 엄청난 시간을 필요로 했다. 구텐베르크가 이 비효율적인 시스템을 타파했지만, 인쇄기가 가져온 변화는 본질이 아닌 정도의 문제를 해결한 것에 지나지 않았다. 인쇄기는 숙련된 기술자만이 다룰 수 있는 정교한 기계여서 책은 여전히 상대적으로 비쌌다.

이렇게 보면, 디지털 시대의 도래는 선사시대 이래로 인류를 괴롭히던 문제를 해결했다. 이제 우리는 풍선껌보다 싼 기가바이트당 가격으로 충분하고도 넘치는 저장용량을 확보할 수 있다! 만세! 코모로프스키가 지적했듯이 이제 하드드라이브는 막강한 능력을 갖게 되었다. 이제 용량은 더 이상 주된 관심사가 아니다. 그의 설명에 따르면, 하드드라이브 혁명에 강력한 영향력을 발휘한 요인 중 하나는 더 큰 저장공간에 대한 소비자의 요구였지만, 이제 소비자들의 관심과 요구는 속도와 신뢰성과 접근 가능성으로 옮겨가고 있다고 한다. 사람들이 더 값싸고 넓은 공간'이라는 욕구에서 벗어나게 된 데는 몇 가지 외부적인 요인도 있다.

우리의 개인용 기기에는 예전처럼 많은 저장용량이 필요하지 않다. 넷플릭스 같은 회사가 비디오 스트리밍의 장을 열었고, 클라우드 스토리지의 등장은 그 추세를 가속화시켰다. 우리는 이제 하드드라이브에 자료를 저장하는 대신, 돈을 은행에 보관하듯 드롭박스 같은 서비스를 이용해 자료를 저장한다. 곧 알게 되겠지만 이것이 더 좋기만 한 것은 아니다.

그럼에도 불구하고, 2000년대 들어서서 첫 10년 동안 무제한 저장의 값싼 비용은 데이터 전파능력을 기하급수적인 규모와 속도로 촉진시켰다. 메트칼프의 법칙과 '항상 켜져 있고, 항상 접속되는' 현대 기기의 현실을 복합적으로 고려하면, 인류의 저장 딜레마 해결은 디지털 데이터 성장의 핵심 촉매다.

이처럼 우리가 최근 경험하는 데이터 폭발에는 다양하고 이질적인 힘들이 함께 작용하고 있다. 이 힘들은 여러 가지 의미에서 변곡점을 함께 공유한다. 알다시피 거대한 변화는 다양한 많은 힘이 함께 작용할 때라야 일어난다. 메마른 숲에 번개를 동반한 폭풍이 몰아치는데 때마침 번개가 떨어져 대형 산불이 일어나듯이, 데이터 또한 디지털이라는 번개를 맞음으로써 혁명적인 변화의 첫날이 시작되었다.

디지털
붕괴

거의 모든 경우에, 디지털은 첫 장에서 언급한 데이터의 속성들을 증폭시켰다.

앞에서 말했듯이 데이터의 속성 중 하나는 무한가분성이다. 하지만 실물세계에서는 이 무한가분성을 충분히 구현할 수 없다. 가게는 진열대의 공간을 고려해야 하고, 아날로그 TV방송은 하루 24시간, 1440분, 86,400초라는 제약이 있다. 이것은 아날로그 세계에서 일하는 모든 이들이 매일같이 봉착하는 현실적인 제약이다.

이런 제약 때문에 우리는 자주 묶음제품을 보게 된다. 아날로그 세계에서는 좀더 많은 대중의 관심을 끌기 위해 가능한 한 다양한 정보를 종합한다. 사람들이 묶음상품 모두를 좋아하지는 않는다고 할지라도 말이다. 저녁뉴스를 예로 들면, 날씨, 스포츠, 지역뉴스, 전국뉴스를 전부 묶어 표준적인 30분짜리 텔레비전 방송으로 만든다. 하지만 따지고 보면 시청자의 범주는 각 주제마다 다를 수 있다. 나 역시 어린 시절 스포츠 하이라이트를 시청하기 위해 지루한 지역뉴스를 견디곤 했다.

그나마 케이블 텔레비전은 채널을 다양화함으로써 묶음판매에 대한 소비자의 불만을 극복하려고 노력했다. 덕분에 케이블 세계에서라면 사람들은 스포츠 채널과 주택 리모델링 전문 채널, 요리 채널 등 등을 제공받을 수 있다. 하지만 케이블에서도 내가 좋아하는 팀과 선수를 보려면 여전히 기다려야 하는 경우가 대부분이다.

이런 문제들은 디지털에서라면 모두 해결될 수 있다. 원하는 스포츠 하이라이트를 보기 위해서 다른 뉴스까지 시청할 필요가 없다. 원하는 요리 파트를 보기 위해서 아침 토크쇼를 전부 볼 필요도 없다. 기다릴 필요 없이 좋아하는 팀의 시합 장면들을 실컷 감상할 수 있다.

음악이 디지털을 만났을 때 무슨 일이 일어났는지 떠올려보라. 디지털이 도래하기 전에는 음반회사들이 대중의 선호도를 예상하고 음악을 선정했다. 아날로그 세계에서 진열공간은 희소성을 갖기 때문에, 음반회사들은 진열공간을 신중히 사용해야 했다. 기회비용이 존재했다. 팔릴 것 대신 팔리지 않는 것을 선택하면 회사는 더 많이 판매할 기회를 잃게 된다. 이런 불확실성에 대처하기 위해 묶음판매 방식이 선호되었다. 음반에 실린 곡들 중 하나만 인기를 얻어도 그 음반의 판매량은 늘어난다.

또 한 앨범에 담긴 14곡이나 15곡에 대한 선호도는 사람마다 다르다. 이렇게 되면 사람들의 다양한 취향들을 하나의 앨범으로 충족시키고, 그 결과 대중시장이 형성된다. 다른 산업 역시 마찬가지다. 종이신문은 진열공간의 희소성이라는 문제를 극복하기 위해 다양한 기사들을 한데 묶어 다수의 독자들을 불러들일 만한 상품을 생산한다.

반면에 디지털 데이터에는 아날로그에서와 같은 비용의 제약이 없다. 디지털세상에는 진열공간의 희소성이 없기에, 음악산업은 한 곡 한 곡 따로 판매할 수 있다. 신문사도 기사를 개별적으로 분리해서 제공한다. 따라서 독자들은 한두 개의 기사를 보려고 신문 전체를 구매할 필요가 없다. 디지털은 기사의 길이, 책의 사이즈, 영화의 장르 같은 아날로그적인 한계와 장벽을 순식간에 무너뜨렸다. 결과적으로 디지털세상에 소개되지 못하는 상품은 더 이상 없게 되었다. 어디에나 있는 디지털의 편재성遍在性이 거대한 지평을 연 것이다. 그리고 소비자로서 우리는 그로 인한 엄청난 혜택을 누리고 있다.

신문의 크기와 편집이라는 한계를 가졌던 사설칼럼도 단어 수의 제약에서 자유로워졌다. 블로그들과 수없이 많은 온라인 글들로 채워지는 디지털세상에서 크기는 더 이상 중요하지 않다. 기자도 작가도 글의 분량을 일정 한도에 맞춰야 한다는 압박에서 자유로워졌다. 내가 이 책을 위해 자료를 취합하기 시작하던 2011년 1월, 아마존은 킨들 싱글스(아마존이 출시한 전자책 단말기의 하나-옮긴이)를 출시했다. 그 덕분에 전에는 분량에 미달했던 책들을 위한 시장이 열렸다.

오늘날 우리는 유튜브와 인터넷에서 갖가지 활동—수리에서 비디오게임에 이르기까지—을 하는 사람들의 모습이 담긴 수백만 개의 비디오를 찾을 수 있다(놀랍게도 사람들은 자신이 비디오게임을 하는 모습을 지켜볼 팔로워들을 모을 수 있다). 진열공간의 희소성이 존재하던 세상에서는 있을 수 없는 일이 일어나고 있는 것이다.

제약이 사라지자 게시물의 수가 폭발했다. 이것은 특히 음악이나 영화, 글, 미술 같은 창조적인 영역에서 두드러졌다. 또 디지털 유통을 위한 디지털 플랫폼들은 공급자와 소비자의 직접 접촉을 허용하고 있다.

서비스에서도 같은 일들이 일어나고 있다. 아날로그세상에서는 시장성이 없어서 존재할 수 없었던 영세 서비스 부문들이 디지털세상에서는 가능해졌다. 데이터의 디지털화는 정보만이 아니라 서비스에도 영향을 미친다. 카페프레스CafePress 같은 서비스는 소비자가 자신의 티셔츠를 직접 제작할 수 있게 해준다. 덕분에 다양한 디자인의 셔츠를 만들 수 있다. 나 역시 카페프레스에서 많은 셔츠를 제작했다. 선물용으로나 나 자신을 위해. 특정 소비자의 취향에 맞는 디자인이 다른 소비자의 구매를 유발하는 경우가 없는 건 아니지만 진열공간의 한계에 허덕이던 아날로그세상에서는 가능하지 않은 일이었다. 디지털 진열공간의 무한성 덕분에 하나의 물품만을 판매하는 상품시장도 가능해진 것이다. 다시 말해 우리는 디지털 덕분에 루빅큐브가 지닌 무한선택의 가능성을 열게 된 것이다.

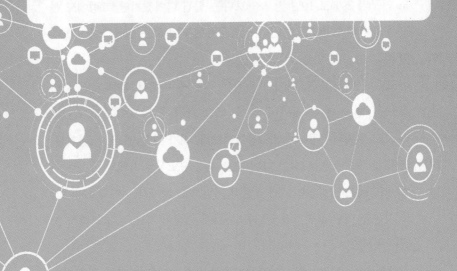

4장

대상의
센서화

"숫자가 아닌 지식을 기반으로 한 결정이 좋은 결정이다."

— 플라톤Plato

아프리카 대륙은 1999년에 처음으로 갔지만, 내가 에티오피아를 방문한 것은 2013년 여행에서였다. 암울한 가난에 직면하리라던 내 예상과 달리 에티오피아는 식수공급의 개선, 교육 수혜자의 확대, 일 인당 국민소득의 증가 같은 발전들이 이루어지고 있었다. 하지만 이런 발전의 많은 부분은 상대적이었다. 예를 들면, 에티오피아의 일 인당 국민소득은 겨우 380달러다. 10년 전에는 130달러였다. 빈곤층도 인구의 29%로 10년 전 38%보다는 훨씬 나아졌지만, 그럼에도 불구하고 에티오피아는 여전히 국제구호에 의존하는 빈곤국에 머물러 있다.

그러니 내가 수도 아디스 외곽의 작은 동네에서 센서 달린 소변기—음, 일을 다 본 후에야 알 수 있는 그런 종류 말이다—가 있는 걸 보고 얼마나 놀랐겠는가? 상상해보라. 내가 여행지에서 소변기 같은 것에 신경 쓰는 사람은 아니지만, 실내 수도시설 자체가 사치로 여겨지고, 많은 사람들이 하루 1달러 미만으로 살아가는 에티오피아에도 자동 물내림 소변기가 있다는 사실에 관심이 가는 건 당연하지 않겠는가.

물론 에티오피아에도 선진국만큼의 침투는 아니더라도 현대기술이 이미 존재한다. 예를 들어 CIA의 국가별 통계데이터World Fact Book에 따르면, 에티오피아에서 사용되는 핸드폰은 2천만 대에 이르고 있다. 전체 인구 9천만 중에서 단 22%에 불과하므로 서구에서와 같은 거의 100%에 가까운 수준에는 한참 미달한다.

물론 센서 달린 소변기 몇 개를 갖춘 화장실 하나가 큰 그림을 의미하는 것은 아니다. 우리가 적절한 삶의 기준이라고 여기는 데까지 도달하려면 에티오피아에는 더 많은 기초기술의 발전이 필요하다. 센서 달린 기계처럼 상대적으로 발전된 뭔가를 에티오피아에서도 발견한다는 사실이 그 나라에 대해 많은 것을 말해주지는 않는다. 하지만 기계에 대해서라면 그것은 많은 것을 말해준다.

특히 센서에 대해서 많은 것을 말해준다. 이 지면에서 독자들에게 특별히 부탁하고 싶은 게 있다. 당신의 스마트폰을 보면서 다음 몇 단락을 읽어달라. 당신의 스마트폰에는 기종에 따라 다르지만, 5개에서 9개의 센서가 내장되어 있다. 이 센서들은 지금 이 순간에도 당신과 관련된 데이터들을 디지털화하고 있다. 스마트폰에 내장되는 센서들로도 다음과 같은 것들이 있다.

근접센서Proximity sensor: 보통 수신 스피커 옆에 위치한 근접 센서는, 통화 중에 기기가 얼굴 가까이 있는 것을 감지하여 디스플레이와 터치스크린을 비활성화시킨다. 배터리가 낭비되지 않고 통화하는 동안 의도하지 않은 터치를 피할 수 있다.

조도센서Ambient Light sensor: 이것은 기기 주변의 빛의 양을 감지하고 디스플레이의 밝기를 조절해 에너지를 절약하고 더 적절한 읽기 환경을 조성한다.

가속도계Accelerometer: 고성능 센서의 하나다. 오늘날 기기에 내장된 3축 가속도계는 전화기의 방향을 감지하고 그에 따라 스크린을 변화시킨다. 이것은 글을 읽거나 이미지를 보는 것을 돕는 데 그치지 않고, 게임을 할 때 플레이어의 동작을 모방할 수 있게 해준다.

회전센서Gyroscopic sensor: 비교적 신형 스마트폰 모델에서 볼 수 있는 센서인 회전센서는 가속도계와 비슷한 작용을 하며 회전을 측정한다. 자이로스코프는 측정하거나 추적할 수 있는 움직임의 범위를 넓힌다.

자력계Magnetometer: 당신이 신형 아이폰을 가지고 있다면, 기기의 자력계를 사용해 주위의 자력이 미치는 방향과 강도를 추적하는 컴퍼스(나침반)앱Compass app도 설치되어 있을 가능성이 많다. 컴퍼스 앱을 사용하지 않았다면 지금 설정하길 바란다. 그것은 당신에게 원운동을 하며 기기를 돌릴 것을 요구할 것이다. 그렇게 하면 자력계가 지구의 자기장을(혹은 근처에 있는 더 강한 자기장을) 감지한다.

주변 소리 센서 Ambient sound sensor: 당신이 소란스러운 공간에 있다면, 당신은 전화를 받으러 밖으로 나가야겠다고 생각할 것이다. 그러나 보통 스마트폰 뒤에 있는 주변소리 센서가 그 문제를 해결한다. 그것은 주변 소음—원칙적으로 당신 목소리 외의 모든 소리—을 받아들여 그것을 제거한다. 따라서 통화 상대방에게는 당신의 목소리만 들린다.

기압계Barometer: 삼성 스마트폰 일부와 작년에 출시된 아이폰6에서 사용되고 있는 기압계는 당신이 현재 있는 곳의 기압을 측정한다. 이것은 더 정확한 일기예보를 가능하게 하지만, 기압계의 진정한 효용은 건강관련 앱에 있다. 예를 들면, 달리기 혹은 걷기 앱이 운동을 하고 있는 곳의 기압(혹은 고도)까지 안다면 더 정확한 칼로리 소모량을 제공할 수 있을 것이다.

온도/습도 센서 Temperature/Humidity sensor: 일부 삼성 스마트폰 모델에서 보이는 이 센서는 앱과 함께 작용해 좀더 나은 건강측정과 일기예보를 제공한다.

M7 모션 코프로세서M7 motion coprocessor: 아이폰 5s에 있는 M7은 가속도계와 자이로스코프와 나침반과 함께 작용해 당신의 전화기가 주변을 더 잘 인식할 수 있게 한다. M7은 당신이 걷고 있는지, 뛰고 있는지, 아니면 차에 타고 있는지를 알고 이 정보를 전화기의 프로세서에 전달해 그것의 작동을 당신의 활동에 적합하게 만든다.

오늘날 당신은 이 센서들 대부분을 당연한 것으로 여길 것이다. 그런데 당신은 이 모든 고급기술의 가격이 얼마일 것이라고 생각하는가? 그 센서들의 가격은 전부 합해서 5달러 미만이다. 어떤 센서는 분명 다른 것보다 더 비싸지만, 가장 싼 것은 0.07달러면 살 수 있다.

이제 당신은 에티오피아 같은 가난한 나라가 자동세정 소변기 같은 사치품을 구매할 수 있는 이유를 알 것이다. 미래를 향한 발걸음에서 가장 최근에 이루어진 진보인 센서들은 아주 싸다. 하지만 그것들은 인류의 경험에 혁신을 일으키고 있다.

에어백에서부터 눈에 이르기까지

1997년, 미래학자 폴 사포Paul Saffo는 1980년대가 '마이크로프로세싱'의 10년이라고 썼다. 왜냐하면 그 당시 PC는 데이터 처리

process능력으로 평가받았기 때문이다. 하지만 그는 1990년대 들어서는 초점이 처리에서 접속으로 넘어갔다고 썼다. 값싼 레이저가 CD에서 광케이블에 이르기까지 우리 삶 구석구석으로 스며들었다. CD로 공급받는 저렴한 저장과 광섬유가 광대역에 미치는 속도 덕분에, 우리의 관심은 주입된 데이터의 처리능력에서 연결능력, 다시 말해 접속능력으로 바뀌었다. 이제 컴퓨터는 네크워크화된 기기다.

사포는 다가올 10년을 규정할 차세대기술로 센서를 골랐다.

힌트는 도처에 도사리고 있지만, 가장 흥미로운 지표 중 하나는 최근 2년 동안 로스앤젤레스에서 나타났다. 최근 로스앤젤레스에서 자동차 절도범이 가장 선호하는 아이템은 무엇일까? 에어백이다. 에어백에는 값비싼 가속도계 센서가 내장되어 있기 때문이다. 그 결과 에어백 교체시장이 호황을 누렸다.

하지만 MEMSMicro Electro Mechanical Systems를 사용하면 2달러짜리 칩 하나로 가속기를 설치할 수 있어 더 저렴할 뿐 아니라 더 영리하고 믿음직한 기기를 만들 수 있다. 이 때문에 조금만 지나면 에어백은 훔치기에는 너무 저렴한 물건이 되고 말 것이다. 지금의 에어백 시스템은 승차자 유무에 관계없이 급가속을 감지할 때마다 소리 없이 터진다. 미래의 에어백 시스템에는 승하차 유무를 감지할 뿐 아니라, 승차자의 몸무게나 키까지 감지해 그에 맞춰 팽창 정도를 조절하는 센서들이 장착될 것이다.

"훔치기에는 너무 저렴하다." 나는 이 구절이 마음에 든다! 이 책의 핵심 주제를 완벽하게 함축하는 표현이다. 거대하고 정교한 수십

억 달러짜리 장비가 아닌 저렴한 전자장치와 그보다 더 저렴한 플라스틱이 디지털의 운명을 이끌어왔다. 이것은 또 다른 중요한 측면을 시사한다. 당시에는 누구도 결코 생각지 못했던 지점에서 차세대 기술의 파도가 시작되는 경우는 종종 있다. 미래학자가 아니라면 누가 에어백에 주목하고 "이것이 우리의 미래다!"라고 말할 수 있었겠는가?

어쨌든 사포가 옳았다. 에어백은 훔치기에 지나치게 저렴해졌다. 그러니 그의 이야기를 좀더 듣도록 하자.

싸고 흔한 고성능 센서들 같은 새로운 장치들이 향후 10년의 모습을 만들 것이다. 1980년대에 우리는 프로세서 기반 컴퓨터 '지능'을 만들었다. 1990년대에는 레이저 연결 대역폭을 이용해 그 지능들 간의 네트워크를 구축했다. 앞으로의 10년 동안, 우리는 기기와 네트워크에 감각기관을 덧붙일 것이다. 지난 20년 동안에도 디지털 충격이라는 나름의 역할을 해냈지만, 그 충격도 앞으로 도래할 것에 비하면 빛이 바랠 것이다. 프로세싱과 접속과 센서가 합쳐져 상호작용이라는 차세대의 물결이 넘실거릴 것이다. 내가 말하는 '상호작용'은 단순히 인터넷을 통한 사람들 사이의 다양한 상호작용만을 가리키는 게 아니다. 여기에는 전자기기와 실물세계와의 상호작용도 포함된다.

도표에서 보듯, 사포가 말한 센서화된 기기는 '스마트기기Smartifacts'다. 즉 애초부터 센서가 내장된 전자기기들이다. 그런데 일반 물건에 센서를 추가하면 어떻게 될까? '사물인터넷'으로의 도약이 이것이다. 예를 들어 센서가 부착된 당신의 화분이 말라갈 때 물을 달라는 신호

처리에서 검색으로의 전환		
처리 (Processing)	검색 (Access)	상호작용
퍼스널컴퓨터	월드 와이드 웹/인터넷	스마트기기
		센서
	레이저	
마이크로프로세서		
1980	1990	2000　　2010

출처: 폴 사포의 승낙을 받아 사용

를 당신에게 보내는 식이다. 화분만이 아니라 당신 주변의 모든 대상이 센서를 통해 관련 데이터를 주고받는다면 어떻게 될까? 하지만 아직은 성급하게 앞서나가지 말자.

보다시피 센서는 데이터의 역사적 발전을 완성한다. 우리는 아직 센서혁명, 혹은 센서시대의 시작점에 서 있다. 센서는 무인자동차를 가능하게 했고, 휴대전화를 '스마트폰'으로 바꾸는 데 도움을 주었으며, '웨어러블 기술'이라는 최근의 물결을 일으켰다. 또 센서는 애플이 다수의 건강분야 기술자를 고용한 이유가 되었다. 2013년 보고서에 따르면, "최근의 고용에서 보건데, 애플의 센서에 대한 관심은 혈당이나 그 밖의 건강수치를 측정하는 능력에 초점을 맞춘 듯하다. 상품은 이 데이터를 이용해 비침습적인 방식으로 사용자에게 건강정보를 줄 수 있다. 또 이 센서들은 사용자에게 건강정보를 제공하기 위해 건강응용 프로그램에 필요한 데이터를 더 많이 수집할 수도 있다."

애플의 CEO 팀 쿡도 2013년 학회에서 "센서의 가능성은 폭발할 것"이라고 선언했다. 나는 이 예언이 분명히 이루어지리라 생각한다.

디지털 데이터의 권능이 만들어내는 긴 여정에서 우리가 도달한 지점을 보면, 우리의 연속된 기술진보의 맥을 잇는 다음 진전이 바로 센서가 될 것은 명백하다. 데이터의 역사는 뇌의 데이터 처리능력을 재현하려는 기나긴 시도였다는 측면에서 볼 때, 센서는 그중 감각의 재현이다.

우리의 뇌는 믿기 힘든 속도로 주위 세계를 흡수한다. 짧은 순간 수없이 많은 데이터를 처리하는 우리의 타고난 능력은 인간이 만든 어떤 인공물과도 비교할 수 없다. 물론 기술이 계속해서 그것을 추구하고 있지만, 오늘날에도 그에 가까운 것은 IBM의 슈퍼컴퓨터인 '블루진Blue Gene' 같은 임시 슈퍼컴퓨터가 유일하다. 하지만 블루진은 단지 뇌의 뉴런과 시냅스라 불리는 접합부의 4.5%—대략 10억 개의 뉴런과 10조 개의 시냅스—밖에 모방하지 못한다.

따라서 시간이 더 필요할 것이다. 그러나 그때까지는 일상 사물에 장착되는 센서가 앞으로 최고의 물건이 될 것이다. 앞 장에서 내가 컴퓨터의 편재적 사용과 편재적 접속, 디지털 기기의 급증, 값싼 디지털 저장비용을 디지털 운명의 네 기둥이라고 언급했던 것을 기억할 것이다. 그때 나는 마지막 기둥은 추후에 언급하겠노라고 했다. 음, 이제 이야기하겠다.

마지막 기둥은 센서다. 처음 네 개가 부분적으로 디지털의 운명을 이끌었다면, 센서는 디지털 데이터의 실질적인 가속을 유발할 것이다. 센서는 네 기둥과 결합해 그 데이터를 저장하고 우리가 데이터를 이해할 수 있게 돕는다. 컴퓨터 사용의 목적이 인간의 정신을 모방하는 것이라고 할 때, 센서는 생명유지와 관련된 역할을 한다고 할 수 있다. 센서는 주변세계를 흡수하여 그 정보를 프로세서에 전달한다. 그리고 프로세서가 날것인 데이터를 지식으로 바꾸는 데 도움을 준다. 센서의 아름다움은 센서가 이런 일을 자율적으로 한다는 데 있다. 다른 말로 하면, 그들은 인간의 도움—노동과 시간이 요구되는 처리과정—없이 데이터를 입력한다. 따라서 데이터를 한계짓던 또 다른 장벽이 사라진다. 우리는 다음에서 그 결과를 살펴볼 것이다.

사포의 에어백에서 오늘날의 스마트폰까지 일직선적인 발전이 있었다고 가정해서는 안 된다. 사포가 언급한 에어백은 그가 예견한 트렌드의 예시에 불과하다. 그는 '값싸고 흔한 고성능 센서'를 하나의 산업에서 보았고, 결국은 센서가 다른 많은 산업에도 흘러들어갈 것을 예견했다. 전자기기에 센서를 장착하는 현상은 긴 역사를 가지고 있기에 세부사항까지 상세히 열거할 필요는 없을 것이다. 컴퓨터 마우스에서 마이크에 이르기까지 오랫동안 센서는 소비자 전자기술, 특히 컴퓨터의 주된 요소였다.

그러나 센서 기술이 진정한 도약을 보여준 것은 게임에서였다. 센서를 게임에 접목한 것은 오래전으로 거슬러 올라간다. 1936년에 레이오라이트Ray-O-Lite라 불리는 최초의 라이트건 게임이 등장했다. 이 게임에서 게이머는 '스크린' 위에서 움직이는 센서(오리)에게 라이트 빔을 쏜다. 그러나 이 버전은 그 후에 나왔던 대부분의 게임들이 그랬듯이 스크린과 총의 게임인 '올인원all-in-one' 시스템이었다. 이

상황은 1985년에 달라졌다. 2장에서 우리는 닌텐도가 NES를 출시한 1985년에 그것을 보았다. 그것의 첫 적재물은 재퍼Zapper, 혹은 라이트건이었다. 나는 '덕헌트Duck Hunt'라는 그 고전적인 게임에서 가여운 오리들이 폭발하던 것을 즐겁게 기억한다. 그런데 그 게임은 초기의 오락실 슈팅게임과 달리 스크린이 게임기와 연결되어 있지 않았다.

그것의 작동방식은 이러하다. 당신이 언제 오리에게 총을 쏘는지 아는 것은 TV 스크린이 아니라 재퍼다. 재퍼에 있는 센서가 빛의 변화를 추적한다. 당신이 방아쇠를 당겨 빛으로 오리를 맞추면, 재퍼가 오리는 하얗게 나머지 스크린은 검게 만든다. 무척 단순했다고 할 수 있다. 그러나 당시에는 거의 혁신적인 상품이었고, 이는 닌텐도의 엄청난 히트로 증명되었다. 닌텐도는 거의 10년간 게임기 시장을 석권했다.

닌텐도는 계속해서 다른 초기 센서장착 기기들을 선보였다. 1989년, 닌텐도는 '파워글로브Power Glove'라는 조종장치를 출시했다. 그 글로브는 초음파 송수신기와 스피커에 의지해 움직임을 추적하는 동작센서를 사용했다. 핑거소켓에도 센서가 내장되어서 선을 통해 시스템으로 직접 신호를 보냈다.

17년 후, 파워글로브라는 아이디어는 결과적으로 닌텐도의 성공을 이끌었다. 2006년, 닌텐도는 위Wii 게임기를 출시했다. 위 게임기의 주요 특징은 새로운 종류의 리모트 콘트롤이었다. 닌텐도는 위모트Wiimote로 또다시 상업적으로 홈런을 날리며 센서화를 향한 트렌드를 확장시켰다. 위모트 역시 에어백처럼 곳곳에 감춰져 있던 센서를 소비자 대면 프로그램으로 옮김으로써 소비자들에게 센서의 위력을 알렸다.

센서가 게임의 초기 핵심기술이 된 것은 놀라운 일이 아니다. 게임은 특정 기술이 실용적인 기기에서 원숙해지기 전, '처음 선보이는' 소비자 기술세계의 놀이터 역할을 해왔다. 재퍼에서 마이크로소프트 키넥트Kinect에 이르기까지, 게임 환경을 풍부하게 하기 위해 센서를 사용하는 것은 만물이 디지털화로 향해 가는 핵심 트렌드다.

오늘날 우리는 가상현실virtual reality, VR을 통해 이러한 전진을 계속한다. 실감미디어immersive media로도 알려진, 가상현실을 사용한 최초의 게임은 1990년대 초에 등장했다. 하지만 이 초기 버전들은 다루기 힘든 것은 말할 필요도 없고, 가정에서 소비하기에는 비용이 지나치게 많이 들었다. 플레이어들은 게임을 하려면 무겁고 불편한 헤드셋을 착용해야 했다. 그래픽 품질도 형편없어서, 이미 기대치가 높아진 세대에게는 게임이 너무 단순했다.

언제나 혁신적인 닌텐도도 1996년에 버츄얼 보이Virtual Boy라는 홈 버전 가상현실 시스템을 출시했다. 180달러로 가격은 적당했지만, 그 시스템 역시 가상현실 게임의 초기 버전들을 괴롭혔던 문제들, 즉 커다란 헤드셋, 조악한 그래픽, 소비자 기대에 못 미치는 게임 콘텐츠라는 문제들을 극복하지 못했다.

그 후 VR은 홈게임 시장에서 대부분 사라졌다. 게임산업은 실패에 대한 두려움 때문에 가장 잘하는 것—훌륭한 그래픽을 가진 매력적인 게임을 만드는 것—을 계속했다. 그러나 가상현실의 진보는 시간 문제에 불과하다. 2014년 3월, 페이스북은 가상현실 스타트업 오큘러스 VR을 20억 달러에 인수했다고 발표했다. 오큘러스의 상품 중 하나는 3D게임을 위한 VR헤드셋인 리프트Rift였다. 2014년 국제 CES

에서 오큘러스는 '크리스털 코브Cristal Cove'라는 코드네임의 소비자 버전 리프트를 선보였고, 그에 대한 초기 리뷰들은 찬사 일색이었다. 게다가 그 헤드셋은 《엔가젯Engadget》으로부터 2014 CES 최고상을 받았다. 헤드셋의 센서들은 머리와 몸을 모두 추적해 초기 VR 시스템을 괴롭혔던 또 다른 문제, 즉 멀미를 해결했다. 내가 CES에서 직접 경험해본 다른 많은 기술들처럼, 오큘러스 리프트 체험은 믿기 어려울 정도로 놀라웠다.

오큘러스가 소비자 리프트의 출시 시기를 정하지는 않았지만, 나사NASA에서는 이미 화성에서의 '걷기'를 모방하는 버전이 사용되고 있다. 리프트의 가능성에 흥분하기는 다른 산업분야도 마찬가지다. 《엔가젯》은 이에 대해 "오큘러스는 최신 리프트를 통해 진정한 몰입형 게임과 오락의 장으로 인도할 가능성을 가진 기기를 창조했고, 더 나아가 산업이 제조에서 의료환경에 이르기까지 모든 것에 가상현실을 적용할 수 있는 새로운 기회를 창출했다"고 썼다.

인수가 발표되었을 때 마크 주커버그Mahc Zuckerberg가 페이스북에 "(페이스북의) 사명은 세계를 더 열리고 연결되게 만드는 것이다. (…) 이제 우리는 장차 더 유용하고 즐겁고 개인적인 경험이 가능한 어떤 플랫폼에 초점을 맞추기 시작했다. (…) 이것은 진정으로 새로운 소통의 플랫폼이다. 당신은 이제 진정으로 존재한다는 느낌을 가지고 무한한 공간과 경험을 다른 사람들과 공유할 수 있다. 친구들과 온라인을 통해 단지 일정한 순간만 공유하는 것이 아니라 경험과 모험을 온전히 공유하는 것을 상상해보라"고 적었다.

리프트가 성공하든 실패하든, 그 트렌드가 가는 방향은 명확하다. 게임에 센서를 접목하는 실험을 통해, 센서의 초기 결함이 해결되고 가능성이 실현되었다. 그리고 게임산업에서 센서의 비약적 발전은 다른 산업분야들에 대한 소비자들의 기대치도 덩달아 올렸다.

다음으로 우리는 센서와 데이터의 연결관계를 검토하여 둘 사이의 협력방식을 보여줄 것이다. 이 관계가 앞으로 디지털의 운명을 결정할 것이다.

센서의 성장

2014년 포드사의 글로벌 영업마케팅 부사장인 짐 팔리Jim Farley가 국제CES 공개토론회에서 다음과 같은 발언을 해 사람들을 충격에 빠뜨렸다. "우리는 누가 교통법규를 어겼는지, 언제 그랬는지 다 알고 있습니다. 당신의 차에 딸린 우리 GPS 덕분에요. 우리는 당신이 무엇을 하고 있는지 알죠. 그렇지만 그 정보를 다른 사람에게 제공하지는 않습니다." 음, **알게 되어 다행이다.**

어떤 사람들은 충격을 받았겠지만, 팔리의 자백은 전적으로 명백한 사실이다. 포드나 다른 자동차 제조사들이 자동차의 모든 것을 센서화하고 있는 것은 당연하다. 왜 그러지 않겠는가? 그 분야에도 기술이 있다면, 그들이 개개 자동차의 성능에 대해 가능한 한 많은 정보를 수집하는 건 이치에 맞는다. 센서는 자동차에 대한 정보를 디지털화해서 자동차의 컴퓨터가 정보를 더 쉽게 처리할 수 있게 해준다. 그리고 이러한 데이터를 중앙으로 보내 포드 기술자들이 당신 자동차의 문제를 좀더 쉽게 진단할 수 있도록 돕고, 포드가 장차 더 나은 자동차를 만들도록 돕는다. 이처럼 센서가격의 하락으로 센서들은 갈수록 소비자 대면 응용프로그램에 더 많이 사용되고 있다. 이는 결국 센서들이 우리의 운전 활동에 영향을 미칠 것이라는 뜻이다.

자동차에는 수십 년간 센서가 사용되어왔지만 최근까지도 국지적으로만 사용되었을 뿐이었다. 센서들은 폐쇄 루프 안에서만 작동되었다. 하지만 이제 자동차의 ODB-Ⅱ포트에 이 데이터를 가지고 새로운 가치와 새로운 서비스까지 제공할 새로운 기기들이 삽입되었다. 말하자면 지금까지 놓치고 있던, 센서화된 데이터의 연결이 이루어진 것이다.

이로써 이제 우리는 사물의 센서화가 뜻하는 참된 의미에 도달한 셈이다. 센서들이 자극에 반응하는 것으로는 충분하지 않다. 지금까지도 센서들은 엄청나게 많은 데이터를 캡처해냈다. 그리고 그 데이터들은 이제 처리가 가능해졌다.

국제데이터회사의 보고서인 〈디지털 우주〉에 따르면, "기상정보처

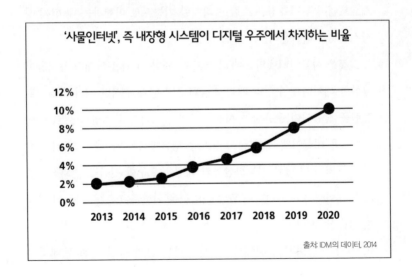

'사물인터넷', 즉 내장형 시스템이 디지털 우주에서 차지하는 비율

출처: IDM의 데이터, 2014

럼 물리우주, 즉 내장형 시스템들에서 나오는 데이터가 이미 디지털 우주의 2%를 차지한다. 2020년경이면 그 비율은 10%에 달할 것이다."

사실 IDC 보고서는 '사물인터넷'의 등장에 관해 특별히 언급한다. 보고서는 현대 디지털 우주에서 세 번의 성장 스퍼트spurt를 정의하고 있는데, 첫 번째는 필름이 디지털카메라 기술로 대체되었을 때, 두 번째는 아날로그 전화가 디지털로 전환되었을 때, 세 번째는 텔레비전이 디지털로 전환되었을 때 일어났다고 본다. 이 각각의 경우에서 당신은 내가 말했던 디지털 데이터의 네 핵심 기둥—더 강력한 컴퓨터 성능, 디지털 저장의 성장, 접속, 소비재의 디지털화—을 찾을 수 있을 것이다. 그리고 네 번째 성장 스퍼트가 있다.

IDC 보고서에 따르면,

이제 물리세계를 모니터하고 관리하던 아날로그 기능들이 소통과 소프트웨어 원격측정을 포함한 디지털 기능으로 이행하는 네 번째 성장스퍼트가 다가온다.

그것을 사물인터넷의 도래라 부르자. 얼마 안 가 1조 개의 센서들이 양산한 데이터를 수십억 개의 지능화 시스템과 수백만 개의 운영프로그램을 결합시켜 운용하는 사물인터넷이 소비자와 기업의 새로운 행동방식을 이끌어낼 것이다. 그 새로운 행동방식은 가상현실의 질적 향상 요구처럼 더 많은 지능화산업의 해법을 요구할 것이고, 결과적으로 IT 판매회사와 사물인터넷 관련 기업들을 위한 수조 달러 가치의 기회를 창출할 것이다.

이 주장을 강화하기 위해, IDC 보고서는 깜짝 놀랄 만한 통계자료를 덧붙였다. 예를 들면, IDC는 '연결할 수 있는 사물'의 총계를 대략 2천억 개로 추산한다. 물론 현재 실제로 연결되어 인터넷으로 소통하는 사물의 수는 200억 개다. 그 일은 추적하고, 감시하고, 연결된 사물에 데이터를 공급하는 약 500억 개 센서들의 네트워크를 통해 가능해진다. 그러나 2020년에는 '연결된 사물'의 수가 50%가량 증가해 300억 개에 달할 것이다. 이렇게 되면 센서들의 네트워크는 1조(선) 정도가 된다.

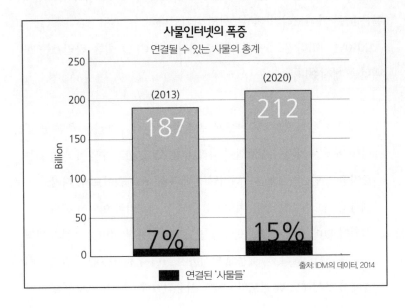

센서의 폭증은 디지털 데이터 네 기둥의 기반시설화와 저렴한 센서가격(그리고 높아지는 품질) 때문에 가능해졌다. 센서가격은 컴퓨터 하드드라이브의 성능 및 가격과 비슷한 궤적을 따랐다. 예를 들면, 비디오게임 조작기와 스마트폰에 가속도계가 막 등장하던 2007년에는 동작 축 하나를 설정하는 데 약 7달러가 들었다. 가속도계는 두 개 차원의 움직임을 캡처한다. 따라서 스마트폰 같은 기기에 풍경에서 초상화로 스크린 방향을 변화시키는 단순 기능을 추가하는 데 2007년 센서가격으로 약 14달러의 가격인상 요인이 생겼다. 오늘날 동일한 동작 축을 캡처할 수 있는 가속도계를 기기에 부착하는 데는 0.5달러 미만—혹은 1달러 미만—이 든다. 이런 가파른 가격하락의 원인은 스마트폰 시장의 극심한 경쟁과 더불어 이 기술을 사용하는 응용프로그램 수의 증가였다. 이와 동일한 현상이 압력센서나 습도센서 같은 다른 카테고리의 센서에서도 나타났다.

2010년《EE타임스》에서 멘토그래픽스의 CEO 월든 라인스는 한 패턴을 제시했다.

새로운 응용프로그램 반도체 보급 증가에서 더 놀라운 측면 중 하나는 유닛당 가격이 감소함에 따라 응용프로그램의 수익이 의미 있는 증가를 보인다는 것이다. 디지털 카메라를 예로 들어보자. 디지털 카메라의 반도체 대부분은 비휘발성 플래시 메모리와 이미지 센서로 구성되어 있다. 1990년대 초반에는 반도체를 이용한 이미지 센서의 가격이 20~25달러였다. 이 때문에 당시까지 이미지 센서는 전체 반도체 시장에서 무시해도 될 정도의 수량만 사용되었다. 그런데 1990년대 동안 센서당 가격이 약 5달러로 대폭 떨어졌다. 이 가격에서 단위 체적이 급등해 지난 몇 년간 시장에서 통용되는 전체 반도체의 3% 이상이 이미지 센서를 만드는 데 사용되었다. (⋯) 그 결과 디지털 카메라와 반도체 시장에서 엄청난 순성장이 이루어졌다.

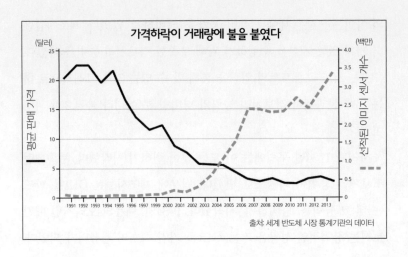

가격하락이 거래량에 불을 붙였다

(달러)   (백만)

출처: 세계 반도체 시장 통계기관의 데이터

그래프에서 보듯이, 1990년대 초반 이래 센서 가격은 꽤 가파르게 하락하고 있었지만 주문량이 그에 반비례해서 비약적으로 늘어나지는 않았다. 하지만 2000년대 초반에 이르자 상황이 달라졌다. 먼저 카메라 장착 고성능 전화기의 판매량이 늘어났고, 따라서 가격을 낮출 수 있었다. 결국 더 저렴한 전화기에 이미지 센서를 장착하는 것이 가능해진 것이다. 전화기 사용이 폭증하자 이미지 센서도 그에 편승했다. 더 다양한 기기에 기술을 사용하고, 하나의 스마트폰에 다중카메라를 장착할 수 있을 만큼 가격이 낮아진 것도 이때였다.

이것은 매우 일반적인 기술성장 경향이지만, 센서의 경우에는 특히 더 그렇다. 특정 기술의 초기에는 가격이 상대적으로 비싼 경우가 많아서, 그 기술은 드물게만 사용된다. 예를 들어, 1984년 전에는 컴퓨터의 정보처리 능력이 희귀한 자원이어서 한정적으로만 사용되었다. 1984년 전의 컴퓨터 제조사들은 그래픽 사용자 인터페이스 grafical user interface, GUI―오늘날의 우리에게는 매우 익숙한 스크린 위의 아이콘—같은 데에 컴퓨터 능력을 '낭비하지' 않았다. 제조사들은 더 가치 있는 계산을 수행하기 위해 부족한 정보처리 능력을 아꼈다. GUI는 코드 프롬프트의 입력을 통해 할 수 있는 것을 그래픽으로 하는 것에 불과해서 정보처리 능력의 낭비일 뿐 아니라 불필요한 과잉이었다.

하지만 1984년 무렵에는 이 모든 것이 변하기 시작했다. 부족했던 정보처리 능력이 과잉으로 변했다. 덕분에 제조사들은 GUI를 만드는 데 그 능력을 '낭비하기' 시작했다. 1984년, 애플의 오리지널 매킨토시는 상업적인 성공을 거둔, GUI를 가진 최초의 컴퓨터가 되었다. 그리고 그 후로 후퇴는 없었다.

디지털 저장용량 역시 한때는 귀했던 기술 원천이었다. 지금의 우리는 다시 보지 않을지도 모를 수만 개의 사진을 복사하고 저장하는 데 주저하지 않는다. 이처럼 일단 기술자원이 충분히 저렴해지면, 사람들은 중요하지 않은 응용프로그램에 자원을 '낭비하는' 경향이 있다. 사람들은 동일한 스마트폰에 전방카메라와 후방카메라를 함께 장착하는 것 같은 사치를 누린다. 센서도 가격이 비쌀 때는 드물게만 사용되었다. 그러나 가격이 떨어지자, 제조사는 그것을 다양한 응용프로그램을 운용하는 더 많은 기기에 장착하기 시작했다.

센서화된 세계

우리는 앞으로 계속해서 센서로 되돌아갈 것이다. 그러니 정의되어야 할 수많은 센서 응용프로그램을 지금 전부 검토할 필요는 없다. 대신 이 장을 시작했던 지점인 에티오피아 이야기로 돌아가자. 에티오피아의 변방에서 센서 달린 소변기를 발견했다는 사실이 에티오피아의 미래에 기술발전을 약속하지는 않는다. 이보다 더 주목할 측면은 센서의 저렴한 가격이다. 이 장에 이르기까지 우리의 논의 대부분은 고도로 발달한 전자기기와 시스템들에 대한 것이었다. 이 시스템들은 서구에서는 일반적이지만 에티오피아 같은 나라에서는 낯설게 느껴질 수 있다.

사실 서구에서는 센서기술이 전혀 첨단기술로 분류되지 않을 정도로까지 발전하고 있다. 센서 달린 소변기가 첨단기술인가? 특정 지역에서는 아직 그럴지도 모르지만 점차 달라질 것이다. 마치 선진국의 일상사물의 센서화가 너무나 흔해서 그것이 첨단기술인 '연결된 사물'로 보이지 않듯이 말이다. 그것들은 그저 사물일 뿐이다. 오늘날 흔히 사용되는 동작센서를 예로 들어보자. 우리는 가까이 다가가면 가게 문이 저절로 열린다는 사실에 놀라지 않는다. 하지만 동작센서가 작동하는 문을 처음 봤을 때는 마법처럼 느꼈을 것이다. 바로 이것이 기술이 하는 일이다.

기술은 마법을 받아들여 일상으로 만든다. 이런 게 기술진보의 오랜 발자취다. 놀라움을 평범하게 만들고, 심지어 보이지도 않게 만든다. 세상이 더 많은 첨단기술을 얻어가는 게 아니라, 기술이 땅으로 내려와 세속의 일부가 되고 있다. 기술은 연장통 속의 망치처럼 평범해지고 흔해지고 있다. 기술의 위대한 민주화다.

대형 전자복합물이 우리의 미래일 거라고 생각하는 경향이 있다. 하지만 현실은 이보다는 덜 복잡하다. 기술은 계속해서 '발전하겠지만', 그래서 과거의 우리가 보면 놀라겠지만. 미래의 우리 눈에 기술은 두드러지지 않을 것이다. 매우 저렴한 센서들이 우리를 대신해 많은 복잡한 일을 할 것이기 때문이다. 우리가 일상생활을 꾸려가는 동안 센서들은 지금까지 인간이 하던 귀찮은 데이터 처리를 도맡을 것이다. 그리고 에티오피아같이 비교적 제한된 기회를 가진 나라에도 디지털의 운명은 피해가지 않을 것이다.

5장

디지털 데이터의
2차 효과

"우리에게 지루한 앱은 더 이상 필요하지 않다."
— 애플의 앱스토어 리뷰 가이드라인(2010년 9월)

지금까지 데이터 디지털화의 1차 효과 몇 가지를 살펴보았다. 1차 효과는 정보에의 손쉬운 접근이나 사용 가능한 정보의 폭증 같은 정보 디지털화의 초기 효과를 말한다. 앞서 논의한 것처럼, 무어의 법칙으로 디지털 기기의 가격은 낮아지고 기술에의 접근은 쉬워졌다. 더 많은 시장과 서비스가 디지털화할수록, 기술에 더 쉽게 접근할수록, 우리는 시장과 디지털의 모든 것에 더 광범위하게 접근할 수 있게 된다. 또 앞 장에서 보았듯이, 기술의 센서화는 더 다양한 상품 제작을 가능하게 할 것이고, 우리에게 개인적으로 유의미한 경험을 허락할 것이다.

그러나 하나의 효과가 사회 속에서 일어나면 많은 경우 그에 따른 2차 효과가 발생한다. 디지털화의 2차 효과는 1차 효과—양의 증가와 접근성의 향상—로 인한 결과다. 완전한 디지털세상을 향해 가는 과정에서 의도치 않은 결과들은 도전적인 과제를 제기한다. 디지털로 인해 가격이 낮아지고, 따라서 더 많은 선택이 가능해졌다. 이것은 우리의 일거수일투족을 비추는 수많은 디지털 카메라에서 우리의 모든 활동을 빅데이터로 삼는 광고에 이르기까지 전부 사실이다.

디지털화는 우리가 원하지 않았던 것들에도 동일하게 적용된다. 예를 들면, 디지털은 과거에 비해 소통을 더 쉽게 만들었다. 우리는 눈 깜박할 사이에 누구에게라도 이메일을 보낼 수 있다. 하지만 그것은 우리의 이메일 주소를 아는 누군가가 눈 깜박할 사이에 우리에게 이메일을 보내는 것이 상대적으로 쉬워졌다는 의미이기도 하다.

디지털 복사의 한계비용은 0에 가깝다. 이메일을 예로 들면, 또 다른 이메일을 보내기 위한 추가비용이 실질적으로 0이란 의미다. 비용이 0에 가깝기에 시장에는 공급과잉이 발생한다. 결과적으로 다른 이들과의 빠른 소통뿐만 아니라, 질 낮은 광고메일(스팸)의 홍수도 함께 일어난다. 그런데 질 나쁜 것들이 범람하다 보면 좋은 내용이 사장될 수 있다. 비디오도 몇 단계 과정만 거치면 온라인에 업로드할 수 있다. 비디오 업로드는 접속이 끊기지 않는 데다 저장능력까지 가진 스마트폰의 확산으로 유례없이 쉬워졌다. 그 결과 모든 장르는 아니지만 여러 장르에서 비디오 과잉이 발생했다. 하지만 우리에게 레이저 펜을 쫓아다니는 고양이 비디오가 몇 개나 필요할까? 평범한 불꽃놀이 비디오는?

시장이 디지털화되면, 희소성을 띠었던 시장이 공급과잉 시장으로 변한다. 공급과잉—고품질 상품을 압도하는 저급 상품의 범람—에 대한 반응으로, 우리는 디지털 시장을 질서 있게 정리하려고 시도한다. 비디오를 예로 들자. 우리는 비디오의 디지털화로 제공되는 수많은 선택항목들을 질서 있게 정리하기 위해 온라인 비디오 '채널'을 만든다. 이처럼 디지털 시장이 범람을 일으키는 분야에 상관없이 우리는 가치 있는 데이터를 놓치지 않고 정리하기 위해 부단히 애쓴다.

'MG 미젯Midget(영국의 자동차 회사인 모리스 개러지사가 생산한 2인승 소형 스포츠카 – 옮긴이)'을 검색하면 125,000개의 비디오가 뜬다. 비디오 제작자들이 고맙긴 하지만 이 과잉이 나를 비롯한 모든 비디오 소비자들에게 방해요소가 되는 것도 사실이다. 디지털이 구체적인 '한

품목을 대상으로 한 시장들'의 성장을 불러온 건 사실이지만, 그중에서 내가 원하는 것을 찾으려면 수십 수백 개의 시장을 누벼야 하는 것도 사실이다. 물론 검색도구들이 도움이 될 수도 있다. 하지만 시간을 들여 검색을 했는데 전혀 엉뚱한 결과물만 당신에게 제시되는 일도 그리 드물지 않다.

스티브 잡스가 사망하기 1년 전, 애플은 〈앱스토어 리뷰 가이드라인〉 개정판을 발간했다. 그 당시 애플의 앱스토어에는 약 250,000개의 앱이 있었고, 개정된 가이드라인에서 그 기업은 앞으로 어떤 앱을 허용할지를 좀더 신중하게 결정할 것이라는 뜻을 내비쳤다. 다른 말로 하면, 그들은 디지털화가 가능하다는 이유로 마구잡이로 디지털화하지는 않을 것이라고 선언했다. 여기에 애플의 가이드라인 일부가 있다.

- 앱스토어에는 250,000개 이상의 앱이 있다. 우리에게 지루한 앱은 더 이상 필요하지 않다.
- 만약 당신의 앱이 유용한 작업을 해내지 못하거나 지속적인 즐거움을 제공하지 않는다면, 그것은 받아들여지지 않을 수 있다.
- 만약 당신의 앱이 엉성하게 꿰맞춰진 것이거나, 친구들의 관심을 끌기 위한 첫 번째 연습용 앱이라면, 거절에 대비해 마음을 단단히 먹기 바란다. 우리에겐 자신의 수준 높은 앱이 아마추어들의 습작으로 둘러싸이기를 원치 않는 수많은 프로 개발자들이 있다.

우리는 이미 비트들 속에서 익사할 위험이 현실이 된 디지털 시대를 살고 있다. 애플은 우리에게 구명구를 던져주는 수고를 하고 있다.

데이터의
무질서한 사이클

2012년 여름, CERN으로 더 잘 알려진 유럽원자핵 공동연구소의 과학자들이 상당히 의미 있는 발견을 발표했다. CERN의 과학자들은 세계에서 가장 큰 입자가속기인 대형 강입자충돌형 가속기Large Hardon Collider를 사용해 두 개의 양성자 빔을 충돌시켜 약 40년 전에 처음으로 그 존재가 주장된 힉스입자Higgs Boson로 알려진 신비한 입자의 존재를 드러냈다. 힉스입자는 다른 무엇보다도 빅뱅이 일어난 후 우주가 어떻게 팽창했는지를 설명해준다.

물질이 사방으로 퍼져가는 움직임으로 시간과 공간을 창조하던 초기 우주는 질서나 정돈과는 거리가 멀었다. 심지어 130억 년이 지난 지금도 우주는 '자리를 잡는' 중이며, 이 과정은 우주가 팽창을 멈추고 다시 '수렴'되어 빅크런치가 일어날 때까지 멈추지 않을 것이다. 그리고 그때까지 우주에는 질서와 무질서가 섞여 있을 것이다. 하나의 천체에서 질서가 만들어지는 동안 다른 천체에서는 그 질서가 흐트러진다. 우주의 이런 상태는 지금은 질서보다는 혼란이 훨씬 많다는 것이 다를 뿐, 디지털 데이터의 현 상태와 많이 비슷하다.

디지털은 데이터의 힉스입자다. 디지털화는 빅뱅과 유사한 수준의 데이터를 세상에 풀어놓았다. 당연히 쏟아진 데이터는 엄청난 혼란을 동반했다. 데이터 혁명은 각각의 경우마다 정보의 대혼란을 촉발시켰지만, 인간은 시간이 지나면서 질서감각을 되찾았다. 뒤이어 더 많은 데이터가 쏟아졌고, 혼란과 질서의 과정은 다시 되풀이되었다.

혼란과 질서를 오가는 이 변덕스런 사이클은 개인의 결정에 영향을 끼칠 뿐 아니라, 디지털 정보를 둘러싼 지속적인 쟁점이 될 것이다. 미국인들은 인터넷에 대해(더 나아가 디지털 데이터에 대해) 매우 긍정적인 태도를 취하면서도 마음 깊은 곳의 염려를 떨치지 못하고 있다. 예컨대 퓨 리서치에 따르면 인터넷 사용자의 86%가 쿠키를 삭제하거나 이메일을 암호화하는 등의 방법으로 '자신들의 디지털 발자국을 지우거나 감추기' 위한 조치를 취한다. 그 이유는 전혀 놀랍지 않다. 전체 인터넷 사용자 5명 중 한 명 이상이 이메일이나 소셜네트워크 계정이 침범당한 경험을 가지고 있기 때문이다. 더 부정적인 경험을 가진 사람들도 있다. 퓨의 보고서에는

- 인터넷 사용자의 13%가 자신이 온라인에 포스팅한 내용 때문에 가족이나 친구 관계에서 어려움을 겪었다.
- 인터넷 사용자의 12%가 온라인상에서 스토킹이나 괴롭힘을 당했다.
- 인터넷 사용자의 11%가 사회보장번호나 신용카드나 은행계좌 정보 같은 중요한 개인정보를 도난당한 적이 있다.
- 인터넷 사용자의 6%가 온라인 사기의 피해자가 되어 돈을 잃은 적이 있다.
- 인터넷 사용자의 6%가 온라인상에서 일어난 일로 인해 자신의 평판에 해를 입은 적이 있다.
- 인터넷 사용자의 4%가 온라인상에서 일어난 일로 인해 물리적

인 위험에 처한 적이 있다.

- 인터넷 사용자의 1%가 온라인상에 포스팅했거나 다른 사람이 포스팅한 내용 때문에 취업이나 입학 기회를 잃은 적이 있다.

보다시피 실제적인 피해자 비율은 그렇게 높지 않지만, 미국인의 10분의 8이 인터넷이 완벽하게 안전하다고 느끼지 않는 것도 사실이다. 사실 인터넷은 그다지 안전하지 않다. 당신이 잘 모른다면 사기를 당할 수도, 해킹을 당할 수도, 쉽게 바이러스에 감염될 수도 있다. 인터넷이 우리 삶에서 차지하는 비중이 커질수록 인터넷의 위험도 커진다. 위험성이 커지고, 결과적으로 우리의 편집증과 의심과 회의가 커질수록 우리의 합리적인 경계심 역시 커진다.

여기서의 뉘앙스는 위험은 어디에나 존재한다는 것이다. 나이지리아에서 운전을 했던 적이 있다. 나는 길에 보이는 트럭들 대부분이 연료탱크의 가스밸브에 금속을 대충 용접해 맹꽁이자물쇠를 달아놓은 것을 알아차렸다. 짐작건대 연료를 훔치려는 잠재 도둑들이 있는 모양이었다. 그리고 트럭들 대부분이 안전조치를 한 것에서 보아 그런 사건의 빈도수가 높아서 그런 해결책이 널리 퍼질 만큼 큰 사회문제가 되어왔다는 것을 알 수 있었다. 하지만 그렇다고 그 위험이 트럭 운전자의 일상활동을 방해할 정도로 심각하지 않은 것도 분명했다.

디지털 데이터 작업의 위험관리 역시 비슷하다. 분명 위험은 있다. 하지만 자동차를 운전하거나 특정한 음식을 먹을 때도 위험이 있다. 다수의 사람들이 그런 위험을 알고 있다. 그래서 위험에 따른 부정적인 결과를 피하기 위해 예방조치를 취한다. 우리는 안전벨트를 매고, 깨끗이 씻은 과일을 먹는다. 우리는 잠재적인 부정적 결과와 예방조치에 따르는 비용을 저울질한다. 데이터, 특히 디지털 데이터의 위험과 이득은 질서와 혼란의 사이클 안에 위치한다. 과잉이 불러온 혼란이 위험과 불확실성을 만들어내지만, 우리는 질서를 창조함으로써 그것을 관리하려고 노력한다.

우리의 계좌정보를 알아내기 위해 외국에서 수백만 달러에 달하는 모종의 돈이 송금되었다고 거짓말하는 인터넷 사기가 인터넷 초기부터 있었던 것을 우리는 기억한다. 여기에 속아 넘어가는 사람들은 이제 거의 없다. 그럼에도 불구하고 초기에 새겨졌던 인상이 지금의 인터넷 세대에도 그대로 남아 있다. 그리고 그것이 그 많은 사람들이 '디지털 발자국'을 지우는 수고를 하는 이유들 중 하나가 된다.

의심이 언제나 나쁜 것만은 아니다. 온라인상의 개인정보에 대해 염려하는 50%—2009년의 33%에서 증가한 수치다—의 사용자는 온라인 활동에 더 신중을 기할 것이다. 사실 사람들은 인터넷이 자신의 삶에서 중요해질수록, 더 신중하게 대응한다.

물리적인 세계에서도 질서를 창조하는 데는 노력이 필요하다. 그것은 디지털세상에서도 마찬가지다. 사람들은 데이터에 질서를 부여하는 데 엄청난 노력을 쏟아붓는다.…… 'MP3 데이터베이스를 정리하고 싶다고? 그렇다면, 여기 스포티파이Spotify가 있어. 이걸 이용하게.' 이런 순환이 디지털의 모든 영역에서 반복된다. 다음 사건이 다시 혼란을 가져올 때까지!

지난 15년간 만들어진 방대한 데이터가 오랫동안 아날로그였던 세상을 뒤흔들지 않기란 불가능하다. 어떻게 보면 이제 우리는 혼란에 익숙해져서, '이것이 우리가 몸담고 사는 세상이야'라는 말이 몇 년 전에는 존재조차 하지 않던 현상을 설명하는 관용구가 되었다. 그리고 디지털 데이터를 다루는 새로운 방법이 개발되어, 질서가 혼란을 밀어낸 영역도 있다. 그러나 디지털 세대를 선도할 예측 가능한 질서가 잡히려면 아직도 한참 멀었다. 그리고 혼란의 결과는 우리 주변 도처에 있다. 계속해서 중요한 예 몇 가지를 살펴보자.

데이터 침해

데이터 침해는 오래전부터 데이터 역사의 일부였다. 1920년, 독일군은 무전통신을 암호로 바꾸기 위해 에니그마ENIGMA라는 기계를 사용하기 시작했다. 에니그마는 복식치환법으로 타이핑된 메시지를 뒤죽박죽으로 만들어 암호화했다. 기계의 회전자를 정확하게 조절해야만 메시지 해독이 가능했다. 1932년, 폴란드암호국의 암호 연구자들 3명이 처음으로 그 암호를 해독했다. 독일이 폴란드를 침공하기 직전, 폴란드는 블레츨리 파크에 정부암호학교를 설립한 영국군 사정보부에 함께 참여했다. 독일인들은 자신들의 암호가 해독 불가일 것으로 믿었기 때문에, 계속해서 에니그마 기계를 통해 군사적 동향을 주고받았다. 하지만 '울트라'라는 암호명으로 불리는 정보활동을 통해 고도의 군사적 동향이 연합군에게 알려졌다. 나중에 그 암호명은 고급 정보를 의미하는 말이 되었다. 전쟁이 끝난 후, 윈스턴 처칠은 킹 조지 6세에게 "우리가 전쟁에서 승리한 것은 울트라 덕분입니다"라고 말했다.

2차 대전 당시, 맨해튼 프로젝트—1939년 프랭클린 D. 루스벨트가 착수한 최초의 핵폭탄 개발 프로그램—는 극비의 기밀이었기에, 루스벨트가 죽은 1945년이 되어서야 루스벨트를 이어 대통령이 된 해리 트루먼만이 그 프로그램에 대해 알았다. 하지만 소비에트 간첩조직이 FBI보다 먼저 그 프로그램에 대해 알아냈고, 맨해튼 프로젝트의 책임 물리학자 클라우스 푹스Klaus Fuchs는 1944년까지—해리 트루먼이 그 프로젝트에 관한 세부사항을 처음 알게 되고 히로시마와 나가사키에 원자폭탄을 투하하기 전까지 줄곧—폭탄 개발과 관련된 중요 과학정보를 소비에트 연방에 전보로 알렸다.

우리가 디지털세상으로 입성하게 되면서, 민감한 데이터와 시스템에 대한 침해도 증가했다. 디지털세상에서는 한 명의 사용자—하나의 노드—만 있으면 데이터에 침입해 바이러스처럼 자기복제를 할 수 있다.

개인정보와 관련이 있을 수도 있고 없을 수도 있는 이런 기밀 침해와 달리, '데이터 침해'는 개인정보의 권한 없는 입수를 의미한다. 이것은 데이터가 더 개인적인 것으로 변한 결과다. 동시에 데이터 침해 사례도 더 늘고 있다. 적어도 최근 높은 관심을 끌었던 사례들을 보면 이렇다. 2014년, 타깃사의 CEO 그레그 스타인하펠Gregg Steinhafel은 역사상 가장 큰 사이버공격 중 하나를 받은 데 대한 책임을 지고 세계적 대기업에서의 35년간의 경력을 내려놓고 사임했다. 2013년 11월 27일부터 12월 15일까지, 명절 쇼핑 시즌이 한창일 때, 해커들이 타깃사의 시스템에 저장된 대략 1억 천만 명에 달하는 구매자들의 재정상태와 개인정보를 훔쳤다. 또한 최근 몇 달 사이에, 홈디포와 JP모건 체이스 두 기업 모두 자신들의 광범위한 컴퓨터 네크워크에 허가받지 않은 접근이 있었다고 신고했다. 요즘에는 이런 데이터 침입 신고가 거의 날마다 들어오고 있다. 침입대상이 되는 기업도 열거할 수 없을 만큼 다양하다.

데이터 침입이 항상 대규모 절도의 형태로 나타나는 건 아니다. 2013년 4월 22일 월요일, 어소시에이티드 프레스의 트위터 계정이 해킹을 당해 이런 트윗이 발송되었다.

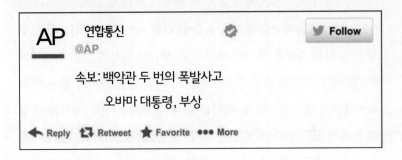

주식시장은 이것이 사실일 거라는 잠재적인 가정하에, 그 뉴스에 즉각 반응했다. 다우존스지수가 100포인트 하락했다. 하지만 백악관 측이 대통령이 무사하다고 발표하자 즉시 회복되었다. 그럼에도 불구하고 그 게이트는 열렸다. 단지 하나의 트위터를 해킹하는 것만으로도 전 미국의 주식시장을 불안정하게 만들기에 충분했던 것이다.

데이터 침입은 현 세기의 은행강도다. 금고가 아무리 튼튼해도, 보안장치가 아무리 완벽해도 당할 수 있다, 우리는 공격받은 기관이 도둑보다 한 수 앞서 있기를 바라는 수밖에 없다. 그러나 에드워드 스노든의 경우처럼 절도에 숙련조차 필요하지 않아서 파일을 가지고 밖으로 걸어나가기만 하면 되는 경우도 종종 있다.

소셜미디어
실수

밥 메트칼프는 1980년에 "네트워크의 가치는 참여자 수의 제곱에 비례한다"는 신메트칼프법칙을 세웠다. 그런데 소셜미디어 네트워크를 강력하게 만드는 바로 그것이 그만큼 네트워크를 위험하게도 만든다. 우리가 뉴스에서 보는 건 앤서니 위너(성스캔들로 굴욕적인 사임을 해야 했던 미국 하원의원 – 옮긴이) 같은 사건들, 유명인들의 트윗 실수, 그리고 가끔은 정부의 실책 같은 세간의 이목을 끄는 스캔들이 대부분이다. 하지만 수많은 일반인에게 하루 동안 얼마나 많은 일이 일어나는지 상상해보라. 트위터를 통해 실수로 자신의 상사를 중상한 동료가 있는가 하면, 음주나 마약복용 사실이 드러나는 파티 사진을 실수로 올린 십대가 있고, 온라인 괴롭힘이라는 비극적인 결말을 맞은 청장년들도 있다.

마크 트웨인은 "진실이 신발을 신고 있는 동안, 거짓은 전 세계를 반쯤 여행한다"고 했다. 트웨인이 소셜미디어 세상에 살고 있다면, 그는 진실이 집 밖으로 채 나오기도 전에, 거짓은 전 세계를 세 번 이상 돈다고 말했을 것이다.

소셜미디어가 경력과 인생을 망가뜨렸다! 사실 너무나 빈번한, 이런 종류의 파국적 사건들을 전부 나열하는 것은 아무 의미가 없다. 자잘한 아이디어들과 한가한 잡념들이 이토록 널리 전파되는 일은 인류 역사상 전례 없는 현상이다. 오늘날의 소셜미디어 분야를 묘사하는 데 혼란보다 더 나은 단어가 있을까? 익명의 사람들이 당신의 '친구'가 되어 당신의 삶과 생각들을 속속들이 안다. 디지털의 속성으로 인해, 그들은 당신이 포스팅한 글에 무엇이든 할 수 있다. 그중 어떤 것은 불법이지만, 대부분은 완전히 합법이다.

페이스북은 10억 명 이상의 사용자가 있고, 24시간마다 0.5페타바이트 이상, 매년 약 180페타바이트가 추가된다. 트위터는 6억 명 이상의 사용자가 있다. 이론상으로는 이런 플랫폼의 '노드'가 전부 연결되어 있는 것은 아니다. 당신은 일단 그 사용자와 직접 관계를 확립하지 않으면 다른 사용자들의 게시물을 볼 수 없다. 이론상으로는 원치 않는 데이터 공유를 어느 정도 차단할 수 있다는 의미다. 그러나 당신의 팔로워나 친구들이 당신의 게시물을 공유하는 것까지 막을 수는 없다. 게다가 모든 사람에게 그 게시물이 공유되는 데에는 시간이 얼마 걸리지 않는다.

2011년의 연구가 확인해준 바와 같이 우리는 모두 극도로 밀착되어 있다. 당시 7억 2,100만의 페이스북 계정들(그리고 690억의 친구 관계) 중 99.6%가 6단 이하로 연결되어 있다. 스탠리 밀그램Stanley Milgram의 오래전 연구결과는 지금도 여전히 유효하다(권위에 순종하는 인간의 특성을 밝혀낸 것으로 유명한 미국 심리학자 스탠리 밀그램은 세상의 모든 사람들은 여섯 사람만 거치면 모두 관계로 얽혀 있다는 '6단계 분리 이론'도 주장하였다-옮긴이).

개별적인 소셜미디어 회사들은 회원 등급 등을 차별적으로 부여함으로써 무질서 위에 질서를 부여하려고 시도했다. 하지만 원래 대학생들을 대상으로 고안되었던 플랫폼인 페이스북은 모든 사람에게 열려 있다. 페이스북이 기하급수적으로 성장함에 따라, 그 회사는 포스팅한 데이터를 관할하고 있다는 외관을 사용자에게 보여주기 위해 프라이버시라는 모호한 기준을 적용하지 않을 수 없었다. 그러나 아무리 많은 보안장치도 당신이 페이스북에 포스팅한 것은 단추 하나만 누르면 쉽게 복사될 수 있다는 사실을 바꾸지는 못한다. 다시 한 번 말하지만, 데이터를 가두어두기란 어렵거나 불가능하다.

정치 불안

티파티운동Tea Party Movement, 월가점령시위Occupy Wall Street, 아랍의 봄Arab Spring 같은 정치적인 운동이 디지털 데이터를 통해 시작되었다. 티파티는 2009년 2월 9일 CNBC의 릭 산텔리가 텔레비전에 나온 후 시작되었다. 정부의 구제금융과 시카고 증권거래소로 몰려드는 거래자들에게 강한 반감을 느낀 그는 실시간 방송서비스에서 목소리를 높이기 시작했다. 그 비디오는 순식간에 입소문을 탔다. 그리고 몇 주 후, '티파티'운동이 미국 전역에서 일어나기 시작했다.

월가점령시위는 좌파잡지인 《애드버스터스Adbusters》가 구독자들에게 "미국에도 타흐리르(이집트 카이로의 타흐리르 광장을 의미 – 옮긴이)가 필요하다"라는 내용의 이메일을 보냈던 2011년 여름에 시작되었다. 이메일 캠페인에서 시작된 그 운동은 수천 명의 시위자들이 맨해튼의 즈카티공원을 '점거하는occupied' 데까지 이르렀고, 그 외 수천 명의 사람들도 미국 전역에서 나름의 '점령Occupy' 행사를 벌였다.

티파티운동과 월가점령운동 모두 디지털 데이터에서 시작되어 커져나갔다. 미국 수정헌법 1조가 보장한 언론의 자유가 가장 즉각적이고 효율적인 형태로 펼쳐진 사례라 할 것이다.

티파티운동과 월가점령시위는 대체로 평화적이었다. 수백만 명이 거의 동시에 소통할 수 있게 하는 능력은 인류역사상 한 번도 볼 수 없었던 디지털 데이터의 권능이다. 그리고 미국에서는, 이 권능이 대체로 평화적인 목적에 사용되고 있다. 그러나 집권세력이 비판의 목소리를 용납하지 못하고 탄압하는 비민주적 국가들에서는 이 권능이 혼란을 촉발시킨다.

우리는 2010년 겨울의 아랍의 봄 사태에서 그런 예를 보았다. 당시 집권정부에 대항하는 반체제 조직들이 소셜미디어를 통해 아랍세계 전역에서 조직되었다. 시위를 시작한 지 몇 달 후 행해진 여론조사에서 조사에 응한 이집트인과 튀니지인의 10분의 9가 페이스북을 통해 시위를 조직하거나 의식을 확산했다고 답했다. 페이스북에서 주장된 시위 촉구는 하나를 제외하고는 모두 실제로 이루어졌다. 지구 반대편의 미국인들은 아랍 시위자들이 실시간으로 업데이트하는 영상을 보기 위해 그들의 트위터를 지켜보며 누구를 팔로우하든 트위터는 진정으로 세계적인 채널이라는 사실을 확인했다.

디지털 데이터가 없었어도 이런 대규모 시위가 가능했겠는가라는 문제는 여전히 논란 중이지만, 분명한 것은 몇십 명의 선동자에서 시작된 시위가 수만 명을 참여시킬 만큼 규모가 커진 데는 디지털 데이터의 역할이 있었다는 사실이다. 이런 상황은 저항시위의 대상이었던 정부들 입장에서는 혼란 그 자체여서 그들은 페이스북과 트위터가 만들어진 날을 저주할지도 모른다. 하지만 시위자들의 입장에서는 이건 전혀 '혼란'이 아니다. 사실 '혼란'이란 단어가 반드시 부정적인 의미만 있는 건 아니다. 아랍의 봄을 경험한 여러 나라의 국민들은 수십 년 동안 강압적인 통치하에 살고 있었다. 그러나 디지털 데이터에 의해 힘이 실린 지금, 그들의 압제자에 대항해서 일어날 수 있었다. 따라서 이 경우의 혼란은 새로운 탄생을 위한 파괴, 즉 창조적 파괴일 수도 있는 것이다.

법과 규제의 불확실성

디지털 데이터로 촉발된 시위가 서구에서는 비교적 평화롭게 진행되었고 정부에 위협이 되지 않았다 해도, 그 사실이 법률 입안자들이 디지털 데이터를 **관리대상으로 규정하여** 간섭하는 것을 막지는 못했다. 2012년 당시 유럽연합 법무장관이었던 비비안 레딩Viviane Reding은 유럽에는 데이터에 적용되는 27개의 법률이 있다고 지적했다. 그리고 그중 다수가 10년 이상 된 법규였다. 미국도 상황이 비슷하다. 아날로그 세계에 적합했던 미국의 법규들이 혼란스럽고 빠르게 변하는 디지털세상에는 적합하지 않았다. 무엇보다 데이터에 대한 전통적 정의로는 디지털화한 대량의 정보를 담아내지 못하는 것이 그 원인이었다.

최근 의회의 노력은 디지털 데이터를 관리하려는 정부의 시도가 얼마나 무력한지를 잘 보여준다. 하원 법안 H.R.3261 온라인저작권 침해금지법Stop Online Piracy Act, SOPA과 상원 법안 S.96 지식재산권보호법안Protect IP Act, PIPA은 사용자들이 사이트에서 범하는 저작권 위반 활동에 대해 웹사이트 소유자가 책임을 지도록 하려는 것이었다.

우리는 11장에서, SOPA—PIPA 법안을 둘러싼 논쟁에 관해 자세히 다룰 것이다. 여기서는 간략히만 말하면 콘텐츠 이익단체들—음악 스튜디오와 할리우드 제작자들—은 다수 입법자들에게 SOPA와 PIPA가 불법 다운로드와 저작권 침해 문제에 대한 시의적절한 해결책이 될 수 있다고 설득했고, 사람들이 그 법안에 내포된 의미를 실제로 이해하기 전에 의회에서 조용히 법안이 통과되기를 바랐다. 그러나 일단 말이 퍼지자—데이터의 속성을 고려하면 당연하지만—반응은 신속하고 강력했다. 그리고 말을 퍼뜨리고 법안 통과를 막는 데 중요한 역할을 한 것이 내가 속한 미국 가전생산자협회였다.

2012년 1월 18일, 위키디피아와 구글, 그리고 수천 개의 그보다 작은 웹사이트들(미국 가전생산자협회를 포함한)은 사용자들에게 이 사실을 알리기 위해 서비스를 동시에 중단하고 배너 화면을 띄웠다. 위키디피아의 추후 보도에 따르면 배너를 본 사람들이 1억 6,200만 명에 달했다고 한다. 다른 웹사이트들은 SOPA와 PIPA에 반대해 청원운동 등으로 항의했다. 그렇게 해서 700만 명 이상이 구글에서 서명하고, 법안을 찬성하는 기업이나 기관에 대해서는 불매운동을 전개하고, 뉴욕시에서의 반대행진이 조직되었다.

디지털 데이터가 이 과정을 촉진했다. 법과 규제에 관한 논점들은 11장으로 미루고 여기서는 두 개의 주요 시사점만 언급하자. 첫째, 법률은 디지털세계의 변화속도를 따라가지 못한다. 다시 말해 이 법률은 통과되는 순간, 이미 시대에 뒤떨어진 것이 되어 무효하며 위험하기까지 하다는 의미다. 둘째, 앞선 시대에 규정된 디지털 밀레니엄 저작권법Digital Millennium Copyright Act 같은 현행법은 터무니없을 정도로 시대에 뒤떨어져 있다. 그럼에도 불구하고 더 나은 법률이 제정할 때까지는 법으로서 효력이 있다.

현행 법규들은 지리적인 제약을 지니고 있다. 하지만 데이터는 국내에서만큼 빠른 속도로 국경을 넘어 이동한다. 2014년 7월, 한 뉴욕 판사는 미국의 수색영장이 해외 서버에 저장된 개인의 디지털 정보에까지 효력을 미친다는 판결을 내렸다. 만약 이 판결이 인정된다면, 어느 장소의 데이터든 상관없이 미국의 사법이 미칠 수 있다. 이것은 외국과 미국 고객들에게 안전한 저장공간을 제공하기를 원하는 미국의 기술회사들에게 잠재적 위험요소가 된다.

생활의 점점 더 많은 요소들이 디지털화됨에 따라, 예상하지 못했던 규제가 더 강한 힘을 갖게 될지도 모른다. 예를 들어 저작권법을 보자. 래리 레식Larry Lessig이 지적한 바와 같이, 역사적으로 보면 저작권은 보통 사람들이 문화를 향유하는 데 그다지 큰 역할을 하지 않았다. 저작권은 극히 작은 문화영역만을 규제할 뿐이었다. 제시카 리트먼Jessica Litman은 다음과 같이 관찰했다.

세기의 전환기에(1900년) 미국 저작권법은 인위적이고 앞뒤가 맞지 않고 이해하기 어려웠지만, 그렇다고 다수의 사람이나 대상에 적용된 것은 아니었다. 물론 작가나 화가, 혹은 책이나 지도, 그림, 조각, 사진, 음악, 극본의 발행자는 저작권법을 살펴볼 필요가 있었다.

하지만 책 판매자나 피아노 롤과 레코드판 제작자, 영화감독, 음악 연주자, 학자, 국회의원, 그리고 일반 소비자들은 저작권법에 전혀 신경 쓸 필요가 없었다.

그러나 오늘날은 더 이상 그렇지 않다.

1990년 이후 미국의 저작권법은 이전보다 더 인위적이고 앞뒤가 맞지 않고 이해하기 어려움에도 불구하고, 모든 사람, 모든 일에 영향을 미친다. 기술발전으로 복제와 재생의 수많은 행위—저작권법에 따라 잠재적으로 제재가 가해질 수 있는 사건—가 흔하고 일상적인 일이 되었기 때문에 우리 대다수는 더 이상 저작권법을 훼손하지 않고는 한 시간도 보낼 수 없다.

레식 또한 "디지털세상에서 저자권법에 저촉되지 않는 경우는 드물다. 당연하지만 디지털세상에서 이루어지는 모든 문화 향유는 실질적으로 복사행위를 동반하고, 따라서 저작권에 위배되기 때문"이라고 설명한다.

아날로그 세계에서는 물리적인 복제물을 공유하거나 팔 때 복사를 하지 않는다. 그저 건네받을 뿐이다. 그러나 디지털세상에서는 모든 사용에 복사가 동반된다. 그래서 레식은 미국의 저작권 시스템이 "누가 무엇을 소유했는지도 실제적으로 말해주지 못하는, 아주 비효율적인 시스템"이라고 결론짓는다.

혼란 상태인 것이다.

경제적 격변

디지털로의 이행은 우리 사회의 경제구조에도 뚜렷한 영향을 미쳤다. 세계경제가 2008년의 세계적인 침체에서 회복된 지 6년 이상이 지났다. 하지만 실업률은 여전히 높은 수준이다. 예를 들어, 미국경제는 생산량 면에서는 침체기 동안의 손실 이상으로 회복되었지만, 실업률은 여전히 '위기'로 여겨지던 수준에서 낮아질 줄 모르고 있다. 2008년과 2009년의 불황과 실업이 자본주의경제의 주기성에 의해 유발된 건 사실이지만, 그 후의 고용 회복률에는 가용 노동자의 현재 기술과 일자리 사이의 불일치라는 구조적 문제가 영향을 미치고 있는 것이다. 이러한 불일치는 데이터 위주의 일자리에서 두드러진다. MGI와 매킨지의 사업기술부는 미국이 14,000명에서 19,000명에 이르는 분석전문가와 데이터 분석을 토대로 결정을 내리는 150만 명의 중간관리자 부족에 직면해 있다고 보고했다.

한편, 우리의 입법자들은 마치 1960년 이후 미국경제에 어떤 변화도 없는 것처럼 제조업을 예찬한다. 익히 알려졌듯이, 오바마 대통령은 지지부진한 실업률 회복을 'ATM기계'를 비롯한 디지털 기술 탓으로 돌렸다. 그가 틀린 것은 아니지만, 멈추게 할 수 없는 힘을 비난해봤자 소용이 없다. 세계경제의 추세rk 완전히 변하고 있는 상황에서 미국을 비롯한 선진국들이 우리가 여전히 아날로그 세계의 경제 기반에 서 있는 양 행동해서는 안 된다.

다시 한 번 말하지만 디지털세상이 경제를 바꾼 것이 실업률 회복 부진의 주된 요인이다. 지금의 경제적 혼란은 가용 노동력이 가용 일자리를 감당할 만한 기술이나 지식이 없어서 발생한 결과다. 그러니 정치가들이 이런저런 산업들을 '구제'하겠다고 약속해봤자 상황이 나아지지 않을 것은 분명하다.

이러한 어려움을 해결하기 위해 정부가 도입해야 하거나 도입하지 말아야 하는 정책들은 분명히 있다. 그러나 먼저 이제 막 시작된 '창조적 파괴'의 물결이 어떤 영향을 미치고 있는지 파악할 필요가 있다.

디지털혁명의 2차적 효과는 경제영역이라고 해서 그냥 내버려두지 않는다. 그건 이제까지 진행된 그 어떤 산업혁명과도 다르다.

정보
격차

나는 세계 곳곳을 여행하며 사회경제적 상황, 생활조건, 교육과 취업의 기회, 기술 접근성과 사용에서 극명한 불평등을 보았다. 정보 격차라는 용어 역시 기술 사용자들 사이에 존재하는 불평등을 묘사하기 위한 용어다. 우리 주변의 점점 더 많은 것들이 디지털화되고 우리가 디지털 기술에 점점 더 많이 의존하게 됨에 따라, 정보 격차의 위험과 영향 또한 더 커질 전망이다.

특히 디지털 문화는 기반시설을 토대로 한다는 점에서 국가 간 정보 격차 문제가 관건이다. 국민이 디지털 데이터 획득의 혜택을 입지 못하는 나라에서는 아주 심각한 결과가 나타날 수도 있다. 우리가 알듯이, 디지털세상에서는 부의 획득과 축적을 포함해서 모든 것이 빨리 변한다. 서구세계가 발전속도를 높임에 따라, 제3세계는 점점 더 현대기술의 발전과는 동떨어지게 된다.

앞에서 보았듯이, 디지털 데이터가 빈곤한 나라들에게 낙수효과를 끼치는 면은 분명히 있다. 실제로 아프리카를 비롯한 많은 나라에 물보다 휴대전화가 더 널리 보급되었다. 디지털 생산품들이 저가이기 때문이다. 발전이 계속됨에 따라 가격은 점점 더 낮아질 것이다. 그럼에도 불구하고 빈곤국과 선진국의 정보 격차는 더 심해질 위험이 있고, 따라서 정치적 혼란과 경제적 불확실성도 악화될 위험이 있다.

부적절한
센서화 가능성

결국에는 모든 것이 디지털세상으로 편입되리란 점은 더 이상 가정이 아니다. CES에 근무하는 동안 나는 많은 기술산업이 관련 디지털세상으로 편입되는 것을 보았다. 물론 내가 전혀 예상하지 못했던 일이었다. 자동화 시스템으로 작동하는 에스프레소 기계, 전화기와 블루투스로 연결된 화장실, 데이터와 동기화된 칫솔, 마시는 모든 것을 분석하고 디지털화하는 컵, 센서로 연결된 화분과 소와 가축과 크리스마스트리와 기저귀, 이런 것들이 내가 목격하는 현상이다.

잠시 질문을 던져보자. 모든 것이 디지털화하는 때는 언제일까? 또 과연 그래야만 할까? 우리 앞에 놓인 거대한 도전 중 하나는 센서로 연결되어야 하는 것은 무엇이고, 그래서는 안 되는 것은 무엇인지를 결정하는 것이다. 디지털화된 기기를 더 많이 가졌다는 것은 그만큼 많이 접속되어 있다는 뜻이다. 그럼 불필요한 앱들로 혼란이 만연한 세상에서 우리 자신을 찾을 수 있을까?

나는 시장의 힘이 우리를 도와줄 것이라고 확신한다. 결국 소비자들도 그들 앞에 놓인 선택들을 질서 있게 정리하기를 원할 것이다. 그러나 시장이 적응하기까지는 어느 정도 시간이 걸릴 것이다. 그렇다면 당분간은 원하는 비디오를 찾기까지 한 트럭분의 고양이 비디오를 헤치면서 나아갈 수밖에 없다.

디지털
후회

데이터의 특성을 이야기할 때, 데이터는 영속성을 추구한다는 사실을 말한 적이 있다. 디지털 데이터의 창조자인 동시에 소비자인 우리는 영속하려는 데이터의 갈망과 과거를 지우고 싶은, 즉 단절하고픈 개인적 욕구를 조화시켜야 한다.

과거를 소멸시키고 싶은 욕구는 데이터의 영속성 추구 욕구와 충돌한다. 2014년, 유럽연합 사법부는 개인은 정보가 '부정확하거나, 부적절하거나, 무관하거나, 과도할 때' 검색엔진에게 개인정보와의 링크를 지우도록 요구할 권리가 있다는 판결을 내렸다. 이른바 '잊혀질 권리' 판결이다.

2010년 코네티컷 주 그린위치에서 경찰이 집을 급습해 마리화나와 저울과 비닐포장지를 찾아냈을 때, 로레인 마틴과 그녀의 장성한 두 아들은 함께 체포되었다. 하지만 이 사건은 법원에서 기각되었다. 또 그녀가 마약예방교실 수강에 동의하자 그녀의 공식 체포기록도 삭제되었다. 그러나 경찰 기록이 삭제되었는데도 마틴은 안정적인 일자리를 찾을 수 없었다. 그녀가 인터넷에서 자신의 이름을 검색하자 온라인 기록보관소에서 '어머니와 아들들, 마약 혐의로 기소되다'라는 제목의 기사가 나왔다. 《뉴욕타임스》는 그녀의 변호사의 말을 보도했다. "그것은 본질적으로 주홍글씨입니다. 그녀는 전과가 없음에도 불구하고 실업자 신세가 되었습니다."

구글의 투명성 보고서는 온라인 자료를 삭제하라는 정부와 법원의 요구가 계속되고 있다는 것을 보여준다. 뉴욕타임스 편집국장 빌 켈러Bill Keller는 이렇게 썼다. "나체주의나 거식증, 왕따 등 민감한 주제에 관한 기사에 도움을 준 독자가 몇 년 후 그 옛 일 때문에 곤경에 처했다며('정보원 후회'라고 불린다) 편집자를 원망하거나 괴롭히는 사례가 늘고 있다."

더 많이 디지털화될수록 디지털 후회의 가능성도 더 커진다.

우리는 지금 모두 개다

1993년, 피터 스테이너는 개 한 마리가 컴퓨터 앞에 앉아 있고 개 두 마리가 인터넷 대화를 나누는 모습을 그린 만화를 《뉴요커》에 발표했다. 그 그림에 달린 "인터넷상에서는 누구도 당신이 개라는 사실을 모른다"라는 캡션은 1993년에는 사실이었을지도 모른다. 하지만 2015년에는 온갖 정보들이 디지털화되고 있다. 지금의 인터넷상에서는 당신이 개라는 사실이 알려졌을 뿐 아니라, 어떤 종류의 개인지도 정확히 알려졌다. 당신의 온라인 접속시간, 온라인에서 하는 일 등 당신의 온라인 활동과 관련된 온갖 세부사항들이 이미 전부 알려졌다. 게다가 우리의 환경이 디지털화할수록, 온라인상에서의 활동만이 아니라 모든 곳에서의 활동이 기록된다. 다음 장에서 논의하겠지만, 이것이 사람들에게 큰 편익을 주는 건 분명하다. 하지만 그에 따른 문제 상황 역시 커진다.

데이터의 혼란-질서 사이클은 매일같이 일어난다. 현실에서는 이 책에서 확인한 갈등 지점만 존재하는 것이 아니다. 디지털의 미래로 가는 길 어디서나 혼란이 질서에 자리를 내주거나, 한때 혼란처럼 보였던 것에서 질서가 형성되는 현상이 나타날 것이다. "만물은 유전한다"고 했던 고대 그리스 철학자 헤라클레이토스 또한 변화를 세상의 원리로 보았지만, 이 변화가 몇십 몇백 배 빠른 속도로 이루어지는 디지털의 속성 때문에 디지털세상에서는 사물이 끊임없는 변화 상태에 놓인다.

이제 세상은 더 이상 수세기 이상 지속되는 '시대'를 거치지 않을 것이다. 우리의 패러다임은 해마다, 심지어는 달마다 바뀔 것이다. 삶의 어느 영역에서는 질서가 혼란으로 바뀔 것이고, 다른 영역에서는 혼란이 질서로 전환될 것이다. 어쩌면 찬양과 야유가 거의 동시에 전개되는 이런 사이클이 새로운 정상이 될 수도 있다. 굳이 '정상'이란 명칭을 붙이려고 한다면 말이다.

6장

2025년에는……

"우리가 데이터 속에서 잃어버린 정보는 어디에 있을까?"

—히로시 이노세Hiroshi Inose와 J.R. 피어스J. R. Pierce, 《정보기술과 문명》

"그것은 〈마이너리티 리포트Minority Report〉 같은 느낌일 것이다." 2007년에 마이크로소프트 사장이 평범한 평면을 컴퓨터화하는 '표면' 기술에 대해 했던 말이다.

"〈마이너리티 리포트〉는 가능하다." 그 회사의 망막 스캔 보안기술 개발부서장 역시 같은 말을 한다.

"영화 〈마이너리티 리포트〉에서 광고판은 사람의 눈을 스캔하는 것을 기초로 하지만, 우리는 RFID 기술을 사용하고 있다." 지나가는 사람마다 각기 다른 광고를 하는 새로운 광고판을 언급하며 IBM 혁신개발실 과학조사관이 한 말이다.

인용된 말들은 기술업계에서 회자되는 일종의 농담이다. 톰 크루즈 주연의 스티븐 스필버그 영화 〈마이너리티 리포트〉가 2002년에 개봉된 후, 그 영화는 '현실을 기반으로 한 미래'라는 관점을 대표하게 되었다. 〈마이너리티 리포트〉는 필립 K. 딕의 소설을 바탕으로 한 공상과학 영화이지만, 〈E.T〉나 〈스타트랙〉과는 다르다. 이 영화도 기본적으로 공상과학 요소를 가지긴 하지만, 예지력을 지닌 세 명의 여성들(프리콕스precogs)의 존재는 인간의 행동을 예측하는 실제 기술 능력을 은유적으로 나타낸 것이다.

영화를 못 본 독자들을 위해 줄거리를 간단히 이야기하면 다음과 같다. 2054년 워싱턴 D.C.에 '프리크라임precrime'으로 알려진 실험센터가 설립된다. 경찰 내에 조직된 특별기구가 프리콕스(미리 인지한다는 의미 – 옮긴이) 여성 세 명의 정신적인 능력을 이용해 범행 발생 시각을 예측한다. 예지자들 중 한 명이 어떤 장면을 보게 되면, 그 정보가 범죄와 범인과 피해자를 특정할 수 있는 범죄부서로 전달된다. 이러한 요소들이 확립되면 범인이 범행을 저지르기 전에 특공대—제트팩을 멘—가 잠재적 범인을 체포한다. 분명 도덕적인 딜레마가 있다. 그러나 프리크라임의 효과인지 워싱턴에는 6년 동안 강력사건이 발생하지 않았다.

이 영화는 일반 공상과학물과는 다른 요소가 많다. '광선'도 '시간여행'도 없다. 외계인도 등장하지 않는다. 심지어 우주비행도 나오지 않는다. 사실 〈마이너리티 리포트〉에 나오는 미래의 가장 놀라운 점 중 하나는 현재와의 유사성—적어도 일부는—이다. 예를 들면, 톰 크루즈가 잠재적 범죄자의 범행을 막기 위해 출동할 때, 그와 그의 팀이 도착한 장소는 오늘날의 워싱턴 외곽과 크게 다르지 않다.

그럼에도 불구하고 미래는 다르다. 그저 이상하지 않을 뿐이다. 로보틱 거미들은 예외라고 할 수 있지만, 그 거미들도 현재 개발 중이다. 스필버그의 2054년은 예지자들을 제외하면 모든 요소들이 가능하다. 그 도구들 중 일부와 간단한 장치들과 기술은 지금도 이미 존재하거나 현실화가 멀지 않았다.

《와이어드Wired》(1993년에 창간된 기술환경 관련 잡지 – 옮긴이)의 2002년 이야기처럼, 스필버그는 미래학자들, 생물의학 연구원들, 컴퓨터 과학자들, 그리고 심지어 건축가들로 구성된 '싱크탱크를 소환했다'. 그들의 목표는 '미래의 도심과 외곽, 놀이와 일, 건강식과 좋은 음식에 관한 아이디어를 제공하는 것'이었다. 하지만 그들은 3일이 넘도록 **현재 모습을 기초로 한 미래의 모습**만을 상상할 수 있었다. 현재 모습을 기초로 했다고 하지만, 사실 그들의 상상은 주목할 만한 성과다. 왜냐하면 앞서 보았듯이 약 15년 후, 전문기술자조차 자신의 구상이나 개발물을 설명할 때 〈마이너리티 리포트〉에 비유하고 있기 때문이다. 그렇다! 영화 〈마이너리티 리포트〉에서 펼쳐지는 상황은 실현 가능성이 대단히 높은 우리의 미래 모습이다.

나 역시 미래에 대해 생각할 때, '〈마이너리티 리포트〉같이'라고 생각하는 자신의 모습을 자주 발견한다. 예를 들면,

……미래의 무인자동차들은 '〈마이너리티 리포트〉같이' 될 것이다.

……미래의 보안시스템은 생물측정 망막 스캐너를 '〈마이너리티 리포트〉같이' 사용하게 될 것이다.

……미래의 컴퓨터 사용은 '〈마이너리티 리포트〉같이' 가상현실과 센서를 통한 몰입체험이 될 것이다.

……기타 등등.

그렇다고 해서 영화가 모든 세부적인 면에서 우리의 미래를 완벽하게 제시하고 있다는 말은 아니다. 스필버그의 시각에 단점이 있다면, 그러한 미래가 펼쳐지기까지 걸리는 시간에 대해 지나치게 관대했다는 것이다. 다시 말해 우리는 영화의 배경인 2054년경에는 〈마이너리티 리포트〉가 그리는 미래보다 훨씬 멀리 가 있을 가능성이 많다. 어쩌면 영화의 배경을 2024년으로 설정했다면 훨씬 더 정확했을지 모른다.

하지만 그것이 스필버그의 과오나 그를 도운 싱크탱크의 과오는 아니다. 영화가 예언하는 미래가 영화가 개봉된 2002년 당시의 현실과 워낙 동떨어져 있었다. 당시에는 4G 네트워크가 존재하지 않았다.

태블릿도 없었다. 페이스북은 존재조차 하지 않았다. 그러니 우리는 배경을 몇십 년 더 먼 미래로 설정한 제작자들을 용서할 수 있다.

2010년대 후반부인 지금 시점에서 보면, 메트칼프의 법칙과 무어의 법칙과 컴퓨터 사용의 장소 무제한성과 값싼 센서들에 힘입어, 엄청난 변화 요인들이 한꺼번에 빠르게 밀려오고 있다. 아마도 변화는 우리 예상보다 훨씬 더 빨리 찾아올 것이다. 그러니 2054년에 대해 말하는 것보다 좀더 가까운 미래에서 시작하자. 앞으로 10년도 안 남은 2025년부터 말이다. 그 미래는 어떤 모습일까?

음, 아마도 〈마이너리티 리포트〉 같을 것이다.

즉시성과 효율성의 세계

세부적으로 들어가기 전에 먼저 디지털 데이터가 우리를 어디로 이끄는지 이해할 필요가 있다. 이를 위해 1장에서 언급한 데이터의 두 가지 속성으로 돌아가자. 데이터는 즉각적인 동시에 효율적이다. 데이터는 즉각적이기에 즉시성을 추구한다. 데이터는 즉각적인 인식과 반응을 원한다. 데이터는 인간의 기록과 분석기기가 불완전할 때에만 우리에게 천천히 온다. 또한 데이터는 끊임없이 효율성을 지향하고, 마찰에 저항하고, 경계를 밀어내고, 거리를 줄이고, 인식과 응답 사이의 간격을 없애고, 우리가 디지털을 이해하는 더 나은 방법을 개발하도록 만든다.

데이터가 인식과 응답의 즉시성을 추구하는 이유는 무엇일까? 가장 단순한 첫 번째 이유는 데이터 자체가 즉각적이기 때문이다. 외부 기온이 얼마나 떨어졌는지, 고속도로를 달리는 차가 몇 대인지, 당신의 머리에서 생각이 나오는 바로 그 순간, 데이터는 즉시 그리고 끊임없이 변하고 있다. 하지만 도움이 되려면 데이터가 캡처되고 저장되는 것이 필수적이다. 그리고 이 캡처-저장 단계가 데이터의 생성 시점과 사용 가능 시점을 구분한다.

우리 아버지는 라스베이거스 외곽에서 성장했다. 그는 소년시절 모하비 사막으로 향하는 한적한 고속도로 변에 앉아 지나가는 자동차들의 수를 세곤 했다. 아버지는 그늘 아래에 앉아 자동차가 지나갈 때마다 노트에 표시를 한 후 저녁이면 합산을 했다. 이것이 최선의 아날로그식 데이터 취합법이다. 디지털 시대 이전에는 순간의 데이터가 순간적이지 않게 캡처되었다. 다른 말로 하면, 데이터 생산과 데이터 캡처 사이에 상당한 시간 간격이 존재했다. 그러나 우리가 캡처할 수 있는 대상 자체도 한정되었다는 사실을 고려하면 그 정도 지연은 별 문제가 아니었다. 어쨌든 당시에는 데이터를 순식간에 캡처할 수 있는 능숙함이 없었다.

하지만 디지털 시대가 시작되고 센서들이 출현함에 따라, 우리는 순간순간 생성되는 데이터를 캡처할 도구를 갖게 되었을 뿐 아니라, 그 데이터의 이용 또한 즉석에서 할 수 있게 되었다. 모하비 사막으로 향하는 그 고속도로는 지금도 존재하지만, 지금은 카메라 같은 센서에 의해 모니터링되고 컴퓨터 시스템으로 연결되어 실시간으로 데이터를 분석하고 있을 것이 틀림없다.

센서가 '실시간으로 녹화'할 수 있다는 사실과 10년 후에는 그 능력이 기하급수적으로 향상될 거라는 사실은 예전에는 별 필요가 없었던 순간데이터가 갑자기 엄청난 유용성을 갖게 되었다는 것을 의미한다. 생성 후에 시간이 더 많이 흐를수록 데이터의 유용성과 현장성은 떨어진다. 이것은 부분적으로는 데이터의 끊임없이 변하는 속성 때문이다.

우리가 개개 데이터를 개별적으로 떼어내 다룰 때가 많기는 하지만, 사실 데이터는 끊임없이 변화하고 있다. 기억을 예로 들어보자. 기억은 순간의 움직임을 캡처해서 간직하려는 뇌의 수단에 불과하다. 그러나 그 순간에서 멀어질수록 기억은 덜 생생해진다. 어젯밤 당신은 심한 복통을 겪어 의사를 찾았다. 당신은 고통을 기억하고 있지만, 그 데이터를 이용해 처방을 해야 하는 의사에게 고통의 정도를 완벽하게 전달하지는 못한다. 만약 당신이 통증에 시달리던 어젯밤에 의사가 당신 침대 옆에서 모니터링하고 있었다면 훨씬 더 유용하지 않았을까? 혹은 더 나은 방법으로 내일 아침 병원을 찾을 때를 대비해 특정 기기가 고통의 정도를 기록하고 저장해두었다면 훨씬 더 유용하지 않았을까?

실례를 하나 더 들자. 역사를 보면 알 수 있듯이 격심한 기근은 때와 장소를 불문하고 이따금 일어난다. 나는 그것을 목격하기까지 했다. 그런데 기근 발생 이유 중 상당수가 정보의 부적절한 배분 때문이다. 다시 말해 식량 공급자에게 대량 수요가 발생한 지역이 어디인지 정보가 전달되지 않는 것이다. 이 때문에 고립되어 기아에 시달리는 장소에서 불과 몇 킬로미터 떨어진 농장에서는 식재료가 수요자를 찾지 못해 썩어가는 경우가 있다. 하지만 전화가 있다면 어떨까? 우량 전화기 덕분에 데이터 생산과 반응 사이의 간격을 줄일 수 있었다. 나아가 인터넷은 그 간격을 더 많이 줄였다.

간격이 줄어들수록 공급과 수요를 일치시키기가 쉽다. 다시 한 번 말하지만, 데이터는 즉각적인 반응을 추구한다. 그러나 데이터를 기록하기 위해 여전히 인간의 입력이나 데이터 검토—예를 들어 누군가가 식량원이 줄어들거나 수요와 공급의 불일치가 있는지 확인하는 것—가 필요하다면, 설령 접속과 스마트폰(이 두 요소 역시 개발도상국에서는 여전히 공급부족 상태다)이 가능하다 해도 여전히 데이터 생산으로부터 즉각적인 반응을 얻어낼 수는 없다.

그렇다면 어떻게 해야 데이터 생성과 반응 사이의 간격을 줄일 수 있을까? 센서가 그렇게 할 수 있다.

행동과 반응 사이의 간격이 줄수록 데이터는 더 강력해지고 유용해진다. 데이터가 끊임없이 효율성을 지향하기 때문이다. 우리가 기술에 대해 아는 것이 하나 있다면, 그건 기술이 우리의 삶을 편리하게 만드는 데 도움이 된다는 것이다. 게다가 디지털은 과거보다 훨씬 높은 수준의 효율성을 창출할 수 있다. 우리는 데이터에 대한 반응을 방해하는 장벽과 갈등을 제거함으로써 데이터 생성에서 반응에 이르는 속도를 줄일 수 있다.

식량공급 이야기는 좋은 예다. 설사 아프리카 같은 먼 곳을 잇는 최선의 공급망이 있더라도 반응을 끌어내기까지는 다양한 장벽들이 존재한다. 즉, 과정의 비효율성이 존재한다. 하지만 디지털은 데이터의 전달과정을 줄이고, 잠재적 방해물을 건너뛰고, 반응속도를 높임으로써 그런 장벽을 제거하는 데 도움을 준다.

소매업에서 또 다른 예를 볼 수 있다. 디지털은 우리의 쇼핑 경험을 많이 간소화시켰다. 우리는 전자상거래 덕분에 실제로 가게에 가지 않고도 쇼핑을 할 수 있다. 데이터—우리가 사고 싶은 것—가 온라인 가게의 플랫폼에 입력되면, 실제로 구매목록을 들고 여러 가게를 방문하는 경우보다 더 빠른 반응을 얻을 수 있다.

디지털 데이터는 쇼핑방식을 서서히, 하지만 전면적으로 바꾸고 있다. 2011년 가을, 세계에서 처음으로 물리적인 가상가게가 대한민국 서울의 선릉 지하철역에 선보였다. 그곳에는 우유에서 전자제품과 세제에 이르는 다양한 상품이 벽에 잔뜩 그려져 있다. 구매자들은 스마트폰 스캔을 통해 물건을 사서 자신들의 집으로 배송받는다.

아마존은 최근 '예측 선적anticipatory shipping'이라 불리는 시스템의 특허를 획득했다. 아마존은 당신이 공식적으로 '구매'를 클릭하기 전에 물건을 포장하고 선적하기를 원했다. 소매상들 또한 디지털 데이터에 의존해 당신이 실제로 구매하기 전에 당신이 무엇을 원하는지 예측하고 싶어 한다. 이전 주문목록, 상품검색목록, 과거 구매이력, 통계, 그리고 무엇보다 위시리스트 같은 요소들이 당신이 실제로 구매를 하기 전에 당신의 다음 구매를 예측하도록 고안된 알고리즘에 정보를 제공한다.

금융거래는 디지털화가 데이터에 대해 갖는 의미를 전형적으로 보여준다. 1장에서 개략적으로 소개한 데이터 속성의 많은 부분이 금융거래에서 나타난다. 데이터는, 원래는 무역이었으나 결국 투기 거품으로 끝나고 말았던 1637년의 튤립 광풍狂風에서 오늘날의 무수히 많은 금융거래에 이르기까지, 금융거래와 금융시장에 큰 영향을 미쳤다. 사실 금융거품과 그 뒤를 잇는 조정국면은 데이터가 갖는 혼란과 질서 사이클의 이면이다. 혼란의 시기 동안에는 금융거래의 주 측면이 즉각성이지만 질서의 시기에는 효율성이 주 측면이다. 다만 디지털화는 거의 모든 측면에서 이 사이클을 가속화시킨다.

처음에는 디지털화가 단지 실물세상에서 통용되던 서비스를 온라인 세계로 옮긴 데 불과했다. 디지털화는 우리가 온라인으로 은행잔고를 확인할 수 있게 하거나, 완결하려면 관례적으로 며칠이 걸리던 입출금 업무를 개시했다. 그러나 이것은 단지 시작에 불과했다.

오늘날 월스트리트는 신속한 거래를 위해 빠른 데이터 네트워크와 복잡한 알고리즘에 의존한다. 디지털 정보에만 기초한 보안 시스템을 거치면서 순식간에 수십 억 달러가 오고간다. 마이클 루이스Michael Lewis가 최근 저서인 《플래시 보이즈》에서 분석한 주제가 이것이다. 지금까지 두 건의 주요한 시장붕괴가 이 데이터 중심 거래방식 때문에 발생했다.

2010년 5월 6일, 개장한 지 불과 5분도 안 돼서 약 9%의 시장을 잃는 첫 번째 시장붕괴가 일어났다. 하지만 손실 대부분이 한 시간 안에 회복되었다. 2013년 4월 23일에 일어난 두 번째 주식시장 대폭락은 앞 장에서 이야기한 백악관 폭발 사고, 대통령 부상이라는 가짜 연합통신 트윗으로 촉발되었다. 보다시피 잘못된 데이터라고 하더라도 데이터만으로 주식시장이 출렁일 수 있다. 일치된 추산은 아니지만, 미국 주식 총거래량의 50% 이상이 검증이나 평가 없이 이렇게 데이터와만 연동되어 순식간에 움직인다고 알려져 있다.

월스트리트 거래자들만 디지털화의 영향을 받는 게 아니다. 이제 개인들도 즉시 송금을 할 수 있고, 페이팔PayPal이나 스퀘어 캐시Square Cash 같은 서비스를 통해 이체수수료를 면제받는 경우가 많다. 데이터는 무한히 분할될 수 있지만, 현실에서는 분할하기 어려운 경우가 많다. 그러나 디지털은 특히 금융거래에서 그것을 쉽게 만들었다. 나는 친구와 함께 점심을 먹은 후 디지털 결제 네트워크를 통해

내 몫을 지불하거나, 우버 같은 서비스의 요금을 균등하게 나누어낼 수 있다.

금융거래 서비스에서 개인들은 디지털과 실물 사이를 오간다. 우버 서비스 자체는 실물세상에서 제공되지만, 운전자 호출에서 요금 지불에 이르는 그 서비스의 다른 측면들은 모두 디지털 세계에서 이루어진다. 스마트폰과 고객의 현 위치정보 같은 데이터의 디지털화가 있기 전에는 이런 유의 서비스들이 존재하지도 않았다. 오늘날 나는 모바일앱을 통해 스타벅스에서 커피를 사거나 촙스에서 샐러드를 살 수 있다. 물론 커피와 샐러드는 실물로 받아야 하지만 말이다.

디즈니는 2014년에 매직밴드를 소개했다. 그것은 고객들로 하여금 패스트패스 출입문에서 체크인하고, 호텔 객실문을 열고, 디즈니 테마파크 내에서 물건을 구매할 수 있게 해주었다. 이 혁신은 근거리통신Near Field Communication, NFC이라 불리는 단거리 무선통신 기술에 의존한다. 애플은 아이폰6와 애플워치에 NFC 기능을 탑재해, 함께 출시된 자신들의 결제시스템인 애플페이를 사용할 수 있게 했다.

그러나 이상의 접근들은 실재와 가상 사이에 일시적인 다리를 놓는 하이브리드 자동차 같은 것일지 모른다. 이보다 한발 더 나아간 것으로는 비트코인같이 분권화한 디지털 통화가 있다. 현재 다양한 소매업들이 새 디지털 통화를 받아들이기 시작했고, 심지어 일부 정치인들도 비트코인 형태로 정치기부금을 받고 있다. 금융거래의 완전한 디지털화인 것이다. 마찬가지로 알고리즘 주식거래나 모바일 결제시스템 또한 단순히 실물 서비스의 디지털화가 아니라 디지털 기기나 디지털 정보가 없었다면 불가능했을 전혀 새로운 서비스의 도입을 의미한다.

이처럼 데이터 생성에서 반응까지의 시간 단축을 통해 자유로운 유동성이라는 데이터의 속성을 방해하는 장벽을 제거한 디지털은 원하는 것을 원하는 때에 얻는다는 새로운 기준으로 움직이는 세상의 빗장을 열었다.

디지털 주문 제작의 힘

디지털화 덕분에 주문제작이 가능해졌다. 금융거래만이 아니다. 예를 들어 오늘날 가정에까지 보급되고 있는 3D프린팅이 10년 일찍 개발되었다면 어떻게 되었을까? 아마도 미국의 많은 가정이 3D프린터를 보유하고 있고, 이 기기로 일상용품을 만들고 있을 것이다. 이 시나리오에 따르면, 당신이 온라인에서 물건을 사면 회사는 당신의 3D프린터로 설계도를 전송한다. 몇 분 후면 당신은 원하는 물건을 갖게 된다. 집밖으로 한 발도 움직이지 않고! 거기다 완벽한 주문제작이다! 이 모두가 실제 세상을 디지털화함으로써 가능해진다.

이처럼 데이터의 즉시성과 효율성은 자아 맞춤형 디지털 경험을 불러온다. 여기서 자아는 개인으로서 자기 자신이라는 문자 그대로의 의미다. 지금의 우리는 다양한 '정체성'을 갖는다. 오프라인에서의 내 정체성도 다양하며 온라인에서의 내 정체성도 다양하다. 디지털 세상에서의 내 정체성은 오프라인보다 더 많이 분리되고 세분화되어 있다. 예를 들어 은행이 보여주는 내 모습과 인터넷의 단골 옷가게가 보여주는 나의 모습은 많이 다르다.

이런 다양한 모습의 '나'가 각기 실재의 나인 것도 사실이지만, 그것들은 다양한 각도에서 부분적으로만 나를 보여주기에 전체의 나를 캡처하지 못한다. 하지만 지금 이 순간에도 여러 플랫폼들은 우리에 대한 엄청난 양의 데이터를 캡처하고 있으며, 그 양은 시시각각 늘어나고 있다. 이 데이터 중 많은 것은 우리가 제공하고 있다는 사실도 알지 못하는 것들이다. 그럼에도 그들이 우리에 대해 아는 것은 여전히 실제 모습의 일부일 뿐이다.

예를 들면, 내가 예전에 어떤 종류의 신발을 구매했는지 아는 자포스Zappos는 내 마음에 들 거라고 생각하는 신발을 제시할 수 있다. 그러나 자포스는 내가 한 달 후에 스키여행 갈 계획이 있다는 것은 모른다. 또한 그 회사는 내가 일 년쯤 후에 따뜻한 남쪽 지역으로 이사할 계획이 있다는 것도 모른다. 그 회사는 내가 샀던 신발들에 관해서만 나의 사용 패턴을 알고 있을 뿐이다. 그 회사가 지금 할 수 있는 최선은 추측뿐이다. 회사는 아마존의 '추천' 스크롤바처럼 당신의 검색이력과 구매이력을 이용해 제안을 할 수 있을 뿐이다.

그러나 앞으로 소매업은 소비자에 대해 더 많은 것을 알고, 소비자의 욕구에 잘 들어맞는 제안을 하게 될 것이다. 수백 개의 디지털 데이터 요소가 우리가 온라인에서 구매하는 모든 것에 영향을 미칠 미래가 머지않아 도래할 것이다. 예를 들면, 나는 웨어러블 피트니스 기구들 중 일부에 나의 운동 데이터를 자포스에 전송하도록 허용할 것이다. 그렇게 하면 자포스는 내 운동화의 교체 시기를 내게 알려줄 것이다.

브릭욜프슨과 맥아피가 말한 바와 같이, "우리는 단지 다르기만 한 시대에 사는 게 아니다. 다양성과 소비가 동시에 증가하는 더 나은 시대를 향해 가고 있다." 그러나 이것은 단지 절반의 언급에 불과하다. 우리는 적합성 역시 증가시키고 있다. 소비자를 더 잘 이해하는 것이 거의 모든 디지털 회사들의 목표다.

스마트폰에서 태블릿과 자동차, 오락기에 이르기까지 당신의 기기들은 2025년 무렵이 되면 당신에 대해 거의 완벽한 지식을 갖게 될 것이다. 그것들은 당신의 정체성을 문자 그대로 낱낱이 알게 될 것이다. 물론 그것들 중 데이터를 전통적인 입력방식으로 수집하는 것들도 있겠지만, 센서를 통한 입력시스템이 대부분일 것이기에 데이터는 자동으로 캡처될 것이다. 그리고 센서는 사물인터넷을 통해 캡처한 정보를 다른 기기들 및 플랫폼과 공유할 것이다. 이렇게 되면 기기들이 제공하는 서비스의 품질도 향상될 수밖에 없다.

내가 스포티파이Spotify에 가입한 예를 들어보겠다. 스포티파이는 내가 어떤 타입의 음악을 좋아하는지 안다. 그것은 내가 가장 즐겨든는 음악이 어떤 것인지, 관심이 시들해진 음악은 어떤 것인지 안다. 만약 스포티파이가 대화를 할 수 있다면 나와 유사한 음악적 취향을 가진 유명인사의 음악적 취향에 대해 소개해줄 수도 있을 것이다. 이처럼 그것은 나의 음악적 정체성을 잘 '안다'. 다만 스포티파이가 아직 모르는 것은 내가 특정 음악을 듣는 특정 장소, 그리고 특정한 음악을 필요로 할 때의 특정한 내 기분이다.

그런데 스포티파이가 이런 것들까지 잘 알면 어떻게 될까? 스포티파이가 특정 음악이나 장르에 대한 내 선호를 파악하는 것은 데이터를 통해서다. 반면에 내가 서재에서 그 음악을 찾아 플레이를 누르는 것은 그 음악에 대한 나의 반응 혹은 대응이다. 이 과정에 약간의 마찰이나 비효율성이 존재한다. 나는 음악을 찾아야 하고 음악을 직접

틀어야 한다. 그러나 스포티파이가 내가 듣고 싶어 하는 음악과 시간과 장소를 정확하게 안다면 어떻게 될까? 스포티파이가 내가 조깅을 하고 있다는 것을 알고 운동 중에 듣고 싶은 음악을 들려주기 시작하면? 내가 우울하다는 것을 알고 내 기분을 달래줄 음악을 고른다면? 내가 특정한 장소를 방문했음을 알고 그 장소에 얽힌 추억이 담긴 특정 노래를 안다면? 그리고 즉석에서 그 노래를 들려주면?

2025년경이 되면 센서를 통해 파악된 우리의 여러 '정체성들'이 하나의 전체적인 정체성으로 흡수됨에 따라, 음악감상 같은 활동조차 대폭 달라질 수 있다. 미래의 음악 서비스는 우리가 a) 상황과 b) 환경과 c) 기분에 따라 어떤 음악을 듣고 싶어 하는지 정확하게 파악하고 있을 것이다. 정말 솔깃한 이야기가 아닌가! 하지만 2025년의 음악서비스가 이 모든 과업을 혼자 힘으로 수행하는 건 아닐 것이다. 몇몇 다른 기기나 서비스들과 연결된 음악서비스는 센서들을 통해 받은 데이터와 과거 이력 등의 정보를 분석해 당신이 듣고 싶어 하는 음악을 즉석에서(훨씬 더 정교한 알고리즘을 거쳤음에도 불구하고) 파악할 것이다.

기기들 간의 이런 소통은 이론상으로는 지금도 가능하다. 예를 들어, 피트니스 웨어러블은 내가 언제 운동하러 나가는지 알고 있다. 따라서 피트니스 웨어러블이 음악서비스와 연결되면 된다. 또 내 스마트폰은 센서를 통해 내가 운전 중임을 안다. 이 정보를 음악서비스에 전달만 하면 운전할 때 적합한 음악을 나에게 제공한다.

이런 아이디어는 삶의 거의 모든 영역으로 확장될 수 있다. 그러면 우리는 영화 〈마이너리티 리포트〉의 '예지자'라는 공상과학적 요소를 손에 넣게 되는 셈이다. 물론 이 경우에는 예지자가 인간이 아닌 기계라는 점이 다르다. 하지만 우리는 이미 일상에서 수십억 비트의 데이터를 획득하는 기계를 가지고 있다. 따라서 언젠가는 기계가 우리의 미래 행동까지 '예측'할 수 있을 거라는 추정은 그다지 큰 비약이 아니다. 물론 모든 미래를 '예측'하는 건 아니다. 기기는 지금의 내 일상 패턴이 크게 바뀌지 않는 한, 무슨 요일 몇 시에 내가 필요로 하는 서비스가 무엇인지 예측할 수 있다. 하지만 그렇다고 1년 후에 내가 무엇을 하고 있을지를 말해줄 수는 없다. 그리고 그러지도 않을 것이다.

나아가 기기들은 범죄의 유형과 범죄 발생지역을 예측하기 위해 데이터를 수집할 수 있다. 사실 버지니아대학 예측기술연구소 매슈 거버Matthew Gerber의 보고서를 보면 GPS와 연계된 공개 트위터가 시카고 도심에서 일정 기간 동안 발생한 25가지 유형의 범죄 중 19가지를 예측할 수 있을 만큼 능력을 향상시켰다고 한다. 10년 후면 '예측 분석'에 따른 범죄 방지가 경찰의 일상 업무가 될 수도 있다.

핵심은 2025년에는 인터넷과 연결되고 강력한 센서를 장착한 온갖 전자기기들이 우리 주변에 항상 머물면서 끊임없이 데이터를 제공하고 분석할 것이라는 사실이다. 필요한 순간에 우리에게 그것을 제공하기 위해서뿐만 아니라, 우리의 정체성에 대한 정보를 끊임없이 얻기 위해서 말이다. 그리고 이 데이터를 사용하는 알고리즘은 스스로를 끊임없이 발전시켜 우리의 행동을 더 잘 이해하고 예측하게 될 것이다.

요약하면, 디지털화는 오프라인과 온라인의 자아를 분리시키던 장벽을 허무는 경향이 있다. 우리가 오프라인에서 하는 거의 모든 행동이 캡처되고 분석되어 온라인상의 적절한 곳으로 스며들 것이다. 물론 그 목적은 생각과 행동, 필요와 충족 사이의 갭을 줄이는 것이다. 그렇게 되면 자동차가 우리의 능력을 확장시켰듯이, 디지털 기기와 서비스도 우리 자신—우리의 생각과 행동들—을 확장시킬 것이다. 정보교류에서 인류의 진보는 거의 완벽에 가까워질 것이다. 하지만 그 소통의 특성이 세계적인 개인화라는 점이 지금까지 기술발전과의 차이점이다.

디지털 풍경

다음으로 우리는 디지털이 10년 후 우리 사회와 문화에 만들어낼 풍경들을 살펴볼 것이다. 분명히 이 목록에서 벗어나는 인간 경험의 영역도 여전히 존재할 것이다. 하지만 즉시성과 효율성을 지향하는 데이터의 속성을 전제로 하고, 그 지향점이 결국은 개인을 향한다는 것을 이해하면, 10년 후의 풍경을 상상하는 것이 그리 어렵지는 않을 것이다.

운전

이 영역은 책의 도입부에서 이미 살펴보았다. 곧 일어날 가장 크고 가장 중요한 혁신 중 하나는 무인자동차의 출현과 광범위한 보급일 것이다. 그렇더라도 모든 자동차가 10년 안에 무인자동차로 전환되지는 않을 것 같다. 무인자동차는 먼저 대도시에서 시작해 점차 그 범위를 넓혀나갈 것이다.

그렇다면 무인자동차의 세계는 어떤 모습일까? 먼저, 그 세계에서는 자동차 사고 사망자가 거의 없을 것이다. 앞서 보았듯이 미국에서 매년 자동차 사고로 사망하는 사람들이 4만 명에 달한다. 전 세계적으로는 그 수가 수백만 명이다. 하지만 무인자동차가 일반화되면 이제 운전도 더 이상 위험 행위가 아니다. 따라서 잠재적 위험 행위를 감독하고 규제하기 위해 만들었던 면허제도와 교통법규와 경찰의 필요성도 무시할 만한 수준까지 줄어들 것이다. 도로가 더 안전해진 덕분에, 경찰은 경찰력이 더 필요한 다른 영역으로 인력을 돌릴 수 있을 것이다.

또 관리하고 규제하지 않아도 오히려 교통정체 등은 상당히 감소할 것이다. 자동차는 서로서로 조화를 이루고 협력하며 움직일 것이다. 인간적인 요소가 제거되면, 데이터와 결정 사이에 존재하는 장벽역시 많이 제거될 것이기 때문이다. 이런 성가신 일상 요소들이 근절되면, 자동차 이용은 다시 인기를 얻을 것이다. 자동차를 타는 것이 기차를 타는 것과 비슷해질수록 더 많은 사람들이 도심의 대중교통까지 안락한 자가용을 타고 이동할 것이다. 기차는 과거의 유물이 될지도 모른다. 자동차 운전에 사람의 힘이 더 이상 필요하지 않게 되면, '자동차에서 업무 보기'는 일상이 될지도 모른다.

인간이 점점 더 고립될 거라는 염려가 있다. 인터넷이 있어서 우리는 더 이상 타인과 직접 대면할 필요가 없다. 하지만 그것은 틀린 생각이다. 인간의 상호교류는 인간이 태초부터 지니고 있던 욕구다. 오히려 인간의 상호교류를 방해한 것은 이동의 성가심이다. 무인자동차는 이 성가심을 해결해주는 하나의 방법이다. 무인자동차와 함께 사람들의 기동성은 훨씬 더 높아질 것이다.

스마트 홈

2025년의 최첨단 하우스는 집의 모든 것이 인터넷과 연결되어 있는 모습일 것이다. 2025년의 집은 자동화되고 집중화된 컴퓨터 시스템 허브를 통해서만이 아니라 인터넷에 연결된 많은 개별 기기들을 통해서도 전체적으로 '연결될' 것이다. 집 안의 모든 전자기기들이 항시 인터넷에 연결되어 있는 건 말할 것도 없고, 비전자기기 용품들에도 센서가 장착되어 그 센서들이 디지털 정보를 제공할 것이다. 이렇게 되면 현재 스마트폰이 다양한 앱을 통해 수집한 데이터를 활용하는 것과 마찬가지로, 우리의 집도 하나의 거대한 스마트폰으로서의 역할을 할 것이다. PC들은 별개의 기기로서 설비 시스템에서 외부에 이르기까지 집 전체에 걸쳐 컴퓨터 기능을 보완할 것이다.

연결된 당신의 기기들이 수집한 데이터의 분석과 처리는 많은 경우 자동으로 이루어질 것이다. 예를 들어 당신의 냉장고는 특정 식료품이 모자란다는 사실과 어떤 고기가 오늘 밤 최적의 상태일지 알고 있다. 당신의 샤워기는 물 온도를 당신의 몸 상태와 주변 온도에 맞출 것이며, 텔레비전과 스테레오를 포함한 오락 시스템 역시 당신의 어떤 명령에도 반응할 준비를 완벽하게 갖추고 있을 것이다. 또 당신의 옷장은 요일과 날씨와 업무 종류에 따라 당신이 입을 옷을 결정하는 데 도움을 줄 것이다.

엔터테인먼트

오늘날에도 이미 넷플릭스 같은 서비스와 주문식 비디오스트리밍 산업의 급성장 덕분에, 정해진 시간표를 가진 텔레비전 네트워크에 대한 요구는 이미 한물갔다.

미래에는 이보다 더 나아가 스포츠경기 같은 생방송 프로그램 몇 개를 제외하면, 모든 텔레비전 프로그래밍이 당신이 선택하는 것을 방송할 준비를 이미 하고 있을 것이다. 또 프로그래밍 자체도 더 광범위한 센서들과 협업하여 화면을 360도로 펼침으로써 오늘날 최고 사양의 3D 수상기가 제공하는 것보다 훨씬 더 실감나는 경험을 제공할 것이다.

텔레비전 방송 자체가 근본적으로 달라질 것이다. 1980년대에 나온 '당신 자신의 모험을 선택하라'는 도서 시리즈를 기억하는가? 바로 그것이 10년 후 우리가 보게 될 몰입형 텔레비전의 모습일 것이다. 그러나 당신의 명시적인 지시에 기초하여 일련의 프로가 방송되는 것이 아니라, 기기가 당신 대신 암암리에 당신의 기분을 캡처한 데이터와 관심 정도를 반영하여 선택할지도 모른다는 것이 차이점이다. 그것은 '당신의' 방송일 것이다.

비디오게임은 새로운 수준의 증강현실augmented reality, AR과 가상현실virtual reality, VR에 도달할 것이다. 아마도 얼마 지나지 않아 〈스타트랙〉에 나오는 '홀로데크Holodeck'가 실제로 존재할 것이다. 기업의 직원들은 그들이 입는 옷을 비롯하여 그들이 원하는 거의 모든 환경을 창조할 수 있을 것이고, 그들이 창조한 새로운 현실 속에서 행동할 수 있을 것이다. 또 당신이 VR 게임에서 경험하는 것과 동일한 방식으로, 집에서 게임을 할 수 있는 AR 게임 시제품은 이미 존재하므로, 2025년경이면 플레이어 자신이 게임의 일부가 되는 것도 충분히 가능하다. 당신은 공주를 구하는 전쟁에서 스크린의 디지털 인물을 조종하는 대신, 당신 스스로 공주에게 갈 것이다.

건강관리

디지털은 건강관리의 질과 접근성을 대폭 향상시킬 것이다. 또 나노기술과 웨어러블 기술 덕분에 의료기술 또한 대폭 향상될 것이다. 우리는 더 이상 연례 건강검진을 받기 위해 의사를 찾아갈 필요가 없을 것이다. 오히려 의사가 집이나 직장에 있는 우리의 건강상태를 관찰할 것이다. 우리 몸에 장착된 기기를 통해 일상적으로 우리의 건강정보가 의사에게 전달되기 때문에, 정기 진료는 더 이상 의미를 갖지 않을 것이다. 오히려 우리는 뭔가 이상이 발견되었을 때 수시로 의사의 메시지를 받게 될 것이다. 의사를 직접 방문하는 경우는 정밀검사나 수술이 필요한 때로 한정될 것이다.

기업 역시 직원들의 건강과 관련된 비용 지출에 큰 관심을 가지고 있다. 또 직원들의 건강과 생산성의 상호관계에도 관심이 많다. 그렇다면 하루 동안의 자세나 활동 등을 측정하여 직원들에게 도움을 주는 산업 효율성 센서들이 나오게 되지 않을까?

미국의 건강관리 시스템은 불필요한 서비스와 비효율적인 접근성, 과도한 행정비용 등으로 대략 7천억 달러의 손실을 초래하고 있다. 디지털화로 그 손실의 많은 부분을 절감할 수 있다. 우리는 필요할 때만 의사를 방문하고, 의사는 필요한 수술만 하면 된다. 나머지 일상 관리는 심박수와 콜레스테롤과 혈압을 지속적으로 측정하는 자동화된 기기들이 수행한다면 건강관리상의 불필요한 비용도 대폭 줄어들 것이다.

산업

디지털 문명은 인간의 희생을 요구한다. 디지털의 경제적 효과에 대해서는 13장에서 논의하겠지만, 2025년이면 '제조업'의 개념과 제조인력의 필요성이 완전히 달라져 있을 것이다. 전기에서 에너지와 자동차, 섬유에 이르는 주요 산업들이 이미 기계로 인력을 대체하기 시작했다. 이것은 필연적으로 전 세계 수백 수천만 노동자들이 일자리를 잃는다는 의미다. 정치가들이 아무리 많은 공약을 내놓더라도 이는 불가피한 과정이다. 그리고 이 과정은 많은 사람들에게 힘겨운 충격을 가할 것이다.

다만 좋은 소식은 소비자들의 경우에는 완전히 개별화된 경제를 경험할 거라는 사실이다. 지금까지 대량생산되던 상품들이 소비자 개인에게 특화되어 생산될 것이다. 3D프린터가 나오기 전에는 공장이 소비자가 원하는 상품을 만들어야 했다. 따라서 대량생산이 될 수밖에 없었고, 개인의 취향에 정확히 부합하는 제품을 생산하기가 힘들었다.

오늘날에는 푸마나 나이키나 캔버스 같은 공장들에 3D프린터가 있어서 소비자들은 자신들이 원하는 신발을 정확히 주문제작할 수 있다. 소재와 밑창과 로고 위치와 실의 색깔까지 전부 선택할 수 있다. 인간 노동자를 통해서는 이 정도의 개별화와 대량생산이 절대 동시에 진행될 수 없었지만 디지털을 통해서는 그것이 가능하다. 그리고 가격 역시 적당해졌다.

이 변화의 중요성은 아무리 강조해도 지나치지 않다. 산업혁명 이전, 인간은 대체로 자기 자신이나 소규모 공동체를 위해서만 소량으로 생산했다. 그리고 우리가 배운 바로는, 대량생산과 노동분업으로 인하여 더 많은 양의 값싼 생산이 가능해졌다. 대신 생산물에서 개인의 특성이 사라졌다. 우리는 더 이상 자신만을 위한 특별한 의자를 만들지 않는다. 그냥 시장의 대량생산된 의자들 가운데 가장 마음에 드는 것을 산다. 디지털은 인간의 경제활동에서 천 년 동안 지속된 이런 트렌드를 타파했다. 2025년에는 주문제작품의 대량생산이 가능할 것이다.

나쁜 소식

내가 위에서 간단히 설명한 미래의 모습은 앞으로 한참 동안 이견이 분분할 수밖에 없을 과정 끝에 도달할 모습이다. 그것이 우리의 운명이고, 따라서 피할 수 없다고 할지라도, 그것이 현실화되기까지는 복잡다단한 과정을 거쳐야 한다. 게다가 여기에는 여러 기술적·윤리적·정치적 문제들이 포함되어 있다. 왜냐하면 디지털 미래는 그것이 창조하는 것만큼이나 기존의 것들을 파괴할 것이기 때문이다. 하지만 수천 년 동안 존재했던 취미와 직업과 관습들이 조용히 사라지지는 않을 것이다. 어떤 것들은 우리의 디지털 운명에 격렬하게 저항할 것이다.

이제부터 우리 앞에 놓인 길을 탐색할 것이다. 우리는 앞서 확인한 각각의 영역들을 좀더 깊이 살펴보고 질문할 것이다. 어떻게 해야 여기에서 거기까지 이를 수 있을까? 실수하지 않는다면, 우리는 도달할 것이다. 하지만 결코 쉽거나 즐거운 과정만은 아닐 것이다.

7장

무인자동차와
새로운 디지털 시대의 여행

"자동차 로봇은 만화영화 〈우리 가족 젯슨〉에 나오는 로봇들과는 다르게 생겼다.
자동차 무인운전 장치는 많은 센서와 전선과 소프트웨어들의 결합체다.
이 기술은 '성공적이다'."

— 타일러 코웬Tyler Cowen

2009년 1월 15일 오후 3시 27분, U.S.항공의 에어버스 A320-200이 뉴욕 라과디아 공항에서 이륙한 지 약 3분 후 새떼와 충돌했다. 150명의 승객들을 태운 1549편은 엔진 추진력을 잃고 심각한 위험에 처했다. 하지만 비행기는 4분도 채 지나지 않아 허드슨 강 한가운데에 물살을 일으키며 미끄러져 내렸다. 승객과 승무원 전원이 그로부터 수분 이내에 성공적으로 구조되었고, 사망자는 아무도 없었으며, 경미한 부상을 입은 것이 전부였다.

그후 1549편의 기장은 국가적 영웅이 되었다. 국민들에게 '설리'로 널리 알려진 체슬리 설렌버거 3세Chesley Sullenberger III는 위기의 순간에 기적을 이루어낸 미국 조종사 영웅 대열에 합류한 가장 최근 인물이 되었다. 인근 활주로로 향하는 대신에 허드슨 강에 비행기를 불시착하기로 한 설렌버거의 결정이 모든 탑승자들의 생명을 구했다고 해도 과언이 아니다. 그와 더불어, 사고 후 조사에서 밝혀졌듯 그의 조종실력 역시 최고였다.

언론인인 윌리엄 랑게비시William Langewiesche는 〈전자식 비행제어체계: 새떼, 활강, 허드슨 강의 기적〉이라는 칼럼에서 미연방교통안전위원회NTSB가 재현한 1549편의 운항 궤적을 세밀히 분석했다. "시뮬레이터는 설렌버거가 새떼와 부딪혔던 상황을 재현하도록 프로그램되어 있었다. (…) 라과디아 공항에서의 비행 재현에 4명의 조종사들이 소집되었다. (…) 확신이 없는 경우, 공항으로의 즉각 회항이 허용되자 모든 조종사들이 전부 안전하게 착륙했다. (…) 하지만 반응시간을 고려할 필요를 인지한 NTSB가 모의비행 조종사들에게 30초간 지체한 후 회항하도록 지시하자 그들 모두가 영락없이 실패했다."

이런 이유로, 그 추웠던 목요일 아침에 일어난 일을 '기적'이라 명명하는 것은 부적절하지 않다. 어떤 상업항공기 조종사가 나에게 말했다. 조종사들의 연례 모의비행 훈련 중 수상 비상착륙을 연습하지만, 그런 일이 발생하리라고 예상하지도 않고 실제로 성공하리라고 기대하지도 않는다고. 그러니 설렌버거 기장보다 능력이 떨어지는 조종사가 조종석에 앉았더라면, 우리는 그 사고를 '허드슨 강의 비극'으로 기억했을 것이다. 랑게비시는 재앙을 피할 수 있게 한 설리의 능력을 평가절하하기를 원치 않았다. 자신 역시 조종사였던 저자는 "그것은 아름다운 비행이었다"고 극찬했다.

랑게비시가 제기하는 문제는 다른 지적이다. 그것도 비행기의 역할이다. 랑게비시가 불안한 것은 사람들이 설렌버거에게만 주목하면 탑승자들의 생명을 구하는 데 비행기 자체가 행한 역할이 묻힐 수 있다는 것이다. 어쨌든 비행기가 아침 토크쇼를 순회하거나 베스트셀러를 저술할 수는 없을 테니 말이다. 그러니 에어버스 A320의 '전자식 비행제어체계fly-by-wire'가 없었다면 설렌버거라 해도 성공하지 못했을 것이라고 주장한다고 해서 설리번 기장의 명예가 실추되지는 않을 것이다.

이 복잡한 기기를 간단히 설명하면, 항공기에 설치되는 '전자식 비행제어체계'는 자이로스코프를 이용하여 상하로 요동치거나 좌우로 기울거나 축이 기우는 등의 움직임 변화를 감지한다. 모든 움직임이 컴퓨터에 신호로 전해지면 제어장치는 자동으로 작동해 항공기를 안정시킨다. 그것은 '비행막 보호flight envelope protections'라는 용어로 불리며, 비행 중 조종사의 실수로 문제가 발생할 가능성을 줄여준다. 예를 들어, 조종사의 실수로 엔진의 힘이 과도하게 사용되어 항공기가 물리적 한계를 넘어서려 하면 시스템이 개입해 제동을 건다. 1549편의 경우에도 컴퓨터와 연결된 이 시스템이 비행기 자체를 안정시킨 덕분에 설리번 기장은 항공기를 어디에 착륙시킬지 등의 문제에만 집중할 수 있었다.

그러나 '전자식 비행제어체계' 단독으로 완전무결한 비행을 보장하지는 않는다. 설리의 기적적인 허드슨 강 불시착으로부터 5달 후, 리오데자네이루에서 파리로 가던 에어프랑스 447편이 대서양에 추락했다. 에어프랑스 447은 에어버스 320과 동일한 '전자식 비행제어체계'를 갖춘 동일 기종의 비행기였다. 320의 전자식 비행제어체계는 풀프루프foolproof(제어계 시스템이나 제어장치에 대하여 인간의 오동작을 방지하는 시스템 – 옮긴이) 방식이다. 어쨌든 전자식 비행제어체계는 상용 항공서비스를 시작한 지 15년 만에 처음으로 사고를 일으켰던 셈이다.

그런데 이런 풀프루프가 있는데 어떻게 사고가 일어날 수 있었을까? 블랙박스를 조사해보니 그 이유가 밝혀졌다. 조사단은 항공기가 태풍의 세력권을 통과할 때 피토관(대기속도를 측정하는 센서)에 만들어진 빙정氷晶 때문에 자동조종장치가 정지되고 엔진정지 방지장치가 무력화되었다는 사실을 알아냈다(전자식 비행제어체계는 대기속도 데이터가 있어야 제대로 작동한다). 게다가 휴식 중이던 기장을 대신해, 경력이 짧은 부기장이 일련의 치명적인 오류들을 처리해야 했다. 피토관은 채 1분도 지나지 않아 해동되었다. 대기속도가 다시 기록되고 조종석에 엔진정지 경보가 요란하게 울렸지만, 경력이 짧은 부기장은 그 모든 자료를 취합해 적절한 조정을 하는 데 실패했다. 결국 그것이 엔진이 멎은 항공기가 바다로 추락하는 원인이 되었다. 어쩌면 부기장은 전자식 비행제어체계가 알린 항공기의 엔진정지는 불가능하다고 믿고 엔진정지 경고 신호를 무시했을지 모른다. 그러나 어쨌든 자동조종장치가 꺼진 상황에서는 조종사의 비행능력이 많은 것을 좌우한다. 그리고 비극이 일어났다.

이 두 항공기의 상반된 결과는 자율주행차의 미래에 대해 많은 것을 이야기한다. 물론 디지털은 인간의 실수 범위를 획기적으로 줄여준다. 하지만 100%는 아니다. 게다가 인간과 컴퓨터는 서로를 보완한다. 컴퓨터는 인간의 도움이 없었다면 허드슨 강에 착륙할 수 없었을 것이다. 설렌버거 기장 역시 컴퓨터가 없었다면 허드슨 강에 착륙할 수 없었을 것이다. 그러나 인간이 자동제어기계에만 전적으로 의존하고 있는데 기계에 문제가 생긴다면 상황이 복잡해진다. 빙정이 만들어지고, 인간이 실수를 하면 두 요소 모두 무력화하고 말 것이다.

마이애미대학 교수이자 나사 과학자인 얼 위너Earl Wiener는 인간과 자동제어기계와의 상호작용에 관해 연구한 '위너의 법칙'에서 자동제어기계가 갖는 복잡성에 대해 다음과 같이 기술했다. 여기에 그 일부를 인용한다.

17. 모든 장치는 그 자체로 인간이 실수할 기회를 유발한다.

18. 신종 장치는 신종 문제를 만들어낸다.

19. 디지털 장치가 사소한 실수를 간과하면 큰 실수가 초래될 기회가 만들어진다…….

23. 발명의 어머니는 필요다…….

27. 조종사에게 최악의 결과를 이끌어내게 하려면 비행기가 필요하다.

28. 컴퓨터로 대체 가능한 조종사라면 대체되는 것이 마땅하다.

29. 인간이 문제를 해결할 때마다, 인간은 다른 문제를 만들어내는 경우가 대부분이다. 당신이 할 수 있는 건 만들어진 문제가 해결한 문제보다 덜 치명적이기를 바라는 것뿐이다.

이 원칙들 중 일부는 항공기에 관련된 것이지만, 인간과 기술의 상호작용 일반에도 적용될 수 있다.

자율주행차는 이미 우리 주변에 있다

앞서 언급한 사고들은 자율주행차에 대해 사람들이 쉽게 간과하는 사실을 말해준다. 즉, 우리는 이미 일상생활 중에 자율 혹은 반자율 주행차에 깊이 의존하고 있다는 사실이다. 수십 년이 넘는 세월

동안 디지털 센서는 항공기 성능의 혁신을 가져왔다. 하지만 이것이 항공산업에만 국한된 이야기는 아니다. 구 소비에트연방은 1930년대에 전기시스템을 처음으로 실험했다. 1960년 무렵, 미국정부는 닐 암스트롱을 포함한 우주비행사들이 달 표면 탐사훈련을 위해 사용한 아폴로 달 탐사선 같은 나사 우주선들에 '전자식 비행제어체계'를 적용하고 있었다.

그후 '전자식 비행제어체계'는 전투기로 옮겨갔다. 1972년, 해군 항공모함 F8-크루세이더는 디지털 '전자식 비행제어체계'를 사용한 첫 항공기였다. 에어버스 320은 그 기체를 모델로 삼았다. 설렌버거의 그 운명적 아침의 비행은 '전자식 비행제어체계'의 초기인 1980년대 상황과 흡사하다. 비행기에는 최신 시스템이 장착되어 있지만 조종사의 수동 비행능력도 아직 퇴화하지 않았던 초기 상황 말이다.

오늘날에는 수십 년 전에 사용하던 시스템들보다 훨씬 더 발전된 디지털 '전자식 비행제어체계'가 대다수 상용 항공기에 장착되어 있다. 이 때문에 오늘날 비행기 조종에 요구되는 인간의 역할은 매우 적다. 이 사실이 찰스 린드버그Charles Lindbergh(대서양 무착륙 단독비행에 처음으로 성공한 미국의 비행사-옮긴이)에서 체슬리 설렌버거에 이르는 영웅적 비행사들의 출현 가능성을 줄인다는 것은 인정한다. 그럼에도 불구하고, 비행의 디지털화는 항공여행의 전반적인 안전에 기여했다.

2013년 《뉴욕타임스》 기사에 따르면, 항공기 사고는 제트기 시대가 태동한 후로 끊임없이 줄어들고 있다. 《뉴욕타임스》는 "1985년에는 수십 건의 사고로 2,000명 이상이 사망"한 반면, 2012년도에는 23건의 치명적인 사고와 475명의 사망자가 발생해 "1945년 이후 가장 안전한 해였다"고 지적했다. 그것은 42건의 사고에서 1,147명의 사망자가 발생한 2000년도의 절반에 못 미쳤다. 나아가 항공사고 기록보관소의 통계에 따르면, 2014년도는 1926년 이후 사고가 가장 적게 발생한 해였다. 물론 예전과 현재의 가장 주요한 차이점은 오늘날의 거의 모든 상용 항공기에는 디지털 '전자식 비행제어체계'가 존재한다는 것이다. 오늘날의 상용 항공기들은 매 비행마다 0.5테라바이트의 데이터를 수집하는 수천 개의 센서에 의존한다.

항공산업이 디지털 데이터에 의존해 자동화를 시행하는 유일한 산업은 아니다. 오늘날에는 농부들도 농업 콤바인의 곡물 유량流量과 곡물 수분함량을 재는 센서에서 얻어진 GPS 데이터를 취합해 예상 수확량과 농장별 생산성을 예측한다. 농부들은 이런 데이터를 이용해 특정 농장의 예상 생산성을 기초로 물이나 비료의 투입량을 조정할 수 있다. 킨즈 매뉴팩처링사는 2011년에 최초로 자동 농업시스템을 소개했고, 이 자동 농업시스템을 농장 운영에 사용하고 있다.

자율트랙터를 비롯한 자동 농기구의 가치는 안전성보다는 효율성에 있다. 무인트랙터 덕분에 운전자를 고용하지 않아도 된다. 디지털 데이터는 이중식재植材와 같은 낭비를 방지하여 효율적인 농장 운영을 보장한다. 작물 수확에는 쉼 없는 노동이 필요한데, 자동기계는 휴식이나 식사나 수면을 필요로 하지 않는다. 요구되거나 낭비되는 자원이 훨씬 적은데도 더 많은 산출이 보장되는 것이다.

요약하면, 자율주행차는 이미 당신 주변에 있다. 당신이 비행기를 타든, 아니면 슈퍼마켓에서 물건을 사든 말이다. 센서 데이터를 비롯한 디지털 정보는 처음에는 안전성을 향상시키기 위해 사용되었지만, 지금은 생산성 증대와 같은 부가적인 용도에도 쓰이고 있다.

알다시피 노동의 안전성과 생산성은 서로 충돌하는 과제처럼 보였다. 하지만 데이터의 디지털화는 서로 모순되는 것처럼 보이는 과제들을 함께 풀 수 있는 해법을 제시했다. 물론 각각의 산업에는 발전속도뿐 아니라 어떤 종류의 기술을 수용할지를 결정할 자신만의 고유한 과제가 있다. 그러나 이 모든 해법의 뿌리에 디지털화된 데이터가 있는 것도 사실이다.

탁 트인 도로는
더 이상 없다

하늘보다 도로에서 죽는 사람들의 수가 훨씬 더 많다는 사실에 비추어볼 때, 운송수단의 자동화가 항공기에서 시작되었다는 사실은 의문을 불러일으킨다. 다시 말해 적어도 자율항공기가 등장하던 무렵에 자동차산업도 혁신에 박차를 가해 자율주행차가 등장했어야 했던 게 아닐까? 왜 자동차에는 비행기 정도의 자동화가 이루어지지 않았을까? 흥미로운 질문이다. 이 질문에 완벽하게 답할 필요는 없지만, 운전 그 자체의 속성이 어느 정도의 이유가 될 것이다.

우선, 자동차 운전은 비행기 조종에 비해 기술이 덜 요구된다. 거의 모든 사람이 운전을 할 수 있고, 따라서 소비자가 될 수 있기에 자동차산업은 태동 이래 안전보다는 비용이 더 큰 압박요인이었다. 다시 말해 더 저렴한 차를 만드는 것이 자동차산업의 성장동력이었다.

사실 무인자동차 혁신에 요구되는 선행비용 지출을 막은 것은 가격인하에 대한 압박이었다. 실제로 안전한 운행을 위한 자율주행 시스템에는 엄청난 비용이 소요된다. 4장에서 보았듯이, 시간이 지남에 따라 비용도 분명히 감소할 테지만, 그렇더라도 T형 포드자동차의 경우처럼 그 공장에서 일하는 노동자들이 무인자동차를 살 수 있을 정도가 되려면, 꽤 오랜 시간이 걸릴 것이다. 반면에 항공기는 안전이 가장 중요한 변수였다. 비용도 중요하긴 했지만, 안전에 비해서는 부차적이었다.

두 번째 이유는 자동차가 대다수 사람들의 필수품이라는 사실이다. 이 때문에 자동차시장은 광범하지만 경쟁적이다. 따라서 연구개발 부서는 기본에서 크게 벗어나는 사치를 부리지 못한다. 덕분에 자동차산업에서 혁신의 초점은 주행과 연비와 승차감 등에 맞추어졌다. 소비자들도 자동차가 제공할 수 있는 다른 많은 기능들보다 컵홀더의 개수에 더 관심을 가졌다. 무인자동차와 관련된 기능들은 최근까지 고려사항이 아니었다.

그러나 디지털화는 자동차 제조사들이 주행속도 자동유지 장치, 차선 유지 장치, 주차 자동화 같은 무인자동차의 기능에 주의를 돌리는 것을 가능하게 만들었다 자동차산업은 별개의 분명한 문제를 해결하는 것에서 시작했다. 주행속도 자동유지 장치가 설정되어 있는데 앞차가 더 느린 속도로 운행할 경우 속도를 어떻게 조절해야 하는가? 운전자가 방향을 틀어 차선에서 벗어날 때 자동차는 어떻게 반응해야 하는가? 운전자가 평행주차를 잘할 수 있게 도와주려면?

이러한 문제들의 해결이 결코 쉽지 않음에도 불구하고 현재 자동차회사들은 해결책에 거의 다 도달했다. 예를 들어 주행속도 자동유지 장치에 앞차와의 안전거리 유지 기능도 덧붙여 속도를 조절하는 것이다. 또 자동차가 차선을 벗어나면 차선이탈 경고 시스템(혹은

'차선보조')으로 운전자에게 경고를 하는 식이다. 마지막으로 '주차보조' 시스템을 장착하면 운전자가 전혀 손을 대지 않고도 주차공간 안에 자동차를 세울 수 있다. 이런 해법들이 가능한 것은 다양한 센서들을 통해 자동차 주변의 물리 공간에 대한 정보를 디지털화한 다음, 관련 시스템들이 문제를 해결할 수 있게 프로그램화되어 있기 때문이다.

나아가 이 개별 해법들은 서로 간의 연결을 강화할 것이다. 그렇게 되면 모든 자동차의 완전 자동화는 그야말로 시간문제다.

무인자동차가 최근에야 등장한 세 번째 이유는 비행기보다 자동차의 운행 상황이 훨씬 복잡하기 때문이다. 보통의 자동차는 보행자들을 비롯하여 도로로 굴러들어오는 공에 이르기까지 예상치 못한 장애물들과 빈번히 마주친다. 반면 하늘에는 예상치 못한 장애물이 훨씬 적다. 게다가 기본적인 도로상황도 항로보다는 훨씬 더 구체적이고 복잡하다. 그러니 자동차의 자율주행은 신뢰할 만한(디지털!) 지도 제작과 사회기반 시설의 발전이 선행된 후라야 가능하다.

무인자동차 시대가 아직 도래하지 못한 마지막 이유는 디지털이 아닌 아날로그와 관계가 있다. 특히 미국문화에서 자동차는 언제나 상징적인 위치를 점해왔다. 우리는 운전을 한마디로 자유와 연관시킨다. 탁 트인 도로를 달리는 것은 오래전 미국역사의 초기 정착자들이 서부를 누비던 것과 비슷한 상징을 지닌다. 변방은 사라졌지만, 미국인들에게는 아직 언제 어디든 갈 수 있는 자동차가 있다. 운전면허는 곧 자유를 의미하기에, 십대들은 16살 생일이 되기만을 손꼽아 기다린다. 전형적인 중년 남성은 빨간색 콜(제너럴 모터스가 1953년부터 쉐보레 브랜드로 생산하는 스포츠카-옮긴이)을 산다. 실용적이어서가 아니라 성공과 행복과 자유의 상징이기 때문이다. 차가 자유를 상징한다는 사실과 차를 손수 운전할 능력이 있다는 사실은 불가분의 관계를 가진다. 미국인들은 차를 운전하면서 자기 삶의 주인은 **자신**이라는 느낌을 갖는다.

첫 두 가지 문제들은 쉽게 극복할 수 있다. 기술발전으로 경제적인 무인자동차 개발이 가능해졌다. 세 번째 문제는 더 많은 센서들의 배치와 디지털화와 데이터들 간의 상호소통을 통해 현재 극복되고 있다. 결국 무인자동차는 교통사고를 대폭 줄여 수만 명의 생명을 구할 것이다.

그러나 무인자동차의 미래에 놓인 네 번째 장애물을 극복하는 데는 수십 년의 시간이 걸릴 것이다. 특히 나이 든 세대가 차와 자립 사이의 결부를 깨뜨리기는 대단히 어려울 것이다. 자율주행이 인간적인 요소들을 더 많이 제한할수록, 실버 운전자들은 손수 운전하지 않는다는 사실에 왠지 모를 두려움을 느낄 수 있다. 그들이 자동차라고 생각했던 자동차—그 모든 상징이 함축된—는 더 이상 존재하지 않을 것이다. 이 난관이 무인자동차의 대중적 수용에 단기적으로 영향을 미칠 것은 확실하다. 자율트랙터의 판매에 영향을 미쳤던 것처럼 말이다. 하지만 미국인다움을 구성하던 이 요소도 결국 머지않은 장래에 과거의 유물이 되고 말 것이다. 변방frontier이 그랬듯이.

그와 동시에, 자율주행차는 교통체증에 발이 묶여 '낭비되는' 시간으로 채워지는 지루한 출퇴근에서 우리를 해방할 것이다. 우리는 이동시간에 독서나 수면 같은 여가활동을 할 수 있을 것이다. 분명 자율주행차는 문화적인 변화를 가져올 것이다. 하지만 동시에 다른 중대한 변화들도 동반될 것이다. 자율주행차는 자동차의 인테리어부터 이동

중의 행위에 이르기까지 차량 내 활동의 모든 측면을 완전히 바꿀 것이다. 덕분에 미래의 운전 모습은 오늘날과는 전혀 다를 것이다.

얼마나 빨리 도래할 것인가?

2014년 봄, 구글이 운전대도 페달도 없는 무인자동차 시제품을 발표한 후 무인자동차에 대한 전망은 달아올랐다. 갑자기 모든 사람들이 이 놀라운 발명품이 실제 도로에 나올 때가 언제일지 궁금해했다. 구글은 5년 정도 지나면(대략 2020년) 자사의 무인자동차가 상용화될 것이라고 예상했다. 그러나 설령 구글의 다소 이른 이 예상 시기가 들어맞는다 해도, 무인자동차가 도로의 대부분을 차지하게 되기까지는 긴 시간이 걸릴 것이다.

미래를 더 잘 이해하기 위해서는, 어느 날 깨어나면 모든 자동차가 자동화되어 있으리라는 상상에서 벗어나야 한다. 아직 기술은 거기에 미치지 못한다. 이 말은 자율주행차의 가격이 아직 많이 높다는 뜻이기도 하다. 예를 들면, 기존의 차에 센서를 장착해서 만든 구글의 초기 모델 중 하나는 장치를 구비하는 데만 15만 달러 정도가 들었다. 그것은 미국 주택가격의 중앙값보다 3만 달러 낮은 가격이다.

따라서 인간이 하는 운전에서 기계가 하는 운전으로 바뀌는 과정은 점진적일 것이다. 자동 평행주차 기능을 갖춘 쉐보레의 '슈퍼크루즈'나 포드의 '액티브 파크 어시시트' 같은 일부 자동차 모델은 자율주행차의 특징들을 갖추고 있다는 점에서 그 이행은 이미 시작되었다. 미국고속도로교통안전국NHTSA이 규정한 5개의 차등적인 레벨을 보면 이 이행과정이 어떤 식으로 진행될지 예상할 수 있다. NHTSA의 정의에 따르면,

자동화 없음(레벨0): 오로지 사람 운전자의 능력으로 브레이크나 운전대나 조절판 등을 조작한다.

특정 기능 자동화(레벨1): 이 레벨의 자동화는 운전자의 의식적인 조작 없이 자동차 스스로 하나 이상의 제어 기능을 갖춘 경우다. 자동 멈춤 기능이나 전자식 주행안정화 장치, 선 입력된 브레이크 등이 그 예다.

결합된 자동화(레벨2): 이 레벨은 운전자의 부담을 줄이기 위해 함께 작동하는, 적어도 두 개의 주된 제어장치를 포함한다. 레벨2에 해당하는 결합 기능의 예로는 차선 유지 장치와 주행속도 유지 장치의 결합이 있다.

제한된 자율주행 단계의 자동화(레벨3): 이 레벨의 자동화와 레벨4의 자동화의 차이는 사람이 운전석에 앉아야 하는가 아닌가의 차이라고 할 수 있다. 즉 레벨3에서는 사람이 운전을 해야 하는 상황이 이따금 발생한다. 레벨3의 자동차가 운행을 사람 운전자에게 넘길 때는 충분한 시간을 두고 전환이 이루어진다. 제한된 자율주행차의 예로는 구글 자동차를 들 수 있다.

완전한 자율주행 단계의 자동화(레벨4): 자동차가 중대한 안전 전반에 관한 기능을 전적으로 수행하고 주행하는 내내 도로상황을 추적·관찰할 수 있도록 설계된다. 운전자가 목적지나 내비게이션을 조작해야 하지만, 그 외 다른 조작은 필요하지 않다. 운전자가 탑승하거나

탑승하지 않는 자동차 모두 이에 포함된다.

　오늘날 우리는 레벨0에서 레벨1 사이에 있다. 운송 자문회사인 페르 앤 피어스Fehr&Peers는 자율주행차는 2040년까지 고속도로 통행량의 50%에 미치지 못하리라고 예측한다. 아마 2070년까지도 100%에 도달하지는 못할 것이다.

　페르 앤 피어스의 예측은 그 분야의 여러 예측들 가운데 하나일 뿐이다. 어쨌든 아우디와 BMW, 캐딜락, 포드, GM, 메르세데스 벤츠, 닛산, 토요타, 폴크스바겐, 볼보는 레벨4를 포함한 모든 단계의 자동차를 실험하기 시작했다. 아우디는 2018년에 선보일 자사의 A8 모델이 '무인자동차 기술'을 장착하게 될 것이라 예측한다. BMW와 볼보와 닛산은 2020년쯤에는 무인자동차 라인을 가지게 될 것으로 보고 있으며, 포드의 경우는 2025년경을 예상한다.

　물론 여전히 비용이 문제가 된다. 이런 자동차들이 시장에 출시될 시점에도, 그 차들의 가격이 일반 소비자들의 예산범위 내에 있을 가능성은 희박하다(구글의 15만 달러짜리 하이브리드 모델에 대해서는 앞서 언급한 바 있다). 따라서 무인자동차의 초기 소비자들은 부유층일 것이다. 최초의 자동차 소비자들이 후기 빅토리아 사회의 상류층이었듯이.

　그러나 모든 무인자동차가 독자 모델로 출시될 거라는 생각은 오산이다. 적어도 초기 단계에서는 제조사들이 반자동에서 전자동 중간의 어떤 '추가물'을 기성 모델에 부착할 공산이 훨씬 더 크다. 그러니 완전 단독 자동화모델의 자동차를 생산하려고 애쓰기보다 차를 자동화하려면 얼마나 비용이 더 들지를 파악하는 것이 무인자동차의 비용에 대해 생각하는 적절한 방법이다. 앞의 1, 2레벨 자동화라면 소비자들은 큰돈 들이지 않고 자율주행차의 편리성을 일부 맛볼 수 있다.

자율자동차의 비용을 주제로 한 몇몇 연구들을 분석한 2013년 이노운송센터Eno Center for Transportation 보고서는 자율자동차의 시작 단계에서 각 자동차마다 2만 5천 달러에서 5만 달러 사이의 비용이 추가될 것이라고 보았다. 예를 들어, 당신이 2만 달러 가격의 비자동화 차를 갖고 있다면, 그 차를 자동화하기 위해서 적어도 두세 배 높은 가격을 지불해야 한다. 이것은 미국의 부유층만이 감당할 수 있는 가격이며, 나머지 우리에게는 현실적이지 않은 가격이다.

하지만 무어의 법칙과 대량생산으로 가격이 떨어질 것이 분명하다. 이노센터는 자율주행차가 상용화되고 10년 후에는 추가 가격이 1만 달러 정도로 떨어질 것이라고 예상한다. 따라서 2030년 즈음에는 유의미한 변화가 일어나리라고 볼 수 있다. 여전히 진행 중이겠지만, 자율주행차 시대에 점점 가까워지는 셈이다. 볼보의 AV성능 기술책임자 에릭 코엘링Erik Coelingh에 따르면 사람들이 부담 없이 자율주행차를 구입할 수 있게 만드는 가격은 3천 달러라고 한다. 이런 일이 이루어지는 것은 언제일까? 이노 보고서는 이렇게 말한다.

전자식 자동차의 가격은 해마다 6%에서 8%가량씩 하락하고 있다. 8%씩 하락하면 자동화 추가비용이 1만 달러(초기 도입으로부터 5년에서 7년 후면 가능할 것으로 예상)에서 3천 달러(초기 도입으로부터 20년에서 22년 후면 가능)까지 떨어지는 데 15년이 걸릴 것이다. 비교를 위해 쓰자면, 2013년 2월 현재 사용 가능한 운전보조기능과 주행속도 조절장치와 안전장치와 '기술 패키지'를 전부 추가했을 때, BMW528i 세단의 구입가격은 희망 소비자가격인 47,800달러보다 12,450달러가량이 더 늘어난다.

요약하면, 2040년 무렵이 되어서야 평균적인 미국인들은 큰 부담 없이 무인자동차를 구입하게 되리라는 '페르 앤 피어스'의 예상대로다. 센서들과 데이터의 디지털화로 무인자동차가 유인자동차를 대체할 것인지의 여부는 더 이상 의문사항이 아니지만, **시기**는 여전히 불확실하다고 볼 수 있다.

무인 기반시설의 확립

사실 무인자동차의 현실화에서 가장 큰 장애물은 비용도 기술도 아니다. 그것들은 시간이 지나면 저절로 해결될 것이다. 무인자동차의 미래에서 가장 큰 두 개의 장애물은 전적으로 인간으로부터 기인한다. 그 둘 중 덜 두드러지는 쪽인 사회기반시설에서 시작해보자.

자동차 제조사들은 오늘날의 도로—신호등과 교통법규를 제외하고는 로마제국 이래로 거의 변화가 없는—에 맞는 무인자동차를 개발하고 있다. 물론 오늘날의 도로가 로마시대보다도 좀더 곧게 뻗고, 더 질 좋은 재료를 사용했고, 더 정교하고 광범위한 네트워크를 지닌 건 사실이지만, 도로의 기본 디자인은 수천 년 동안 변하지 않았다.

그런데 무인자동차의 센서들이 다른 무인자동차들의 센서와 상호작용하여 더 나은 기동성과 안전을 창출할 수 있다면, 도로 또한 그러지 못할 이유가 무엇이겠는가? 사실, 자동차의 성능만 주행을 책임지는 게 아니다. 도로 조건도 중요하다. 특히 도로를 상호소통의 매트릭스 안으로 집어넣을 수 있는 기술이 존재하는 시대라면 말이다.

도로의 센서화와 디지털화는 당연히 이루어져야 할 일이지만, 도로 관련 업무의 담당자는 자동차 제조자들이 아니다. 이 때문에 제조자들은 도로가 센서화되지 않을 것이라는 가정하에 개발을 진행하고 있다.

그러나 자동차 제조사들이 자동차를 설계할 때 센서화된 도로를 계산에 넣을 수 있다면, 그들 앞에 놓인 많은 문제들이 더 빨리 극복될 것이다. 신호등을 예로 들어보자. 타이머로 작동되는 대부분의 신호등은 각각의 방향에 정해진 시간을 부여한다. 이 타이머는 교통량을 측정하여 기동성을 가장 높일 수 있는 방식으로 설정되지만, 그럼에도 현실의 조건은 끊임없이 변화한다. 이 때문에 더 발전된 신호등은 교차로 바로 직전에 센서를 설치하여 신호를 변화시킨다. 하지만 이런 기술은 최초의 매킨토시보다 더 오래전부터 존재해왔다.

디지털화가 진행되는 지금 시기에는 교통체증으로 악명 높은 로스앤젤레스가 보여준 것처럼, 훨씬 더 많은 것들이 가능하다. 2013년, 로스앤젤레스는 4,400개에 달하는 신호등 전부를 동기화한 세계 최초의 도시가 되었다. 이론상으로 로스앤젤레스의 운전자는 제한속도를 지키기만 하면 계속해서 초록 신호만 받으면서 도시 이 끝에서 저 끝까지 달릴 수 있다. 물론 한밤중을 제외하면 현실에서 이런 일이 생길 가능성은 희박하다. 그 이유는 교통정체와 예상 외의 방해요인 때문이다. 예를 들어, 보행자들이 길을 건너는 동안 우회전 대기를 해야 하면, 당신이 만나는 모든 신호등이 초록색이 되지는 못한다.

　로스앤젤레스의 운전자들이 그 변화를 알아차리지 못한다 하더라도 신호등의 동기화는 교통체증을 유의미하게 개선하는 효과를 불러왔다. 도시교통과에 따르면, 동기화된 신호등이 로스앤젤레스 간선도로에서의 소요시간을 약 12%가량 감소시켰다. 다시 말해 예전에는 1시간이 걸리던 것이 지금은 53분으로 줄었다.

　만일 다수의 자동차가 무인자동차로 교체된다면, 동기화된 신호등은 무인자동차에게 변수가 아닌 상수로 작용할 것이기에 신호등 동기화의 성과도 더 커질 것이다. 무인자동차는 이제 정체와 사고의 원인이 되는 인간적인 요인을 제거하고 일정 속도와 차간거리를 유지할 방법만 찾으면 된다. 그러나 이 방법도 기술의 능력과 혜택을 완전히 받아들인 것은 아니다. 예를 들어 동기화는 도로 구간마다의 교통량을 계산하지 않고 전부 동일하게 취급한다.

　반면에 더 발전된 신호시스템은 센서를 이용해 교통 흐름의 변화를 결정하고 그에 맞게 신호시간을 조정한다. 그리고 그러한 조정이 러시아워에만 한정되지 않고 하루 종일 이루어진다. 2012년, 카네기멜론대학의 연구원들은 확장적 도시교통제어SURTRAC시스템의 하나인 '스마트 신호등' 체계를 테스트하기 시작했다. 초기 테스트로 주행시간은 25%, 신호 대기시간은 40% 감소되는 결과를 얻었다. 현재 스마트 신호등을 비롯한 교통감지 기술은 싱가폴에서 시카고에 이르는 대도시들에서 사용되고 있다.

　이처럼 유효한 데이터를 얻기 위해서는 별개의 객체들 간의 정보교류가 있어야 한다. 신호등의 동기화와 더불어, 신호등이 연관된 객체들의 네트워크 속에서 정보를 교환할 수 있어야 한다. 2014년, 미국교통국DOT과 미국고속도로교통안전국은 속도와 교통량, 심지어 보행자 출현 가능성(그들이 소지한 휴대전화의 무선신호를 통해) 등의 관련정보를 공유할 수 있는 차량 간Vehicle-to-Vehicle, V2V 상호소통 시스템의 개발을 진행하고 있다.

자동차 대 사회기반시설vehicle-to-infrastructure, V2I 간의 정보교류 네트워크에 대한 연구도 활발하게 진행되고 있다. 사회기반시설의 센서는 운전자가 사고나 결빙, 공사 등 문제가 생긴 지역을 피할 수 있게 해준다. 지금도 GPS 기기와 전화기의 매핑 시스템, 사용자 제공 정보의 크라우드소싱에 의존하는 구글의 웨이즈 같은 서비스들이 이런 역할을 일부 해내고 있는 게 사실이다. 하지만 도로상황을 판단하는 더 나은 방법은 도로 자체나 자동차가 우리에게 알려주는 것이다.

노변 센서들 역시 도시계획 입안자들에게 많은 양의 실시간 정보를 제공함으로써 도로 네트워크의 설계를 발전시킬 수 있다. 이런 정보는 이미 수집되고 있지만, 디지털 통합시스템을 이용해 정보처리를 한다면 지금까지 경험하지 못했던 수준으로 정확성과 효율성을 대폭 끌어올릴 것이다. 그렇게 되면 네트워크는 더 효율적이 되고, 교통체증은 줄어들고, 도로는 더 안전해질 것이다. 포트홀과 쓰러진 나무들, 땅에 떨어진 송전선, 홍수 같은 데이터들이 노변 센서들에 즉각 감지되어 도시 교통부서로 전달된다고 생각해보라. 그로 인해 문제가 더 빨리 해결될지는 알 수 없지만, 적어도 상황을 더 빨리 인지하게 될 것은 확실하다.

무인자동차를 염두에 둔 도로건설도 생각해볼 수 있다. 브루킹스 연구소의 선임연구원 클리포드 윈스턴Clifford Winston은 이렇게 제안한다. "주요 대도시의 고속도로 대부분은 거의 하루 종일 교통체증에 시달린다. 그런데 고속주행을 전제로 설계된 고속도로는 차선폭이 넓다. 하지만 정교한 운전이 가능한 무인자동차에게는 굳이 이런 넓은 차선폭이 필요하지 않다. 따라서 교통량이 많은 시간대에는 주행 속도를 올릴 수 있다. 필요한 것은 차선의 수를 증감시킬 수 있는 전자식 조명 차선이 전부다."

윈스턴은 또한 미래의 고속도로 건설은 승용차와 트럭의 무게 차이를 계산해야 한다고 조언한다. 현재 고속도로는 모든 차선이 승용차와 트럭을 함께 수용한다. 그러나 트럭은 트럭만의 전용차선을, 무인자동차는 무인자동차만의 전용차선을 가질 수 있다면 이점이 있을 것이다. 이런 구분이 존재한다면 단지 몇 인치 두께의 포장이 깔린, 더 많고 더 좁은 차선을 만드는 것이 가능하다. 윈스턴에 따르면, 이것은 납세자와 무인자동차 모두에게 이익이다. "승용차와 트럭을 구분하여 각각 포장 두께를 달리한 고속도로 건설은 납세자의 부담을 경감시킬 것이다. 승용차와 트럭을 구분하여 그에 따라 속도와 거리를 조절하지 않아도 되므로 무인승용차 기술에도 유리하게 작용한다."

윈스턴은 계속해서 정부가 수송비용을 결정할 때 무인자동차의 미래에 주목할 필요가 있다고 주장한다. 예를 들면, 그는 오바마 정부가 더 유용하고 혁신적인 고속도로를 희생하면서까지 고속철도에 초점을 맞추는 것을 비판한다. 고속철도에는 미래가 없다는 말이 아니다. 어떤 미래도 무인자동차의 미래와 비교하면 한계가 있다는 편이 더 맞다. 어쨌든 운송자원의 부족 현상이 한계치에 도달한 미국의 지금 현실을 고려하면, 정부당국이 무인자동차의 가능성에 좀더 주목할 필요가 있는 건 명백하다.

무엇이 합법인가
(그리고 합법이어야 하는가?)

오늘날의 도로와 자동차 관련법이 무인승용차나 무인트럭을 예상하지 못했다고 해서 어떤 정치나 정당이나 정부를 비난할 수는 없다. 문자 그대로 판단하면, 무인자동차 운행을 금지하는 연방법이나 주법은 없다. '인터넷과 사회를 위한 스탠퍼드 센터'는 무인자동차의 합법성을 검토하기 위해 현행 연방규정과 50개 주州 전부의 법체계와 1949년의 도로교통에 관한 제네바협정을 분석했다. 결론을 말하면 자율주행차는 현행법하에서 '합법으로 추정된다.' 그 연구는 다음과 같이 정리했다.

미국이 참여한 제네바협약은 추정컨대 자율주행을 금지하지는 않는 것으로 보인다. 그 조약은 공통 규칙들을 설정함으로써 도로의 안전을 강화하는 것을 목적으로 하는데, 그 규칙 중 하나가 모든 자동차는 그것을 '항시 통제할 수 있는' 운전자의 존재를 전제로 한다는 것이다. 자율주행차의 경우, 설사 주행 중 무인 상태라 해도 인간이 자율주행차 운행의 결정권을 갖고 있는 이상, 이 전제조건은 충족될 것으로 예상된다.

연방 자동차안전표준이 포함된 미국고속도로교통안전국의 규칙 역시 비상깜박이에 관한 예외 규칙을 허용하는 것으로 보아 사람이 운행의 전 과정을 책임지지 않는 자율주행차에 대해서도 예외를 인정할 것으로 보인다.

나아가 주州 자동차 법규들 또한 자율주행차를 금지하지 않는 것으로 추정되지만, 문제가 복잡해질 소지는 충분히 있다. 이 주 법규들은 판단력과 면허를 지닌 인간 운전자의 존재를 가정한다. 그리고 특정 법규들은 기능적으로 인간 운전자의 존재를 요구할 수도 있다.

어느 정도는 좋은 소식이지만, 완전히 만족스럽거나 충분하지는 않다. 다시 말해 명문화된 금지조항이 없기 때문에 합법의 범주에 포함될 수는 있지만, 그 합법의 토대가 안정적이지는 않은 것이다. 그럼에도 4개 주(네바다, 플로리다, 캘리포니아, 미시건)와 워싱턴 D.C.는 규제단속의 수준을 다양화함으로써 자율주행차 허용 법안을 이미 통과시켰다. 반면, 콜로라도 주는 2013년에 자율주행차 허용법안을 거부했다. 해외 사례로는 영국이 공공도로에서의 자율주행차 테스트를 허용한 것이 있다.

선구적인 4개 주와 워싱턴 D.C.는 시대를 앞서간다는 영예를 누릴 자격이 있지만, 법률로서의 완결성이 충분히 갖춰지지 못한 것 또한 사실이다. 왜냐하면 자율주행차의 형태조차 불명확한 현 시점에서 구체적 완결성을 갖추는 건 아직 시기상조이기 때문이다. 예를 들면, 캘리포니아와 미시건 주는 대부분의 규정들을 해당 교통부서의 자체 판단에 맡기기로 하면서도, 면허를 지닌 운전자가 운전석에 앉아 있기를 요구한다. 따라서 이 조항은 운전대와 보조 수동장치가 달린 자율주행차를 상정하고 입안되었다. 하지만 자율주행차의 초기 모델들은 그랬을지 모르지만, 앞으로의 모델들이 어떨지는 아무도 모를 일 아닌가!

그럼에도 불구하고 이 주제에 대한 논의를 시작하는 것이 이른 것은 아니다. 논의가 선행되어야 법적 걸림돌들이 사전에 제거됨으로써 자율주행차의 상용화 속도도 빨라질 수 있다.

이 점을 염두에 두고, 법률입안자들과 정치가들이 검토해봐야 할 핵심 사항들을 열거해보면—이노 센터의 분석에 따라—다음과 같다.

제조사 면허: 자동차산업은 제조 비중이 줄고 기술 비중은 더 늘어나는 산업으로 빠르게 변화하고 있다. 더 가볍고, 연비가 더 높고, 더 많이 디지털화된 모델의 자동차가 우리가 아는 고전적인 '자동차 생산공장'을 반드시 필요로 하는 건 아니다. 구글이 포드사의 전 CEO 앨런 머랠리Allan Mulally를 이사로 채용하면서 자동차산업에 입성한 것이 그 주요 증거다. 그렇다면 실리콘밸리가 자동차산업에 뛰어든 지금, 자동차산업이란 무엇인가?라는 물음이 제기된다.

이노 보고서가 밝혔듯, 입법자들에게 가장 먼저 필요한 물음이 이것이다. 한 예를 들면, 이 질문에 대한 답으로 네바다 주의 입법자들은 자율주행차 제조사로 등록하기 위해서는 '최소 1만 마일의 주행 이력과 다양한 상황에서의 자동차 성능에 대한 서류', 그리고 신호를 지키고 횡단보도와 스쿨존을 인식하는 자동차의 능력을 의미하는 '보행자, 자전거, 동물, 바위, 속도제한 변화의 인식' 등을 갖춰야 한다고 규정했다.

아마도 기존의 자동차 제조사들뿐만 아니라 다양한 새로운 신참 기업들이 앞으로 몇 년 내에 자율주행차의 세계에 입성할 것이다. 비단 디지털화 때문만은 아니다. 다른 산업들과 달리, 자동차산업은 변화를 수용할 만반의 준비가 되어 있다. 아니, 오히려 혁신을 이끌고 있다고 해도 과언이 아니다. 전기차에서 시작해 자율주행차에 이르기까지 그 산업은 안주하지 않는다. 왜냐하면 변화의 추세를 따라가지 못하면 잃을 것이 너무 많기 때문이다. 게다가 자동차산업은 지금까지도 항상 현대적 혁신의 선두에 서왔다. 굳이 뒤로 물러날 이유가 없는 것이다. 이 때문에 자동차 제조사들은 다른 산업분야에서와 달리 디지털의 쓰나미가 이끄는 방향을 무시하는 대신 그 물결 위에 올라타는 법을 익히는 것이 낫다고 판단했다.

소송과 법적 책임: 아마도 현재로서는 자율주행차의 법적 책임 문제보다 더 불확실성에 가려진 문제는 없을 것이다. 비용문제 때문에 어떤 자율주행차도 100% 안전하지는 않을 것이다. 미래의 무인자동차가 달리는 길에도 사고는 있을 것이고, 사망자가 있을 것이다. 그렇다면 이 상황, 즉 '보행자나 동물이 무인자동차 앞으로 튀어나올 때 자동차가 충분히 빠르게 반응하지 않는 상황은 왜 벌어지는 걸까? 또 이 상황에서 법적 책임은 자동차(차주) 쪽에 있는가, 아니면 돌발행위를 한 보행자 쪽에 있는가?'

손수 운전하는 차의 경우에는 이 법적 책임의 문제에 답하기가 쉽다. 인간은 이런 상황에 본능적으로 반응하기 마련이어서 순전히 돌발적인 사고에 대해서는 면책을 받는다. 이 돌발상황에 대해 운전자는 보행자를 치거나, 운전대를 확 꺾는 바람에 운전자 자신이 부상을 입거나, 혹은 자동차 밖에 있던 누군가에게 부상을 입힐 가능성이 모두 존재한다.

하지만 무인자동차의 경우에는 본능이 아니라 그들의 DNA 속에 미리 프로그래밍된 반응이 나올 가능성이 크다. 물론 자율주행차는 자동차 속도와 도로상황, 도로가의 사람이나 사물의 존재 등 다양한 디지털 정보를 흡수하도록 프로그래밍될 것이다. 그러나 궁극적으로 최종적인 결정이 미리 프로그래밍되어 있을 것 역시 분명하다. 그렇다면 자동차는 탑승자를 보호하도록(따라서 보행자나 동물을 치도록) 프로그래밍되어야 하는가? 그게 아니면 자동차 안에 있는 탑승자가 다칠 가능성이 있더라도 보행자나 동물을 보호하려고 해야 하는가? 이것은 대답하기 어려운 복잡한 윤리적 질문인 동시에, 복잡한 법적 책임과 관련되는 질문이다.

이것은 자동차 제조사들이 법률입안자들과 협력하여—법률자문단의 적절한 조언과 함께—대답해야 할 질문이지만, 아직 논의를 시작조차 못하고 있는 게 현실이기도 하다.

안전: 디지털화되었거나 앞으로 될 다른 모든 것들과 마찬가지로, 자율주행차의 경우에도 안전에 대한 염려가 앞으로의 논의에서 큰 비중을 차지할 것이다. 그렇다면 어떤 위험이 존재하는 걸까? 무엇보다 도로가 센서를 통해 디지털화되고 중앙서버에 의해 통제되면, 해커와 사이버 테러리스트들의 주요 타깃이 될 가능성이 높다.

발생할 가능성이 있는 일을 살짝 보여주자면, 이노 연구서에는 다음과 같은 시나리오가 적혀 있다. "컴퓨터바이러스가 2단계로 프로그래밍될 가능성이 있다. 먼저 일주일에 걸쳐 자동차에 잠복 프로그램을 퍼뜨려 전 미국의 AV 군단을 가상적으로 감염시킨다. 그다음 달리고 있는 모든 AV가 저절로 시속 120km로 가속이 되며 방향을 틀게 만든다." 상상하는 것만으로도 끔찍한 위험이다. 차량 탈취carjacking가 차량 해킹car hacking으로 바뀌는데, 문제는 그것이 어마어마한 규모의 테러행위가 될 가능성까지 있다는 것이다.

성공했든 실패했든 간에, 금융사고 등 다른 공격의 사례들에서 보듯이 이런 위험의 가능성이 디지털 시대의 새로운 현실이다. 하지만 두려움이 무인자동차의 미래를 가로막는 장애물이 아니라 그 미래를 가능한 한 안전하게 만들 자극제가 되기 위해서는 자동차 제조사들이 이런 위험성을 충분히 고려해야 한다.

사생활: 안전과 더불어 프라이버시 침해 가능성도 디지털세상을 열어갈 때 고려해야 할 주요 요소의 하나다. 다른 장에서 더 깊이 다루겠지만, 당신에 대한 엄청난 정보를 가진 당신의 무인자동차는 집이나 사무실 등에 그 정보를 전달할 수 있다. 지금도 당신의 차는 상당한 정보를 가지고 있다. 미국에서 판매된 자동차들의 96%가 사고 조사관들이 접근할 수 있는 사고기록 장치를 가지고 있기 때문이다. 이 기록장치가 수집하는 정보는 미래의 무인자동차가 수집할 양에 비하면 파편에 불과하겠지만, 그 과정은 이미 시작되었다고 볼 수 있다. 우리가 알지도 못하는 사이에!

이노 보고서는 당신의 차가 수집한 데이터와 관련하여 다음의 5가지 물음을 제시한다.

1. 누가 데이터의 소유권과 통제권을 가져야 하는가?
2. 어떤 유형의 데이터를 수집할 것인가?
3. 이 일련의 데이터를 누구와 공유해야 하는가?
4. 이 데이터는 어떤 식으로 사용되어야 하는가?
5. 그리고 어떤 목적에 사용되어야 하는가?

이 중 두 번째 물음, 즉 차가 수집하는 데이터가 행선지와 주행시간, 주행방법 등이 되리란 것은 아마 당신도 추측할 수 있을 것이다.

그리고 3번 물음, 즉 데이터 공유자가 누가 될지도 추측 가능하다. 아마도 정부와 법률 집행부서, 보험회사, 광고업자, 나아가 도둑들까지 공유자가 될 수도 있다. 데이터 접근권과 관련된 법규는 지금도 계속 만들어지고 있다. 하지만 데이터를 공유하는 것이 무조건 나쁜 것만은 아니다. 예를 들어 도시 공무원들이 그 정보를 이용해 교통정체를 줄이고자 한다면 당신은 출퇴근길의 정보를 자발적으로 제공할 용의가 있는가? 할인을 받거나 비용을 절감할 수 있을 때 데이터 일부를 광고업자에게 제공하는 건?

결국 데이터 공유와 프라이버시 보호는 어떻게 균형을 유지할 것인가의 문제다.

가장 중요한 핵심

이런 복잡한 문제들이 있음에도 불구하고 자율주행차가 인간에게 제공한 혜택은 경이로울 정도다. 미국고속도로교통안전국은 미국에서 해마다 발생하는 5,500만 건의 교통사고 중 93%가 사람이 원인이라고 추산한다. 자동차 사고로 인해 해마다 200만 명의 부상자와 3만 명의 사망자가 발생하는데, 이로 인한 연간 경제손실은 GDP의 2%인 3천억 달러에 이른다. 보다시피 자동차 사고가 생명과 재산에 입히는 손해와 고통은 어마어마하다. 게다가 위 통계는 안전벨트 착용의무화로 역사상 가장 낮았던 해의 통계인 데다가 세계적 범위로 보면 그 수가 훨씬 더 심각하다.

이 때문에 예상되는 온갖 장애물에도 불구하고 무인자동차는 필연적으로 미래의 대세가 될 것이다. 사실 다른 디지털 분야들과 달리 자율주행차에 반대하는 목소리는 거의 없다. 생명과 재산의 희생이 워낙 크기 때문이다. 물론 자율주행차의 출현을 용납하지 않으려는 택시기사 등의 특별한 이익집단이 있지만. 이들의 투쟁은 얼마 안 가 사라질 것이다. 무인자동차의 전망이 워낙 거대하기 때문이다.

무인자동차의 미래가 유발하는 또 다른 사회적인 파급효과들도 있다. 우리 중 대다수가 단지 통근의 편의성 때문에 주거지를 결정한다. 이런 일은 내가 고향으로 여기는 워싱턴에서는 흔하다. 그러나 무인자동차로 교통체증이 대폭 감소하면 사람들은 필요에 의해서가 아니라 원하는 곳에서 살 자유를 더 많이 누릴 것이다. 다시 말해 무인자동차는 사용자 맞춤주거 선택의 가능성을 더 크게 열어줄 것이다.

또한 사람들이 여행을 더 많이 할 가능성도 크다. 무인자동차는 당신을 출발지에서 목적지까지 직통으로 데려다준다. 당신은 시카고에서 잠이 들었다가 플로리다에서 깰 수 있다. 당신이 편안히 수면을 취하는 동안 당신의 차가 운전을 대신할 테니까 말이다. 이제 우리는 언제든 어디로든 마음껏 여행할 수 있다. 여행에서 가장 큰 장벽의 하나인 번거로움이 제거될 것이기 때문이다. 당신이 일하고 독서하고 자는 동안, 차는 당신이 원하는 곳에 당신을 데려다준다. 당신이 해야 할 일은 터치 몇 번을 하는 것뿐이다. 이렇게 되면 현대의 가장 위대한 교통수단인 비행기조차 당신 개인의 무인자동차가 제공하는 안락함과 호사스러움에 따라오지 못할 것이다. 비행기가 더 빠를지는 모르지만, 비행기는 당신이 원할 때면 언제든지 출발하는 자유를 당신에게 제공할 수 없다.

8장

나의 인터넷!

"인터넷에서 정보를 끄집어내는 것은 소화전에 입을 대고 물을 마시는 것과 같다."
—미첼 케이퍼Mitchell Kapor

"만물인터넷은 지금까지의 인터넷 혁신 전체가 했던 것보다
5배에서 10배는 더 영향력이 있다."
—존 체임버스John Chambers(Cisco) 2014 CES 기조연설

나는 2014년 국제 CES에서 아주 특이한 상품을 보았다. 그것은 하나의 간편한 물건 속에 디지털화된 데이터의 전체 역사를 요약하는 것처럼 보였다. 이것이 가정에 대혁신을 일으키고, 결국에는 온갖 찬사를 한몸에 받는 사물인터넷의 약속과 전망을 만족시키는 상품일 수 있을까?

물론 상품인 도자기 냄비 하나를 놓고 이런 상상까지 하는 건 분명 지나치다.

그런데 CES에 전시된 냄비는 다른 디지털 냄비들과는 달리 개인의 스마트폰을 통해 원격감시와 조종이 가능했다. 관련 앱이 사용자에게 온도와 조리 경과시간을 말해주고 조절하게 하는 식이었다. 이 새로운 도자기 냄비는 말 그대로 사물인터넷의 일부였다. 그것은 디지털이었고, '연결되었고', 센서화된 냄비였다.

또 동일한 CES에서 콜리브리사의 스마트 칫솔도 보았다. 그 디지털 칫솔은 얼마나 오래 이를 닦았는지, 어떤 이가 잘 닦이지 않았는지, 어떤 이에 주의를 더 기울여야 하는지 추적할 수 있었다.

아마도 이런 아이템들은 실제로 많은 디지털 상품들이 가게 진열대—혹은 온라인 상점—를 차지할 가까운 미래의 시작에 지나지 않을 것이다. 당신의 디지털 도자기 냄비가 당신이 집에 들어서는 시간에 따뜻한 저녁식사가 준비될 수 있도록 당신의 무인자동차와 '소통'

하는 모습을 상상해보자. 또 완벽하게 조리된 도자기 냄비 음식으로 배를 채운 당신이 잠잘 준비를 할 때, 당신의 디지털 칫솔이 지난번에 안쪽 어금니가 두 번이나 제대로 닦이지 않아서 치태가 많이 끼었다는 사실을 알려주는 장면도 상상해보길 바란다.

물론 그렇지 않을 수도 있다. 당신의 저녁식사를 해결하고 건강한 치아를 관리해주는 건 디지털 도자기 냄비와 칫솔이 아닐 수 있다. 당신이 연결된 사물로 가득 찬 집에 살게 되리란 건 확실하지만, 디지털화되고 온라인으로 연결될 물건이 무엇이고, 그렇지 않을 물건이 무엇일지는 여전히 짐작만 할 수 있을 뿐이기 때문이다.

우리가 아는 것은, IDC의 '디지털 우주' 보고서에 따르면, 2020년 경이면 대략 200억 개의 연결된 '사물들'이 존재하리라는 것이다. 이 장의 핵심인 당신의 집은 연결될 것이다. 오늘날 우리가 생각하듯이 중심 모뎀과 선이나 와이파이로 연결되는 것이 아니라, 각각 독립적인 역할을 수행하는 동시에 서로 소통하는 수백 개의 일상용품들을 통해 연결될 것이다.

이 모든 연결된 사물들의 목적은 집을 당신 자신의, 혹은 당신 가족의 확장으로 탈바꿈시키는 것이다. 집은 집에 있는 기기들을 통해 많은 일상과업과 성가신 집안일, 그리고 오늘날 우리가 손수 하는 다양한 행위들을 수행할 것이다. 심지어 당신은 미래의 집에서라면 당신이 지금 온라인으로 구입하는 바로 그 상품들을 직접 만들 수도 있을 것이다.

완전한 디지털 시대를 위한 새로운 인터넷

지나치게 앞서 나가기 전에, 이러한 과정이 언제 시작되었는지 되돌아볼 필요가 있다. 물론 인터넷이 '시작되던' 때를 정확히 짚어낸다는 것은 약간 까다롭다. 하지만 나는 일반인들이 인터넷에 대해 알 뿐 아니라 매일 인터넷을 사용하기 시작했을 때를 시작으로 정의할 셈인데, 그렇다면 우리는 1995년으로 돌아가게 된다.

1995년 10월 24일, 의회와 몇몇 미국 정부부서가 함께 참여하여 만들었으나 지금은 존재하지 않는 기관인 미국 연방네트워킹협의회 FNC가 '인터넷'이라는 용어를 정의하는 결의안을 통과시켰다. 그 결의안 일부는 다음과 같다.

세계 정보시스템을 의미하는 '인터넷'은, (1) 인터넷프로토콜IP에 기초한 세계적으로 유일한 주소 혹은 추가 연장에 의해 논리적으로 함께 연결된다. (2) 전송 계층 프로토콜TCP/인터넷프로토콜과 추가 연장을 비롯하여 기타 다른 IP호환 프로토콜을 사용하는 통신을 지원할 수 있다. (3) 높은 수준의 통신서비스와 관련 기반시설을 공개적 혹은 개인적으로 제공, 사용, 접속할 수 있다.

관련 산업 종사자가 아닌 사람이 이 일을 기억하지는 못할 것이다. 그 이유는 1995년경에는 이미 대세가 된 인터넷을 FNC 결의안이 관료적 용어를 사용하여 정리한 데 지나지 않았기 때문이다. 정부는 용어 정의의 필요를 느꼈을지 모르지만, 나머지 우리는 그냥 인터넷에 접속하기를 원했다. 당시 인터넷은 더 이상 학자나 정부기관, 혹은 컴퓨터광들의 전유물로 머물지 않고 고객들에게 서비스를 제공하고 있었다. 혹은 그 시대의 용어로 '서핑'을 하고 있었다. 미국의 2,500만 명을 포함해서 전 세계 4,000만 명의 사용자들이 존재했다. 적은 수는 아니지만 비교를 위해 말하자면, 오늘날 페이스북 사용자는 10억 명이다.

그럼에도 불구하고 **1995년**은 위대한 정신을 지닌 사람들이 나머지 사람들이 보지 못하는 것을 볼 수 있었던 역사적 시간들 중 하나였다. 1995년에 있었던 주목할 만한 사건들을 몇 가지 열거하면 다음과 같다.

- **1월 18일**: 제리 양Jerry Yang과 데이비드 필로David Filo가 다른 웹사이트들의 디렉토리로서 설립했던 벤처기업을 야후!Yahoo!라는 이름으로 개명하고, Yahoo.com이라는 도메인을 이날 처음 등록했다. 야후!사는 1995년 3월 1일에 설립되었다.
- **3월 25일**: 1994년에 만들어진 첫 번째 '위키Wiki'가 워드 커닝햄Ward Cunningham에 의해 1995년 이날 창시되었다. 지금 널리 퍼진 위키피디아가 그의 개발품이다.
- **5월 23일**: 인터넷의 가장 유력한 컴퓨터 언어인 자바스크립트가 대중에게 공개되었다.
- **여름**: 대학원생이었던 래리 페이지Larry Page와 세르게이 브린Sergey Brin이 스탠퍼드에서 만났다. 그해 말, 그들은 2년 후 구글의 전신이 되는, '백럽Back-rub'으로 알려진 프로젝트를 위해 동업을 한다.
- **7월 16일**: 1994년 제프 베조스Jeff Bezos가 설립한 Cadabra.com

이 Amazon.com으로 영업을 시작했다.

- **8월 9일**: 출시에 대한 기록적인 기대를 불러모은 넷스케이프 Netscape가 공개되었다. 이 성공적인 기업공개IPO로 '넷스케이프 순간'이라는 용어가 탄생했고, 닷컴 붐이 일어났다.
- **8월 24일**: 마이크로소프트가 윈도우95를 출시했는데, 출시되자마자 세계적으로 성공을 거두었다. 윈도우95는 OS 분야에서 마이크로소프트의 선도적인 입지를 굳혔을 뿐만 아니라, 스타트와 태스크바 등 오늘날 윈도우에 있는 많은 특성을 소개했다.
- **9월 3일**: 피에르 오미다이어Pierre Omidyar가 eBay.com의 전신인 AuctionWeb.com을 창립했다.
- **11월 22일**: 디즈니의 픽사 스튜디오가 100% 디지털(컴퓨터화한) 장편 애니매이션 〈토이스토리〉를 출시했다.

당신이 1995년의 이런 사건들을 생생하게 기억하고 있다면, 자신을 얼리 어댑터라고 자부할 수 있을 것이다. 어쨌든 1995년은 엄청난 해였다. 닷컴이 폭발하기 시작하고, 인터넷의 상업적 이용이 시작되었으며, 브라우저 전쟁이 처음으로 일어나고, 인터넷 혁신의 첫 번째 열쇠였던 '검색'이 나타났다.

이 조합들은 점차 확장되고 다듬어지면서, 이후 15년 동안 인터넷이라고 알려진 분야를 선도해나갔다. 누가 '온라인' 상태라고 말하면, 이제 우리는 그 말이 무슨 뜻인지 정확하게 안다. 그것은 누군가가 데스크탑이나 랩탑 앞에 앉아 브라우저를 열어 온라인 활동을 하고, 검색을 통해 특정 사이트를 방문해 기사를 읽고, 흥미를 충족시키고, 쇼핑하는 것을 말한다. 아마도 이 책을 읽는 독자들 대부분에게는 매우 익숙한 상황일 것이다.

그 이유는 우리가 아직 인터넷의 첫 번째 단계에 머물러 있기 때문이다. 거의 20년 동안, 인터넷은 1995년 시작하던 모습 그대로였다. 그것이 우리가 아는 유일한 인터넷이었다. 그러나 우리는 지금 이 첫 번째 단계가 끝나가는 지점에 있다. 지금은 우리가 늘 알던 인터넷이 완전히 다른 뭔가로 변하려 하고 있다.

"무슨 근거로?"라고 당신은 반문할 것이다. 그렇다면 이렇게 물어보겠다. 당신이 마지막으로 온라인 상태였던 때는 언제인가?

얼마 전까지만 해도 이 질문에 대한 답은 똑같았다. "마지막으로 컴퓨터 앞에 앉아 있던 때." 하지만 이제는 더 이상 그것이 답이 아니다. 당신은 지금 이 글을 이리더e-reader로 읽고 있을지 모른다. 그럴 경우, 답은 바로 지금이다.

당신 옆에 놓인 스마트폰이 켜져 있는가? 그 상태를 온라인 상태라고 볼지 아닐지는 논란이 있겠지만, 당신의 전화기로 이제 막 이메일이 전송되었다. 당신이 그것을 연다. 그렇다면 지금 당신은 확실히 온라인 상태다.

이처럼 우리는 온라인 상태라는 의미의 회색지대에 들어섰다. 스마트폰과 태블릿, 이리더 같은 기기들은 한때 오프라인이었던 우리 자신에게 웹이 점점 더 가까이 다가오도록 허용했다. 이제 우리는 더 이상 전화선을 통해 인터넷에 '연결되지' 않는다. 어디에나 있게 된 무선 광대역 접속이 당신의 기기들을, 따라서 당신을 지속적으로 웹에 연결하고 있다.

다른 말로 하면, 온라인과 오프라인을 경계 짓던 선이 갈수록 넓어지고 흐릿해지고 있다.

나는 몇 년 전 집 뒤뜰에 작은 블랙베리 두 그루를 심었다. 블랙베리 관목은 빠르게 번식했다. 토양의 척박함을 이겨내고, 가지가 땅에 닿으면 뿌리를 내어 또 다른 블랙베리 관목이 되었다. 처음에는 작고 분리된 나무였던 것이 지금은 빙빙 돌며 사방으로 퍼져나가는 육중한 미로로 변했다. 그와 비슷하게, 꽃을 피우고 자라며 다양한 곳으로 뿌리를 뻗어가는 디지털 데이터들을 포괄하는 인터넷도 우리가 알던 인터넷 그 이상이 되었다. 그것은 우리 삶의 구석구석을 점령해가고 있다.

인터넷이 확장되어가고 있는 지금, 인터넷에 대한 우리의 이해—인터넷의 정의와 온라인 상태라는 말의 의미—는 달라져야 한다. 사실 그것은 이미 변했다.

그 변화는 우리가 처음으로 컴퓨터 화면에서 멀어졌을 때 일어났다. 2014년, 스마트폰의 수가 사용 중인 컴퓨터의 수를 처음으로 능가했다. 이런 모바일 컴퓨터 작업으로의 전환은 인터넷과 우리가 인터넷을 사용하는 방식에 근본적인 영향을 미쳤다. 하지만 이 변화는 단지 시작에 불과하다. 앞으로 10년에 걸쳐 나타날 연결 기기들에서 오늘날의 인터넷 모습은 거의 찾아볼 수 없게 될 것이다.

우리가 컴퓨터상에서 즐겼던 인터넷 경험은 공유된 웹 경험이었다. 그것은 대량생산된 웹, 즉 모든 이를 위한 동일한 정보였다. 우리의 인터넷 경험 역시 대체로 일차원적이었다. 우리는 몇몇 엄선된 웹사이트들 사이에서 시간을 보내며, 대중을 위해 만들어진 내용물을 한 번에 한 페이지씩 보았다. 이 당시 웹은 실용성을 목적으로 하는 전달매체였다.

이것이 처음 등장하던 당시 모바일 웹의 모습이었다. 그런데 모바일 웹 경험이 우리가 PC에서 알던 인터넷을 모바일 기기로 옮기기 시작했다. 최초의 모바일 웹사이트들 대부분은 모바일 브라우저 경험에 초점이 맞추어졌다. 약간의 변화는 있었지만, 단지 매체가 되는 기기만이 달라졌을 뿐, PC상에서 경험했던 것과 동일한 인터넷 경험이었다.

그러다 상황이 달라지기 시작했다. 기업들은 '모바일 우선'이 나타나기 시작했다고 인식했다. 기업들은 모바일 기기의 인터넷에 관한 한 단호히 차별화된 접근을 했다. 거의 동시에, 기업들은 외부 개발자들에게 모바일 앱 플랫폼을 공개했다. 이 개발자들은 소비자들이 전통적인 인터넷 경험이 계속되기를 원하지 않는다는 것을 알아차렸다. 그들은 모바일 욕구와 보조를 같이하는 새로운 인터넷 경험을 원했다.

모바일 전화기의 사적인 속성은 기업들이 더 개별적인 인터넷 경험을 개발하도록 힘을 실어주었다. 예를 들면, 소비자들은 전체 웹을 브라우징하기를 거부하고, 자신에게만 특별히 제공되는 작은 조각 웹을 원했다. 엘프Yelp 같은 서비스는 확연하게 개인적인 웹 경험을 제공하기 위해 GPS 등과 협업하여 사용자들의 물리적인 정보를 수집하기 시작했다. 인터넷의 '콘텐츠'라는 속성이 변화하기 시작했다. 인터넷은 이제 당신이 물리적인 우주의 어디에 있는지를 안다.

식당을 찾을 때 먼저 주, 도시, 근처, 그리고 식당 순으로 연결하는 대신, 당신은 위치정보 제공을 허용해 다른 종류의 광범위한 정보를 건너뛰고 마지막의 정보 약간만 제공받으면 된다. 엘프가 당신의 음식 취향을 알면, 심지어 그 단계마저 건너뛸 수도 있다.

앞서 말했듯이, 이것은 단지 시작에 불과하다. 우리는 오늘날 엄청난 인터넷혁명의 벼랑 끝에 서 있다. 모바일 웹은 이 새로운 인터넷이 어떤 모습을 띨지에 대한 힌트에 불과하다. 마치 연결 기기들이 어떤 일을 할 수 있을지에 대해 스마트폰이 힌트를 주는 것처럼 말이다. 앞서 언급했듯이, 당신의 스마트폰은 당신이 방문한 장소, 다운로드한 앱, 그 앱에 대한 당신의 반응에 이르기까지 당신에 관한 정보를 거의 실시간으로 수집하고 있다. 당신의 스마트폰은 당신을 아주 잘 안다. 동일한 이유로, 당신의 모바일 웹 역시 당신을 아주 잘 안다. 우리는 브라우저의 영역을 벗어나 움직이기 시작했다.

오늘날 우리는 대부분 모바일 기기에서 앱을 통해 웹 데이터에 접근한다. 이런 앱을 통해 당신은 온라인 활동을 한다. 하지만 정보는 당신에게 고유한 방법으로 주어진다. 당신이 플릭스터Flixter 앱을 설치했다면, 당신은 현재 위치를 말할 필요가 없다. 그 앱이 위치를 알고서 이미 주변 극장 리스트를 편집해두었다. 마찬가지로 당신이 페이스북에 친구와 함께 찍은 셀피selfie를 올릴 때, 앱은 사진 속 인물이 누군지 이미 알고 있을 경우가 많다. 미래의 디지털 도구는 정확성을 연마하고 있다. 우리는 다음 디지털시대로 가는 위대한 실험의 시대를 살고 있다.

이제 스마트폰 같은, 우리를 둘러싼 수백억 개의 물건들을 상상해보라. 나는 기기라는 말 대신 물건이라는 단어를 사용했다. 앞으로는 주변의 일상 사물들 속에서 인터넷을 보게 될 것이기 때문이다. 지금도 이미 우리는 자신의 손목과 정원과 거실과 부엌 등에서 인터넷을 보고 있다. 그리고 이렇게 인터넷 접속이 가능한 물건들은 당신의 침실과 차고와 냉장고에 점점 더 많이 들어올 것이다. 그것들은 스마트폰이 그랬던 것처럼, 최신 경험을 제공하기 위해 당신에 관한 많은 정보들을 수집할 것이다. 그러나 큰 차이는 온라인 경험에 대한 당신의 개입 정도가 대폭 줄어든다는 것이다. 이 물건들은 당신이 능동적으로 온라인 상태에 있는가와 상관없이 작동할 것이다.

하지만 오늘날 볼 수 있는 연결 사물들은 일반적으로 그들이 캡처한 데이터가 스마트폰 혹은 종류 불문의 컴퓨터를 통해 당신에게 전달될 때만 유용하다. 그들이 아직은 독립적으로 작동하지 않기 때문이다. 그들이 유용해지기 위해서는 아직 인간의 개입이 필요하다. 인류는 수천 년 전의 문자 발명으로 그랬던 것처럼, 컴퓨터와 인터넷의 발명으로 생각과 행동을 새로운 매체에 기록할 수 있게 되었다. 그것은 데이터의 소통이라는 면에서 혁명이다. 그러나 여전히 인간이 데이터를 입력해야 하는 한계가 있었다. 이는 접근성을 크게 제한하는 성가신 과정이었다. 하지만 센서를 발명하자 인류는 매뉴얼 입력이라는 구시대적 문제를 극복할 수 있었다. 이제는 기계 스스로가 우리를 위해 데이터를 캡처할 수 있다.

이제는 연결된 사물들이 문자의 역할을 대신하게 될 것이다. 나아가 센서 덕분에 자유로워진 기계들은 사용자 개개인에 맞는 맞춤 웹을 만들어낼 것이다. 바깥 기온을 아는 것에 그치지 않고, 당신의 체온이 밤에는 올라가고 아침에는 떨어지는 것을 알고 그에 맞춰 자동 조절되는 자동온도조절기를 상상해보라. 당신은 아무것도 하지 않아도 된다. 자동온도조절기가 당신의 체온을 아는 다른 사물들과 결합해 당신 대신 모든 것을 한다. 더 나아가 이러한 기기들이 우리와 우리 주변의 정보를 끊임없이 캡처할 것이다. 이것이 일부 사람들을 두렵게 만들지도 모르지만, 그 목표는 우리가 10년, 20년 전에는 상상할 수도 없었던, 개인에게 최적화된 삶의 경험을 제공하는 것이다.

중요한 것은, '온라인' 상태라는 개념 자체가 완전히 사라지리라는 점이다. 온라인이라는 용어는 1995년부터 2015년 사이에 존재했던 인터넷 초기 시절의 옛스러운 단어가 될 것이다. 대신 그 자리에는 온라인도 오프라인도 아니면서, 사물과 당신 사이의 데이터 형성과 반응이라는 매끄러운 교환만이 남을 것이다. 이 지점이 되면 아마도 사람들은 "이건 약간 〈마이너리티 리포트〉 같은 느낌이군······"이라고 말할 것이다.

인터넷의 발전

만약 이 새로운 인터넷에 대해 더 잘 알고 싶다면, 먼저 위대한 기술의 거장들이 무엇을 하고 있는지 알아야 한다. 구글을 예로 들겠다. 구글은 가장 유명한 브라우저들인 인터넷 익스플로러와 넷스케이프가 선두를 다투며 경쟁하고 있던 1990년대 말에 시장에 뛰어들었다. 하지만 구글은 브라우저 경쟁에 끼어들지 않았다. 거물들이 경쟁하도록 내버려두는 대신, 구글은 단순한 디자인과 차별화된 검색 알고리즘으로 사용자들을 매혹시켰다.

그 당시 인터넷이 원하던 것이 바로 차별화된 검색엔진이었다. 다양한 수많은 사이트가 기하급수적으로 폭증하던 시절이었다. 정교하게 프로그래밍된 검색엔진이 없이는 뭐가 뭔지 알기 힘들었다. 다시 말해, 당시 인터넷은 지나치게 많은 정보의 아수라장이었고, 구글은 질 높은 검색엔진을 통해 거기에 질서를 부여했다.

지금은 기억하는 사람이 거의 없겠지만, 구글 초기에는 한 검색어

당 몇천 개의 검색결과가 도출되곤 했다. 하지만 오늘날에는 수천 개의 결과만을 얻으려면 검색범위를 극도로 좁혀야 한다. 물론 아직도 검색을 통해 원하는 것을 찾게 되는 경우가 많지만, 인터넷의 엄청난 규모로 말미암아 단순한 검색기능은 다소 구시대적인 것이 되었다. 물론 그렇다고 인터넷이 퇴행하고 있는 것 같지는 않다.

하지만 질서를 정립했던 옛 방식—검색—이 불충분해지자, 2010년대에 들어서는 다시 혼란이 점령하고 있다. 그렇다면 수백억 개의 사물들까지 온라인 상태가 되면 어떤 일이 벌어질까?

변화는 이미 진행 중이다. 마크 큐반Mark Cuban의 말처럼,

> 내가 구글 안에서보다 구글 밖에서 더 많은 검색을 한다는 사실을 최근 문득 깨닫게 되었다. 2:1 혹은 3:1 같은 비율이 아니다. 구글을 벗어난 검색이 구글을 통한 검색보다 하루 혹은 일주일을 기준으로 했을 때 적어도 10배 정도 많다. (…) NBA게임에서 있었던 중요한 일을 알고 싶은 경우, 나는 먼저 트위터를 검색한다. 그런 다음 인스타그램을 검색한다. 그 목록은 계속 이어진다. (…) 그 경기에서 있었던 흥미로운 사건을 알고 싶을 때 최후로 검색하는 것이 구글이다. 내가 구글을 쓰지 않는다는 말이 아니다. (…) 구글은 여전히 우리 삶의 중요한 부분이다. 하지만 구글은 실시간이나 단기, 혹은 최근의 정보를 제시하고 제공하는 데에서는 아주 형편없다. 그래서 나는 좀더 즉각적인 정보를 제공하는 방식들을 더 많이 이용한다. 그렇다면 이런 최신 정보의 부족이 구글의 신뢰도에 영향을 미쳐 다른 검색엔진으로 옮겨가는 결과를 가져올 것인가? 아니면 우리는 어디에는 구글을 사용하고 어디에는 사용하지 않을지를 배우기만 하면 되는 것일까?

이처럼 검색대상이 변하고 있을 뿐 아니라, 검색방법 역시 변하고 있다. 포괄적인 키워드로 인터넷을 검색하는 빈도수가 줄고 있는 것이다. 지금 우리는 시리Siri 같은 음성서비스를 통한 자연스런 언어인식에 더 많이 의존하고 있다. 데이터를 찾고 추천을 받는 대신, 웹에게 질문하고 대답을 기대한다. 가끔 일반적인 검색이 필요하면, 위키피디아 같은 사이트로 가서 일반적인 콘텐츠로 만족한다. 물론 검색엔진의 알고리즘은 더 좋아졌다. 검색 결과의 맨 위에 위치하는 것이 트래픽의 3분의 1 이상을 수용한다. 하지만 내가 구하는 구체적인 답을 찾기는 여전히 어렵다. 그렇다면 수많은 디지털 선택에 압도당하지 않고 자신의 필요를 충족할 방법은 무엇일까?

다양한 해결책들이 시도되고 있다. 우선 위키피디아나 옐프처럼 구체적 주제별로 구획을 지어 밀도 높은 콘텐츠를 제공하는 방식이 있다. 또 이런 경우 브라우저의 혼란을 제거하는 앱들도 함께 제공된다. '온라인' 상태일 때 한 번에 하나의 주제나 업무나 활동만 처리하고 있지 않는 경우가 많다. 당신이 업무 중에 게임 결과를 알고 싶을 때, 할 수 있더라도 구글로 그것을 검색하지 않는다. 당신은 ESPN 앱을 연다. 그러면 페이스북, 핀터레스트, 트위터, 인스타그램 등의 소셜미디어가 있다. 그것들은 전부 내가 '나의 인터넷Internet of Me'이라고 부르는 차세대 인터넷의 한 부분을 차지할 가능성이 높은 프로그램들이다.

소셜네트워크들은 혼란에 더 큰 질서를 부여하려는 인터넷의 시도다. 우리는 이 네트워크들을 통해 내가 좋아하는 꽃과 친구와 관심사 등을 내용으로 하는 작은 공간을 만들어나간다. 그러고는 우리가 만든 이 작은 온라인 세상에 흠뻑 빠져 온라인 활동의 많은 시간을 소비한다.

2013년 12월 퓨 리서치에 따르면, 성인의 73%가 적어도 하나의 소셜네트워크에 속해 있고, 71%의 성인들이 페이스북에 가입되어 있다. 더욱이 페이스북 사용자의 63%는 적어도 하루에 한 번 로그인을 하고, 하루에 여러 번 로그인하는 사람들도 40%에 달한다. 인스타그램 사용자들의 57%가 하루에 한 번 이상 사이트를 방문하고, 35%는 하루에도 여러 번 방문한다. 트위터 사용자의 46%가 매일 방문하며, 29%는 하루에 여러 번 방문한다. 그러니 요즘은 '온라인' 상태라고 하면 전적으로 개인적인 즐거움을 제공하기 위해 만들어진 작은 소셜네트워크에 머무는 것을 말한다고 할 수 있다. 보다시피 개개인의 페이스북 페이지와 트위터 피드와 인스타그램 피드 각각이 고유하다. 그러니 나의 페이스북 페이지, 나의 트위터……라고 할 만하다. 지금까지 이야기된 인터넷의 진행과정을 요약하면, 다음과 같다.

서핑 → 지나치게 많은 선택 → 검색 → 순위 매기기 → 지나치게 많은 선택 → 앱을 통한 정리 → 지나치게 많은 선택 → 소셜 서클 → 지나치게 많은 선택 → 알고리즘

보다시피 각각의 단계를 지날 때마다, 우리는 혼란을 줄이고 주문제작 혹은 맞춤제작을 확장시켜왔다. 처음 우리가 길들여지지 않은 야생의 인터넷이라는 세상을 만났을 때, 그것은 모험가들을 위한 세상처럼 보였다. 그러나 신기함이 사라지자 길들여지지 않은 야성이 번거롭다는 것을 알게 되었다. 대신 우리는 인터넷이 제공하는 효율성이나 다양성 같은 능력들이 주문제작되어 우리의 개성에 맞는 것이기를 원한다.

이것이 경쟁에 뛰어든 새 브라우저는 보이는 반면, 구글과 경쟁하려는 새 검색엔진은 보이지 않는 이유다. 이 때문에 구글 역시 검색을 넘어서서 개별화된 인터넷 경험을 제공하기 위해 노력하고 있다. 애플과 마이크로소프트 같은 대기업들도 마찬가지다.

검색의 목적은 방대한 데이터를 다룰 수 있을 적절한 규모로 추출하는 것이다. 오늘날의 구글은 당신의 검색 습관에 기초해 주문제작형 검색결과를 제시한다. 또 시간과 장소 같은 다른 요소들도 추가한다. 덕분에 정보추출이라는 전통적인 검색기능이 당신의 검색이력 등의 다양한 요인을 기반으로 당신이 원할 거라 예상되는 정보를 사전에 제공하는, 구글 나우와 같은 서비스로 바뀌고 있는 것이다.

트렌드는 명백하다. 아마도 무료 '온라인' 인터넷 같은 것은 미래에도 있을 것이다. 당신은 거기에서 브라우저를 이용하고, 검색어를 타이핑하고, 하이퍼링크와 웹페이지를 누비며 '서핑'을 할 것이다. 하지만 미래에는 이것이 인터넷과의 주된 상호작용은 아닐 것이다. 이전의 인터넷이 '검색'으로 정의되었다면, 앞으로의 인터넷은 '당신'으로 정의될 것이기 때문이다.

미래의 하루……

인터넷의 미래가 집과 관련이 있다고? 아마도 당신은 아직도 이 점이 의문스러울 것이다. 그러니 이제 이 문제에 대해 좀더 직접적으로 대답해보기로 하자. 첫째, 이전 인터넷처럼 새로운 인터넷도 분명히 집에서 경험될 것이다. 그리고 사물인터넷이 꽃을 피울 곳도 집이 될 것이다. 둘째, 주문제작이라는 인터넷의 트렌드와 집의 변화 트렌드가 동일하다. 《새로운 디지털 시대: 국가와 사업과 우리의 삶을 변화시키는》의 공동저자인 에릭 슈미트Eric Schmidt와 제러드 코헨 Jared Cohen은 이 미래에 대해 "당신은 당신의 필요에 맞게 당신의 기기들을 주문제작하게 될 것이며, 따라서 당신의 환경은 당신의 선호를 반영하게 될 것"이라고 말했다.

이것이 사물인터넷의 진정한 모습이다. 하지만 데이터와 반응 사이의 간격과 마찰을 제거하기 위해서는 한 걸음 더 나아가야 한다. 연결된 사물들은 인간이 절대 따라잡을 수 없는 양과 속도로 데이터를 캡처하고 분석한다. 그리고 그것들은 인간적인 요소를 제거하고, 데이터에 기초한 등식에 따라 행동할 것이다.

그러면 이것이 실제 어떤 모습일지 **미래의 하루**를 상상해보자.

오전 6시 42분: 알람이 울린다. 알람이 40분이 아닌 42분에 울리는 것이 이상하지 않은가? 알람이 당신의 수면 사이클을 알고 가장 얕은 잠을 자는 순간에 깨운다면, 램 수면에 깊이 빠져 있을 때 깨우는 것보다는 훨씬 자연스러울 것이다. 침실 조명이 자동으로 켜져서 당신의 눈이 적응할 수 있는 비율로 서서히 밝아진다. 동시에 샤워기도 켜져 당신이 가장 선호하는 수온으로 조절한다. 샤워가 끝나 옷방으로 가면, 당신의 일정과 바깥 기온 등을 잘 아는 전자기기가 몇 가지 옵션의 의상을 소개해준다.

오전 7시 30분: 당신의 그날 아침 기분과 컨디션에 딱 맞는 갓 내려진 커피가 당신을 기다리고 있다. 기기는 몇 가지 아침 메뉴를 제안한다. 가장 위에 놓인 옵션은 남은 딸기를 활용한 음식이다. 냉장고가 딸기 상태가 곧 안 좋아지리란 걸 감지했기 때문이다. 식사를 하는 동안 당신은 주변의 여러 스크린 중 하나로 그날의 뉴스를 훑어본다. 당신이 선호하는 뉴스사이트들이 선호 순으로 나열되거나, 당신이 관심을 갖는 기사들이 나온다. 어쩌면 당신은 아침에 텔레비전을 보는 것을 더 선호하는지도 모르겠다. 이 경우 당신의 취향에 따라 먼저 스포츠, 다음은 날씨, 다음은 지역 순으로 텔레비전 프로그램이 화면에 뜬다. 혹은 많은 친구들과 동료들의 '좋아요'나 '추천' 순서대로 뉴스가 전달될지도 모른다.

미래의 교통감시 시스템에서 실시간으로 제공받은 정보에 기초해, 8시 30분 약속에 늦지 않기 위해서 떠나야 할 시간을 시계가 정확히 알려준다. 당신은 자율주행차가 대기하고 있는 차고로 들어간다. 차량의 실내온도는 외부 기온과 당신의 선호에 맞게 조절되어 있다. 당신이 뉴스를 읽거나 이메일에 답장을 쓰거나 전화를 하는 동안 자동차는 신나게 달린다. 당신은 전등을 끄고 나왔는지, 온도조절기를 내렸는지, 저녁식사 재료가 충분한지에 대해서는 신경 쓰지 않아도 된다. 디지털화되고, 센서화되고, 연결된 당신 집의 기기들이 당신 대신 알고리즘에 따라 자동으로 그 일을 처리한다. 당신이 개입하지 않아도 식료품 저장실과 냉장고는 어떤 품목이 떨어져가는지, 어떤 품목을 다시 주문해야 하는지 안다.

업무시간: 일을 하는 동안, 집의 활동에 대한 신호를 수시로 받기 때문에 당신은 집이 어떻게 돌아가고 있는지 파악하고 있다. 당신이 자동화를 중단시킬 수도 있다. 어젯밤에 비가 와서 스프링클러 시스템

이 평소보다 늦게 작동할 테지만, 당신은 아예 오늘 하루는 스프링클러 시스템 작동을 중단한다. 택배가 집으로 도착해 당신은 원격으로 사인을 한다. 엔터테인먼트 시스템(9장을 보라)이 당신이 가장 좋아하는 쇼의 다음 시즌이 다운로드 완료되었다고 알려온다. 당신의 일정표는 당신이 집에 가서 저녁식사를 하거나 딸의 축구경기나 아들의 야구경기 관람에 늦지 않게 퇴근할 수 있도록 끊임없이 자동으로 업데이트된다. 퇴근 전에 저녁메뉴를 결정하기가 곤란할 때는 당신의 집이 식품저장실과 냉장고에 있는 식품과 함께 당신의 식이요법과 건강문제와 체형관리를 전부 고려해 몇 가지 옵션을 추천한다.

오후 5시 39분: 길고 힘든 일과를 마친 후, 자율주행차를 타고 사무실을 떠난다. 아직 이메일을 받아야 하고 전화 몇 통을 해야 해서 당신은 긴장을 풀 수 없다. 웨어러블 바디센서가 당신이 긴장상태임을 파악하고 당신의 집에(그리고 당신의 가족들에게) 알린다. 덕분에 당신이 현관문을 열고 들어설 때, 조명은 편안한 조도로 조절되어 있고, 집 안에는 당신이 가장 좋아하는 음악이 흐르고 있다. 그리고 식탁에는 퇴근 전에 당신이 주문한 저녁식사가 세팅되어 있다. 어쩌면 도자기 냄비 속에.

오후 9시: 야구 혹은 축구 경기 하이라이트 시청이 끝났을 때 기기는 당신의 몸이 당신의 생각보다 훨씬 더 피곤하다는 것과 다음 날 일정을 고려하면 빨리 잠자리에 드는 것이 건강에 좋다는 것을 알려준다. 당신은 저항하지 않고 침대로 들어간다.

이상에서 미래의 하루 모습을 묘사하면서 내가 의도적으로 '연결된' 특정 사물과 그것의 작용에 대해 구체적으로 언급하기를 피했다는 것을 눈치챈 독자들이 있을지 모르겠다. 하지만 당신은 이 스케치를 통해 미래의 집이 어떤 식으로 기능하는지 이해하기 시작했을 것이다. 공상과학소설 작가들은 안드로이드들이 이런 과업을 수행하리라고 상상했다. 나 역시 디지털 미래세상에는 인간 형태의 로봇이 존재할 것이라는 사실을 의심하지 않는다. 하지만 안드로이드가 집안일을 할지는 모르겠다.

그런데 사물인터넷으로 연결된 기기들을 갖춘 집이 있다면 집안일이 충분히 가능하다. 굳이 로봇이 필요하지 않을 수 있다. 그렇긴 하지만, 냉장고와 무인자동차 자체를 로봇으로 볼 수도 있지 않을까? 이것들이 독자적인 작동과 심지어 대화까지 가능한 자동화된 사물이라는 점을 생각하면 그렇다고 볼 수도 있다. 그러나 이것들은 영화 〈젯슨〉에 나오는 로지 같은 로봇하녀는 아니다.

오히려 집 자체가 연결된 사물들을 통해 로봇의 역할을 할 것이다. 인터넷은 여전히 존재하겠지만, 마치 전원電源처럼 배경에 존재하면서 데이터의 집합소 역할을 할 것이다. 그리고 뉴스 구독이나 청구서 지불, 은행업무, 취미생활, 소셜미디어 상호작용을 비롯한 구체적인 활동들은 PC를 통해서보다는 사물인터넷을 통해 이루어질 것이다.

3D
혁명

위 미래 일상의 스케치에서는 3D프린터도 의도적으로 제외했다. 따로 논의할 필요가 있어서다. 이 장에서 3D프린팅이라는 주제를 세부적으로 검토하지는 않겠지만, 3D프린터가 우리의 디지털 미래에 엄청난 영향을 미치리란 건 확실하게 장담할 수 있다.

비록 아직 걸음마 단계이지만, 3D프린팅 관련 기술은 지난 몇 년간 괄목할 만한 성장을 이루었다. 2013년에 25억 달러 규모였던 시장은 2014년 말이면 38억 달러 규모에 달할 것이라 예상된다. 일부 추산에 따르면, 5년 후인 2018년에는 3D프린팅 시장이 500% 성장해 162억 달러에 이를 것이라고 한다.

그렇긴 하지만, 아직도 수십 년은 더 있어야 가정마다 3D프린터를 소유할 수 있을 것이다. 그러나 오늘날의 종이 프린터처럼, 나아가 토스트기처럼 3D프린터가 흔해질 날이 올 것이다. 3D프린터의 출현과 광범위한 사용은 가정생활에 혁명을 일으킬 것이다. 관련 광고가 다소 과장이 있긴 하지만, 3D프린팅의 가능성은 사실상 무한대다. 당신은 집에서 당신이 원하는 거의 모든 것을 '프린트'할 수 있을 것이다. 기본적으로, 3D프린팅은 사람들에게 일상용품—전등, 의자, 테이블, 책상, 기타 등등—을 프린트할 수 있게 할 것이다. 물론 프린팅이 가능한 물건들은 처음에는 작고 간단한 것이겠지만, 기술이 발전함에 따라 복잡한 물건들도 프린트할 수 있게 될 것이다. 심지어 전자제품이나 하드웨어, 나아가 음식까지도 가능하다. (건강관리 영역에서는 이 가능성이 더 높다.)

이것이 실제로 의미하는 바는 '쇼핑'이 집 안에서의 경험이 될 수 있다는 것이다. 당신이 뭔가를 온라인으로 구매할 때, 당신은 더 이상 실물을 구매하지 않을 것이다. 당신이 비용을 지불하면 판매자는 당신의 3D프린터로 그 물품의 설계도와 설명서를 전송할 것이다. 재료를 채워넣으면 3D프린터는 당신을 위해 상품을 만든다. 그렇다고 해서 당신이 실물 상품을 다시는 사지 않는다는 게 아니다. 하지만 미래 기술은 우리의 생활방식을 완전히 바꿔놓을 것이다.

모든 가정에서 자신의 물건을 프린트할 수 있는 때가 되면, 결국 각각의 가정이 자신의 공장이 되는 셈이다. 과거처럼 모두가 개인 수공업자가 되는 것이다. 하지만 산업혁명기 이전 수공업의 문제는 품질이었다. 심지어 같은 수공업자가 만들어도 상품에 따라 품질이 달랐다. 3D프린터의 커다란 장점은 중세 수공업자에게 산업혁명기의 일관된 품질을 보장한다는 것이다. 3D프린터는 공장 수준의 주문제작을 감당할 수 있다. 다시 말해 당신의 요구에 완벽하게 들어맞는 디자인으로 제작할 수 있는 것이다.

당신은 색깔, 섬유, 심지어 재료까지 전부 주문제작할 수 있다. 주문제작의 가격문제만 없다면, 당신 집의 물건들은 기본적으로 당신을 위한 맞춤용일 것이다. 왜냐하면 주문제작이란 단지 데이터에 불과하기 때문이다.

이것이 디지털 미래의 집이란 주제다. 당신의 필요와 취향을 채워주는 집은 당신 자신의 연장으로서의 역할을 할 것이며, 우리의 잠재력 실현을 가로막는 많은 마찰과 장애물을 제거할 것이다.

9장

엔터테인먼트의
대량 주문제작

"인터넷의 역사는 놓친 기회들의 나열이라고도 할 수 있다.
주요 음반회사들은 애플의 디지털음악 사업 인수를 허용했다.
블록버스터는 겨우 5천만 달러에 넷플릭스를 인수할 기회를 거절했다.
익사이트는 100만 달러도 안 되는 가격으로
구글을 얻을 수 있는 기회를 놓쳤다."

— 제임스 서로위키(James Surowicki)

2009년 6월 3일, 나는 디지털TV 전환에 대해 증언하기 위해 연방 통신위원회FCC 증언석에 앉았다. 의회가 2005년에 모든 무료 아날로그 텔레비전 방송국은 2009년 2월 17일까지 디지털로 전환해야 한다고 결정한 것을 기억하는가? 1월 말이 되자 의회는 수백만 명에 달하는 시민들의 전환준비 미비를 염려해 6월 12일까지 기한을 연장했다. 하지만 네 달이 지난 후에도 우려할 상황은 여전했다. 그것이 내가 FCC에서 증언을 했던 이유였다. 나는 아주 간결하게 CEA의 입장을 전달했다. "안심하시라, 다 잘될 것이다."

물론, 이 단어를 그대로 사용한 것은 아니지만, 비슷한 의미였다. 나는 그 자리에서 변환기 부족에 대한 보고가 없는 이유를 설명한 후 마무리를 했다. "간단히 말해, CEA는 DTV로의 전환이 우리나라 역사상 가장 성공적인 민관협업의 하나로 역사에 남을 것이라는 긍정적인 입장을 유지하고 있습니다. 국내 시청자 100%가 6월 12일까지 필요한 준비를 마친다고 보장할 수 있는 사람은 아무도 없지만, 국내 텔레비전 시청자들의 절대다수가 전환할 준비가 되어 있다고 말할 수는 있습니다. DTV로의 전환 관계자들 모두 과거 몇 년 동안 함께 달성한 성과에 큰 자부심을 가져도 좋습니다."

우리가 옳았다. 일부 벽지를 제외하고 미국 국민들은 정확히 우리—디지털 전환을 추진했던 사람들—가 예상한 대로 디지털 전환을 이루어냈다. 이유 중 하나는? 값싼 디지털 텔레비전 수상기 덕분이었다. 내가 증언한 것처럼, 극심한 경제불황기였음에도 불구하고 디지털 텔레비전 판매량은 연초부터 시작해서 32% 증가했다. 실제로 1억1,200만 대 이상의 디지털TV 수상기가 판매되었다. 아날로그 수상기만 있는 가정보다 많은 수였다. 수백만 명의 시민들이 디지털 전환기를 구입할 수 있는 연방쿠폰을 받았지만, 닐슨의 보고서에 따르면 그 수는 미국 전체 가정의 2.7%에 불과했다.

어쨌든 미국 가정의 텔레비전 추이는 명확했다. 새로운 표준은 디지털이었다. 특히 디지털TV 가격이 지속적으로 하락하고 있었기에, 모든 미국 가정들이 디지털 수상기를 구비하는 것은 시간문제에 불과했다. 사실 디지털 전환에 저항한 쪽은 방송국들이었다. **심지어 소비자들이 원해도 그들은 원하지 않았다.** 첨단화에 반대하는 완고한 기성 산업의 사례라고 할 수 있다.

CEA 회장이자 CEO인 게리 샤피로는 그 전환기에 이런 말을 했다. "HDTV가 케이블과 위성을 선취할 기회가 왔을 때, 방송국들은 그 기회를 날려버렸습니다. (HD)방송신호를 전송할 수 있는 그들은 HDTV로 가는 것이 훨씬 비용이 적게 들었기 때문이지요. 송신탑에만 투자하면 되었으니까요. 그들이 경쟁에서 가진 이점이었습니다. 케이블을 가졌다면 그들이 판매하는 모든 것이 HDTV 안에 있었을 겁니다. 그리고 방송사들은 텔레비전의 무료 방송도 추진하지 않았는데, 결국 그들의 시장점유율은 지금도 큰 폭으로 떨어지고 있습니다. 케이블과 위성뿐만 아니라 이젠 인터넷이 등장했고, 곧 모바일 기기들도 등장할 것입니다."

방송국들의 입장에서 보면, 그들은 많은 비용을 들여 디지털 텔레비전 신호에 대한 테스트와 조사를 했다. 그러나 핵심은 대부분의 완고한 기성 산업들처럼 그들도 변화를 거부한다는 기본 입장에서 벗어나지 못했다는 것이다. 이런 경향은 단지 방송사뿐만 아니라 콘텐츠 생산자들—영화사와 음악사와 출판사—을 비롯한 엔터테인먼트 산업 전반에 깊이 뿌리박혀 있다. 여기서 잠시 그 이유를 짚어보자.

협소한 특정 시장을 대상으로 하는 영향력 낮은 몇몇 방송국을 제외하면, 대체로 거의 모든 텔레비전 방송이 현재는 디지털이다. 미국 민관협력단이 세계 최고의 디지털 텔레비전 표준을 수립한 것은 내가 FCC에서 증언을 하고 9일 후인 2009년 6월 12일이었다. 이로써 30여 년 전에 시작된 프로젝트가 마침내 종지부를 찍었다. 시작 단계에서부터 HDTV 활동에 관여해왔던 샤피로는 DTV 전환이 "인간의 달 착륙과 맞먹는 사건"이라고 말했다.

HDTV는 '이미' 일찌감치 개발은 되었지만, 사용이 일반화되기 위해서는 또 다른 절차가 필요했다. 소비자의 관점에서 보면 HDTV는 일부 사람들이 상상했던 것만큼 문제가 많지는 않은 것으로 판명되었다. 따라서 무어의 법칙까지 적용되면, 아날로그 텔레비전의 사멸은 거의 확실했다. 의회가 기한을 정해 그것을 사멸시킨 것이 아니라, 소비자가 자신들의 돈으로 그것을 사멸시킨 것이다. 역사를 논할 때 사용해서는 안 되는 문구를 쓰자면, 그것은 필연이었다.

HDTV의 일반화는 매우 성가신 과정을 거쳤다. 사실 그러지 않았어야 했다. 그러나 이른바 기득권자들에게도 큰 이익이 돌아가는 경우가 아니라면, 변화는 언제나 쉽지 않은 법이다. 그 성가심은 지금도 계속되고 있다. 디지털은 지금 수십 년간 존재했던 체계를 불도저처럼 갈아엎으며 오락산업 전반을 가로지르고 있다. 무엇도 그 불도저를 멈추게 하지는 못하겠지만, 그렇다고 방해물이 존재하지 않으리라는 의미는 아니다.

결핍에서
풍요로

고대 시인들과 극작가들의 시절 이래로, 인류의 오락은 부족이라는 하나의 특성으로 정의된다. 옛날에는 종이 구입과 문자 학습에 들어가는 높은 비용이 시인과 작가의 등장을 막았다. 오직 최고만이 출판되었고, 따라서 오직 최고만이 수천 년 후의 우리에게 전달되었다. 극작가의 경우도 마찬가지였다. 극작가가 자신의 재능을 보여줄 수 있는 기회는 축제와 극장공연뿐이었다. 기회는 희소했다. 따라서 고대 아테네에서는 오직 최고만이 경쟁할 수 있었고, 최고의 작품만이 오늘날까지 살아남을 수 있었다.

현대에 와서도 다르지 않았다. 해마다 수천 수만 권 분량의 원고들이 출판사의 문을 두드리지만 극히 일부만이 인쇄된다. 수천 부의 대본이 쓰여지지만 영화로 제작되는 건 극히 일부에 불과하다. 서점과 극장의 선반 공간은 한정되어 있다. 최고만이 거기에 놓일 수 있고, 나머지는 빛을 보지 못한다.

아날로그 세계에서는 부족한 자원의 양을 늘려서 이런 제약들을 극복하려고 시도한다. 그래서 스크린이 하나인 극장에서, 스크린이 둘인 극장으로, 다시 10개 이상의 스크린을 가진 멀티플렉스로 나아간다. 출판에서는 인터넷이 서가 부족을 어느 정도 제거했지만, 출판업자들이 인쇄기와 종이와 잉크를 여전히 사용하고 있는 한 시설 부족도 여전히 존재한다. 두 경우 모두 부족不足 문제에서 어느 정도 발전은 있었지만 부족은 여전히 존재하고 있는 것이다.

아날로그 세계에서는 부족이 개인의 선택을 제한한다. 소비자들은 엘리트 출판업자나 제작자들이 최고 혹은 최유망이라고 결정한 것만을 볼 수 있고 읽을 수 있다. 이런 엘리트 문지기들이 우리 집 서가에 꽂힐 책과 텔레비전 스크린에 비칠 방송 프로그램과 극장에 공연될 작품을 결정한다. 소비자들은 문을 통과한 작품들의 성공 여부에 영향을 주지만, 그 영향은 타인에 의해 선별된 선택지들에만 미친다.

크리스 앤더슨Chris Anderson은 2004년 《와이어드》지에 실린 〈롱테일The Long Tail〉이란 칼럼에서 이 선별과정을 지배하는 것이 "일반적이고 결정적인 최저요금이라는 독재자"라고 말했다. 다시 말해 우리의 대중문화를 규정하는 것은 작품의 질이 아니라 경제성이라는 이야기다. 이 때문에 부족한 진열공간의 가치에 걸맞은 '임대료'를 지불하지 못하는 상품은 진열대에서 퇴출당한다. 물론 그렇다고 그 상품의 질이 낮다거나 소비자의 구미에 전혀 맞지 않는다는 의미는 아니다. 단지 **충분히** 인기를 끌지 못했을 뿐이다.

아날로그 라디오와 텔레비전에도 이와 동일한 진실이 적용된다. 방송국의 수는 일정하며, 각각의 방송국은 정해진 시간 동안만 방송을 내보낼 수 있다. "이런 세상에서는 일반적이고 결정적인 최저요금이라는 독재자"가 다수의 눈과 귀를 끌 수 있는 프로그램들만 방영할 것을 요구한다.

앤더슨도 말했듯이, 문제는 '사람들의 취향과 유행이 똑같지는 않다'는 데 있다. 올여름에 가장 히트를 친 영화가 뭐든, 《뉴욕타임스》

베스트셀러 1위가 어떤 책이든, 닐슨 시청률 연속 1위를 차지하는 텔레비전 쇼가 뭐든 상관없이 모든 사람에게는 상업적 성공을 거두진 못했지만 좋아하는 각자만의 것이 있다. 그러나 부족이 판매물품을 결정하는 아날로그 세계에서, 당신은 비인기 작품들을 읽거나 보거나 듣지 못한다.

하지만 디지털은 등식에서 부족을 제거한다. 물리적인 제약이 없는 디지털 도서관은 무엇이든 전시할 수 있는 동시에 수익상의 손해를 입지도 않는다. 오히려 판매량 증가로 이익을 본다. 아날로그 세계에서는, 비인기 CD를 재고에 포함시키는 것이 결과적으로 인기 CD를 재고에서 빼는 것을 의미한다. 따라서 손실을 입는다. 그러나 디지털세상에서라면 진열공간 '임대료'가 0에 가깝다. 무한대인 진열공간에 둘 다 진열해 양쪽 소비자 모두를 끌 수 있다.

앤더슨은 10년도 더 전에 "인기품목과 비인기품목이 동일한 경제적 토대 위에 서게 되어 양쪽 모두 주문이 들어오는 대로 데이터베이스에 입력하기만 하면 된다. 돌연 인기라는 요소가 더 이상 수익상의 독점력을 가지지 않게 된 것이다"고 적었다.

아이튠즈나 넷플릭스 같은 디지털 서점의 판매 동향에서 알 수 있듯이, 인기품목이 여전히 가장 많이 팔린다. 그러나 인기품목의 판매곡선이 급격히 떨어지더라도, 비인기 서적을 원하는 수천 명의 독자들이 존재하기에 곡선이 완전히 0이 되는 일은 없다. '인기품목'만큼 널리 팔리지는 않지만, 비인기품목도 누군가에게는 '인기품목'이기 때문이다. 앤더슨은 이것을 '롱테일'이라고 불렀다. 디지털세상이 소비자들에게 무제한의 선택지를 주고 있기 때문이다. 앤더슨은 "무제한의 선택지는 소비자들이 무엇을 원하고 어떤 방식을 원하는지를 잘 보여주고 있다"고 말한다.

롱테일은 어디에나 존재한다. 그리고 디지털은 대중이 롱테일에 접근할 가능성을 높였다. 펑크락 계열의 음악을 즐겨 듣던 청소년 시절, 나는 좋아하는 음반을 손에 넣기 위해서 멀리 떨어진 음반회사에 온라인 주문을 하거나, '지하'시장을 찾아가야 했다. 완벽한 공급이 이루어지지 않는 아날로그 세계에서는 롱테일 콘텐츠의 표본이 존재하지 않는다. 나는 마음에 들지 않는 앨범을 많이 샀다. 하지만 달리 선택의 여지가 없었다. 새로운 밴드를 찾을 때는 위험도 감수해야 했다. 당시 나는 내가 좋아하는 장르의 음반을 주로 내는 음반회사의 판단력에 의존하거나, 많은 경우 흥미롭게 보이는 것을 일단 사는 수밖에 없었다.

미디어 엔터테인먼트의 롱테일을 억제하는 가장 큰 요인은 다른 잠재 구매자들의 흥미를 끌지 못한다는 것이 아니라 시장은 존재하지만 관련 구매자들이 지리적으로 떨어져 있다는 것이었다. 이 때문에 아날로그세상에서는 틈새시장을 유지시킬 정도의 임계량을 넘는 구매자들을 찾기가 어려웠다. 하지만 언제든 연결과 배송이 가능한 디지털세상에서는 롱테일의 표본이 쉽게 만들어진다.

앤더슨이 《와이어드》지에 칼럼을 쓴 지 10년 후, 청중들에게는 기쁜 일이지만 콘텐츠 제작사들과 방송사에게는 두려운 일이 벌어졌다. 그의 이론이 옳다는 것이 증명된 것이다. 예를 들면, 국내 영화티켓 판매량은 2002년에 약 16억 장으로 최고를 기록한 반면, 2013년에는 13억 장으로 감소했다. 판매량이 여전히 엄청난 것은 분명하지만, 3억 장이 덜 팔렸다는 것도 분명하다. 지금은 온갖 콘텐츠가 생산되는 인터넷 시장이 병존하고 있기 때문이다.

인터넷은 실물 소매환경의 붕괴를 불러오고 있다. 할리우드비디오는 2005년에 무비갤러리에 팔렸는데, 무비갤러리는 파산으로 폐업함으로써 절정기에는 4,700개를 넘던 모든 영업점의 매각이 완료된 2010년에 영업을 종료했다. 다시 네트워크에 매각된 블록버스터비디오는 2014년 1월, 절정기였던 2004년에 9,000개에 달했던 모든 영업점의 문을 닫았다. 서점과 레코드 판매점도 동일한 곤경을 겪고 있다. 음반가게는 간혹 있는 빈티지 레코드점을 제외하면 거의 구시대의 유물이 되었다. 한때 미국의 보편적 상징이었던 모퉁이 서점도 10년 동안 쇠락을 겪고 있다. 크라운북스는 2001년에 매각되었고, 절정기에 거의 8,000개의 매장을 자랑하던 B. 달턴 북스도 2010년에 영업을 종료했다. 보더스북스는 2011년에 파산보호를 신청했고, 500개 이상의 점포를 포함한 회사 자산을 팔거나 폐업했다. 마지막 남은 대형 서적 도매상인 반스앤노블은 2014년 6월에 e-리더인 누크 부서를 독립된 상장기업으로 전환한다고 발표했다. 그에 관해 한 경제전문가는 블룸버그 뉴스에서 "그 회사는 지난 2년간 힘든 시기를 겪었습니다"라고 말했다. 그 카테고리 전체에 대한 절제된 표현이다.

이것은 소매점에만 해당하는 것이 아니라, 모든 실물 엔터테인먼트에 공통되는 현상이다. 2014년 6월, 프라이스워터하우스쿠퍼스PwC는 온라인 가정용비디오 총 판매수익이 실물 가정용비디오DVD 총 판매수익을 능가할 거라는 전망을 보여주는 연구를 발표했다. 다시 말해 주문형 스트리밍과 비디오에서 얻어지는 수입이 DVD와 블루레이 디스크로부터 얻어지는 수입을 능가하게 될 것이라는 뜻이다. 그 보고서는 DVD의 판매수익은 2013년 122억 달러에서 2018년 87억 달러로, 28% 이상 떨어질 것이라고 추산했다. 2018년이 되면 주문형 비디오서비스와 주문형 케이블 시청료가 극장을 포함한 전체 영화 엔터테인먼트 수입에서 가장 큰 비중을 차지하리라는 것이다. 또 보고서는 2014년 85억 달러였던 온라인 홈비디오 수입이 2018년에는 170억 달러로 배가할 것으로 전망했다.

2014년 8월, 넷플릭스의 CEO인 리드 헤이스팅스Wilmot Reed Hastings Jr.는 페이스북(Where eise?)에서 "우리는 지난 분기에 시청료 수입에서 HBO를 따라잡았다(11.46억 달러 vs 11.41억 달러). HBO가 아직은 수익과 에미상 수상작에서 우리보다 크게 앞서 있지만, 우리는 발전하고 있다. HBO는 동요하고 있으며, 우리는 함께 경쟁할 수 있는 것을 영광으로 생각한다"고 선언했다. HBO는 가장 우세한 케이블 채널이다. 그리고 문지기의 방어도 존재하지 않는다. HBO의 TV시리즈는 그 분야에서 최고가 많았고, 'HBO GO'라는 스트리밍 서비스를 통해 새로운 디지털 '진열대 없는' 공간도 받아들이고 있다. 또 2014년 말, HBO는 전통적인 케이블 구독 모델이 아닌 오버더탑 스트리밍 서비스를 드디어 제공할 것이라고 발표했다. HBO의 CEO인 리처드 플레플러Richard Plepler는 "우리는 2015년이면 미국에서 스탠드얼론, 오버더탑 HBO 서비스를 시작할 것이다. (…) HBO를 이용하지 않는 8천만 가구(가능한 1억 1,500가구 중)가 있다. 우리는 할 수 있는 모든 방법을 사용해 그들의 선택을 얻어낼 것이다."

이 이야기 중 많은 것이 지난 뉴스가 되었다. 앤더슨의 예언처럼, 실물 엔터테인먼트—심지어 DVD나 CD 같은 디지털 실물 엔터테인먼트까지 포함해서—는 결국 디지털 불도저에게 굴복할 것이다. 24시간 프로그래밍이라는 제약에 묶인 서비스는 그 방법을 바꾸거나 버릴 수밖에 없을 것이다. 다양한 소비자들을 끌어들이기가 불가능한 것은 물론이고, '진열공간 비용'이 0인 사업모델에 대항해 경쟁하기는 불가능하기 때문이다. 이처럼 실물 배급자들과 그들의 상품은 다양한 스트리밍이 가능한 디지털세상에서 익사하고 있다.

하나의 무대로서의 전 세계

다시 콘텐츠산업의 고충으로 돌아가기 전에 디지털이 엔터테인먼트에 불러올 또 다른 결과를 살펴볼 필요가 있다. 그것은 적어도 신기원을 이룬 기사를 썼던 당시에는 크리스 앤더슨조차 제대로 인식하지 못했다.

2006년, 사업가이자 저자인 앤드루 킨Andrew Keen은 《위클리 스탠더드》지에 〈웹 2.0〉이라는 제목의 칼럼을 썼다. 그는 그 글에서 새로운 인터넷, 즉 웹 2.0은 "독학으로 배운 영화제작자, 기숙사 방의 음악가, 미출판 작가 같은 창의적인 아마추어들을 숭배한다. 그것은 누구나, 심지어 전혀 교육받지 못하거나 가장 어눌한 사람조차도 디지털 미디어를 사용해 자신을 표현하고 실현할 수 있으며, 또 그래야 한다고 주장한다"고 말했다. 웹 2.0은 우리의 창조성에 '힘을 부여하고', 미디어를 '민주화하고', 전문가와 아마추어 사이에 대등한 '경쟁의 장을 만든다'는 것이다. 그리고 그는 웹 2.0의 적은 '엘리트주의적' 전통 미디어라고 지적했다.

요약하면, 비디오 스트리밍이나 자가출판, 음악 소프트웨어 같은 새로운 디지털 도구들로 무장한 인터넷은 사람들에게 어떤 종류의 오디션도 통과할 필요 없이 그들 자신만의 '아메리칸 아이돌' 무대를 제공한다는 것이다. 인터넷에서라면 누구나 작품 제작에 필요한 시간을 제외한 다른 비용은 사실상 들이지 않고 자신의 작품을 수백만 사람들에게 들려주거나 보여주거나 읽힐 수 있다.

디지털 콘텐츠 덕분에 무명의 가난한 예술가들도 큰 성공을 이룰 기회를 갖게 된 것이다. 두 개의 유명한 사례가 생각난다. 팝가수와 10대의 우상이 되기 전의 저스틴 비버는 꽤 괜찮은 목소리를 가진 캐나다 소년에 지나지 않았다. 그의 친구가 경연대회에서 공연하는 그의 모습을 유튜브에 올렸다. 1년 후인 2008년, 비버의 공연 중 하나를 우연히 클릭한 한 음반 프로듀서가 그를 찾아가기로 결심한다.…… 나머지 이야기는 그리 중요하지 않다.

그리고 고향 영국에서 영화사 매니저의 조수로 일하던 아마추어 작가 E. L. 제임스가 있다. 뱀파이어가 주인공인 트와일라잇 시리즈의 팬인 제임스는 시리즈의 인물들을 차용해 웹사이트 팬픽션용 글을 쓰기 시작했다. 하지만 성적 측면이 도드라지는 그녀의 팬픽션은 사이트 독자들을 화나게 만들었고, 이에 제임스는 자신의 사이트로 자리를 옮겨 자신의 이야기를 이어갔다. 그러던 중 한 출판인이 은밀하지만 폭발적인 그녀의 인기에 주목했다. 2011년에 그는 제임스와 함께 트와일라잇의 색채를 전부 제거하고 '그레이의 50가지 그림자'라는 제목을 붙여 책을 출판했다. 두 권의 속편도 뒤따랐다. 이 시리즈는 지금까지 1억 부가 팔렸고, 3부작 영화로 만들어지고 있다.

물론 디지털세상이라고 해서 다수의 아마추어들이 이런 성공을 거둘 수 있는 건 아니다. 하지만 프로들도 마찬가지 아닌가! 게다가 '창의적인 아마추어'들이 온라인 DIY 모델에 끌리는 건 경이로운 성공의 기회가 많아서가 아니다. 오히려 온라인 롱테일의 미덕은 프로가 되기 위해서 굳이 엄청난 인기를 얻어야 할 필요가 더 이상 없다는 데 있다. 재능만 있으면 당신도 그 자리에 도달할 수 있다. 여전히 약간의 운이 필요하긴 하지만.

물론 다른 시각도 있다. 저스틴 비버와 E. L. 제임스가 아날로그 시대의 베스트셀러들보다 **나은가?** 앤더슨의 용어로 말하면 '평범한 최저가격'이라는 독재자의 구미에 맞추고 있는 건 아닐까? 다른 창의적인 아마추어들이 또 한 명의 모차르트나 헤밍웨이나 시나트라가 될 가능성이 있을까?

과거의 엘리트 문지기들로 말하면, 어쨌든 그들은 위대한 재능을 지닌 일부 사람들에게는 문을 통과하도록 허락했다. 반면에 지금은 너무나 많은 목소리들과 작품들이 디지털 진열대 위에서 관심을 요구하며 경쟁하는 바람에 정말 훌륭한 작품들이 사장될 가능성이 더 커진 건 아닐까? E. L. 제임스의 이야기 속에서 당신의 성적 환상을 마음껏 채울 수 있는데 누가 굳이 힘들게 셰익스피어를 읽겠는가 말이다. 비버가 훨씬 부담이 없는데 왜 바흐를 듣겠는가? 아마추어 예술가들로서는 엘리트 문지기가 장애물이었겠지만, 독자의 입장에서는 그들이 '평범한 최저가라는 독재자'에 구애받지 않고 좋은 작품을 보고 듣고 읽을 기회를 제공한 셈이 아닌가?

이 점에 대해서는 킨 또한 칼럼 말미에서 다음과 같이 지적하면서 아쉬워했다.

미디어와 문화산업의 목표는 뛰어난 재능을 발굴하고 양성하는 것이어야 한다. 돈을 벌고 사람들을 즐겁게 만드는 건 최종 목표가 아니다. 우리의 전통적인 주류 미디어는 지난 세기에 걸쳐 이러한 과업을 아주 성공적으로 수행했다. 앨프리드 히치콕Alfred Hitchcock의 걸작 〈현기증〉과 동일한 제목을 가진 다른 두 개의 뛰어난 작품들, 즉 영국계 독일인 작가 W. G. 제발트W. G. Sebald가 1999년에 발간한 저서《현기증》과 아일랜드인 록스타 보노의 2004년 노래 〈현기증〉을 떠올려보라. 히치콕이 그런 고비용의 섬세한 영화를 만들 수 있었던 건 할리우드 영화제작 시스템 덕분이다. 보노 또한 음악산업의 튼튼한 마케팅 근육이 없었다면 결코 보노가 되지 못했을 것이다. 마찬가지로 유명출판사가 뛰어난 안목으로 그의 작품을 발굴하고 유통시키지 않았다면 제발트는 무명의 대학교수로 남아 있었을 것이다. 엘리트 예술가와 엘리트 미디어산업은 공생관계다. 따라서 미디어가 민주화되면, 결과적으로 재능도 민주화될 것이다. 이 모든 민주화의 의도치 않은 결과는 문화적 '평범함'이다. 히치콕들과 보노들과 제발트들은 더 이상 나오지 않을 것이다.

킨이 거의 10년도 더 전에 이런 유감의 글을 썼다는 점을 고려하면, 우리는 지금 그가 몹시 두려워했던 세상에 살고 있어야 한다. 그렇다면 과연 오늘날 제공되는 엔터테인먼트는 엘리트 문지기가 콘텐츠의 흐름을 통제하던 시절의 그것보다 더 저급한지, 혹은 문학과 음악과 영화의 고전들이 거대하지만 평범한 콘텐츠라는 산 아래에 묻히고 말았는지 물어볼 때가 되었다.

이 질문에 대한 답은 당신의 취향과 태도에 달려 있는지도 모른다. 하지만 디지털세상에서 적어도 하나의 매체는 풍성해졌다. 해당 분야의 기존 콘텐츠 제작자들이 디지털이 제공하는 기회를 움켜쥐었기 때문이다. 사실 그들이 그것을 기회로 보았다는 사실 자체가 경이롭다. 왜냐하면 그들의 동료 제작자들은 똑같은 현실을 보면서도 디지털 물결을 기회가 아닌 적으로 간주했으니 말이다.

내가 말하는 건 텔레비전 방송 분야다.

텔레비전의 황금시대?

1983년 2월 28일, 〈M.A.S.H.〉의 마지막 회가 방영될 때, 1억 590만 시청자들, 즉 미국 가정의 60.2%가 텔레비전을 시청했다. 그것은 역대 텔레비전 방송 중 가장 높은 시청률이었다. 그것을 능가한 것은 2010년의 〈슈퍼볼 XLIV〉가 유일했다. 1993년 5월 20일에는 8,040만 가구가 〈치어스〉의 마지막 회를 시청했고, 1998년 5월 14일에는 7,630만 가구가 〈사인필드〉의 마지막 회를 시청했다. 또 2013년 9월 29일에 방송된 〈브레이킹 배드〉의 마지막 회는 1,030만 가구가 시청했다. 케이블 방송으로는 2007년의 〈소프라노스〉(1,190만 명)와 2004년의 〈섹스 앤 더 시티〉(1,060만 명)에 이어 3번째로 높은 시청률이었다.

하지만 시청률은 오히려 떨어지고 있다. 왜 이런 상황이 벌어지는 걸까? 지상파 방송과 케이블 방송의 차이 때문이다. 시청률만 놓고 보면 〈M.A.S.H.〉가 시대를 불문하고 최고의 방송 프로그램이다. 비평가들도 뛰어난 드라마였다고 평가한다. 그런데 정말 시청자들도

⟨M.A.S.H.⟩가 가장 뛰어난 작품이라고 판단했을까?

1983년의 미국 시청자에게는 밤에 볼 수 있는 텔레비전 프로그램이 많지 않았다. 하지만 ⟨브레이킹 배드⟩가 상영될 2013년에는 동시간대 경쟁 프로그램이 **수백 개**가 존재했다. 간단히 말해서 텔레비전의 세계는 ⟨M.A.S.H.⟩에서 ⟨브레이킹 배드⟩에 이르는 동안 넘쳐나는 대안의 폭발을 경험했다. 수백 개의 케이블 채널들이 생겨났기 때문이다. 따라서 ⟨M.A.S.H.⟩ 방송 당시 스포츠만 방송하는 ESPN 같은 채널이 있었다면, ⟨M.A.S.H.⟩ 마지막 회 시청률은 그보다 낮았을 것이 분명하다. 그러니 두 프로그램의 작품성을 시청률만으로 비교하는 것은 불가능하다.

이처럼 ⟨M.A.S.H.⟩ 이후 텔레비전의 진정한 진보는 단지 채널 수가 많아진 것에만 있지 않다. 수백 개의 채널 각각이 특정한 시청자를 만족시켰다는 측면이 오히려 더 중요하다. 1983년에는 코미디나 등장인물이나 줄거리를 별로 좋아하지 않는다 해도, 당신은 ⟨M.A.S.H.⟩를 봤다. 당신의 선호를 만족시킬 다른 채널이 없는 상황에서 별다른 선택의 여지가 없었기 때문이다. 게다가 ⟨M.A.S.H.⟩는 상대적으로 많은 수의 시청자를 만족시킨다는 측면에서 충분히 뛰어난 프로그램이었다.

그렇다면 역으로 ⟨브레이킹 배드⟩가 1983년에 나왔다면, 매회 수천만 명의 시청자들을 끌어모으는 인기 프로그램이 되었을까? 고등학교 과학교사가 잔인한 마약계 거물이 되는 스토리가 가족드라마의 바람직한 소재라고 보기는 어렵지 않을까? 사실 만 18세 이상만 시청가능한 ⟨브레이킹 배드⟩는 지상파 채널만이 있던 1983년에는 방영자체가 불가능했을 것이다. 하지만 ⟨M.A.S.H.⟩는 가능했다.

어쨌든 수백 개의 방송채널이 존재하는 오늘날의 디지털 환경에서는 시청자가 천만 명만 되어도 놀라운 히트작이다. 그러니 〈슈퍼볼〉을 제외하면, 〈M.A.S.H.〉 정도의 시청률을 기록하는 일은 다시는 없을 것 같다.

그럼에도 텔레비전과 케이블 네트워크 방송은 뛰어나다. 〈소프라노스〉에서 〈매드맨〉과 〈브레이킹 배드〉에 이르기까지 텔레비전은 콘텐츠의 질적인 면에서 황금시대를 구가하고 있다. 예전에는 제작자들이 다수의 사람들에게 '적합한' 프로그램을 만들어야 했던 반면, 지금은 소수의 사람들에게 '감탄스러운' 프로그램을 만들면 된다. 텔레비전 분야에 있어 청중 구분은 창의적인 천재들을 해방시켰다. 다수대중에게 어필해야 한다는 제약에서 풀려나자, 콘텐츠 제작자들은 특정 시장에 초점을 맞출 수 있게 되었다.

물론 황금시대는 케이블 프로그래밍으로 한정되지 않는다. 그건 시작일 뿐이었다. 〈브레이킹 배드〉의 첫 번째 시즌은 간신히 무난한 정도의 시청률을 얻는 데 그쳤다. 그런데 두 번째 시즌이 시작되기 전에 소셜네트워크와 주문형 비디오 스트리밍을 통해 열광적인 반응을 얻었다. 첫 시즌을 놓친 수백만 미국인들이 '다시보기'를 통해 그 드라마를 시청했다. 몇 년 전에는 불가능하던 일이었다. 그 후로 시즌이 이어질수록 인기를 더해간 〈브레이킹 배드〉의 눈부신 성공의 비결은 '빈지와칭(주말이나 휴일을 이용해 드라마 전편을 몰아 시청하는 새로운 시청 형태를 이르는 말 - 옮긴이)'에 있었다.

드라마 작가의 입장에서 보면, 이런 변화는 하늘이 준 선물이었다. 예전에는 방송용 대본을 쓴다는 것이 처음 2, 3회 안에 시청자를 사로잡아야 한다는 것을 뜻했다. 하지만 디지털세상의 출범은 작가들에게 스케줄이라는 전개에서 벗어나 좀더 전통적인 방식—등장인물을 통해, 극적인 사건을 통해, 갈등을 통해—으로 이야기를 전개시킬 수 있게 해주었다. 때문에 오늘날의 방송작가들은 시즌 초반에 시청자들은 사로잡아야 한다는 강박관념에 시달리지 않고 이야기를 좀더 자연스럽게 전개시킬 수 있는 더 큰 자유를 지닌다.

이것이 오늘날의 텔레비전 방송이 훨씬 더 나은 하나의 이유다. 제작자들이 아날로그 시대가 부여하던 이런저런 제약에 대한 염려 없이 자신들이 하고 싶은 이야기를 할 수 있기 때문이다.

이 현상에서 한 걸음 더 나아가, 시간대별로 정해진 프로그래밍이라는 제약에서 완전히 벗어난 매체인 넷플릭스는 자체제작 프로그램을 만들기 시작했다. 〈하우스 오브 카드〉—미국에서 만든 것은 원래의 영국드라마에 비판적인 시각을 더했다—가 그 첫 번째 프로그램으로, 모두가 알다시피 대히트를 쳤다. 이제 시청자들은 다음번 방영시간을 기다릴 필요가 없었다. 시즌 전체가 완성된 상태로 한꺼번에 송출되었기 때문에 시청자들은 자신들의 스케줄에 맞추어 시청할 수 있고, 제작자 역시 회별로 끊어지는 이야기 구조에서 벗어나 전 시즌을 하나의 이야기로 구성할 수 있었다.

물론 넷플릭스에게는 성공적인 드라마 제작을 기대할 만한 이유가 있었다. 왜냐고? 그 회사는 데이터를 캡처할 수 있어서 가입자들이 무엇을 보고 있는지 **정확히** 알고 있기 때문이다. 그 회사는 어떤 방송이 어떤 청중에게 인기가 있는지 말할 수 있다. 과거 아날로그 방송 모델에서는 가능하지 않았던 일이다. 아날로그 제작자들은 가장 많은 사람들에게 '충분히 좋은' 방송을 만들어야 했던 반면, 넷플릭스는 소수의 사람들에게 '뛰어난' 방송을 만드는 것으로 충분했다. 그리고 그것은 대성공을 불러왔다.

요약하면, 우리는 넷플릭스 모델에서 텔레비전의 미래를 볼 수 있다. 매주 시간표가 고정되어 있는 과거의 아날로그 방송 모델은 언제나 '최다수의 시청자' 접근법을 사용했다. 그러자니 시청자들에게 시청 습관을 인위적으로 강요하게 되었다. 시청자들은 자신의 스케줄에 맞춰 엔터테인먼트에 몰입하는 것이 아니라, 텔레비전 스케줄에 자신의 스케줄을 맞춰야 했다. 비디오 스트리밍은 이것을 완전히 역전시켰다. 이제 사람들은 자신이 원하는 시간에 원하는 프로그램을 시청할 수 있게 되었다. 이렇게 해서 디지털 데이터는 시청자와 제작자 양쪽 모두에게 더 높은 수준의 개성화와 다양성을 부여했다.

이제 넷플릭스 모델은 가장 유력한 엔터테인먼트 모델이 되었고, 그 모델의 선호도와 인구통계를 포함한 시청자 데이터가 특정 시청자들에게 질 높은 프로그램이 제작될 가능성을 높이고 있다. 사실 특정 에피소드와 시즌에 대한 시청자의 반응을 즉각적으로 파악할 수 있다는 건 제작자와 시청자가 대화하기 시작했다는 의미다. 제작사들은 이제 프로그램이 진행되는 동안에도 시청자들의 선호와 취향에 맞춰 내용을 변경할 수 있게 된 것이다.

이미 우리는 다수 시청자들의 개입이 엔터테인먼트 프로그램의 진행에 영향을 주고 있는 것을 본다. 〈댄싱 위드 스타〉와 〈아메리칸 아이돌〉 같은 '리얼리티 쇼'는 시청자가 직접 합격자를 결정할 수 있다. 물론 최근까지는 이것이 매우 아날로그적인 방식으로 이루어졌다. 즉, 투표를 하려면 시청자들이 1에서 800까지의 숫자를 이용해 미리 전화를 해야 했다. 지금은 한 단계 더 나아가 페이스북이나 트위터 같은 소셜네트워킹 플랫폼에 의지해, 거기서 이루어지는 대화로 투표를 한다.

그리고 미래에는 리얼리티쇼에서 합격자를 결정하거나 시트콤이나 영화의 등장인물을 결정하는 등 플롯에 영향을 주는 데이터가 웨어러블 기기에 의해 캡처된 심박동이나 혈압이나 기분 추적 정보와 같은 시청자들의 건강지표를 통해 암암리에 획득될 수 있다. 이것은 실시간 피드백을 제공할 뿐만 아니라, 매초 이어지는 연속적인 데이터를 통해 특정 프로그램의 세부적 요소들에 대해서도 피드백을 제공해줄 것이다.

출판과 음악은 텔레비전이 선도하는 새로운 형식에서 배울 수 있다. 앤더슨의 '롱테일'에서 보듯이, 모든 장르의 엔터테인먼트에는 마니아가 존재한다. 따라서 마니아들이 요구하는 고품질의 상품을 제공하는 법을 아는 것이 성공비결이 될 수 있다.

콘텐츠의 민주화가 바람직한 결과를 낳을지 아닐지는 알 수 없지만, 킨은 〈웹 2.0〉 칼럼에서 "무지가 이기주의와 만나면, 저급한 취향이 폭도처럼 밀려들 수 있다"고 경고했다. 분명 대중의 의견이 언제나 더 낫거나 옳은 것은 아니다. 이 점은 미래에도 마찬가지일 것이다.

그러나 디지털이 모든 목소리에 동일한 무게를 부여한다는 건 분명 장점이다. 디지털은 소수를 허용한다. 사실, 디지털은 소비자가 거의 없는 평범하고 형편없는 작품들까지도 허용한다. 하지만 그 덕분에 개별 소비자인 내가 내 취향에 꼭 맞는 작품을 발견하고 경험할 수도 있지 않을까? 어쨌든 현실은, 텔레비전 방송은 디지털 데이터 덕분에 현재의 르네상스를 구가한다는 사실이다. 우리는 음악과 출판에도 동일한 기대를 할 수 있을 것이다.

시장에 여전히
존재하는 갈등

디지털 기술이 엔터테인먼트에 끼치는 긍정적인 영향에도 불구하고, 시장에는 여전히 많은 갈등이 남아 있다. 지난 추수감사절 휴가 동안 나는 세 아들에게 오리지널 〈인디아나 존스〉 영화 세 편을 소개하려고 했다. 나는 아들들에게 최고의 영화를 잔뜩 기대하게 만든 후, 그 영화들을 다운로드하러 갔다. 하지만 아들들의 기대를 부풀린 것은 내 실수였다. 나는 넷플릭스에 들어갔지만, 그 영화들은 DVD로만 제공된다고 했다. 다음으로 아마존 프라임과 아이튠즈로 들어갔다. 하지만 IndianJones.com은 가장 최근작인(그리고 훨씬 덜 유명한) 〈크리스털 해골의 왕국〉만 홍보하고 있었다. 루카스 필름 사이트로 들어가보았지만 헛수고였다. 헛되이 검색을 반복할수록 기꺼이 돈을 지불하고 합법적으로 다운로드받고 싶은 내 소망도 강해졌다.

풍요로워 보이는 디지털세상에도 부족이 남아 있었다. 〈인디아나 존스〉 시리즈의 문제만이 아니다. 일부 프로 스포츠 경기들 또한 마찬가지다. 기술은 존재한다. 기꺼이 요금을 지불하려는 시청자들도 존재한다. 하지만 편리함이라는 서비스는 제공되지 않는다.

디지털 콘텐츠를 둘러싼 시장의 이런 갈등은 대체로 경제학자들이 '이익의 집중과 비용의 분산'이라고 일컫는 것의 결과다. 다른 말로 하면, 이것은 다수의 비용으로 소수가 이익을 얻는다는 의미다. 미국의 설탕정책이 주요한 예다. 미국의 설탕가격은 국제 설탕가격에 비해 높다. 그 이유는 설탕산업의 로비로 의회가 강력한 수입억제 정책을 유지하고 있기 때문이다. 그러니 다수인 소비자가 높은 설탕값을 지불하고 소수인 설탕산업에게 이익을 준다. 이런 이익의 집중과 비용의 분산 법칙은 일부 디지털 영역에도 적용된다.

책이나 CD, DVD, 테이프 같은 실물 미디어는 쉽게 공유될 수 있다. 우리는 구입한 책이나 레코드를 몇 년 후 다른 사람에게 넘길 수 있다. 반면에 디지털 콘텐츠는 추적되고 통제된다. 저작권자는 당연히 가능한 한 오래 통제권을 유지하면서 수입을 올리고 싶어 한다. 그들은 그 권한을 무자비하게 행사한다. 지금도 많은 소비자들이 야구 게임 하나를 보려고 케이블 서비스 전체에 가입해야 하는 상황을 받아들이기 힘들어한다.

실물 미디어는 통제가 사실상 불가능하다. VHS 카세트마다 FBI의 경고문이 적혀 있지만 말이다. 그러나 디지털세상에서는 감시와 개입이 전적으로 가능하다. 이것이 권한을 가진 자가 웹사이트나 케이블, 파일공유 사이트 같은 배급 메커니즘까지 손에 쥐려고 하는 이유다. 배급 메커니즘을 장악하고 있으면 돈을 내지 않고 콘텐츠를 사용하는 일이 없도록 감시할 수 있다.

실물 자산의 경우에는 일단 거래가 이루어지고 나면 아무리 저작권자라 해도 그것을 취소하거나 변경하는 것이 불가능하다. 그러나 디지털 자산이라면 전적으로 가능하다. 데이터가 연결된 기기에 들어 있기만 하면 업데이트할 수도 있고 변경될 수도 있으며, 심지어는 삭제될 수도 있다. 2009년, 아마존은 개인의 전자기기들에서 조지 오웰의 《동물농장》을 원격으로 삭제했다. 논란이 된 디지털 자산은 판매권이 없는 회사가 판매한 《동물농장》이었다. 사용자들은 환불을 받았다. 아마존은 앞으로 유사사례에 대해서 이런 식으로 대처하지 않겠다고 공식 천명했지만, 아마존이 여전히 소비자의 디지털 자산을 변경하거나 삭제할 수 있는 건 분명하다.

배급자들이 권한 소유자로서 콘텐츠 통제력을 욕심내는 것도 당연하다. 통제하지 못하면 수입은 물론이고 권한 자체도 의미가 없다. 이것이 압도적이고 멈출 수 없는 트렌드에 직면해서도 방송사들과 영화 및 음악 제작사들, 출판사들이 콘텐츠 생산과 배급의 아날로그 모델에 집착하는 이유다.

앞에서도 말했듯이, 그들이 트렌드에 동조하지 않는다고 해서 그들을 비난하기는 어렵다. 그러나 그들이 혁신하기를 거부하는 것에 대해서는 비난할 수 있다. 예를 들어, 방송사들은 초기에 디지털 텔레비전을 수용할 수 있었지만, 독점적 지위를 유지하겠다는 근시안적 시각 때문에 그것을 거부했다. 이것은 결국 스스로에게 해를 끼쳤을 뿐만 아니라, 상대적으로 쉽고 덜 고통스러울 수 있었던 디지털로의 이행을 혼란스럽고 지체되게 만들었다.

이 갈등의 중심에 미국의 저작권법이 있다. 앞서 본 것처럼 이전에는 보통 사람들이 문화를 향유하는 데 저작권은 그리 중요하지 않았다. 실물 매체에는 한계가 있어서 저작권은 대규모의 악용에서 보호되었다. 물론 녹음으로 실물 테이프 복사본을 만들어 저작권을 '훔치는' 일도 있었지만 이럴 경우 대규모이기가 힘들었다. 따라서 이전에는 저작권이 우리의 상호작용 중 매우 작은 부분만을 규제했다.

하지만 디지털은 모든 것을 바꾸었다. 레식이 설명한 대로, "이제 저작권은 우리 문화의 전 영역에 미치고 있다." 음악에서 소셜미디어와 온라인 기사 잘라서 붙이기에 이르기까지, 당신은 저작권법과 관련되어 있고, 그 법을 침해하고 있을 가능성이 많다. 인터넷 전체가 저작권의 거대한 장이다. 그런데도 디지털의 속성상 인터넷의 콘텐츠들은 쉽게 복사되고 제한받는 걸 꺼린다. 디지털은 당신이 공유하기를 원하는 만큼 공유되기를 원한다. 제시카 리트먼의 말을 다시 인용하면, "우리 대다수는 저작권법과 충돌하지 않고는 더 이상 한 시간도 보낼 수 없다."

미리
보기

우리가 이야기하고 있는 매체의 종류를 불문하고, 엔터테인먼트산업의 미래는 가능성들의 어지러운 나열이다.

창작: 디지털은 콘텐츠 창작자와 콘텐츠 제작자 사이의 피드백 순환을 위한 메커니즘을 만든다. 역사적으로 콘텐츠 창작은 가능한 많은 청중 앞에서 펼쳐질 장면으로 어떤 것이 적합할지를 결정하기 위해 소규모 핵심 그룹에 의존했다. 예를 들면, 라스베이거스나 오스틴 같은 곳에는 콘텐츠를 시험하는 센터들이 있다. 라스베이거스나 오스틴이 미국의 '평균'을 가장 잘 나타내는 지역이기 때문이다. 앞에서 지적했듯이 과거의 콘텐츠는 평균인 '보통 사람들'을 위해 만들어졌다. 하지만 디지털시대에는 대상이 '보통 사람들'에 국한되지 않는다.

창작자들이 소비자의 선호를 파악할 수 있는 확실한 수단 하나는 소셜네트워크다. 텔레비전 방송이 프로그램 밑에 해시태그를 보여줄 때의 주된 목적은 물론 마케팅의 일환으로 트위터상에서 커뮤니티들이 그 프로그램을 되도록 많이 언급하도록 하기 위해서이지만, 부차적인 목적은 그 프로그램에 대한 팬들의 생각을 알아내는 것이다. 그들은 주인공을 좋아할까? 그들은 이런 전개를 좋아할까? 그들은 다음 주에는 어떤 일이 벌어질 거라고 생각할까? 창작자들은 이러한 실시간 피드백을 이용해 프로그램의 방향을 정하는 데 도움을 받는다.

창작자와 시청자 간의 양방향 소통은 갈수록 확대되고 있다. 창작자들은 소셜네트워크를 통해서든, 아니면 다른 매체를 통해서든 시청자들의 생각에 가능한 한 가까이 다가가고 싶어 한다. 성공 여부를 판단하기 위해서만이 아니라, 프로그램의 향후 방향을 판단하기 위해서.

아마존은 최근 오리지널 콘텐츠 제작을 염두에 두고 시험방송용 프로그램으로 많은 시리즈를 내보냈다. 그런 다음 그 시리즈들을 본 시청자들의 여론을 기초로 제작 투자를 어디에 할지를 결정했다. 넷플릭스가 자사 가입자들의 취향을 인구통계에 근거해서 파악한 다음, 그들이 좋아할 프로그램을 만든 것과 아주 비슷하다. 이처럼 일상의 더 많은 부분이 디지털화할수록, 창작에 도움이 되는 디지털 데이터 또한 폭증할 것이다.

요컨대, 창작자와 시청자를 가르던 벽이 갈수록 더 얇아지고 투명해지고 있다. 그리고 그 벽이 완전히 사라지면 시청자들은 자신이 좋아하는 프로그램의 방향설정에 능동적인 역할을 담당하게 될 것이다.

발견: 오늘날 넷플릭스는 기본적인 인구통계와 수백만 가입자의 시청 습관을 당신의 시청 습관과 연결시켜 당신이 호감을 가질 것으로 예상되는 영화를 추천한다. 말 그대로 한 단계 도약이다. 추천 엔진의 뿌리에 디지털이 있는 건 분명하지만, 이건 단지 시작일 뿐이다. 실물 공간이 디지털화할수록, 추천과 발견 엔진에 입력되는 데이터의 양

도 기하급수적으로 증가한다.

불과 몇 년 전만 해도 당신은 함께 모인 친구들 모두가 좋아하는 프로그램을 찾아내려고 애썼다. 아날로그 세계에서 당신이 선택할 수 있는 것은 많지 않았다. 케이블의 출현 또한 선택 가능성을 넓힌 건 사실이지만 결정에 도움을 주지는 못했다. 그런데 넷플릭스의 추천 서비스가 시작되었다. 그것도 그 방의 다른 사람들과 다를지도 모르는 당신의 시청 습관을 기초로 해서!

그런데 넷플릭스 홈 스크린이 당신의 시청 습관은 물론이고, 다른 데이터 원천들까지 추가로 활용한다면 어떻게 될까? 넷플릭스는 핸드폰 전파로 그 방에 모인 사람들이 누군지 알 수 있다. 게다가 당신 친구들의 시청 습관이라면 넷플릭스는 이미 알고 있다. 또 당신 텔레비전의 베젤에 내장된 카메라를 통해 데이터를 수집하는 넷플릭스는 방에 사람이 얼마나 많은지 알 수 있고, 사람들이 누워 있는지 서 있는지도 알 수 있다. 넷플릭스는 당신의 네스트 온도조절기를 통해 날씨와 관련된 정보를 수집할 수 있고, 실내온도와 바깥 날씨도 알 수 있다. 또 오늘 당신의 건강정보를 추적하고, 당신의 심박동과 혈압을 파악해 당신의 감정적 상태도 판단할 수 있다.

넷플릭스는 이런 다양한 디지털 정보를 종합해, 당신과 방에 있는 모든 사람의 상황에 알맞은 영화를 추천할 수 있다. 넷플릭스는 당신이 혼자 있을 때는 〈나폴레옹 다이너마이트〉 같은 영화를 추천하지 않겠지만, 친구들과 모임을 하는 특정한 상황이라면 그 영화도 나쁘지 않을 것이다. 과거에는 괜찮은 선택을 할 확률이 그리 높지 않았다. 하지만 미래에는 선택에 실패하는 경우보다 성공하는 경우가 분명 더 많아질 것이다.

올바른 선택을 돕기 위해서는 안전과 사생활과 신뢰 간의 세심한 균형이 필요하다. 이런 기준들은 개별적으로는 그다지 유용하거나 중요하지 않을지 모르지만, 합쳐서 고려되면 그 상황에서 가장 적합한 선택을 돕기에 충분하다.

그런데 우리의 사생활을 희생하지 않고 검색엔진을 개선하기에 충분히 많은 정보는 어느 정도일까? 베젤에 내장된 카메라가 방에 있는 사람 수를 세고 우리가 입고 있는 옷이나 가구들을 식별한다면(가격이 얼마인지, 언제 그것을 샀는지) 어떤 일이 벌어질까?

추천 알고리즘과 예측에 도움이 되는 데이터가 무엇이며, 그렇지 못한 것이 무엇인지는 우리가 처음 다루는 손익분석이다. 그래프의 변곡점이 어디인지는 오늘날 핵심적인 질문이다. 앞으로 프라이버시에 대해 더 심층적으로 다루겠지만, 그것은 분명히 우리가 디지털 운명을 향해 나아갈 때 거의 모든 논의에서 가장 중요한 문제로 자리매김할 것이다.

틈새: 오늘날의 수백만 시청자는 다른 사람들이 비디오게임을 하는 것을 시청하기 위해 트위치로 채널을 돌린다. 그렇다, 당신은 바르게 읽었다. 다른 이들이 비디오게임을 하는 것을 보여주는 사이트가 있다. 그리고 사람들이 어떤 일을 잘 해낼 '요령'을 찾아내고 싶어 하면 유튜브가 그 비결을 알려준다.

자, 모호한 기술 하나를 선택해서 유튜브로 검색하고, 얼마나 많은 결과물이 나오는지 보라. 펜탁 실랏—동남아시아 섬나라들의 무술—이라고 치면 140,000개의 검색결과가 나온다. 검색결과에는 지금은 사용되지 않는 기술도 나온다. '라틴어 활용법'은 1,400개의 결과를 도출한다. 'VCR에서 트래킹 조절하기'를 치면 764개의 검색결과가 나오고, '네우마 읽기'—만약 당신이 그레고리안 성가를 배우기 원한다면 유용할 것이다—는 78개의 검색결과가 나온다.

앞으로 이런 공유가 좀더 폭발적으로 이루어질 것이다. 인터넷, 특히 새로운 인터넷은 세계 각지의 사람들을 연결시키는 완벽한 소통 수단이다. 그렇지 않았다면 전혀 몰랐을 사람들이 관심사를 함께 공유한다. 사실, 미래의 소셜네트워크는 이 커뮤니티를 통합해 틈새 시청자들을 만족시킬 것이다. 우리는 지금도 온라인 북과 취미 동아리, 게임 클럽들을 통해 이미 그것을 보고 있다. 클릭 한 번이나 음성명령 한 번으로 우리의 관심이나 열정이 충족될 수 있다. 사람들이 자신의 사회적 모임을 좀더 친밀하게 만든다면 페이스북이나 트위터 같은 큰 사이트들은 그 우위를 잃을 것이 거의 분명하다. 그리고 당신은 모든 친구들을 위한 하나의 페이스북 피드 대신, 틈새 공동체 각각을 위한 피드를 갖게 될 것이다.

10장

디지털 시대의
건강관리

"차세대 의술은 좀더 복잡한 생리학 모델과
인간 의사가 이해할 수 있는 이상의 센서 데이터를 사용할 것이다.
센서와 적극적이거나 소극적인 데이터 수집과 분석이
지금 의사들이 하는 일(검진, 검사, 진단, 처방, 행동수정지원 등) 중
많은 것을 더 뛰어나게 수행할 것이다."

— 비노드 코슬라Vinod Khosla

인기 텔레비전 시리즈 〈하우스〉는 장기 방영된 코미디 프로였다. 그 드라마의 이야기 구조는 꽤 단순하다. 특이한 증상을 가진 환자가 내원한다. 그러면 괴팍하지만 뛰어난 능력을 가진 닥터 그레고리 하우스와 그의 동료들이 그 수수께끼 같은 병을 진단하기 위해 온갖 검사를 한다. 그래도 벽에 부딪히면(그들은 거의 언제나 그렇다), 그들은 격분하여 막연한 추측들을 던지기 시작하는데, 불쑥 내뱉어지는 추측들 가운데 하나가 루푸스다. 사실 루푸스는 증상이 너무 포괄적이어서 어떤 환자든 그 증세에 들어맞는다. 그러면 하우스가 짜증스럽게, "그건 루푸스가 아니야! 절대 루푸스는 아니야!"라고 대꾸한다.

나는 이 개그가 의사들이 우리 같은 나머지 잠재 환자들에게 던지고 싶어 하는 진단일지 모른다는 의심을 품고 있다. 비의료인인 우리는 인터넷이 우리에게 명예의학 학위를 주었다고 믿는지도 모른다. 자가진단에 필요한 것은 증상들과 구글과 웹엠디WebMD(미국의 건강정보 사이트-옮긴이) 페이지가 전부다. 우리는 자기 몸이 이상하다고 느끼는 순간, 무엇이 잘못되었는지 알기 위해 필사적인 검색을 통해 병명을 찾아간다. 그리고 결국 우리는 자신이 루푸스에 걸렸다는 충격적인 결론에 도달한다. 얼이 빠진 우리는 서둘러 의사를 방문해 자신이 루프스에 걸렸다는 엄청난 소식을 전한다. 매우 간단한 몇 가지 검사를 거친 후, 우리가 의사에게서 듣게 되는 말은 보통 "그건 루푸스가 아니에요! 루푸스는 절대 아니에요"일 뿐이지만 말이다.

새로운 디지털 시대가 건강관리 면에서 우리에게 내린 축복이자 저주다. 사람들은 몇 번의 클릭만으로 수백만 건의 의학 관련 기사와 인간이 걸릴 수 있는 모든 질병, 심지어 인간에게 알려진 세균 관련 정보까지 제공하는 의학사이트에 접근할 수 있다. 더군다나 자신이 느끼는 증상을 자신보다 더 잘 알 사람이 누가 있겠는가? 키보드를 몇 번 두드리고 마우스를 조금만 움직이면 의학 공부 6~10년을 한 의사도 해내지 못한 진단을 얻어낼 수 있다.

2013년, 퓨 리서치는 그 전해에 미국인의 59%가 건강과 관련해 인터넷을 검색했고, 35%는 인터넷을 통해 '자가진단'을 한 적이 있다고 보고했다. 흥미롭게도 자가진단자의 41%가 의사로부터 병을 확인받았다는데, 이는 일반인들의 자가진단이 생각만큼 형편없지는 않다는 것을 시사하는 숫자다. 하지만 이는 역으로 미국인의 10분의 6이 잘못된 자가진단을 내린다는 사실을 의미하는 것이기도 하다.

틀릴 위험에도 불구하고, 자신을 괴롭히는 것이 무엇인지 당장 알고 싶은 욕구가 사람들을 인터넷으로 달려가게 만든다. 하지만 어쨌든 우리 스스로가 의사 흉내를 내는 건 여기까지다. 인터넷으로 뭔가를 알게 된 우리는 자신의 염려가 기우였다고 안심하기도 하고, 병원을 방문하거나 대체의학 등 제3의 치료법을 찾기도 한다.

어떤 경우든, 인터넷은 전례 없이 많은 데이터와 건강정보로 환자들에게 힘을 실어준다. 그러나 디지털 데이터의 전반적인 상황이 그러하듯, 건강관리 영역도 혼란의 소용돌이 한가운데에 있다. 환자로서 우리가 자신의 건강과 관련된 지식을 더 많이 알지는 모르지만, 아직 우리에게는 그 정보를 효율적으로 사용할 능력이 없다. 다른 말로 하면, 만약 웹엠디를 확인한 후 의사를 방문해야겠다고 결심한다면 (인터넷을 올바른 방식으로 사용하는 경우), 우리의 의료경험은 크게 보아 과거와 달라지지 않았다. 데이터가 우리를 추동하여 특정 행동 (의사방문)을 하게는 했지만, 치료를 받기 위해 의사를 방문하는 것은 예전과 다르지 않다.

그런데 현재 빠르게 달라지고 있는 것이 이 실제 치료 영역이다. 디지털화된 데이터가 지금까지는 건강관리 서비스의 일부만을 변화시켰지만, 전체 건강관리 사이클에 현저한 영향을 미칠 때가 다가오고 있다. 즉, 디지털 데이터는 예방과 치료 영역 둘 다를 더 효과적으로 바꿀 수 있다. 당신에 대한 건강관리가 담당의사만이 아니라 병원의 각 과와 체육관, 가정의 주방까지 일관되게 관철된다고 생각해보라. 가히 사회적인 혁명이라 할 수 있을 것이다.

이 장에서는 디지털 데이터가 가장 큰 영향을 미칠 세 영역을 살펴볼 것이다. 환자, 의사, 병원. 건강관리 영역의 광대함을 고려하면, 우리가 전부를 다룰 수 없는 건 당연하다. 그럼에도 우리는 데이터의 디지털화가 환자와 의사, 병원에 어떤 변화를 가져올지 추측해볼 수 있다.

데이터와 환자

당신은 몸무게나 식이요법, 혈압, 수면패턴 같은 건강정보를 추적하고 있는가? 어쩌면 추적하기 쉽고 가장 가시적인 건강지표인 몸무게의 변화 정도는 추적하고 있을 수 있다.

퓨 리서치에 따르면, 미국인의 70%가 자신이나 가족을 위해 하나 이상의 지표를 추적한다고 한다. 바람직한 현상처럼 보이긴 하지만, 같은 퓨 리서치의 발견에 따르면, 건강지표의 변화를 측정하는 사람들 중 49%가 '머릿속으로' 한다고 한다. 이걸 보면 이 설문의 통계는 **과장**되었을 수 있다고 보는 게 현명하다.

일반인들이 건강지표를 추적할 때의 문제는 그것이 쉬운 일이 아니라는 데 있다. 당신은 체중계 위에 올라서고(우리 중 일부에게는 힘든 과정이다), 매일의 식단을 기록하고, 일상 운동량을 모니터하고, 팔을 혈압계에 넣어야 한다. 이 모든 것이 일반인들에게는 꽤 번거로운 일이다. 그러니 규칙적이기가 힘들다. 게다가 추적이 효율적이려면 데이터를 적어놓는 데 그치지 않고 분석해서 그 의미를 판독해야 한다. 그래야 건강이 좋아지고 있는지 나빠지고 있는지, 무엇을 해냈고 아직 무엇이 부족한지 알 수 있다. 이것이 아날로그세상의 건강추적이다. 그리고 대부분의 사람들은 이렇게 하지 못한다.

그냥 정기적으로 의사를 찾아가는 편이 훨씬 쉽다. 검사결과가 전부 정상이면, 사람들은 지금까지 하던 식으로 생활하면 된다고 생각하며 행복하게 집으로 돌아온다. 결과가 좋지 않으면, 식단을 바꾸고 더 열심히 운동하거나 더 신경 쓰겠다고 약속한다. 하지만 비만과 당뇨병 보유자는 날이 갈수록 늘고 있다.

연례 건강검진이라는 흔한 접근법의 문제는 건강지수를 간헐적으로 기록해봤자 별 도움이 되지 않는다는 데 있다. 도움이 되는 경우는 그날의 수치가 심하게 나빠 곧바로 의학적인 처치와 연결될 때뿐이다. 다시 말해 당신이 이미 환자가 되고 나서다. 하지만 당신의 건강에 문제가 생기기 시작한 건 의사가 알아차리기 몇 년 전부터일 가능성이 높다.

분명한 점은 건강지표의 끊임없는 추적과 기록, 평가가 있으면 훨씬 이른 시기에 당신의 건강 문제를 식별할 수 있다는 것이다.

우리가 추적하든 안 하든 데이터는 존재한다. 우리 몸은 문제가 생기기 훨씬 전부터 경고한다. 그렇다면 번거로움만 없다면 데이터를 캡처하지 않을 이유가 없을 것이다. 그 데이터가 의사에게 넘어가서, 의사가 단 하루의 수치가 아니라 1년 동안의 혈압 통계를 온전히 분석할 수 있다면 왜 마다하겠는가? 더 나아가 우리가 수고하지 않고도 의사가 그 통계를 매일 지켜볼 수 있다면? 우리는 당연히 그렇게 할 것이다.

그리고 그런 일은 이미 시작되었다. 드디어 기술이 우리의 필요를 충족하기 시작했기 때문이다. 데이터 캡처와 데이터 기록 사이에 존재하던 마찰이 제로에 가까워지고 있다. 하지만 대체로 앱을 통해 사용가능한 그 기술이 아직은 인간의 관여를 많이 요구하고 있어서 그 마찰은 아직 남아 있다. 그럼에도 지금은 건강 데이터를 추적하는 유일한 방법이 비싼 기구와 펜과 종이를 사용하는 방법밖에 없던 시절과는 이미 아주 많이 달라졌다.

센서 덕분에 우리는 이미 존재하지만 쉽게 식별할 수 없었던 데이터를 캡처할 수 있게 되었다. 이렇게 체계적으로 캡처된 정보가 분석되고 나면, 그다음 핵심 단계는 디지털 데이터가 아날로그 실물세상에 정보를 주고 변화를 자극하는 것이다. 다른 말로 하면, 피드백 순환이 필요하다. 실물세상에서 어떤 일이 발생하면, 우리는 디지털세상에서 그에 관한 정보를 캡처한다. 그런 다음 그 정보에 알고리즘을 적용해 실물세상에 영향을 준다. 정보의 확인과 행동의 변화라는 순환과정이 이루어지는 것이다.

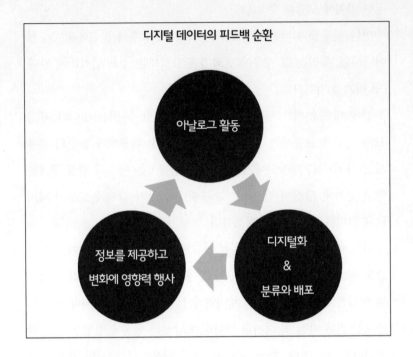

디지털 데이터의 피드백 순환

아날로그 활동

디지털화
&
분류와 배포

정보를 제공하고
변화에 영향력 행사

잠시 건강시장에서 흥미로운 상품 몇 가지를 살펴보자. 아마도 그것들이 우리에게 몇 년 후에는 어떤 상황이 전개될지 힌트를 제공할 것이다.

아이헬스iHealth는 체중계에서 피트니스 웨어러블과 혈당측정기 등 상호 연결된 건강추적기 시리즈를 생산하는 회사다. 이 기기들은 스마트폰 앱을 사용해 데이터를 캡처하는 데 그치는 것이 아니라, 그것을 기록하고 도표로 만든다. 표로 그린다면 몸무게가 가장 줄거나 늘 때가 일주일, 한 달, 일 년에 몇 번이나 있는지 볼 수 있다. 또 이 도표를 다른 디지털 데이터인 개인 일정표와 연결하면 몸무게가 늘거나 주는 이유도 알 수 있다. 그러면 우리는 앞서 언급한 건강 추적의 진정한 가치에 도달할 수 있다.

만약 친구들과 매월 버팔로윙의 밤을 보낸 후에 늘 2파운드가 늘어난다면, 우리는 그 행동에 변화가 필요하다는 것을 인식하게 된다. '윙 먹기를 멈춰라!'

집에 대한 논의로 되돌아가면 더 잘 이해할 수 있을 것이다. 냉장고와 정보를 교류하는 체중계를 상상해보자. 체중계가 당신의 몸무게 변화 추이를 냉장고에게 전달한다. 냉장고는 당신의 감량 목표를 알고 있기에, 당신이 집으려는 초콜릿 케이크가 감량에 도움이 되지 않을 것이라고 당신에게 경고한다.

나는 냉장고가 마치 신병훈련소 교관 같은 어조로 소리 지르는 모습을 상상한다. 당신도 냉장고가 퉁명스럽거나 잔혹한 여러 방법으로 당신을 제지하는 모습을 재미있게 상상할 수 있을 것이다. 하지만 중요한 것은 이런 게 디지털 데이터가 당신의 행동에 영향을 주는 방법이라는 사실이다. 행동 수정이야말로 핵심이다. 디지털 기술은 데이터 이해를 통해 당신이 행동을 바꾸도록 돕는다. 물론 선택은 여전히 당신 몫이지만 말이다.

건강 추적은 체중 같은 몇몇 건강지표에 한정되지 않는다. 예를 들면, 다양한 앱들이 스마트폰에 부착된 센서들을 이용하여 수면 패턴을 모니터한다. 초기 버전은 사용자가 전화기를 베개나 이불 밑에 넣어야 했기 때문에 다소 불편했다. 그러나 베딧사는 현재 침대 시트 밑에 넣을 수 있는 매우 얇은 독립된 센서를 판매한다. 사용자는 관련 앱을 통해 취침 동안의 심박수와 호흡과 수면 패턴을 파악할 수 있고, 나아가 관련 앱은 사용자에게 수면패턴을 개선시킬 방법도 제안한다. 하지만 지금은 간접 권고일 뿐이다. 현재는 사용자가 의사와 결과를 공유해 수면 개선법을 제안받을 가능성이 크다.

또 수면 앱이 아이헬스 앱과 정보를 교환하면 식단이 수면에 영향을 주는지, 혹은 수면이 몸무게에 영향을 주는지, 아니면 둘 다인지 파악할 수 있을 것이다. 이처럼 우리는 단순히 건강지표를 추적해서 저장하는 시스템에서 데이터를 이용해 행동 변화를 끌어내는 시스템으로 전환하고 있다.

급성장하는 웨어러블 기술 시장은 건강지표 추적의 또 다른 원천이다. 심박수나 혈압 같은 건강지표 추적을 통해 사용자는 스트레스나 흥분, 염려 정도를 판단할 수 있다. 그러나 진정한 가치는 이 데이터가 기기들 사이에서 공유될 때 나타난다. 예를 들면, 당신의 웨어러블 건강지표가 일정표와 결합하면 어떤 미팅, 혹은 어떤 다른 일정이 당신에게 가장 큰 스트레스를 주는지 알 수 있다. 스트레스가 심한 저녁모임의 횟수를 줄이는 게 좋겠다고 판단할 수 있다. 혹은 저녁모임이 불가피하다면 다른 시간대 활동의 불필요한 스트레스를 줄이는 방향으로 방안을 세울 수도 있다. 나아가 연결이 이보다 확장되면 회의 참석자 모두의 상황을 고려해 회의 스케줄을 조정하라는 권고를 받을 수도 있다.

피트니스 활동에서도 웨어러블 기기들이 효과적이다. 조본업과 미스핏 샤인, 핏빗 같은 웨어러블 건강용품을 사용해본 사람이라면 누구나 그날의 활동목표에 약간 못 미쳤을 때 일어서서 집 주위를 몇 바퀴 걸어 목표치를 채운다는 데 공감할 것이다. 이런 식의 동기부여가 건강관리의 모든 영역에 적용된다고 상상해보라. 아마도 당신은 적어도 지금보다는 더 자신의 건강관리에 신경 쓰지 않을 수 없을 것이다.

나는 2011년 CES에서 AT&T가 제품소개를 할 때 바이탈리티 글로우캡을 처음 보았다. 글로우캡은 외관상으로는 보통의 알약 병처럼 생겼지만, 센서가 내장되어 있고 뚜껑의 기술을 통해 인터넷과 연결된다. 뚜껑을 디지털화하여 약병이 열린 시간을 모니터하는 것이다. 그런데 약병 뚜껑이 열려야 할 시간에 열리지 않았다면? 이 정보가 당신 자신이나 가족들의 전자기기에 전달될 수 있다. 즉, 약병이 당신이나 당신 가족에게 문자메시지를 보내는 것이다. 당신 입장에서는 짜증이 날 수도 있지만, 당신이 제시간에 약을 복용할 가능성도 그만큼 커진다. 또 병에 있는 버튼을 누르면 이용하는 약국에 약이 거의 떨어졌다는 정보가 전달돼 당신은 예전보다 훨씬 쉽게 약병을 다시 채울 수 있다.

게다가 데이터 흐름을 혼합하면 인과관계를 찾기가 더 쉬워진다. 아날로그 세계에서 우리가 보는 결과는 다양한 원인들이 함께 만들어낸 것일 수 있다. 애초의 원인도, 주요 원인도 짐작으로만 판단할 수 있을 뿐이다. 그러나 다양한 데이터 흐름을 하나로 묶으면 패턴이 나타나기 시작한다. 예를 들어, 오늘 하루 동안 걸은 걸음수를 추적하면, 전날 밤 가볍게 한잔한 것이 나의 활동지수에 어떤 영향을 미치는지 분명하게 알 수 있다.

현재 진행되고 있는 또 다른 트렌드로는 원격의료, 즉 원거리 검진이 있다. 예를 들면 '퍼스트 오피니언'이라는 앱은 질문에 바로 문자로 답해줄 수 있는 의사를 연결해준다. 광고대로라면 그 서비스는 대부분의 질문에 10분 안에 대답해준다. 전화로 의사와 약속을 잡는 것보다 더 빠른 시간이다. 당신이 발진이나 벌레 물린 자국이나 베인 상처 등을 사진으로 전송하면 의사는 즉석에서 처방하거나 추가적인 치료가 필요한지 판단한다. 매체의 한계를 고려하면, 답을 얻지 못하는 질문들도 분명 있을 것이다. 하지만 이런 판단 유보로 사용자들은 좀더 신속하게 숙련된 의사를 직접 찾아갈 것이기에 환자에게도 의사에게도 효과적인 절차가 될 것이다.

영국에서 만성질환을 앓고 있는 환자 6천 명을 대상으로 원격의료 기술의 영향을 조사하는 연구가 행해졌다. 연구 결과 이들에게 원격의료를 적용하자 응급실 방문횟수는 20%, 사망률은 45% 감소했다.

가상진료도 있다. 환자가 건강추적 기기를 모니터하여 얻은 의료 데이터를 의사에게 전송하면 의사는 그것을 보고 가상진료의 필요 여부를 판단한다. 가상진료는 차를 운전해갈 수 있는 거리에 가족이나 전문의를 두어야 할 필요를 줄여준다. 직장에 휴가를 내고 아이들을 학교에 결석시키고 병원을 찾았는데, "차도가 없으면 다시 오세요"라는 대답만 들었던 경우가 얼마나 많은가? 당신이 곧 죽지는 않을 것이라는 의사의 확인을 제외한 어떤 의료처치도 받지 못한 이런 경우를 '거절방문'이라고 한다. 그런데 이런 '거절방문' 없이 가상진료를 통해 의사를 만나거나 종합병원을 찾아가라는 조언을 받을 수 있다면 얼마나 많은 시간과 자원이 절약되겠는가?

앞에서도 언급했듯이 주문제작은 디지털화의 주된 효용이자, 이 책의 저변에 깔린 핵심 주제 중 하나다. 아마 의료분야보다 주문제작이 어울리는 분야는 없을 것이다. 그런데도 현재의 의료분야에는 주문제작 개념이 거의 없다. 약은 공산품처럼 '하나의 규격으로 통일되어' 있다. 제약회사도 식약청도 환자 개개인에게 맞는 약을 개발할 수는 없다. 그러나 약은 그 속성상 모든 사람에게 동일한 반응이 나타나지 않는 법이다.

하지만 제약회사가 당신의 건강 데이터와 유전자정보를 통해 당신의 몸에 맞게 특별 제작된 약을 생산할 수 있다면 어떻게 될까? 환자의 유전정보를 이용해 개인에게 맞는 맞춤치료와 맞춤약을 만드는 것, 이것이 맞춤약의 예다. 지금도 제약분야가 당신의 유전자정보를 아는 것은 그리 어렵지 않다. 예전에는 시행착오를 거치면서 환자 개개인에게 적합한 치료법을 알아냈다. 하지만 오늘날 의사들의 손에는 환자의 유전자정보라는 데이터가 이미 있다!

2014년 8월, 미국국립과학학술원 회지에 실린 연구보고서에 따르면, MIT 연구자들이 폐암에 걸린 쥐에게 RNA 치료를 했더니 종양이 줄어들거나 사라졌다. 그 연구보고서의 저자는 이렇게 썼다. "RNA 치료법은 매우 유연하고 많은 잠재력을 지니고 있다. 유전자 발현의 구체적인 변경을 통해 어떤 종류의 질병도 치료할 수 있도록 설계가 가능하기 때문이다."

인간게놈 지도가 만들어진 지 10년도 채 되지 않았다. 그 결과를 얻기까지 13년의 시간과 27억 달러의 비용이 들었다. 이후 가격은 5,000달러 밑으로 떨어졌다. 아마도 조금만 더 지나면 선진국 국민들이 감당할 수 있는 비용 범위 내로 진입할 것이다. 개인의 유전자코드는 디지털 데이터의 중요한 일부인데, 미래의 환자는 의사들과 함께 이 디지털 데이터를 사용해 암이나 다른 질병에 대한 개별적인 약물 치료를 받게 될 것이다. 환자의 유전자코드가 제약사에 전달되면 제약사는 그 환자에게만 배타적으로 맞는 맞춤 약을 만들 테니 말이다.

끝으로 디지털 건강에 크게 기대되는 것 중 하나가 자살방지다. 질병관리센터의 통계에 따르면, 오늘날 미국에서는 자살이 살인보다 거의 2배 많이 발생한다. 2014년 8월, 로빈 윌리엄스의 자살은 적절한 치료를 받지 못한 우울증의 위험성을 미국인들에게 다시 한 번 일깨워주었다. 그토록 재능 많고 성공적인 배우가 왜 갑작스럽게 삶을 끝냈는지 많은 사람들이 궁금해하지만, 사실 윌리엄스가 정신적으로, 그리고 아마도 육체적으로 그리 좋지 못한 상태였다는 것을 알리는 징후는 많았다. 대부분의 사람들 눈에 보이지 않았을 뿐이다.

디지털 데이터가 그것을 변화시킬 것이다.

노스웨스턴대학 연구자들이 자살 방지와 우울증 치료에 도움을 주는 모빌라이즈!라는 스마트폰 앱을 실험했다. 그들의 접근법은 스마트폰에 장착된 센서를 이용해 사용자의 움직임을 모니터하는 것이다. 예를 들면, 당신이 그날 외출을 했는지, 아니면 집에서 죽치고 있는지를 확인하고, 만약 당신이 지나치게 오래 집 안에만 있으면 앱은 당신에게 친구와 전화를 하거나 나가서 산책하도록 유도한다.

그와 비슷하게, 다트머스대학 연구진은 스마트폰에 내장된 수동센서들을 이용해 스트레스 지수를 모니터하고 측정하는 스튜던트 라이프라는 앱을 개발했다. 또 가속도계와 GPS 데이터를 통해 활동성 수준을 측정하고 마이크를 통해서는 대화 등 사교활동의 정도를 탐지한다. 수면을 모니터하는 데는 라이트 센서와 가속도계로 측정된 활동성과 GPS와 마이크로 측정된 음향 특징들이 사용된다. 이렇게 축적된 데이터의 흐름을 보면서 스트레스 수준의 변화 상황을 추적한다.

그러나 특히 우울증이나 자살위험 같은 경우, 사람의 기분을 감지할 수 있는 더 직접적인 방법이 있다. 당신이 페이스북 같은 소셜네트워크에 포스팅하는 게시물의 내용이나 종류, 개수를 보면 제3자도 당신의 심리상태를 판단할 수 있다. 이런 정보들과 심박수와 혈압을 모니터하는 웨어러블 기기들이 결합하면 미국의 끔찍한 자살률을 낮추는 데 조금이라도 도움이 될 것이 확실하다.

나아가 자가 모니터링의 발전은 개별적이고 효과적인 건강관리뿐만 아니라 고령화 사회의 문제해결에도 큰 도움이 된다. 한 노인이 뇌출혈이나 뇌일혈로 쓰러졌을 때 센서가 내장된 웨어러블 기기는 이 특이한 상황을 위기상황으로 인식해 의료진이나 가족에게 알릴 수 있다.

데이터와
의사

환자들이 자신의 건강정보를 직접 모니터하고 캡처할 수 있다는 건 환자의 역할을 근본적으로 바꾸는 중요 요인이다. 미래의 건강 서비스는 다음 두 가지 결과로 나타날 것이다. 첫째, 디지털 모니터링 덕분에 소비자들은 기본검사를 받으러 병원을 내원할 필요가 없다. 환자가 건강검진의 결과를 이미 알고 있기 때문이다.

둘째, 환자들은 과거 의사의 전유물이었던 서비스에 접근할 수 있다. 예를 들면, 디지털 엑스레이는 지금도 인도나 오스트레일리아 같은 먼 지역에서도 볼 수 있는데, 환자의 서비스 가입으로 앞으로는 의료전문가를 통하지 않고도 전 세계 각지에서 열람이 가능할 것이며, 이는 결국 의료서비스 경쟁이 세계적인 차원에서 벌어질 수 있다는 의미다. 또 개인의 병원 내원은 진단 결과에 문제가 있어 추가적인 절차가 필요할 때로 국한될 것이다.

이로 인해 적어도 단기간 동안은 경쟁력이 약한 개인병원 의사들이 재정적인 타격을 받을 것이다. 그러나 의사들은, 특히 1차 진료를 담당하는 의사들은 과로에 시달리고 있다. 그들은 의학적 처치가 필요 없는 환자들을 진료하느라, 그리고 행정적인 업무를 처리하느라 많은 시간을 쏟아붓고 있다. 만약 그들이 불필요한 업무량을 줄이는 대신 의료적 성과라고 할 만한 업무들과 예방조치 등 건강관리 서비스에 집중할 수 있다면, 장기적으로는 개인병원 의사들에게도 나쁘지 않은 결과를 가져올 것이다.

디지털 데이터는 기존의 의사-환자 관계에 근본적인 영향을 미칠 것이다. 지금도 의사들의 진단은 대체로 수백 년 동안 계속되어온 접근법에 의존한다. 의사는 환자가 자신의 경험과 지식에 기초해 답변하면 중간중간 끼어들어 문제를 정확히 파악하기 위한 질문을 한다. 물론 이런 식의 발견은 오류투성이다. 의사는 환자의 이야기를 주요 판단근거로 삼지만, 환자는 그것이 중요하지 않다고 생각해서든, 아니면 비밀로 간직하고 싶어서든 간에 의사에게 정보를 제공하지 않을 수도 있다. 그러나 데이터는 절대 거짓말을 하지 않는다. 데이터는 환자가 의사에게 말해야 한다고 생각하지 않았던 것도, 환자가 숨기고 싶었던 것도 의사가 볼 수 있도록 도울 것이다.

이것은 의사의 역할이 근본적으로 변화하리란 걸 암시한다. 과거의 의사는 환자가 제공하는, 입증되지 않은 구두 데이터에 크게 의존했다. 미래의 의사는 환자의 다양한 측면에 대해 오랜 시간에 걸쳐 수집된 다량의 데이터에 의존할 것이다. 이 때문에 미래의 의학전문가들에게는 능숙한 데이터 분석가로서의 능력이 우선이고, 치료자로서의 능력은 그다음에 요구될지도 모른다. 물론 미래에도 환자 진료는 의사들이 담당할 중요 역할이겠지만, 오늘날 일상적인 확인만을 받는 데 사용되는 비용과 자원을 고려하면(특히 '거절방문'), 디지털이 건강관리 시스템의 효율성을 높이는 시대에는 의사들이 반드시 맡아야 할 역할에 데이터 분석도 빠지지 않을 것이다.

의사들은 진료를 덜 하더라도, 환자에 대해 더 많이 알 것이다. 심지어 환자들이 숨기고 싶어 하는 내용까지도 말이다. 그러나 효율적인 건강관리를 위해서는 건강과 라이프스타일과 관련된 불편한 진실을 목도하는 것이 필요하다.

요약하면, 의사들은 더 효율적으로 진료할 것이다. 환자 한 명당 필요시간이 줄어듦에 따라, 의사들은 더 많은 환자들을 맡을 수 있다. 건강관리가 나아가야 할 방향을 고려하면, 미국뿐 아니라 세계적으로도 이것은 매우 좋은 전조다. 2012년 《이코노미스트》지 기사에 따르면, "2030년경이면, OECD에 속한 부유한 국가들의 국민 22%가 65세 이상이 될 것이다. 그 수치는 1990년의 거의 두 배에 달한다. 중국은 6년만 지나면 이 추세를 따라잡을 것이다."

인구가 고령화됨에 따라 만성질병이 보편화되었다. 예를 들어, 미국에서는 전체 성인의 절반이 당뇨나 고혈압 같은 만성질환을 앓고 있다. 그러나 건강관리생산성은 과거 20년 동안 매년 0.6%씩 감소해왔다. 그리고 《USA투데이》가 2014년 2월에 보고한 바에 따르면, 2020년경에는 미국에 4,500명의 의사가 부족할 것이라고 한다.

이런 상황을 고려하면, 미래의 의사는 좀더 효율적일 필요가 있다. 디지털 데이터는 더 큰 효율성을 제공함으로써 의사들이 더 많은 환자를 더 적은 시간 안에 진료할 수 있도록 보장할 것이다.

데이터와
병원

건강관리 영역에서 디지털 데이터의 보장이 병원보다 더 가능성과 좌절감을 동시에 유발하는 분야는 없을 것이다. 병원은 엄청난 양의 데이터를 만들어내고 저장한다. 환자들에 관한 데이터, 주민들에 관한 데이터, 질병에 관한 데이터, 자산 활용에 관한 데이터, 지불에 관한 데이터 등등. 사실 병원들이 가장 먼저 진단과 이미징 데이터를 캡처하고 저장하기 시작했기 때문에 '빅데이터'란 개념은 병원에서 시작되었다고 해도 과언이 아니다. 더욱이 전자 의료 기록과 분석들이 불필요한 중복과 낭비를 줄인다는 사실을 깨닫고 디지털 데이터를 통한 향상된 치료와 비용절감에 대해 가장 먼저 인식한 것도 병원이었다.

적어도 발상은 그랬다. 하지만 혼란이 뒤따랐다. 연방 규정에 자극받은 병원들이 지난 몇 년 동안 전자의무기록EMR과 다른 데이터 우선절차로 전환하고 있지만, 각각의 건강관리기관이 저마다의 속도로—그리고 많은 경우 상이한 시스템을 통해—디지털로 전환하고 있어서 병원들 간의 데이터 이동과 데이터 사용은 여전히 힘든 게 현실이다. 게다가 다양한 분류방식으로 정리된 기존의 아날로그 데이터들을 일목요연하게 통일된 분류방식으로 정리해야 한다는 문제도 있고, 시스템 변화에 대한 거부감 문제도 있다.

그 결과 건강관리 비용이 데이터 이전이 시작되기 전과 같거나 더 비싸졌다. 환자들 또한 아직은 빅데이터의 혜택을 입은 치료법에 크게 고마워하지 않고 있다.

그럼에도 불구하고, 장기적으로 디지털 데이터가 병원과 의사, 나아가 환자들에게도 큰 혜택을 주리란 건 분명하다. 병원 디지털화가 가져올 몇 가지 이익을 살펴보자.

감당할 수 있는 비용: 병원들의 가장 큰 문제는 단연코 비용을 관리하거나 줄이는 방법이다. 대부분의 병원들과 건강관리 기관들은 위기분산안을 받아들이고 있다. 위기분산안에 따르면, 의사들은 자신들이 치료하는 환자 수에 따라 보상받는 것이 아니라 환자들이 지불하는 비용에 따라 보상받는다. 따라서 환자가 받는 치료의 수를 줄이는 동시에 그들이 지불하는 비용을 늘리는 것이 의사에게 가장 이득이다.

이 때문에 병원들은 환자의 데이터 대신 비용을 지불하는 사람의 데이터를 캡처하고 교환한다. 변화하는 지불환경으로 말미암아 병원들도 가장 과학적인 증거에 기초해 치료 결정을 하려고 한다. 이는 빅데이터에의 접근을 요구한다. 맥킨지 보고서가 지적하듯이, "많은 경우 개인들의 데이터를 빅데이터 알고리즘 속으로 통합하는 것이 치료법을 결정하는 가장 좋은 원천이다. 부분 모집단 속의 미묘한 차이(글루텐 알러지가 있는 환자의 존재와 같은)는 개인의 데이터 조합이 유의미한 통계학적 차이를 가져오기에는 지나치게 희소할 수 있기 때문이다."

개선된 진료: 대형 병원조직의 트렌드는 병원정보교환시스템HIES으

로 알려진 발전이었다. 이런 종류의 조직은 기본적으로 동일한 IT시스템을 사용해 데이터 공유와 환자기록을 간소화하는 병원들의 모임이다. 따라서 HIEs 내에서 환자는 불필요한 절차를 중복해서 밟지 않고서도 적합한 전문의로 옮겨갈 수 있고, 환자의 기록도 함께 전송될 수 있다.

HIEs는 큰 환자그룹에 관한 지식을 더 신속히 공유함으로써, 그로부터 관련된 질병과 치료에 관한 정보를 도출하여 더 나은 치료를 할 수 있다. 예를 들면, 만약 환자가 당뇨병으로 인한 복잡한 증세를 갖고 내원하면, 의사는 당뇨병 데이터베이스에 접근해 수백 개의 비슷한 케이스를 모아 이 특정한 환자에 맞는 최선의 시나리오를 찾을 수 있다. 이처럼 HIEs는 수천 개의 병원들을 포함한 전국 건강관리 시스템이 서로 소통하고 정보를 공유하는 실용적인 모델을 제공하고 있다.

비즈니스 인텔리전스BI: 작은 병원이라 해도 행정직원들과 의사들, 간호사들, 그 밖의 직원들을 모두 합해 수천 명까지는 아니더라도 수백 명을 고용하는 큰 조직이다. 그런 크고 복잡한 조직을 관리하는 데는 자원과 비용의 주의 깊은 균형이 필요하다. 디지털 데이터는 비즈니스 인텔리전스를 통해 병원들이 자신의 행정적 필요를 이해하게 만든다.

BI 사업은 새로운 데이터를 유용한 정보로 바꾸는 것이 목표다. BI가 건강관리에만 배타적으로 적용되는 것은 아니지만, 건강관리에서 가장 널리 적용되는 것을 볼 수 있다. 예를 들면, BI 도구들은 병원행정가들이 환자기록 카드에 기초해 의사들과 간호사들을 평가할 수 있게 한다. 치료의 질과는 다른 환자의 경험에 대한 데이터이므로, 병원은 입원이나 구내식당처럼 좀더 일반적인 문제들을 포함하여 입퇴원 과정 전체를 이해할 수 있게 된다. 비즈니스 인텔리전스는 트렌드를 발견하고 결정을 내리기 위해 데이터를 많이 취합한다는 개념을 포함한다.

예측예방의학: 우리는 예방의학과 예방건강관리를 치료나 입원 같은 병원 처치를 줄이기 위해 개인이 해야 하는 일로 생각한다. 그러나 디지털의 미래는 예측예방의학을 활성화시킬 것이다. 알고리즘과 결합한 개인적인 데이터가 질병이 발생하기 전 질병의 예측과 예방에 (단지 치료만이 아니라) 도움을 줄 것이며, 따라서 우리는 고도의 예방처치에 착수하게 될 것이다.

코드블루는 환자에게 심장마비가 일어난다는 것을 의미하는, 병원에서 사용되는 비상경고 시스템이다. 그것은 혼란스러운 동시에 강렬한 자원집약적 처치다. 불행하게도 코드블루 환자의 생존율은 20% 미만이다. 그러나 코드블루 상태에 도달해 심장마비가 오기 전, 환자들은 이미 임상적 열화 징후를 보인다는 사실이 보고되었다. 카네기멜론대학에서 정보시스템과 머신러닝 박사과정을 밟고 있는 스리람 소만치가 삼라차나 애드히카라, 알렌 린, 엘레나 에네바, 라이드 가니가 최근에 함께 출간한 보고서는 인구통계학적 정보, 입원기록, 신체활력, 실험실 측정 같은 환자데이터를 통해 심장마비의 조기 예측이 가능함을 보여준다. 그 보고서는 코드블루 발생 4시간 전에 65%가량의 정확도로 예측할 수 있었고, 단지 20%의 양성오류율을 보였다.

조기발견에 따른 장점은 명백하다. 병원 자원이 좀더 효율적으로 사용될 수 있고, 결과적으로 수명이 연장될 것이다. 알고리즘의 개선은 여전히 필요하지만, 그것은 점점 더 많은 정보가 디지털화됨에 따라 자연적으로 이루어질 것이다.

건강관리는 빅데이터가 제시하는 환상적 약속의 결정판이다. 우리는 빅데이터라는 용어가 데이터 집합의 엄청난 양에서 파생되었다는 것을 안다. 하지만 그것은 부정확한 명칭이다. 물론 데이터의 크기는 크다. 그러나 우리는 빅데이터로부터, 그리고 강력한 알고리즘으로부터(수학을 잊지 마라!) 파생되는 작은 결정들에서 엄청난 가치와 잠재력을 발견한다. 작은 결정들 덕분에 빅데이터는 제공자들에게 힘을 부여하고 환자 맞춤형 치료가 가능하도록 건강관리를 변화시킬 수 있는 것이다.

건강관리의 장애물

지금 우리는 아날로그식 건강관리체계에서 미래의 디지털 데이터 건강관리체계로 이행하는 도중에 있다. 그리고 그 길에는 우리가 넘어야 할 몇 가지 장애물도 있다.

보안: 거의 모든 분야의 디지털 데이터가 그렇듯, 건강관리 영역에서도 사생활보호와 보안은 주요 화두의 하나다. 개인금융정보를 제외하면 건강관리 데이터만큼 사생활보호와 보안이 지켜져야 할 영역

도 없다. 그럼에도 우리는 건강관리 데이터에 침입이 있었다는 뉴스를 자주 듣는데, 그 원인은 부분적으로는 병원 행정직원들이 전자 건강기록에 익숙하지 않은 데 있지만, 디지털 데이터는 복사가 용이하다는 것 역시 이유의 하나다. 이 점에서 병원들은 금융기관과 비슷한 수준의 보안시스템을 적용할 필요가 있다. 만약 이 정도까지 강력한 보안시스템이 적용된다면 환자와 그 가족의 염려는 크게 진정될 것이다.

건강기기와 의료기기 구분하기: 2006년 스마트폰이 처음 등장했을 때, 대부분의 사람들은 그것이 피트니스와 건강을 위한 허브가 되는 날이 오리라는 것을 예상하지 못했다. 다시 말해 스마트폰으로 혈압을 확인하고, 식단이나 걸은 거리나 자세를 모니터하는 날이 오리라고 전혀 예상하지 못했다. 하지만 2014년 현재 이런 것들은 실제 응용프로그램으로 널리 사용되고 있다. 앞으로는 간단한 웨어러블 센서들을 통해 당신의 호흡과 맥박과 수면상태 등 더 많은 디지털 데이터들이 생산될 것이다. 그리고 이런 데이터들은 당신의 건강과 관련된 판단이나 결정의 주요 근거가 될 것이다.

이 점에서 미국식품의약국FDA은 피트니스 및 건강기기와 의료기기를 명확하게 구분할 필요가 있고, 의료기기들의 위양성이나 위음성 판단율은 더 낮아져야 한다. 그러나 소송을 일삼는 미국의 사법시스템이 본질적으로 불완전한 시스템까지도 책임을 묻는 것은—더 많은 자신들의 책임은 무시하고서—전혀 도움이 되지 않는다. 따라서 혁신과 완벽함 사이에서 좀더 적절한 균형을 잡기 위해서는 소송 관련 법규나 절차도 반드시 개혁되어야 하다.

익명의 데이터 사용하기: 2014년 8월에 강타했던 사우스내퍼 지진은 25년 내 북캘리포니아에서 일어났던 지진 중 가장 강력했다. 조본Jawbone사는 지진이 강타했던 새벽 3시 20분 당시, 수면패턴을 추적하고 있던 수천 명의 조본업 사용자들로부터 알아낸 익명화된 정보를 분석했다. 그들은 이 방법을 통해 수면패턴이 지진으로 받는 영향을 분석할 수 있었다. 이것은 집계된 디지털 정보가 우리가 사는 세상에 대한 이해를 돕는 수천 개 사례 중 한 예일 뿐이다. 이처럼 집단화된 데이터는 더 넓은 세상의 발전을 위해 유용하지만, 문제는 개인정보 보호와의 충돌이다. 이 점에서 앞으로는 저장된 개인정보와 집계된 익명의 데이터 분석 사이에서 균형을 찾는 것이 중요할 것이다.

보험: 개인의 건강정보를 캡처하고 추적하는 것이 점점 더 쉬워짐에 따라, 보험회사들이 웨어러블 사용을 소비자에게 권하는 경우가 늘고 있다. 자동차보험회사는 당신이 안전한 운전자라는 것을 확인할 수 있도록 그들과 GPS 정보를 공유하면 보험료를 낮춰주는 프로그램을 가지고 있다. 보험회사가 웨어러블을 의무화까지 시킬 것이라고 생각하는 건 아마 지나친 상상일 것이다. 그보다는 그들이 웨어러블을 더 건강한, 따라서 비용이 더 적게 드는 보험계약자를 식별하는 수단으로 보고 있다는 편이 맞을 것이다. 마찬가지로 기업들은 보험 부담을 줄이기 위해 웨어러블 기기를 사용하여 예비 종업원의 건강상태를 체크할 수 있다.

건강관리가 데이터로 측정되는 세상이 오기 전에 준비해야 할 것들

건강관리가 데이터에 의해 좌우되는 세상으로 이행하기 위해서는 먼저 비용 대비 이익의 문제에 대한 답이 필요하다. 예를 들어, 만약 내 고용주가 보험 프로그램이나 건강관리 피제공자에게 제공된 내 개인적인 데이터 때문에 나에게 만성적인 건강문제가 있다는 것을 알게 된다면 어떻게 되겠는가? 그것이 나에게 영향을 주어서는 안 되지만 그럴 가능성이 있다. 이것이 데이터가 만들어내는 현실이다. 또 데이터가 이끄는 건강관리는 의료계가 수백 년간 해왔던 방식과 완전 딴판이다. 그렇다면 우리는 내일의 의료전문가들을 어떻게 준비시켜야 할까? 의과대학 수업에서 이미 초기 학과목통합은 이루어졌지만, 이것을 계속적으로 추진하려면 어떻게 해야 할까?

어떤 데이터를 수집하고 집적할 것인가의 문제도 있다. 데이터의 추적이 결과적으로 일부 계층의 사람들에게게만 유리한 것이 아닌, 사회 전체에 이익이 된다는 보장이 있을까? 나아가 데이터를 공유하면서도 사생활보호와 보안이 보장되는 방법은 무엇일까? 또 예방의학 면에서 위양성이나 위음성의 잘못된 판정의 위험을 어떻게 줄일 수 있을까? 다시 말해, 어떻게 해야 우리는 데이터의 정확성과 성과를 신뢰할 수 있을까? 등의 문제도 있다. CEA는 수면측정의 정의를 표준화하려는 노력을 하고 있다. 이는 우리가 앞으로 자가 모니터할 많은 측정지표 중 하나일 뿐이지만, 좋은 출발임은 분명하다.

공동체로서의 우리는 디지털 건강관리가 초래하는 긍정적인 결과를 활용하고 부정적인 결과를 해결하려는 노력을 이제 시작했을 뿐이다. 디지털 운명의 현실은 우리 앞에 놓여 있다. 그러나 이득이 큰 동시에 비용 또한 높을 수 있는, 팽팽한 긴장감이 감도는 우리 삶의 이 영역에서 앞으로 실로 맹렬한 논쟁이 벌어지리라고 예상하는 건 절대 과장이 아니다.

11장

정치, 데이터, 그리고 디지털혁명에 관해

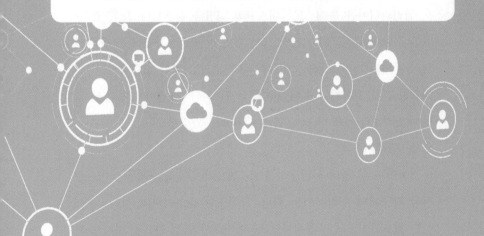

"그것이 인터넷혁명은 아니지만,
어쨌든 그것은 일어났을 것이다.
과거에도 혁명은 일어났으니까."
—와엘 고님Wael Ghonim(2012), 인터넷 활동가이자 구글의 마케팅부와 중동 및 북아프리카 책임자

2012년 1월 18일 새벽 5시, 115,000개 이상의 웹사이트들이 24시간 동안 '깜깜해'졌다. 구글, 위키피디아, 모질라, 크레이그리스트, 레딧, 플리커, 텀블러, 트위터, 워드프레스는 의회에 상정한 두 건의 법안에 항의하기 위해 조직된 '블랙아웃'에 참가한 초대형超大型 사이트들 중 일부였다. 아, 미국가전협회 웹사이트 역시 항의에 참여해 '깜깜해'졌다.

하지만 이런 노력이 웹사이트들에만 한정되었던 것은 아니다. 450만 명이 법안에 반대하는 구글의 온라인 청원에 서명했고 800만 명은 위키피디아를 통해 그들 대표단의 회담을 검색했다. 트위터에는 법안에 반대하는 글이 시간당 25만 건의 비율로 올라왔다. 그것은 트위터 전체의 1%에 달하는 비율이었다. 그리고 의회 교환대에는 1초에 2천 건의 전화가 연결되었다(혹은 연결에 실패했다). '정전'이 끝날 때까지 1억 6,200만 명이 넘는 방문자가 '깜깜한' 위키피디아 사이트를 보았다.

그동안 수천 명의 사람들이 뉴욕, 샌프란시스코, 시애틀을 비롯해 전국 각지에서 항의시위를 했다. 올랜드와 플로리다의 시위현장에서는 월드와이드웹의 창시자인 팀 버네스가 직접 연설을 하며 소파SOPA와 피파PIPA 법안을 "인터넷의 개방성에 대한 심각한 도전"이라고 규탄했다.

디지털 행동주의라는 쓰나미를 초래한 주범인 의회도 흔들리기 시작했다. 같은 날 저녁 무렵이 되자 10명의 상원의원들과 20명 정도 되는 하원의원들이 지지를 철회했다. 그중에는 그 법안들의 공동 스폰서들도 포함되어 있었다.

남은 소수의 법안 지지자들은 자신의 눈을 믿기를 거부했다. 이중 몇몇 의원은 위키피디아와 구글, 그리고 10만가량의 '적들'이 '잘못된 정보'를 퍼뜨리고 있다고 주장했다. 민간 부문의 법안 지지자들은 벌어지는 일들 전부를 '위험한 술책', '무책임한 대응', 그리고 '권력의 남용'이라고 불렀다. 그러나 진실은 그와는 정반대였다.

결국에는 온라인 활동가 쪽이 승리했다. 일주일 전만 해도 양 당의 광범위한 지지를 받았던 그 법안은 결국 사장되었다. 그리고 이 상태는 앞으로도 지속될 것이다.

이 모든 일이 너무 순식간에 벌어졌기에, 미디어도 사태를 간신히 파악할 정도였다. 블랙아웃 다음 날,《뉴욕타임스》는 "조직화되지 않은 온라인 모임이 행동을 동반한 조직된 모임으로 변했다"는 뉴욕대 교수의 말을 인용하며 사건을 재구성했다.

즉, 혼란에서 질서로 발전한 것이다.

온라인 저항의 형성

약간의 지면을 할애해 SOPAStop Online Piracy Act(온라인저작권침해금지법안)/PIPAPROTECT IP Act(지식재산권보호법안) 사건을 분석할 필요가 있다. CEA가 한 축을 담당해서가 아니라, 그것이 디지털 데이터가 정치를 변화시키는 전형적인 사례이기 때문이다. 우리는 이 장에서 다른 사례들도 논의하겠지만 각각의 사례를 자세히 분석하지는 않을 것이다. 하지만 다른 사례들을 검토할 때는 SOPA/PIPA 논쟁의 전개과정을 염두에 두는 편이 이해에 도움이 될 것이다.

SOPA/PIPA 논쟁은 디지털 데이터가 정치적인 행동을 어떻게 좌절시켰는지를 보여주는 세 개의 뚜렷한 단계로 진행되었다.

1단계: 해당 문제에 대해 직접적인 이해관계를 지닌, 상대적으로 작은 틈새 커뮤니티에서 시작되었다. 이 커뮤니티가 첫 번째 네트워크를 대표했으며, 아직은 대부분 그 커뮤니티에만 저장된 관련 데이터를 공유(복사를 뜻한다)하고 분석했다.

2단계: 커뮤니티가 점점 커져 관련 문제에 간접적인 이해관계를 가진 외부자들도 포함함으로써 공유와 분석 네트워크가 확장되었다. 그리고 소셜네트워크와 결합되면서 이 확장은 기하급수적으로 이루어졌다.

3단계: 네트워크의 목적이 달성되었지만, 네트워크는 해체되거나 상대적으로 작은 틈새 커뮤니티였던 원래 크기로 줄어들지 않았다.

온라인저작권침해금지법안SOPA과 지식재산권보호법안PIPA으로 알려진 그 두 건의 무산된 법안들은 콘텐츠산업, 특히 할리우드와 음반회사들과 출판사들의 숙원이었다. 이들은 여러 해 동안 온라인 저작권 침해에 대해 더 강력한 규제나 처벌을 입법화하기 위한 로비를 벌여왔다. 그러나 콘텐츠 제작자들에게 손해를 끼치는 온라인 절도를 방지하려는 조치를 취하는 과정에서 의회는 굉장히 어리석은 행동을 했다. 거의 전적으로 로비스트들의 손을 들어준 것이다.

그 결과 상정된 법과 규칙의 틀을 보면 저작권 침해로 판단되면 관련 사이트를 폐쇄할 수 있는 거의 무소불위의 권한을 콘텐츠 제작자들에게 부여했다. 마치 의회의 누구도 인터넷, 특히 소셜네트워크와 블로그가 어떤 식으로 작동하는지에 대해 생각조차 하지 않은 것 같은 법안이었다. 하지만 래리 레식이 말했듯이, "디지털세상에서는 실질적으로 모든 문화 향유자가 저작권법을 위반한다. 모두가 복사물을 만들기 때문이다."

저작권의 수호자인 콘텐츠 제작자들 또한 법안이 부결될 가능성을 염두에 두고 법안의 편향성을 사전 검토하기보다는 가능한 한 빨리 그 법안을 통과시키는 데 역점을 두었다. 그들은 법안의 빠른 통과를 위해 기술커뮤니티와 위키피디아 같은 사용자 생성 콘텐츠에 의존하는 사이트들과 함께하는 것도 피했다.

CEA는 콘텐츠산업과 의회의 뒷거래를 비판하는 동시에 혁신을 가로막는 해당 법안을 비판한 초기 조직 중 하나였다. CEA는 온라인 블랙아웃이 있기 몇 달 전인 2011년 10월, 12명의 벤처투자가를 초대했고, 그들은 기업가들과 재단설립자들과 CEO들, 경영진들 130명과 함께 의회에 입법반대 편지를 썼다.

그 편지에는 이렇게 적혀 있었다. "기술기업의 투자자들로서 우리는 온라인 디지털 콘텐츠 시장을 양성한다는 목표에는 동의합니다. 하지만 유감스럽게도 [PIPA와 SOPA는] 그 목표달성을 가로막을 뿐아니라 인터넷 서비스에 대한 투자를 막고, 혁신을 억누르고, 미국의 경쟁력에 타격을 줄 것입니다."

CEA 회장이자 CEO인 게리 샤피로는 《포브스 앤드 힐》지에 쓴 글에서 그 법안의 초안에 대해 처음부터 거침없이 비판했지만, 밀어붙이는 힘 또한 강력하다는 것을 알고 있었다. 그래서 샤피로는 《포브스 앤드 힐》에 "저작권 로비스트들은 의회의 핵심 멤버들이 자기들 편이라고 믿기에―그리고 사실이 그렇다―사생결단식으로 접근하고 있다"고 썼다.

수많은 시민이 일어날 필요가 있었다. 우리에겐 이 법안으로 인해 실질적인 영향을 받게 될 사람들을 일으켜세울 점화의 불꽃이 필요했다. 레딧Reddit이나 텀블르Tumblr처럼 집단공유에 의존하는 사람들을 포함하지만, 그에 한정되지는 않으면서 페이스북보다 최신 기술들이 더 많이 속한 기술 커뮤니티가 필요했던 것이다.

CEA가 기업가들을 초대했을 무렵, 레딧과 텀블르 사용자들도 그 법안들에 내포된 의미를 토론하기 시작했다. 그 논의는 모질라와 테크더트, 킥스타터를 비롯한 몇몇 온라인 커뮤니티로 퍼져나갔다. 11월 12~13일 주말 동안, 뉴욕의 텀블르 사무실에서 열린 회의에서 기술 커뮤니티의 대표자들 80명이 모여 대책을 논의했다.

국회법사위원회가 SOPA에 관한 공청회를 열던 11월 16일, 텀블르는 로그인 화면에 '검열'이라고 쓰인 배너를 띄웠고, 사용자들은 그 법안에 관해 알게 되었다. 그것은 법안 반대자들에 의한 첫 번째 공격이자 강력한 일격이었다. 그 당시 텀블르에 있던 4천만 명의 블로거들은 로그인을 할 때마다 '검열' 배너를 볼 수 있었다.

11월 중순이 되자 운동은 틈새 커뮤니티를 넘어 일반대중으로 확산하는 2단계로 넘어갔다. 레딧에 만들어진 그 법안에 대한 토론 게시판에는 매일 250만 명이 방문했다. 거대한 물결이 형성되고 있었다. 그리고 그 물결은 워싱턴에 이르기 전에 먼저 블로그 호스팅 회사인 고 대디Go Daddy에 타격을 주었다. 세계 인터넷 도메인에서 가장 큰 국제인터넷주소관리기구ICANN 인증 레지스트라였던 그 회사는 그 법안에 찬성하고 있었다.

12월 말, 흥분한 레딧과 텀블러 사용자들이 고 대디 불매운동을 시작했다. 그와 동시에 구글 검색의 첫 번째 자리에서 고 대디를 없애는 '구글 폭탄' 운동 역시 시작되었다. 크리스마스 이브에 벤처비트 Venture-Beat가 보고한 바에 따르면, 고 대디는 첫 이틀 동안 37,000개의 도메인을 잃었다. 그리고 별로 놀랍지 않은 일이지만 12월 29일, 고 대디는 SOPA/PIPA에 대한 지지를 명시적으로 철회했다.

새해가 시작될 무렵, 위키피디아와 구글이 동참했다. 이 과정은 이런 운동이 어떤 식으로 발전하는지에 대해 시사하는 바가 크다. 그것은 산업의 후원을 받고 많은 자원이 투입되는 상명하달식 캠페인이 아니었다. 그것은 말 그대로 시민들이 일으킨 운동이었다. 라스베이거스에서 국제 CES가 열리던 기간인 1월 12일, 상원의원 론 와이든 Ron Wyden, 하원의원 대럴 이사Darrell Edward Issa, 그리고 CEA 회장이자 CEO인 게리 샤피로가 SOPA/PIPA와 인터넷에 곧 닥칠 위험에 대한 주의를 촉구하고자 기자회견을 열었다.

개최지는 더할 나위 없이 적절했다. CES에는 만여 명의 참가자와 5천여 명의 언론인이 모여 있었다. 틈새 기술 커뮤니티의 다수가 이미 활발하게 SOPA/PIPA에 반대하고 있었지만, CES의 기자회견은 그에 관한 수십 개의 온라인 기사를 읽을 더 많은 대중과 더불어 더 큰 기술 커뮤니티에 자극을 주었다. 여기 국내기사 몇 개를 소개한다.

- **워싱턴포스트:** CES 2012의 중심 주제는 저작권침해법안 반대다.
- **파르베:** CES 2012에서 시간이 SOPA 반대자들 편에 설수록, 의원들에 대한 경고의 목소리가 커지고 있다.
- **폭스 뉴스:** CES 2012: 와이든과 이사가 SOPA를 비난하다, 그들의 공개 법안에 대해 약간의 희망을 품어본다.

CES에서의 CES의 노력 덕분에 이제 SOPA/PIPA는 쟁점의 전면에 놓였고, 이는 일반대중의 관심을 촉발시켰으며, 2단계를 촉진시켰다. 의회에게 분명한 신호를 보내려면 대중적인 '항의'가 필요했다. 그러나 CES가 가능한 자원을 전부 쏟아붓고, SOPA/PIPA 철회를 최우선 순위로 삼았음에도 불구하고, 운동을 일으키기 위해서는 레딧과 텀블르 같은 사이트의 수백만 사용자의 네트워크가 필요했다.

3단계는 2012년 1월 18일에 시작되어 그날로 끝났다. 아마 의회가 여론을 무시했다면 문제가 해결될 때까지 2단계가 계속되었을 것이다.

2013년 하버드대학 연구자들은 SOPA/PIPA 논쟁과 이른바 '네트워크로 연결된 대중영역'에 대해 심도 있는 연구를 수행했다. 그 연구는 연 인원 9천 명 이상이 올린 개인 글들이 사이트에서 사이트로 연결되면서 어떻게 확장되고 결합해가는지를 잘 보여준다. 이에 대해 연구자들은 다음과 같이 설명했다.

역사적으로 대중이 이루어낸 전통적인 공공영역과는 확연히 다른 형세를 반영한다. (…) 개인들은 과거 소수의 주요 미디어가 실현할 수 있었던 것보다 훨씬 더 큰 역할을 수행한다. 한 명의 사용자가 레딧에

게재한 글 하나가 고 대디 불매운동을 촉발시켰다. 이것이 우리 이야기의 가장 극명한 예다. 과거였다면 집단에 속한 개인들은 주변에 머 ? 물렀겠지만 지금은 핵심 역할을 할 수 있다.

"레딧에 올린 글 하나." 아날로그 시절에 '글 하나'는 동네 커피숍에서 목청을 높이는 한 사내에 불과했을 것이다. 게다가 그 사내의 주장은 단지 주변 사람들에게 전달되는 데 그치고 기록되지 않았을 가능성이 컸다. 그러나 인터넷을 통해서는 데이터가 즉시 기록될 뿐 아니라 순식간에 복사되어 사람들에게 수용된다. '글 하나'는 거리의 제한 없이 멀리 여행할 수 있다. 이것이 네트워크로 연결된 공공영역에서 '글 하나'가 가질 수 있는 효과다.

하버드 연구에서 지적했듯이, SOPA/PIPA에 대한 항의는 최신기술에 능통한 개인들과 집단이 모인 배타적인 소규모 집단에서 시작되었다. 그것이 관심을 같이하는 조직의 중심―지휘통제라고 할 수는 없지만―그룹으로부터 힘을 얻어 성장했다. 그러나 일단 움직임이 시작되자, 그리고 많은 '글 하나'들이 더 집중된 힘 안으로 집결하자, 전에는 무관심했던 그룹들까지 하나로 뭉쳤다.

하버드 연구는 결론을 내린다.

17개월에 걸친 연구를 마칠 즈음에는 영리와 비영리, 매체와 비매체, 개인과 집단, 좌파와 우파와 정치적 회의론자들에 이르는 다양한 네트워크가 하나로 합쳐졌다. (…) 이 결과는 미국의 공공정책을 만드는 데 전통적으로 힘을 가지지 못했던 많은 목소리들과 온라인 공동체에 의한 담화와 캠페인의 결실을 상징한다. (…) SOPA/PIPA 저항운동은 어쩌면 윌리엄 깁슨의 "미래는 이미 여기에 있다"—아주 균등하게 배분되지 않았을 뿐—를 따르는지도 모르겠다. 공짜 소프트웨어에 뒤이어 광범위한 동아리들이 만들어진 것과 마찬가지로, 어쩌면 그 컴퓨터광들이 모퉁이를 지나고 나면 5년 후에는 모든 사람이 그 뒤를 따라가게 될지도 모르겠다. 만약 그렇다면 SOPA/PIPA 저항운동은 우리에게 권한이 분산된 좀더 민주적인 미래를 보는 아주 정밀한 창문을 제공하는 셈이다. 시민들이 하나가 되어 워싱턴 D.C.에서 돈을 가장 많이 들이고 줄을 가장 많이 대는 로비를 극복할 수 있는 미래 말이다.

나는 건전한 이 결론에 하나의 수정을 가할 것이다. 온라인 행동주의가 언제나 "돈을 가장 많이 들이고 줄을 가장 많이 대는 자들"에 대항해 약한 자의 편에 선다고 믿는 것은 실수다. 그럴 때도 있겠지만, 그렇지 않을 때도 있을 것이다. 디지털의 힘이 그렇게 막강하다면 기존 정치력을 가진 자들도 같은 도구를 사용하지 않을 이유가 없을 테니 말이다. 그러니 이건 흑백논리, 정치활동에서의 변화 추세를 제한적으로 이해하게 만드는 흑백논리일 수 있다.

여하튼 SOPA/PIPA 반대운동은 포괄적인 의미에서 온라인 활동주의의 분수령으로 이해된다. 그러나 SOPA/PIPA 반대운동은《뉴욕타임스》가 말하는 "웹이 자신의 근육을 푸는 것" 이상을 의미한다.《뉴욕타임스》는 그 사례가 '웹'이라는 분리된 독립체에만 국한된 것처럼 표현하지만, 과연 현실의 삶을 사는 실재 사람들은 그 시련을 통해 전혀 단련되지 않았을까?

"트위터와 블랙아웃, 시위를 통해 웹이 자신의 근육을 풀다"라는 표제기사를 썼던 기자가 '이집트 대통령 무바라크의 하야를 통해 웹이 자신의 근육을 풀다'라는 기사를 썼다면 어땠을까? 그게 아니면, 오바마 대통령의 재선 여파 속에서 '대통령, 재선되다: 웹이 큰 역할을 하다'라는 기사를 썼다면?

이런 기사가 전혀 어색하지 않은 것은 실제로도 실물세상과 디지털세상은 상호작용하고 있기 때문이다. 그럼에도 불구하고 기성 언론은 아직도 인터넷을 호기심의 대상으로만 여기는 제한적인 시각에서 벗어나지 못하고 있다. 그리고 이런 제한적인 시각으로 2012년 1월 18일과 아랍의 봄과 2012년 선거를 바라보고 있다.

CEA의《주목해야 할 5가지 기술 트렌드》2014년판에서 썼듯이 웹은 연결을 담당한다.

"알다시피 웹은 관리와 발견과 정보검색의 수단으로 고안되었다. 1990년의 용어로, 이것은 다른 컴퓨터들에 저장된 서류와의 링크나 분산된 서류들의 하이퍼링크를 의미했다. 실물세상과 디지털세상이 섞인 가운데 사는 우리는 기본적으로 하이퍼링크의 개념을 확장해 실물 대상들을 포함시킨다."

여기서의 '실물 대상들'에는 사람까지 포함하는 의미로 확장될 수 있다. 웹은 불명료한 객체가 아니다. 그것은 분명한 노드들로 이루어진 생명 없는 구조다. 사람을 포함한 더 많은 대상들이 이 생명 없는 구조물을 점점 더 많이 사용함에 따라 노드들의 수가 빠르게 증가하고 있지만, 그 노드들 각각은 여전히 알려져 있고 뚜렷이 구별된다. 인터넷이 없었다면 SOPA/PIPA 논쟁 자체도 없었겠지만, 우리는 웹을 디지털 데이터가 제한 없이 이동할 수 있도록 허용하는 시스템으로 이해해야 한다.

그런데 이 시스템을 통해 사람이 디지털에 영향을 주고 다시 데이터가 사람에게 영향을 주는 순환 패턴이 형성된다. 결국 데이터가 웹을 통해 사람이 행동하도록 촉구하는 것이다.

인터넷 이전以前 현상임이 분명한 선거를 예로 들자. 오늘날의 선거는 기능 면에서는 예전과 차이가 없지만, 훨씬 더 많은 양의 데이터를 공개하는 웹이 있음으로 해서 더 치열하게 느껴진다. 인터넷으로 말미암아, 선거 관련 '데이터'는 다양한 방면에서 우리에게 충격을 준다. 옛 아날로그 시대에는 데이터가 단지 몇몇 측면에서만 충격을 주었고, 그것도 한참 지나서야 그런 경우가 많았다. 하지만 지금 우리는 이메일과 방문 사이트, 미디어 등에서 선거를 '만난다'. 데이터의 종류나 내용으로 말하면 선거 데이터들이 실물 우편함과 게시판과 배너와 뉴스와 라디오와 텔레비전에서 쏟아지던 때와 별반 다르지 않다. 단지 훨씬 증폭된다는 것 외에는.

디지털 데이터가
정치에 미치는 커다란 영향

SOPA/PIPA 저항 사례를 자세히 검토하면, 데이터가 디지털화할수록 모든 정치적 노력의 중심에 있는 세 가지 핵심 요인—동기, 소통, 조정—도 따라서 강화되고 증폭된다는 것을 알 수 있다. 다른 말로 하면, 정치에서 효과가 있던 것들은 지금도 여전히 유효하지만, 데이터의 디지털화는 특정 구성요소의 효능을 증대시킨다. 디지털 데이터가 더 빠르게 전파되고 더 정확하게 목표를 향하기 때문이다.

정치의 진수는 한 그룹의 사람들이(항상 그런 것은 아니지만, 보통은 다수가) 공동 목표를 위해 일하는 것이다. 그 목표가 법안을 파기하는 것이든 아니면 통과시키는 것이든, 선거에서 이기는 것이든 아니면 반란을 일으키는 것이든, 아니면 좀더 정중한 다른 형태의 항의를 하는 것이든 간에 말이다. 이 핵심 구성요소들을 하나씩 살펴보자.

동기: 이해당사자들이 행동에 착수하기 전, 요구되는 행동이 옳은지를 알아야 한다. 도덕과 무관하게 자신의 이익을 위해서 옳은(그것이 도덕적인 옳음과 동일할 때도 있지만) 경우도 있다. 정치인이 재선을 위해서, 노동자가 일자리를 지키기 위해서, 비시민권자가 시민권을 얻기 위해서 행동할 때가 이런 경우들이다. 하지만 여기까지는 이해당사자들의 권익운동에 지나지 않는다. 권익운동을 넘어서 정치운동이 되기 위해서는 대중을 설득할 '명분'이 있어야 한다.

아날로그 시절에는 선거운동의 명분, 즉 동기는 전화 여론조사와 포커스 그룹을 통해 확인되었다. 반응을 분석함으로써 당신은 대중의 마음을 끄는 동기를 메시지에 담아냈다. SOPA/PIPA 반대운동의 동기부여 또한 다르지 않다. 기술 커뮤니티에게는 그 법안이 혁신을 강화할지 약화시킬지 보여주는 것으로 족했다. 반면 정보 접근에는 관심이 있지만 혁신에는 그다지 관심을 갖지 않는 일반대중들에게는 그 법안이 자신들이 가장 좋아하는 사이트를 폐쇄하는 결과를 가져올 수도 있다는 것을 보여주는 것이 동기부여였다.

물론 동기가 이렇게 합리적일 필요는 없다. '피 묻은 셔츠를 흔드는' 전략도 있다. 보통 실물 자극제나 감각적인 호소를 통해 이루어지는 이 전략을 쓰면 더 즉각적으로 효력을 발휘한다. 이 전략은 고대 로마시대에 마크 안토니가 살해당한 시저를 기리는 추도문을 낭송하면서 죽은 집정관의 피 묻은 토가를 꺼냈던 데서 비롯되었다. 안토니는 자신이 토가를 보여줄 때 대중들이 어떻게 반응할지 알았다. 시저를 향한 그들의 사랑과 그의 죽음에 대한 그들의 슬픔을 알았기 때문이다. 그리고 안토니는 군중의 분노를 일깨워 암살범들에게 복수하는 데 성공했다.

디지털 데이터는 이해관계자들에게 더 나은 동기를 제공할 수 있게 해준다. 더 명료한 의미전달과 표적화가 가능하기 때문이다. 정치인들은 지금도 여전히 여론조사를 하고 포커스 그룹을 활용하지만, 그다음에는 취합한 데이터를 도표로 만들고 분석하고 결합함으로써 각각의 이해관계자에게 자신의 사회경제적·정치적·가족적 배경에 따른 맞춤형 동기를 부여한다.

표면적으로는 이것이 아날로그적인 방식과 별반 달라 보이지 않지만, 디지털화는 더 광범위한 동시에 더 비용이 적게 드는 데이터 취합이 가능하다는 점에서 차이가 있다. 이것은 극도로 미묘한 차이까지도 분석 가능하다는 의미다. 게다가 데이터의 디지털화는 더 빠른 동시에 더 효율적인 데이터 캡처와 데이터 분석을 가능하게 한다.

한술 더 떠서, 당신은 디지털 데이터가 있음으로 해서 정보를 저장하고 다음 단계를 준비할 수 있다. 이것은 당신이 끊임없이 정보를 업데이트할 수 있고, 이해관계자들에게 동기를 부여하는 것이 무엇인지를 10년 전의 정치 컨설턴트들은 꿈도 꾸지 못했을 만큼 정확하게 알 수 있다는 것을 의미한다. 정치가가 단상에 걸어나가기 직전, 그 홀에 모인 모든 사람에 대해 그들이 누구인지, 그들이 쟁점에 대해 어떤 견해를 갖는지가 반영된 연설문을 받는다고 상상해보라. 그런 일은 오직 디지털로만 가능하다.

물론 버락 오바마 지지자들의 일반적인 특징을 알고 있는 당신은 그들에게 동기부여를 일으키는 것이 무엇인지 일일이 분석하지 않고도 그들에게 맞는 연설을 하고 동기부여를 할 수 있다. 그러나 대상자들의 일반적인 특징—재산, 인종, 투표이력—을 안다면, 당신은 꽤 그럴듯한 짐작을 할 수 있을 것이다. 이것이 정치 분야에 적용된 넷플릭스식 접근법이다.

다시 한 번 말하지만 본질은 달라지지 않았다. 하지만 데이터의 디지털화와 더 많은 데이터스트림의 결합을 통해, 정치선거는 놀랄 만한 수준으로 데이터를 사용할 수 있게 되었다.

소통: 일단 동기부여가 이루어지면, 다음 단계는 당신이 목표로 하는 사람들에게 그 동기를 이야기하는 것이다. 기본적인 광고를 이용하는 것이 옛 아날로그적인 방법이었다. 신문, 유인물, 텔레비전, 라디오, 대중 앞에 나서기. 특히 짜증나긴 하지만 전화—자동녹음전화—도 하나의 선택사항이었다. 당신은 가장 적당한 시장을 고른 후 광고 캠페인을 벌였다. 그러나 다른 아날로그 광고 캠페인들이 그렇듯이, 당신은 그 광고를 읽거나 듣거나 보는 사람들 대부분이 그것을 무시하리라는 것을 안다. 그저 그중 일부라도 기억하길 바랄 뿐이었다. 아날로그 광고에 관해 존 워너메이커John Wanamaker가 말한 격언이 있다. "내가 광고에 쏟아붓는 돈의 절반은 낭비된다. 문제는 그 절반이 어느 쪽인지를 모른다는 것이다."

디지털 데이터는 정치광고의 불명확성을 상당 부분 제거한다. 당신에겐 단추 하나만 누르면 연락할 수 있는 가장 충실한 후원자의 이메일이나 전화번호가 있다. 요즘은 이메일 주소록이 걸스카웃 쿠키

상자처럼 같은 정치기관들에 의해 거래되고 있다. 물론 예전에도 그랬다. 그러나 디지털화로 주소록의 길이가 엄청나게 늘어난 데다 공짜나 다름없는 이메일 비용 덕분에 유권자들 입장에서는 선거홍보의 폭탄을 맞는 것이나 다를 바 없다.

게다가 세분화가 가능한 디지털 데이터 덕분에 정치 메시지는 더 구체적이고 더 풍부해졌다. 2012년 선거기간 동안 오바마 웹사이트 방문자들은 18개의 선거구 중 하나로 들어갈 수 있었다. 그룹을 나눔으로써 오바마 대통령의 선거진은 아주 미세하게 조정된 메시지를 전할 수 있었다.

SNS를 선거에 점점 더 많이 활용하는 것도 특징의 하나다. SNS를 통한 메시지는 일반적인 텔레비전 선거유세보다 의도하는 대상에게 전달될 가능성이 더 큰데, 덕분에 지지자들의 지속적 참여를 유발할 수 있고, 클릭 한 번으로 리포스팅이나 리트윗을 하기 때문에 지지자들의 외연을 확대하기도 쉽다.

2008년 8월 23일, 버락 오바마는 문자메시지와 웹사이트를 통해 부통령 후보를 발표한 첫 번째 대통령 후보가 되었다. 사실 그것은 최초의 디지털 성명이었다. 그로부터 4년 후, 오바마 대통령은 트위터와 유튜브를 통해 2012년 재선 출마를 공표했다. 이 역시 최초였다. 2012년에는 디지털화에 뒤떨어지지 않으려고 공화당의 미트 롬니도 앱을 통해 부통령 후보를 발표했다. 결국 2012년 선거는 앱을 사용한 최초의 대통령선거가 되었다. 그리고 등록되지 않은 선거원들인 지지자들은 무차별적으로 비지지자들을 파고들었다.

여기서 우리는 디지털의 속성인 복사와 분배의 용이성이 현실세계의 결정에 영향을 미치고, 결국에는 현실의 사람들에게 영향을 미치는 것을 본다. 덕분에 선거운동은 디지털의 영역으로 확실히 들어섰다.

그러나 우리가 디지털 소통의 가장 큰 영향을 목격한 곳은 조직화된 선거운동의 외부에서였다. SOPA/PIPA 논쟁에서 레딧에 올린 글 하나가 세계에서 가장 큰 웹사이트 호스트에 대한 불매운동을 일으킨 것을 상기해보라. 디지털 네트워크를 통해 메트칼프의 법칙이 전개될 때, 하나의 트위터나 페이스북 포스트만으로도 엄청난 규모의 저항을 불러일으킬 수 있다.

SOPA/PIPA 논쟁에 대한 하버드의 연구는 디지털 소통을 통해 하나의 이슈가 소수의 사이트들을 넘어서 수천 개의 사이트들과 수백만 명의 사람들을 집결시킬 수 있다는 것을 보여준다. 이런 형태의 홍보는 구식 용어로 '유기적인 결과'라고 불린다.

오늘날 많은 사람들이 인식을 일깨우거나 추종세력을 만들거나 유권자들에게 동기를 부여하기 위해 '네트워크화된 공식 영역'에 영향력을 미치려고 한다. 그러나 네트워크 속에 갑자기 등장하는 계획되지 않은 동기요인인 '사건'이 훨씬 더 큰 영향력을 끼치는 경우가 종종 있다.

2012년 선거에서, 한 식당 보조원은 미트 롬니가 비공개 모금행사에서 했던 '47%' 발언이 담긴 장면을 '우연히' 촬영하게 되었다. 그후 네트워크 속에 업로드된 이 디지털 녹화파일의 파괴력은 오바마 대통령 선거캠프의 의도적인 노력에 뒤지지 않을 만큼 선거에 큰 영향을 미쳤다. 이것이 디지털세상의 새로운 표준이다. 이 사례는 디지털화의 용이성과 디지털의 손쉬운 유통이 사람들을 운명으로 인도할 수도 있다는 것을 잘 보여준다.

디지털 영역에서 '입소문'이 '유기성'을 대체하는 이유가 거기에 있다. 모든 사람이 스마트폰을 가지고 있는 요즘, 정치인들이나 입후보자들의 부적절한 발언은 동영상으로 쉽게 포착된다. 사람들은 요즘 입후보자들이 지나치게 미리 검토한 대본만 읽는다고 불평하지만, 그렇다고 인기의 감소를 무릅쓰고라도 위기상황을 만들지 않으려는 그들을 비난만 할 수 있을까?

협력: 2012년 대통령선거에서 롬니 캠프는 대통령선거 당일, 직원과 자원봉사자들이 할 일을 조직할 목적으로 ORCA라는 이름의 앱을 개발했다. ORCA는 운동원들이 투표율을 데이터 센터에 알려주는 소프트웨어로, 2008년 오바마 선거진의 '하우디니'를 모델로 삼은 것이었다. ORCA도 동일한 목적으로 만들어졌지만, 선거구에 따른 투표자의 수를 실시간으로 전송하기 위해 스마트폰을 사용한다는 것이 달랐다.

롬니 선거캠프 대변인이 선거 며칠 전 《허핑턴포스트》에 말했던 것처럼, "어떤 주의 현재 결과를 앎으로써, 우리는 롬니의 승리를 위해 투표를 독려해야 할 대상을 지속적으로 미세 조정할 수 있다."

ORCA가 성공하지는 못했지만, 그것이 디지털 데이터의 놀라운 사용법이자 훌륭한 아이디어임은 분명하다. 미국 전역에 분포된 롬니의 자원봉사자 34,000명은 선거일에 엄청난 양의 데이터를 전송함으로써 네트워크를 마비시켰다. 롬니 선거운동본부의 디지털 팀장이 나중에 말한 바로는, "그 시스템은 그만한 양의 정보를 받을 수 있는 준비가 되어 있지 않았다." 사실, 롬니의 보스턴 본부는 잠시 인터넷 연결이 끊겼다.

ORCA가 제대로 작동했으면 롬니가 승리할 수 있었는지 여부는 우리 논의의 쟁점이 아니다. 핵심은 정치 선거운동이 노력을 결집할 목적으로 실시간 데이터를 사용한다는 것, 그 결과 디지털화된 데이터가 선거 통계를 점점 더 정확하게 예측한다는 것이다. 나아가 디지털화된 데이터는 선거운동이 그다음에 할 일과 그다음에 가야 할 장소와 그다음 시간까지 암시해준다. 데이터가 행사의 주인이 되고 있는 것이다.

ORCA 사건이 분명히 보여주듯이, 대통령 선거일에는 엄청난 양의 데이터가 생성된다. 이미 존재했지만, 지금까지는 디지털화되고 주의 깊게 배치되지 않았던 데이터가. 이 정보들을 캡처하고 저장하고 활용할 수 있다면 정치가들은 앞으로 일어날 일의 그림을 훨씬 선명하게 그려볼 수 있다. 이는 전쟁터를 찍은 항공사진과 유사하다. 디지털 데이터는 전선이 어디로 향하는지, 강화가 필요한 지점이 어디인지, 측면 공격과 같은 특정한 전술이 효과가 있을지를 선거진에게 보여준다. 달리 말하면, 디지털 데이터는 진실을 보기 힘들게 만드는 선거기간 중의 안개를 제거할 수 있다.

디지털 데이터가 즉각적인 지원과 대규모 조직화를 가능하게 하는 건 비단 선거영역만이 아니다. 디지털 데이터만 협력하면 다른 분야들에서도 거의 하룻밤 사이에 항의나 시위를 일으킬 수 있다. 밤새 말을 달려 전장에 도착한 폴 리비어가 자고 있던 민병대를 깨웠던 것과 대조적으로, 지금 달리는 것은 디지털 데이터들이다. 이 디지털 데이터가 트위터와 페이스북과 이메일이라는 말을 타고 달리는 것이다.

이처럼 디지털 데이터가 정치운동의 풍경을 변화시켰지만, 아직 이를 실감하지 못하는 사람들도 많다. 그들은 새로운 디지털 협력이 과거 아날로그 시대의 협력과 정말로 크게 다른지 의심한다. 봉기와 항의를 존중하는 사람일수록 특히 더 그렇다. 어차피 봉기는 예전에도 갑자기 발생했고, 들불처럼 번지는 잠재력을 지니고 동일한 목표를 가진 수천 혹은 수백만 명의 사람들을 끌어들여오지 않았는가라고 하면서. 하지만 내가 강조하고 싶은 것은 디지털 데이터가 일으키는 증폭효과다. 디지털 데이터 덕분에 봉기(시위)가 더 자주, 더 큰 규모로 일어날 수 있게 되었다. 예전에는 하나의 봉기가 실현되기까지 훨씬 더 긴 시간이 걸렸고, 동조자의 확대에도 한계가 있었다. 또 시작조차 하지 못한 봉기도 무수히 많았을 것이다.

일어나지 않았던 것이 일어났으리라고 증명하는 것은 어렵지만, 아래에서 살펴볼 아랍의 봄을 통해 우리는 디지털 기술의 도래와 디지털 데이터의 폭발이 대중에게 동기를 부여하고 사회변화의 강력한 도구를 부여했음을 보게 될 것이다. 그러나 정부들에게도 그들 자신의 강력한 도구가 없지 않았다. 그 도구들은 최신무기와 결합해 잔혹한 진압을 가능케 했다.

디지털의 봄, 그리고 겨울

2010년 12월 17일, 튀니지 과일 노점상의 분신자살이 도화선이 되어, 그 연쇄반응으로 중동과 북아프리카 여러 나라에서 독재정권 타도 등을 외치며 항의와 시위가 일어났다. 많은 독자들이 알고 있겠지만, '아랍의 봄'은 좋은 결말을 맺지 못했다. 내부의 충격으로 휘

청대는 시간이 지난 후, 많은 정권이 반체제인사들을 탄압하며 그 소요에 폭력으로 대응했다. 게다가 옛 정권을 무너뜨리고 새로 들어선 정부도 더 나은 것이 없거나, 어떤 면에서는(적어도 서양적인 관점에서는) 무너진 정권보다 나빴다.

아랍의 봄 운동이 가져온 엇갈리는 결과들은 인터넷과 소셜네트워크의 활용을 통해 억압받는 시민들의 권리를 되찾는 운동을 극대화하고자 하는 열정을 식히고 말았다.

디지털 소통이 시위자들에게 자신의 의견을 펼치도록 돕고 조직화에도 어느 정도 도움을 준다는 데는 대다수가 동의한다. 페이스북 같은 소셜미디어는 조직화된 그룹과 비공식적인 네트워크를 변화시키고, 외적인 연계를 만들고, 시대와 사회에 대한 감각을 발전시키고, 세상의 관심을 끌어내는 데 중요한 역할을 한다.

그러나 정치적인 격변의 촉발, 생산, 지속에 있어서 소셜네트워크의 공헌도는 아직 논쟁의 대상이다. 필립 하워드Philip Howard와 무자밀 후세인Muzammil Hussain은 소셜네트워크가 담당했던 역할을 강력히 지지한다. 그들은 이렇게 말했다. "디지털 미디어는 아랍의 봄을 촉발시켰다. 그것들은 주요 궐기가 일어나기 전과 거리 시위가 조직되는 동안에 운동가들 그룹 안에서 심도 깊은 대화를 끌어내고 역량을 조직화하는 토대를 제공했다. 사실 시민 지도자들이 그렇게 성공적으로, 그렇게 많은 사람들에게 저항을 촉구할 수 있었던 것은 발전된 디지털 네트워크 덕분이었다."

《폴리티컬 사이언스》의 2012년 연례보고서에서 조지위싱턴대학 교수인 헨리 패럴Henry Farrell은 인터넷이 정치적인 영향을 미치는 메커니즘을 세 개의 카테고리로 분류했다. (1) 디지털 소통은 집단적 행동보다 더 적은 비용이 든다. (2) 그들을 그룹으로 집결시킴으로써 비슷한 관점을 지닌 개인의 능력을 향상시킨다(동종친화성 분류). (3) 디지털 네트워크는 처벌에 대한 두려움으로 독재정권하에서는 잘 드러내지 않던 진짜 신념을 드러낼 가능성을 높여주고 선호 조작의 개연성을 감소시킨다.

아랍의 봄과 소셜네트워크 사용의 실제적인 증거 대부분은 사용 데이터에 의존하는데, 그것은 애매모호한 결론을 도출한다. 시위 기간 동안 아랍 국가들의 소셜미디어 사용은 두 배 이상 증가했다. 《브리티시 저널 오브 소시올로지》의 연구에 따르면, "시위가 시작되었던 1월 25일부터 2월 28일 사이에 '#egypt' 해시태그가 붙은 이집트발 트위터 수는 매일 약 18,000개다."

하지만 이 연구는 시위 기간 동안 증가된 소통 네트워크를 분석하면서 이렇게 말한다. "이집트 시위와 관련된 트윗의 10분의 9는 이집트 외부에서 나왔으며, 그 트윗들은 주로 무바라크의 공직 사퇴와 같은 중요한 사건에 대한 정보를 전달하기 위한 것이었다." 그 연구는 결론을 내린다. "트위터는 내부적 정보 제공과 조직화의 도구라기보다는 봉기에 대한 정보를 바깥세상에 알리는 메가폰으로 활약한 것 같다."

2011년 6월판 《퍼스펙티브 온 폴리틱스》에서 조지워싱턴대학 교수인 마크 린치Marc Lynch는 디지털 도구들이 아랍의 봄 혁명에서 맡았던 역할에 대해 섬세하게 접근했다. 린치의 초기 분석은 특히 검열과 통제에 익숙해져 있는 피억압자들 사이에서 소셜미디어가 가지는 힘과 한계를 동시에 고찰한다. 지금은 우리도 안다. 그 혁명의 태동에 소셜미디어가 어떤 역할을 했든지 간에 소셜미디어만으로는 그 혁명을 지속시킬 수 없었다는 것을. 린치 또한 이렇게 썼다.

심각한 검열과 국제 표준에 비해 낮은 인터넷 보급률이라는 기존 상태 때문에, 텔레비전과 인터넷 기반 소셜미디어 등의 새로운 미디어는 아랍 같은 국가들에게 특정한 도전을 가져왔다. (…) 새로운 미디어가 아랍 상황에 영향을 미칠 수 있는 방법은 4가지다. (1) 집단행동의 추진, (2) 억압 메커니즘의 제한 혹은 고양, (3) 국제여론에 미치는 영향, (4) 공권력 통제에 미치는 영향. 새로운 미디어가 아랍 상황을 결정지을 이 4가지 벡터에 영향을 미칠 수 있다는 건 분명하다. 하지만 이 4가지 벡터가 어떤 결과를 만들어낼지는 아무도 모른다. 그리고 2011년 초에 이집트에서 발생했던 사건이 세상을 근본부터 뒤흔든 사건임은 분명하지만, 그 사건의 장기적인 결과는 여전히 진행 중이다.

먼저 반정부인사들이 첫 번째 벡터를 움직일 수 있었던 이유는 그 새로운 미디어의 처리비용이 낮았기 때문이라고 린치는 말한다. 확산비용이 저렴한 소셜미디어를 통해 정보가 빠르게 확산될 수 있었다. 지난날의 반체제인사들은 지하신문이나 팸플릿이나 라디오방송 같은 실물 도구를 만들어 동기부여를 해야 했다. 하지만 오늘날의 반체제인사들은 그런 비용을 들이지 않고도 같은 효과를 달성할 수 있다. 린치 역시 그 운동에서 '정보 폭포'의 역할을 검토한다. 소셜미디어를 통해 정보는 빠른 속도로 사람들에게 전달되었고, 사람들은 더 쉽게 다른 사람에게 동참하도록 용기를 줄 수 있었다.

이 현상은 특히 이집트에서 두드러졌다. 이집트 타흐리르 광장은 각계각층에서 모인 시위자들로 서서히 채워졌다. 그것은 전문 시위자들이 자신들의 의견을 개진하는 것과 달랐다. 모인 사람들은 정부가 시위자들에게 붙인, '진보주의 청년과 이슬람 극단주의자, 분쟁 야기자 외국인'이라는 딱지와 달리 일반대중이었다.

새로운 미디어는 권위주의 정부의 진압 비용을 높였다. "알자지라 카메라들과 활동가들이 경찰이 폭력을 행사하는 동영상들을 유튜브에 올렸다. 결과적으로 정부의 시위 진압은 역효과를 냈다. (⋯) 2011년 2월 1일 타흐리르 광장에 있던 정부의 사주를 받은 폭력배들의 모습이 텔레비전에 방송되었다. 덕분에 이집트 정부는 국제사회의 분노를 촉발시킴으로써 크나큰 비용을 치르게 되었다."

두 번째 벡터는 아랍의 민중봉기에 엇갈리는 결과를 불러왔다. 시위자들은 동기를 부여하고 소통하고 협력하는 데 있어 새로운 미디어에 의존했다. 그런데 이런 상황에서 정부가 인터넷 접속을 차단한다면 어떤 일이 벌어질까? 이것이 바로 1월 25일의 시위를 앞두고 이집트 정부가 했던 일이다. 이집트 정부는 인터넷과 모바일폰 네트워크의 전례 없는 셧다운을 실시했고, 시위대는 순식간에 무력해졌다. 또 이집트 정부는 디지털 데이터의 영구 저장소인 소셜미디어를 활용해 반체제인사들을 추적하고 탄압했다. 페이스북 페이지는 정부 수사관들에게 정보의 발굴처가 되었다. 린치는 정부와 모바일 네트워크 제공자들(통신회사) 간의 협력 역시 반체제인사들을 감시에 노출시켰다고 평가했다.

세 번째 벡터와 관련해서 이집트와 호스니 무바라크Hosni Mubarak 대통령은 한때 미국의 원조를 받던 미국의 동맹국이었다. 그러나 소셜네트워크(특히 트위터)를 통해 알려진 정보들은 무바라크에 대한 미국의 지지기반을 약화시켰다. 요약하면, 봉기나 반란이 '지역적인 사건'에 그치는 경우는 이제 거의 없다. 반체제인사들에게 도움이 되는 팩트들이 소셜네트워크를 통해 전해졌고, 그 결과 세계여론을(그리고 미국의 원조를) 자신들 쪽으로 움직였다.

마지막 벡터는 동기를 부여받은 시민들의 인터넷 숙련도가 공공영역을 좌지우지하려는 정부의 시도를 좌절시켰다는 것을 보여준다. "정보 생산자가 되어 정부의 검열과 매스미디어라는 편집통제권을 피해감으로써, 개인들은 정부의 통제에 더 잘 맞설 수 있는 새로운 유형의 시민들이 되었다"라고 린치는 썼다. 하지만 린치는 이런 낙관적인 측면 외에 인터넷 숙련도가 대부분 중심도시와 젊은 층에 집중되어 있어서 공평한 분배가 이루어지지 않았다는 단점을 지적한다. 덧붙이자면, 역사적으로 봉기를 일으킨 그룹도 인구통계학적으로 주로 이 그룹들이다. 하지만 그렇다고 반드시 해방을 가져오는 것은 아니다. 사실, 아랍의 봄의 그 많은 희망적인 봉기들은 대립하는 파벌 간의 다툼으로 끝나고 말았다. 그리고 보통은 가장 잔혹했던 파의 승리로 끝났다. 다른 식으로 말하면, 마틴 루터 킹 주니어가 자주 말하듯, 역사의 곡선은 정의 쪽으로 기울어 있을지 모르지만, 그렇다고 해서 그것이 무임승차라는 의미는 아니다.

끝으로, 디지털 데이터는 정치역학을 심화시킨다. 아랍의 봄은 디지털이 정치역학의 주요 단계들인 동기부여와 소통, 그리고 대중봉기로의 진행을 더 쉽게 만든다는 것을 보여준다. 이 때문에 인쇄기의 출현과 비슷한 변화의 낭떠러지 위에서 아슬아슬하게 균형을 잡고 있는 지금, 억압적인 정부들은 앞으로도 계속해서 혁명가들과의 끊임없는 분투에 휩싸일 것이다.

봉기의 빈도 증가가 결국 더 많은 자유를 가져올지도 모른다. 하지만 아직은 희망사항이다. 인쇄기의 출현은 데이터의 혜택을 입지 못하던 사람들에게 데이터의 홍수를 겪게 함으로써 투쟁의 시대를 열었다. 그러나 기득권자들 역시 만만하지 않았다. 그리고 그 과정은 오늘날까지도 계속되고 있다. 그럼에도 전체적으로 보면 인쇄기와 그것이 초래한 혁명들은 오늘날의 인류를 더 자유롭고 더 부유하게 만들었다. 시간은 걸릴지 모르지만, 디지털 데이터가 초래한 혁명들도 같은 결과를 우리에게 가져다줄 것이다.

미래의 정치

정치시위의 빈도수 증가는 억압적인 정부에만 한정되지 않는다. 디지털 데이터는 소속이나 대의명분을 인식하지 않는다. 아랍의 봄에 관한 연구에서 드러난 그 사실은 거의 보편적으로 적용되어, 미국 같은 안정된 자유민주국가들에서도 시위를 일으키는 원인이 될 수 있다.

2014년 8월, 마이클 브라운이 경찰의 총격으로 사망한 사건으로 발생했던 미주리 주 퍼거슨 시의 소요도 그 경우다. 그 총격은 항의의 물결을 일으켰고, 경찰과 퍼거슨 흑인사회의 대립은 격렬해졌다. 그 시위들은 1992년 4월 29일부터 5월 4일 사이에 로스앤젤레스에서 있었던 로드니 킹 재판의 여파로 인한 시위들과 크게 다르지 않았지만, 중요한 차이점들이 존재한다.

퍼거슨 시위가 훨씬 오래 지속되었다. 그리고 경찰의 강경한 초기

대응이 시위를 더 악화시키고 확장시키긴 했지만, 시위가 더 오래 지속된 가장 핵심적인 이유는 소셜미디어의 존재에 있다. 십대의 죽음에 대한 항의의 뜻으로 시작된 시위가 인종차별과 지방 경찰의 잔혹함에 대한 대중적인 소요로 빠르고 격렬하게 발전했다. 이 과정에서 활발한 디지털 정보교류는 퍼거슨의 공권력을 억제하는 역할을 했다. 엄청난 규모의 데이터가 디지털화(녹화)되고, 복사되고, 전파되었다. 그 혼란 속에 있던 언론인들 역시 자신들의 경험을 실시간으로 포스팅하며 시위에 부채질을 했다. 소식을 들은 외지인들이 그 도시로 몰려왔고, 그로 인해 상황을 통제하려던 경찰의 노력은 좌절되었다. 공권력을 남용하는 경찰의 행동을 녹화하고 인터넷에 올리는 일이 퍼거슨에서만 있었던 것은 아니지만, 차이가 있다면 소셜미디어의 망이 이미 광범하게 자리 잡았다는 것이었다. 심지어 시위가 정점에 달했을 때는 인터넷을 통해 실시간으로 방송되기까지 했다. 결국 2014년의 퍼거슨 사건은 사회의 주요 사건들을 디지털화하는 일이 앞으로는 점점 더 일상적인 일이 될 것임을 보여준다.

어떤 사건이 또 다른 퍼거슨 시위를 이끌어낼지는 아무도 예상할 수 없다. 퍼거슨만의 특수한 환경이 시위를 확대시킨 측면도 분명히 있다. 그러나 민주적이고 자유로운 사회에도 차별—인종적, 사회적, 혹은 기타 유형의—이 존재한다는 사실 또한 분명하다. 이런 차별에 대한 분노는 적절한 동기만 주어지면 디지털세상의 강력한 전파능력을 타고 끓어넘칠 수 있다. 그렇게 되면 퍼거슨에서 목격했듯이, 빠르게 증가하는 후속 시위들은 통제가 불가능해진다. 따라서 확장 일로의 디지털화는 사회불안의 빈도를 증가시킬 수 있다.

디지털화는 사회불안만이 아니라, 정치과정의 변화 역시 예고한다. 사람들이 정치권리를 행사하는 방법을 생각해보자. 예를 들어, 투표 집계는 많은 논란이 있지만 디지털 방식으로 이미 전환되었다. 그렇다면 다음 단계로 온라인 투표가 가능할 것인가? 이에 대해서는 많은 논란이 일겠지만, 그중 물리적인 '투표부스'가 있어야 한다는 구식 개념은 더 이상 반론의 근거가 되지 못할 것이다. 게다가 대통령선거 투표율이 60%에 불과하고, 중간선거의 투표율은 50% 미만이라는 사실은 온라인 투표가 시민의 참여를 증가시킬 것이라는 주장을 뒷받침하는 강력한 논거가 된다. 이 점에서 보면 아마도 전산개표기(원래는 개표를 돕고 부정행위를 줄이기 위해 시행되었다)에서 시작된 과정의 자연스러운 결말은 온라인 투표가 될 것으로 보인다.

또 디지털 데이터는 유권자의 선택과 후보자들의 전략에도 영향을 미친다. 오늘날의 선거는 유권자들의 도덕적 성향과 더불어 그들의 사회경제적 필요에 초점을 맞춘다. 그러나 웨어러블 기술 등을 통해 디지털 정보가 많아지면, 미래의 정치과학자들은 유권자들의 행동이 도덕적·이념적 성향이나 사회경제적 필요가 아니라 그들의 심리상태에 좌우된다는 것을 발견하게 될지 모른다. 만약 긍정적인 유권자가 특정한 관점이나 메시지에 대해 더 수용적이라면, 선거운동은 그 데이터를 이용하려고 할 것이다. 정치 컨설턴트들 역시 어떻게 해야 유권자들의 기분을 달라지게 할 수 있는지 알고 싶어 할 것이다. 그런 후, 그들에게 적합한 홍보를 할 것이다.

유권자들은 자신과 관련된 디지털 정보를 통해 각각의 정치적 메시지에 대한 자신의 느낌을 확인할 수 있을지 모른다. 특정한 정치 메시지나 특정 후보자에 반응해 당신의 심박수나 혈압이 어떻게 변하는지 확인하는 자신의 모습을 상상해보라. 지금의 우리는 자신의 반응을 직관적으로만 느끼지만, 미래에는 직접 그리고 수치적으로 확인할 수 있을 것이다.

정치홍보 역시 커다란 변화를 겪을 준비를 갖춰야 한다. 2014년 7월, 《월스트리트저널》은 정치가들이 적절한 시기에 적정한 대상을 고르기 위해 디지털 데이터를 사용하는 방법에 관한 기사를 냈다.

뉴저지의 공화당원인 크리스 크리스틴은 작년 재선 선거유세를 하며 히스패닉 유권자들에게 어필하고자 했다. 그리고 외부의 데이터 계산팀이 두 남자 사이에서 번민하는 여자의 이야기를 담은 텔레비전 연속극 〈다마 이 오브레로〉의 시청자들이 로맨틱 코미디 〈포르크 엘 아모르 만다〉의 시청자들보다 그의 메시지에 훨씬 더 우호적이라는 것을 알아냈다.

이 발견은 세부적인 유권자 정보와 소비자 조사로부터 얻어진 것이었다.

미디어의 대중성이 줄어들고 개별성이 늘어남에 따라, 선거캠프는 자신들이 목표로 하는 인구집단에 접근하기가 더 쉬워졌다. 아날로그 텔레비전과 라디오 시절에도 어떤 유형의 사람들이 어떤 유형의 방송을 시청하는지 추정은 할 수 있었다. 하지만 100% 정확하지는 않았다. 반면에 요즘은 더 많고 다양한 케이블 채널과 디지털 방송 덕분에 광고주들은 더 세분화된 인구통계학적 정보를 얻어 어떤 시청자가 어떤 방송을 보는지 정확하게 알게 되었다. 광고주들은 누가 무엇을 보는지만 아는 것이 아니라 언제 보는지, 시청을 그만두었다면 어떤 부분에서 그만두었는지도 전부 안다. 텔레비전 베젤에 카메라가 장착되기 시작하면, 광고사들은 특정 프로그램이나 광고를 볼 때의 시청자의 자세 변화까지 분석할 수 있을지 모른다. 한 걸음 더 나아가, 이런 디지털 카메라를 통한 정보는 즉각적인 사용이 가능해서 정치 홍보가들은 홍보를 진행하는 도중에 자신들의 메지지를 수정할 수 있을 것이다.

우리는 콘텐츠가 인구통계학적 분석이 아닌 개인맞춤식 조정을 향해 가는 가파른 곡선 위에 있다. 개인의 구글 검색결과는 검색이력과 G메일 내용과 개인이 남긴 다른 디지털 지문들을 기초로 이루어진다. 또 트위터 등의 디지털 플랫폼은 개인과 관련한 사실정보만이 아니라, 개인에 대한 분석정보까지 사용한다. 따라서 당신 자신은 자신이 보수주의자인지 진보주의자인지 모르지만, 디지털은 알고 있을 수 있다. 이 때문에 '오바마케어'를 검색하면 보수주의와 진보주의자에게 각각 다른 검색결과가 나올 수 있다.

이 트렌드에서 한 발 더 나아가면, 개인맞춤식 정치는 정치인의 선거운동과 정치활동 등에서 패러다임을 완전히 바꿀 수 있다. 대상 유권자 선정에 한계가 있는 지금은 정치인들이 나이나 인종, 경제력 같은 특정 범주로 개인들을 억지로 분류한다. 불완전하긴 해도, 특정 인류통계학의 구성원들은 비슷한 정치성향을 지닌 것으로 알려졌기에 이 과정은 꽤 효과적이다. 그러나 치열한 정치세계에서 정치가들에게는 유권자 한 사람 한 사람이 중요하다. 이 때문에 정치인들은 언제나 유권자들을 인류통계학적 그룹으로 묶는 대신, 좀더 세분화되고 덜 포괄적인 분류로 구분하고 싶어 한다. 게다가 유권자 개개인을 위한 맞춤형 메시지를 고안하는 것은 정치인들의 능력을 벗어난 일이지만, 유권자들을 좀더 세밀한 범주로 구분하는 것은 지금도 가능하다. 디지털 데이터의 일반화 덕분이다.

그러니 앞으로 디지털 데이터의 생성과 캡처, 분석이 발달하면 할수록 접근 불가였던 시장이 실행 가능하며 이용 가능한 시장이 될 것이다. 예를 들면, 정치 컨설턴트들은 한 중년 히스패닉 여성을 동일한 성과 나이의 다른 히스패닉 유권자들과 동일한 집단으로 묶을지 모른다. 그러나 그 여성의 정치적 성향이 젊은 백인남성과 유사하다면? 현재로서는 이 정도까지 자세히 알 방법은 없다. 하지만 디지털 데이터가 그것을 가능하게 만들 것이며, 그로 인해 미래의 정치에는 획기적인 변화가 일어날 것이 확실하다.

12장

문화충격

"사람들이 실생활에서의 인격뿐만 아니라
그들이 남긴 디지털 발자국으로 서로를 판단하는 디지털 문화에서는
신념이 있어야만 데이터 공유를 그만둘 수 있다."

— 줄리아 앵윈Julia Angwin

당시의 과학 이론과 논쟁들을 바탕으로 하늘과 수중과 우주여행에 관한 공상과학소설을 썼던 쥘 베른Jules Verne(1828~1905) 시대 이후, 대중문화와 선진 과학기술은 불가분의 관계를 유지해왔다. 베른은 그 당시 개념에 불과했던 이론에 자신의 천재적인 상상력을 결합시켰다. 엉성한 이론이라도 없었다면 그의 이야기는 완전한 날조에 그쳤을 것이다. 공상과학소설 장르가 산업혁명이 한창이던 시절에 만들어졌던 이유가 여기에 있다. 소설이 기초로 삼을 과학이 전혀 존재하지 않는다면 공상과학소설도 존재할 수 없기 때문이다. 그리스로마 고전으로는 우주여행이나 로봇 이야기를 만들지 못했다. 당시의 과학이나 기술 수준이 그것을 가능하게 하지 못했기 때문이다. 그러나 베른의 시대 이후로 가능성은 더 확장되었고, 따라서 공상과학소설의 공상적 요소들도 마찬가지로 확장되었다.

공상과학소설의 가치는 사실이 아닌 것을 가능하다고 상상하는 엔터테인먼트에 내재하는 가치 그 이상이다. 최고의 공상과학소설은 현대세계의 거울로 작용하는 데다가 상상의 미래 배경 속에서 현대 기술과 트렌드의 가능성과 함정을 검토하는 역할도 한다. 그 점에서 레이 브래드버리가 쓴《화씨 451》은 전체주의 정권의 위협과 매스미디어의 위험에 관한 책이라고 할 수 있다. 또 이 점에서 스탠리 큐브릭Stanley Kubrick의 영화〈2001년: 스페이스 오디세이〉도 단순한 우주여행을 다룬 영화가 아니다.

그렇다면 오늘날의 공상과학소설 중에도 삶에서 디지털 데이터의 중요성과 씨름하는 작품이 있어야 이치에 맞다. 우리는 이미 스티븐 스필버그의 〈마이너리티 리포트〉를 논의하며, 그 영화에 담긴 미래기술들을 현실적인 관점에서 살펴본 바 있다. 그 영화의 핵심은 우리가 기술을 가지고 무엇을 할 수 있는가가 아니라, 무엇을 해야 하는가다. 비슷한 맥락에서, 2013년 영화 〈그녀〉도 인간이 기술과 교류하는 방식에 대해 말한다. 하지만 이 영화의 핵심도 언젠가 가능해질 기술혁신에 관한 이야기가 아니라 디지털화된 세계로 더 깊이 들어갈 때 존재하게 될 인간과 컴퓨터의 관계에 대한 질문이다.

영화에서 호아킨 피닉스는 충격적인 이혼에서 회복하려고 노력하고 있다. 그는 회상 장면에서 나오는 전 부인 곁의 활기찬 남자와 대조적으로 실의에 빠진 외로운 사람이다. 그는 충동적으로 자신의 컴퓨터에 진정한 인공지능을 표방하는 새 운영체제를 설치하고 그 OS의 정체성을 여성(스칼렛 요한슨의 목소리)으로 설정한다. 비싼 가격에 보답이라도 하듯, OS는 피닉스만이 아니라 다른 OS들과도 소통하며 '배운다'. 결국 피닉스는 자신의 사랑에 보답하는 '사만다'와 사랑에 빠진다. 이 부분은 덜 자세히 이야기할수록 더 좋을 것이다. 그런데 미친 소리로 들리겠지만, 이 사랑 이야기는 설득력이 있다.

그것이 설득력이 있는 이유 중 하나는 그 영화가 가까운 미래가 아닌 정확히 가늠할 수 없는 때를 배경으로 했다는 것이다. 훨씬 화려하다는 것만 빼면 지금 현실과 아주 닮은 세계다. 〈그녀〉의 많은 부분은 현실을 기초로 했다. 기술적인 면에서 보면 그 영화 속 세계와 지금 현실과의 간극은 그리 크지 않다. 영화의 OS들은 PC에 국한되지 않는다. 오히려 인간생활의 모든 측면을 관할하는 운영시스템 역할을 한다. '그녀'는 한 기기의 OS 이상이다. 그녀는 기기들과 애플리케이션 전반에 걸친 시스템이다. 오늘날에도 애플(시리), 구글(구글나우), 그리고 마이크로소프트(코타나) 등이 차세대 디지털 비서를 구축하기 위해 노력하고 있다. 그 영화에서처럼 당신도 기기를 통해 시리에게 '말'할 수 있다. 그리고 '그녀'는 당신의 전화기 OS를 통해 대화하고, 이메일을 수정하고, 약속을 잡고, 앱에 접속해 다양한 일을 수행한다. 시리, '그녀'는 엄밀히 따지면 OS 안에 존재하지 않는다. 시리와의 대화는 구름 속을 지나 순식간에 돌아온다.

'사만다'를 설치하기 전, 피닉스의 OS는 인간보다는 로봇에 더 가까웠다. 아직은 배우거나 별 능력이 없는, 단지 요구사항을 실행하는 정도였다. 그러나 '사만다'는 성장할 수 있고 피닉스의 변화하는 요구에 적응하고 부응할 수 있는 능력을 가졌다. 분석하자면, 그것은(혹은 그녀는) 그의 희망과 욕구를 예측했으며, 그것이 그들의 사랑이 시작되는 지점이었다. '사만다'는 피닉스 삶의 거의 모든 면에서 동반자가 되었다. 심지어 그가 외딴 야생의 공간으로 휴가를 떠나 오두막에서 지낼 때에도 '사만다'는 그의 스마트폰을 통해 함께 있었다. 디지털이 피닉스와 '사만다' 둘의 세계 사이에 존재하는 깊은 간극에 다리를 놓아준 것이다. 예를 들면, '사만다'는 스마트폰 카메라센서를 통해 피닉스의 세계를 볼 수 있다.

영화 〈그녀〉는 많은 쟁점을 제기하지만, 동시에 그 영화에 단 하나의 해석만 존재하는 것이 아니라는 사실은 우리가 가까운 미래에 기계와 맺게 될 매우 사적인 관계에 대해 많은 것을 말해준다. 물론 우리가 기기와 로맨틱한 관계에 빠지지 않을지는 몰라도, 인간 지인들보다 그들이 우리에 대해 더 많이 알게 될 가능성은 크다. 그것은 데이터의 디지털화와 다양하고 광범위한 정보를 디지털적으로 연결함으로써 가능하다.

실물세상에서 우리가 누군가를 아는 방식은 그의 행동방식 등 관찰 가능한 데이터를 의식 무의식 중에 마음에 새겨서다. 그 데이터는 언어적으로, 비언어적으로 우리에게 주어진다. 우리는 친구가 어떤 사람인지, 어떤 사람이 아닌지, 그를 화나게 하고 슬프게 하고 행복하게 하고 좌절시키는 것이 무엇인지 배운다. 그러나 우리에게 모든 세부사항을 전부 캡처하고 보유할(기억할) 능력은 없다. 그래서 가용 데이터 전부에 접근하지 않고, 휴리스틱(문제를 해결하고 빠른 판단을 내릴 수 있게 해주는 정신적인 지름길)을 사용하곤 한다. 그러나 다지털화가 진행되면 될수록 상황이 달라진다. 개인적인 '선호도' 혹은 심리까지 기계로 판독이 가능하기 때문이다.

기계는 곧 우리를 더 잘 알게 될 것이다. 우리가 그들에게 더 많이 '말할' 것이기 때문이다. 예를 들면 미래에는 당신이 먹는 음식이나 당신이 보는 영화에 대한 당신의 느낌을 기계가 더 정확하게 측정할 수 있게 될 것이다. 당신이 착용한 센서나 물리공간에 설치된 센서들이 측정한 수치만 조사해도 이것이 가능하다. 나아가 컴퓨터 시스템은 이런 정보 수집을 통해 당신에게 '잔소리'를 할 수도 있다.

어떤가? 오싹하지 않은가? 영화 〈그녀〉는 인간의 기계의존도 심화와 그 이면의 불안을 결합해 그럴듯한 러브스토리를 만들었다. 《뉴요커》지의 간결한 리뷰에 따르면, "N.S.A.와 온라인 삶의 다공성에 대한 헤드라인이 나오고 일 년 후, 우리의 염려(누군가가 우리의 내적 자아를 손에 쥘 수 있다는 존재론적인 불안)가 〈존 말코비치 되기〉와

〈괴물들이 사는 나라〉를 만든 사내(영화 〈그녀〉의 감독 스파이크 존즈를 말함 – 옮긴이)가 만든 기이한 로맨스에 이토록 잘 새겨질 것이라고 누가 상상했겠는가?"

이 공상과학 사례와 비슷하게, 이 장에서는 디지털에 영향받은 우리 삶의 영역을 다룰 것이다. 하지만 주의하라. 다음에 검토하는 것은 디지털 데이터가 우리를 위해서 무엇을 할 것인가가 아니라 디지털 데이터가 우리에게 무엇을 할 것인가다.

'문명의 이기로부터 격리'되어본 적이 있는가?

2013년 크리스마스 전 금요일 오전 10시 19분, 홍보 담당자로 일하던 저스틴 사코가 트윗 하나를 띄웠다. "아프리카로 가는 중. 에이즈에 걸리지 않길. 농담임. 난 백인이니까!" 그녀가 런던에서 남아프리카 케이프타운까지 11시간의 비행을 위해 탑승하기 몇 분 전이었다.

어떤 기자가 그 트위터를 채택해 자투리 뉴스에 실었다. 그 글은 곧 이곳저곳으로 퍼져나갔다. 상황은 가속화되고, 더 많은 디지털 군중들이 모여들었다.

오후 5시 30분경, 마이애미에 사는 어떤 여성이 '#아직 저스틴은 도착하지 않았나'라는 해시태그를 만들었다. 저스틴이 케이프타운에 도착할 무렵, 그 해시태그는 세계적으로 퍼져나가고 있었다.

저스틴은 자정이 지나고서야 그 모욕적인 트윗을 삭제할 수 있었다. 그녀가 비행기에서 내렸기 때문이다. 그러나 피해는 이미 발생했고, 그녀의 평판은 땅에 떨어졌다. 그녀의 이름은 3만 번 이상 트윗되었고, 그 해시태그는 만 번 이상 사용되었다. 처음 트윗을 보내고 몇 시간 후, 그녀가 탄 비행기가 착륙도 하기 전에, 저스틴 사코는 직장에서 해고되고 소셜미디어에서 조용히 사라졌다.

트위터와 페이스북이라는 가상세상에 글을 올릴 때 조심해야 한다는 건 이미 상식이 되고 있다. 소셜미디어 때문에 직업을 잃는 사건은 일주일이 멀다 하고 발생한다. 이런 현상에 대해 거시문화적인 의미를 찾을 수도 있겠지만 반대로 간결한 설명도 가능하다. 디지털화된 정보는(특히 온라인에서 하는 말은) 디지털 정보 카탈로그의 일부가 된다. 그것은 쉽게 복사되고 이동 또한 쉽게 가속화된다. 따라서 디지털화된 정보가 다른 사람에게 알려지면, 당신이 통제하기란 불가능하다.

어쩌면 이보다 더 중요한 사실은 실물공간이 디지털화할수록 잠시라도 '문명의 이기로부터 격리'되기가 점점 더 힘들어진다는 사실일지도 모른다. 디지털 데이터가 불쾌감을 줄 때 우리는 손실을 최대한 줄이려는 시도밖에 할 수 없다. 모욕적인 트윗을 인터넷에서 완전히 '삭제'하기는 불가능하지만, 트위터에서 즉각 지울 수는 있다. 사코의 트위터 사건이 있기 몇 달 전, 코미디언 스티브 마틴이 무신경하게 인종차별 발언을 했다가 포스팅 몇 분 후에 그것을 삭제했다. 그 트윗은 여전히 누군가가 스크린으로 들여다볼 수 있는 '바깥 어딘가에' 존재한다. 그러나 그것을 삭제함으로써 마틴은 자신의 실수를 인정했을 뿐 아니라, 그 트윗이 통제를 벗어나 네트워크로 연결된 공적영역으로 빠르게 확산되는 것을 방지할 수 있었다.

역으로 보면 '문명의 이기에 접해 있을' 때에만 바로잡을 기회도 있다. 당신은 일상의 대부분 시간 동안 '문명의 이기로부터 격리'되어 있지 않다. 왜냐하면 당신은 하루 중 대부분의 시간 동안 스마트폰을 지니고 있기 때문이다. 스마트폰을 소유한 미국인의 약 70%가 하루에 150번 스마트폰을 확인한다. 게다가 18세에서 44세 인구의 79%는 하루 22시간 스마트폰을 곁에 둔다.

온라인 세상과 오프라인 세상 사이의 간격은 날이 갈수록 줄어들고 있다. 다수의 개인들에게는 간신히 빛이 들어올 정도의 간격만 남았을 뿐이다. 그래서 누군가가 트위터로 문제 발언을 한 후 저스틴처럼 긴 시간 동안 문명의 이기에서 격리되는 경우는 드물다. 저스틴이 다른 대륙행 비행기에 오르기 직전에 트윗을 보낸 건 불운 혹은 오판이었다. 저스틴의 사례는 지금이 과도기이기 때문에 발생한 특별한 경우라고 보아야 할 것이다. 미래에는 그렇게 오래 문명의 이기에서 벗어나는 일 자체가 일어나지 않을 것이다.

우리를 둘러싼, 그리고 우리에 관한 모든 것이 실시간으로 디지털화되는 때에 이 '연결'(상시 온라인 상태)은 우리 삶에 어떤 영향을 미칠까?

이 질문이 진짜 핵심이다. 그런데 그 큰 그림을 검토했던 퓨 리서치 프로젝트는 대체로 긍정적인 응답을 발견했다. 2014년 2월, 인터넷 사용자의 90%가 인터넷이 '개인에게 유용하다'고 응답했다. 단지 6%만이 해롭다고 대답하고, 3%는 양쪽 다라고 대답했다. 그와 비슷하게, 인터넷 사용자의 6%가 인터넷이 사회를 위해 유용하다고 믿었다. 반면 15%는 해롭다고 대답했고, 8%는 양쪽 다라고 대답했다.

인터넷의 효과에 대한 이 압도적인 긍정적 평가를 맥락 속에 넣어보자. 사람들이 유용하다고 말할 때, 그들은 인터넷 접속을 통해 지인이나 가족과 소식을 주고받을 수 있는 능력과 상거래의 용이성을 떠올린다. 오늘날 대부분의 인터넷 사용자들이 온라인으로 하는 활동이 이런 것들이다. 이를 보면 인터넷의 최악의 결과들, 특히 트위터와 페이스북 같은 소셜미디어들의 최악의 결과들(무감각과 거의 폭도 같은 사고방식)이 대다수 사람들에게는 일반적이지 않다는 것을 알 수 있다. 사실 대부분의 사람들은 온라인 예절을 지킨다(그 보답으로 주어지는 것이 긍정적인 인터넷 경험이다).

그런데 사용자들에게 인터넷이 '사회'에 끼치는 효과에 대해 물었을 때는 긍정적인 답을 하는 비율이 줄어들었다. 사용자들이 이 질문에 무엇을 떠올렸는지 정확히 알 수는 없지만, 아마도 그들은 관련 기사나 직접 경험한 나쁜 태도들을 떠올렸을 것이다. 모욕적이고 쓰레기 같은 언어가 난무하는 댓글들과 해킹 등의 온라인 절도, 정치적 고의성이 짙게 깔린 글들 말이다.

인터넷이 다소 저속하고 소란스러운 공간이라는 점도 대부분 인정한다. 그럼에도 대다수 인터넷 사용자의 경험이 긍정적이라는 사실은 고무적이다. 다른 말로 하면 나쁜 트위터가 누군가의 하루를(혹은 삶을) 망치는 사례가 이따금 있는 건 사실이지만, 즐겁고 해가 되지 않는 온라인 소통이 훨씬 더 많다는 것이다. 이는 인터넷과 '상시 온라인'인 상태에 부정적인 결과가 없지는 않지만, 그렇다고 인터넷이 '거친 서부'는 아니라는 사실을 말해준다.

오늘날 인터넷은 디지털 정보가 우리 삶으로 밀려들어오고 빠져나가는 주된 메커니즘이다. 아 때문에 대다수 사람들이 자신의 인터넷 경험을 긍정적으로 평가한다는 사실은 디지털화의 흐름이 더 가속화된 미래의 입장에서 보면 희망적인 징후다. 그럼에도 불구하고 미래의 인터넷은 디지털 정보의 쓰나미가 우리의 정체성과 우리의 문화에 영향을 주는 수많은 수단들 중 하나에 불과할 것이라는 점을 잊지 말아야 한다.

데이터에 의해
규정된 정체성

나는 이 책 전체를 통해 디지털 정보(지금까지는 주로 인터넷을 통해 경험된)가 우리에게 미치는 영향에 대해 강조해왔다. 디지털화는 우리의 문화와 우리가 스스로를 정의하는 방식에 현저한 영향을 미치고 있다. 먼저 대량 맞춤제작을 허용하는 디지털화가 미칠 여향에 대해 살펴보자.

1차와 2차 산업혁명은 상품과 서비스의 대량생산을 가져왔다. 이 두 산업혁명은 삶의 모든 영역에 영향을 미쳤기 때문에 역사상 중요한 전환점으로 간주된다. 이 산업혁명들은 제조와 생산 과정에서의 효율성을 불러왔다. 기계화된 면사방적기와 전력의 사용이 두 산업혁명을 특징짓는 기술에 포함되는 데서도 알 수 있듯이 초기산업혁명들은 대량생산으로 정의되는 품질의 균일화를 가져왔다. 하지만 지금 전개되고 있는 3차 산업혁명(저자의 3차 산업혁명은 흔히 말하는 4차 산업혁명을 가리킨다 - 옮긴이)은 기계가 아닌, 디지털 데이터에 의해 추진되고 있다. 앞서 개략적으로 설명한 5개의 기둥들(컴퓨터 사용의 편재성, 보편적 접속, 디지털 기기의 급증, 디지털 저장의 접근성, 센서의 장착)이 3차 산업혁명을 가능하게 하는 기술들인데, 처음의 두 산업혁명이 그러했듯이 3차 산업혁명 또한 일상의 모든 측면에 영향을 미치리란 건 분명하다.

3차 산업혁명의 주요 속성 중 하나는 앞에서도 설명했듯이 대량 맞춤제작이다. 대량 맞춤제작은 대량생산 속성을 강화하겠지만, 다른 한편에서는 소비자들이 서비스와 상품을 자신들의 개별적 필요에 맞게 맞춤제작할 수 있도록 허용해준다.

완전한 아날로그세상에서는 선택이 어쩔 수 없이 제한되는 때와 장소가 많았다. 그러나 디지털 영역에서는 이런 제한들이 사라진다. 성정체성 같은 간단한 예를 들자. 아날로그세상에서 작성해야 하는 서류에는 '남성'과 '여성' 두 가지 선택지만 있을 가능성이 많다. 그러나 디지털 선택지는 그렇게 제한될 필요가 없다. 예를 들면 페이스북은 50개가 넘는 다양한 선택사항 중 하나를 선택함으로써 사용자들 스스로가 자신의 성을 규정하도록 허용한다. 디지털 데이터의 속성 중 하나인 무한 가분성 덕분에 심지어 성도 수많은 상태로 구분될 수 있다. 이처럼 개인들은 디지털세상에서 완전한 주문제작을 할 수 있게 되고, 우리를 규정하는 정체성의 속성은 구획이나 데이터의 제안에 제한되지 않고 점점 다채로워질 것이다.

2012년, 트위터는 광고자들에게 성을 기준으로 홍보대상을 정할 수 있는 권한을 주기 시작했다. 하지만 흥미로운 점은 사용자들이 성별을 밝히도록 요구하지 않는 트위터가 '사용자들의 프로필명이나 그나 그녀가 팔로우하는 계정 같은 공개 신호를 통해 성별을 알 수 있다'는 것이다. 그들은 전 세계 사용자들의 성별을 90% 이상의 정확도로 예측한다고 주장한다. 다른 말로 하면, 트위터는 데이터를 이용해 성별을 파악한다. 그렇다면 누군가의 신체를 보고 둘 중 하나를 선택함으로써 성별을 파악하는 물질세상에서 벗어나, 사용자의 선택 패턴에 기초하여 그 사람의 성을 규정하는 디지털세상으로 나아간 것이라고 볼 수 있다. 이처럼 앞으로는 자아 정체성이 데이터에 의해 규정되는 일이 더욱 비일비재해질 것이다.

기부방식의 변화

2014년 여름, 아이스버킷 챌린지로 알려진 캠페인이 페이스북을 통해 퍼져나갔다. ALS협회에 의해 기획된 그 캠페인은 최근의 가장 창의적이고 성공적인 소셜미디어 캠페인이 되었다. 캠페인 방식은 페이스북 사용자 한 명이 친구들에게 차가운 얼음물을 머리에 뒤집어쓰라는 '도전'과제를 던지면서, 루게릭병으로도 알려진 근위축성측삭경화증(ALS) 환자들을 위한 기금에 기부금을 보낸다. 도전을 받은 사용자들은 자신이 얼음물을 뒤집어쓰는 비디오를 포스팅하고, 보통 24시간의 제한을 두고 서너 명의 다른 친구들에게 같은 도전과제를 제시한다.

이 전략이 입소문을 탔다고 말하는 건 절제된 표현이다. 그해 여름이 끝날 무렵이 되자 유명인과 정치가, 운동선수를 포함한 수백만 명의 사람들이 그 도전을 완수했다. ALS협회는 모금액이 전년 같은 시기에 비해 3,000% 증가했다고 발표했다. 기존의 기부자들과 수십만 명의 새로운 기부자들에게서 나온 모금액이었다.

데이터의 디지털화가 구호기금을 내는 방식을 변화시킨 또 다른 예를 살펴보자. 2010년 아이티에서 대지진이 발생하자, 4,300만 달러의 구호기금이 휴대전화를 통해 들어왔다. 그 캠페인은 사용자들이 어떤 번호로 HAITI라는 문자메시지를 보내면 그 즉시 10달러의 아이티 구호기금이 보내지도록 하는 방식을 허용했다. 스마트폰으로 하는 기부방식의 용이성은 당연히 전통적인 방식에만 의존했을 때보다 기부금 액수를 훨씬 더 많이 증가시켰다. 퓨 리서치의 한 연구에서 밝혀진 바로는 그들 중 74%가 최초로 모바일 기부를 했다. 더 중요한 사실은 기부자의 43%가 대화를 통해, 34%는 문자메시지를 통해, 21%는 소셜미디어를 통해, 그리고 10%는 이메일을 통해 가족이나 친구에게 기부를 독려했다.

퓨 리서치가 밝힌 바에 따르면, 디지털 데이터는 매체의 용이성 덕분에 전체 기부금을 증가시킬 뿐 아니라, '네트워크로 이어진 공적 영역'을 이용해 성과를 거둔다. 인터넷은 온라인 기부를 쉽게 만드는 데 그치지 않는다. 네트워크 포 굿의 조사에 따르면, 2013년에 온라인 기부는 14% 증가했고, 40,000개의 자선단체에 총 1억 9,000만 달러의 기부금이 전해졌다. 보통 명절 쇼핑시즌이 시작되는 12월에 개최되는, '#기부하는 화요일'로 알려진 소셜미디어 캠페인이 시작된 이듬해에는 전년도에 비해 73%의 기부금이 증가했고, 돈을 받은 자선단체는 23% 증가했다. 디지털화가 우리의 기부방식을 바꾸고 있는 것이다.

디지털
격차

디지털이 삶의 중심에 자리잡기까지의 속도를 고려하면, 인터넷이 등장하기 전에 성년이 되고 나이가 든 구세대와 인터넷이 존재하지 않던 시절을 경험하지 못한 신세대 사이에는 깊은 '디지털 격차'가 존재할 수밖에 없다. 전통적인 대중매체들이 수십 년에 걸쳐 점차적으로 발전했던 것과 달리, 인터넷이 처음 대중 앞에 등장한 후 문화적으로 완전히 침투할 때까지 걸린 시간은 정말 짧다. 우리가 인터넷을 채 이해하기도 전에, 우리 자녀들은 이미 그 사용과 다양한 적용에서 어른들을 능가하고 있다.

존 팰프리John Palfrey와 우르스 가서Urs Gasser는 그들의 책 《그들이 위험하다: 최초의 디지털 네이티브 세대에 대한 이해》에서 디지털 기술에 잠겨서 성장하는 세대라는 주제를 깊이 다루었다. 그들이 지적한 대로, 페이스북 같은 플랫폼들은 우리의 관계 맺기를 변화시킨다. 오늘날에는 실물세상에서는 한 번도 만나지 못하고 디지털세상에서만 만나는 사람과도 얼마든지 우정을 쌓을 수 있고, 나아가 실물세상에서보다 훨씬 더 쉽게 그 우정을 단절할 수 있다.

단순히 정보의 디지털화 때문만이 아니다. 관계의 모든 측면이 디지털화되고 있기 때문이다. 내 아들 라이언이 나에게 어떤 사진을 인스타그램이나 페이스북에 업로드해달라고 부탁하는 일은 드문 일이 아니다. 라이언은 두 플랫폼 어느 쪽에도 자신의 계정을 가지고 있지 않다. 또 그러고 나면 그는 자신이 '좋아요'를 얼마나 받았는지 잊지 않고 확인한다. 디지털 네이티브들의 자기확인 방식의 하나라고 해야 할 것이다. 장기적 영향에 대해서는 아직 판단하기 섣부르지만, 이런 온라인 행동양식이 지금 당장 우리 아이들에게 어떤 영향을 미치고 있는지 검토해볼 필요는 충분하다. 다나 보이드Dana Boyd가 말했듯이, "인터넷은 일상의 좋고 나쁘고 추한 모든 모습을 비추고 확대하고 더 잘 보이게 만든다. 이 도구를 수용하고 매일의 삶에서 그 도움을 받는 십대들은, 인터넷 시스템이 미치는 영향을 잘 보여준다."

왕따에 대해 생각해보자. 실제 왕따도 그렇지만, 사이버 왕따도 신고되지 않는 경우가 많아서 정확한 통계를 구하기는 어렵다. 하지만 어반 인스티튜트 연구소의 2013년도 연구에 따르면, 십대들의 17%가 사이버 왕따를 신고했고, 26%가 사이버 데이트 폭력을 신고했다. 사어버 왕따는 실물세계에서의 왕따와 연결될 뿐 아니라 자살로 연결되는 경우가 많아 주된 관심의 대상이 된다. 의학잡지인《JAMA 페이애트릭》은 사이버 왕따는 전통적인 왕따보다 자살충동을 강하게 자극한다고 보고했다. 그러나 아직 더 많은 조사가 필요하다.

사이버 왕따가 자살 충동을 자극하는 이유 중 하나는 온라인의 공개성에 있다. 사이버 왕따는 피해자를 포함하여 관련자 모두에게 노출되는 페이스북 페이지에서 이루어질 수 있다. 반면 실물세상에서의 왕따는 일대일이나, 적어도 더 작은 그룹을 배경으로 발생하는 경우가 많다.

더욱이 피해자가 가해자에게 직접적인 반격을 할 수 없는 온라인 왕따의 특성상 두 가지 부작용이 발생한다. 첫째는 디지털 벽이 가해자에게는 일종의 보호막이 되기 때문에 아이들이 상대적으로 부담없이 가해자 편을 들게 된다는 점이다. 둘째는 주로 언어폭력으로 이루어지는 사이버 왕따를 통해서는 피해자가 입는 상처를 눈으로 확인할 수 없다는 점이다. 이런 이유들로 인해 다른 경우에는 왕따를 시키지 않을 아이들이나, 왕따에 쉽게 상처입지 않을 아이들도 디지털세상에서는 감정의 '오버' 상태에 빠지고 마는 것이다.

가족과 대인관계의 원동력

그러나 강화가 언제나 나쁜 것은 아니다. 예를 들면, 퓨 리서치의 조사에 따르면, 가족이나 친구들과 온라인으로 대화한다고 말하는 인터넷 사용자 대다수(67%)가 관계의 강화를 경험한 반면, 관계의 약화 혹은 악화를 경험한 비율은 18%에 지나지 않았다.

요즘은 당연히 커플들의 관계에도 디지털 대화가 구성요소가 된다. 예를 들어 퓨의 보고서에 따르면,

- 기혼이나 파트너가 있는 인터넷 사용자 중 10%는 인터넷이 관계에 '중요한 영향'을 미쳤다고 말한 반면, 17%는 '사소한 영향'만 미쳤다고 말한다.
- 인터넷이 결혼이나 파트너십에 영향을 미쳤다고 말한 성인 인터넷 사용자 중 74%는 그 영향이 긍정적이었다고 평가한 반면, 20%는 그 영향이 대체로 부정적이었다고 평가했다. 양쪽 모두라고 답한 비율은 4%다.

18~24세 청년들의 경우에는 그 연관성이 더 강하다. 진지한 관계에 있는 41%의 청년들이 온라인 혹은 문자메시지를 통한 대화 덕분

에 파트너에게 더 친밀감을 느끼게 되었다고 답했고, 진지한 관계에 있는 18~29세 청년 중 23%는 디지털 도구를 사용해 갈등을 해결한 다고 답했다.

동시에 인터넷은 갈등의 원인이 되기도 한다는 걸 보여준다. 퓨 리 서치에 의하면,

- 진지한 관계에 있는 18~29세 청년 중 42%(전체 세대 커플의 25%)가 그들이 함께 있는 동안 휴대전화로 인해 파트너의 주의 가 산만해졌다고 말한다.
- 18~29세 청년들 18%(전체 온라인상 커플의 8%)가 온라인에 소비하는 시간 분량 때문에 파트너와 싸운 적이 있다고 말한다.
- 18~29세 청년 중 8%(전체 온라인 커플의 4%)는 파트너가 온 라인상에서 하고 있는 일로 인해 화가 난 적이 있다고 말한다.

퓨의 조사에서 알 수 있듯이 세대 차이는 꽤 분명하다. 더 나이 든 기혼자들은 젊은 세대와 달리 일반적으로 디지털 렌즈를 통해 관계 를 볼 이유가 적다. 퓨 연구는 결론을 내린다,

넓은 패턴에서 보면, 결혼하거나 파트너가 생긴 지 아직 10년이 안 된 세대는 그전부터 파트너가 있었던 사람들과는 완전히 다른 디지털 대화방식을 가진다. 그 이유 중 하나는 시대상황이다. 10년 전에는 페 이스북도 스마트폰도 없었다. 그 후 새로운 플랫폼이나 기술이 출현했 을 때 이미 커플이었던 사람들은 그것에 한 쌍으로 함께 뛰어들었을 가능성이 높다. 반면 각자 독립된 계정과 프로필을 가지고 있던 사람

들은 커플이 되더라도 그것들을 각자 개별적으로 계속 사용하는 경향이 있다.

개인들이 디지털 데이터를 사용하는 방법이 다양해지는 면도 주목할 필요가 있다. 우리는 점점 더 자주 현 위치를 디지털화하고, 페이스북이나 포스퀘어 등의 디지털 플랫폼을 통해 다른 사람들에게 알린다. 이 디지털 정보를 사용함으로써 우리는 친구들과 '우연히 마주치게' 되고, 완전히 새로운 유형의 의외의 기쁨을 얻는다. 그러나 반대로, 우리는 클록(자칭 '안티 소셜네트워크') 같은 서비스들도 활용할 수 있다. 클록은 동일하게 디지털화된 데이터를 사용해서 마주치고 싶지 않은 사람들을 피할 수 있도록 '상대방'의 위치를 알려준다.

디지털 정보가 관계에 미치는 영향은 단지 시작일 뿐이다. 미래의 부부는 배우자가 현관문에 들어서기도 전에 그 혹은 그녀의 기분을 아는 능력을 갖게 될 것이다. 건강 밴드에 내장된 센서들과 다양한 웨어러블들이 우리에 관한 많은 지표를 캡처할 것이고, 데이터는 우리의 출퇴근과 신체활동, 하루 동안 받은 스트레스 정도, 먹은 음식 등의 디지털화된 다른 정보들과 결합해 우리의 '기분'을 판독하고, 미리 정한 사람들에게 그 정보를 전송할 것이다. 결국 이런 내밀한 정보들로 가족들은 더 친밀해질 것이고, 상대의 현재 심리상태를 더 명료하게 이해하게 될 것이다.

새로운 형태의
대화

데이터의 디지털화는 가족과 관계의 역동성만이 아니라, 대화 방식도 바꾸었다. 당신은 인간과 컴퓨터 간의 대화가 한쪽 끝의 컴퓨터와 다른 쪽 끝 인간의 연결을 통해 이루어진다고 생각할지 모르겠다. 분명히 초기에는 그랬다. 당시에는 컴퓨터와 대화하려면 컴퓨터가 이해할 수 있는 형식의 언어를 사용해야 했다. 디지털로 대화하려면 아날로그 메시지는 디지털 메시지로 '번역'해야 했다. 펀치카드 등을 사용한 건 그 때문이었다. 그것은 명백히 컴퓨터 친화적인 형식이었다.

그러나 시간이 지나면서 우리는 점점 더 자연스러운 인간의 언어에 가까워지는 대화수단들을 차용하기 시작했다. 펀치카드 이후, 우리는 키보드를 사용해 단어와 문자로 명령과 프롬프트를 타이핑하기 시작했다. 팜스 그라피티Palm's Graffiti 또한 그 연결을 인간 쪽으로 더 당긴 하이브리드 대화기술의 예다. 그리고 최근 들어 목소리와 동작을 통한 대화를 디지털화하기 시작한 것은 인간 친화적인 형식에 바짝 다가섰음을 보여준다. 하지만 인간 친화적인 형식의 이른바 끝판왕은 인간의 생각을 디지털 데이터로 전환할 때일 것이다. 게다가 이렇게 될 날이 멀지 않은 것 또한 사실이다.

디지털화는 대화에 대한 개념까지 바꾸고 있다. 우선 대화를 나누는 상대가 아날로그 시대보다 훨씬 많아졌다. 심지어는 페이스북의 경우에서 보듯이 사람들은 별로 대화하고 싶지 않은 사람들과도 교류를 유지한다. 대화형식도 변형되어 SNS 등에서 사용자들은 줄임말을 쓰거나 머리글자만으로 이루어진 신종'언어'를 탄생시키거나, 복잡한 생각이나 감정을 하나의 캐릭터로 표현하는 이모티콘을 대화의 새로운 요소로 격상시켜왔다.

우리는 디지털화된 데이터를 통해 점점 더 많이 대화한다. 인스타그램에서 사진을 공유하고(하루에 200억 번 정도), 다른 사람이 포스팅한 디지털 메시지에 댓글이나 좋아요로 답한다(하루에 16억 번 정도). 또 인스타그램이나 페이스북에 올려진 사진 속 친구들을 '태그'하는데, 심지어는 해당 친구가 사진에 등장하지 않아도 단지 그들의 관심을 끌기 위해서 그렇게 한다. 사람들은 그렇게 해서 디지털 정보의 바다에서 그들과 관련 있는 온갖 정보들을 가지고 오고(혼란에서 질서로), 사진들은 대화 거리를 제공하는 주요 데이터 원천이 되었다. 내 아들 닉과 나도 서로의 사진을 인스타그램에 링크함으로써 대화를 풍부하게 이어간다. 그것은 실물세상에서는 들어본 적이 없는 대화법이다.

애플이 최근 출시한 애플워치 또한 사용자들에게 새로운 디지털 대화법을 선보인다. 애플은 그 특징들을 다음과 같이 묘사했다. "완전히 새로운 유형의 대화를 시작하십시오. 언어를 사용할 필요조차 없습니다. 애플워치의 디지털 터치 속성은 다른 애플워치 착용자들의 손목에서 손목으로 이어지는 즐겁고 자연스러운 소통법을 제공할 것입니다. (…) 그것은 쉽고 직관적으로 메시지, 전화, 알림을 보고 답하는 것 이상일 것입니다. 당신은 실제로 그것들을 느낄 것입니다. 애플워치를 착용하면 스크린의 글을 읽는 대신 진정한 소통을 하게 될 것입니다."

그 기기를 이용하면 디지털화된 스케치 메시지를 보내거나 워키토키 스타일의 보이스 메모를 보낼 수 있다. 또 당신은 애플워치의 심박수 센서를 이용해 당신의 심박동 기록을 다른 사람에게 보낼 수 있다. 애플이 말했듯이, "그것은 누군가에게 감정을 전하는 단순하고 친밀한 방법이다."

이처럼 디지털은 우리의 기존 대화법을 인계받는 데 그치지 않고, 대화법을 재정의하고 있다.

운동과 디지털 데이터

야구는 오래전부터 통계를 이용해왔다. 마이클 루이스는 자신의 책《머니볼》에서 오클랜드 애슬래틱의 단장인 빌리 빈이 통계를 이용해 편견을 극복한 사례를 이야기한다. 빌리는 선수를 스카우트할 때 경기 잠재력 대신 선수의 체격을 보았다고 한다.

하지만 이야기는 거기서 그치지 않는다. 수행능력 지표분석이라는 접근법이 수행능력의 디지털 측정방식을 만나자, 통계를 바탕으로 하는 전략은 빌리 빈 이후로 몇 배로 증가해 지금은 다양한 스포츠와 각 스포츠의 더 많은 요소에 적용되고 있다. 예를 들어, 프로야구팀들은 현재 디지털 데이터를 사용해 특정 선수들에 대한 방어전략을 짜고, 종합격투기 코치들은 디지털 데이터를 사용해 선수들을 훈련시킨다.

2014년 월드컵 기간 동안, 각 팀의 의사들은 선수들이 착용한 작은 추적기를 통해 그들의 모든 움직임을 관찰할 수 있었고, 덕분에 선수들의 부상을 방지함으로써 다음 경기에 지장이 없도록 했다. 의사와 분석요원들은 선수들의 수면과 수분공급, 심박수, 움직임, 호흡 같은 다양한 수치들을 관찰하여 피로도(피로할 때 부상이 발생하기 쉬우므로)를 판단하여 실적을 최대화하고 부상을 최소화하는 방안을 모색한다.

월드컵을 주최하는 국제축구연맹FIFA도 첨단 디지털 기기들을 이용해 시합을 평가하는데, 2014년 월드컵에서는 이탈리아 회사인 델타트레가 개발한 매트릭스라는 추적시스템을 차용했다. 3대의 HD 카메라와 이미지 인식 소프트웨어를 사용하는 그 시스템은 필드의 위치 좌표를 추적하고 그 정보를 중앙허브로 전달한다. 정보를 전달받은 중앙허브는 패스와 공 점유율을 비롯해 총 350개 정도 되는 통계들을 알고리즘을 적용해 계산하는 방식으로 운용된다.

매사추세츠 케임브리지에 기반을 둔 MC10은 리복과 제휴해 2013년 CES에서 리복 체크라이트를 선보였다. 체크라이트는 헬멧에 장착된 내장 센서의 도움으로 경기가 진행되는 동안 머리에 가해지는 타격을 측정한다.

골퍼들 또한 센서가 장착된 골프클럽을 사용해 스윙을 측정하고 적절한 분석을 제공받기 시작했다. 젭사는 센서가 내장된 야구배트용 부속물을 이용해서 스윙을 디지털화함으로써 자신의 스윙 데이터와 프로선수의 그것을 비교할 수 있게 해준다. 또 스키선수들도 많은 지표들을 실시간으로 추적할 수 있는 스키고글을 착용하고 훈련한다.

신규업체인 94피프티는 여러 개의 센서가 내장된 농구공을 CES에서 선보였는데, 그 센서들은 함께 작용해 슛의 궤적과 속도, 회전, 높이 같은 여러 요소를 측정한 다음, 앱을 통해 가공된 피드백을 제공한다. 다시 말해 예전에는 현장에 함께 있는 코치 등이 해주던 지적사항과 교정법 등을 '농구공'이 대신 제시하는 것이다.

스포츠에 디지털 데이터를 사용하면 뇌진탕을 비롯한 스포츠 관련 질병을 예방하는 것도 충분히 가능하다. 그러나 운동실적을 높이기 위한 디지털 데이터 사용은 아직까지는 새로운 분야여서 우리는 아직 거기에까지 이르지는 않았다. 그럼에도 불구하고 센서 데이터의 발달과 효과적인 사용은 미래의 스포츠 모습을 완전히 뒤바꿀 것이라고 예견해볼 수 있다.

디지털 자아
관리하기

디지털 저장한계가 거의 없어짐에 따라, 소비자들은 범람하는 엄청난 양의 데이터를 관리하느라 점점 지쳐가고 있다. 게다가 이제 사람들은 인터넷에 남은 기록은 영구적일 수 있다는 사실을 잘 알고 있다. 하지만 사람은 누구나 자신이 공유하는 객체와 대상을 통제하기를 원하기 마련이어서, 우리는 아날로그 생활을 통제하는 것처럼 디지털 생활도 세심하게 통제하고 싶어 한다. 이 때문에 최근 들어 개인의 정체성을 유지하면서도 그 개인이 디지털세상에서의 발언권을 놓치지 않게 해주는 앱과 프로그램들이 늘어나고 있다.

이 새로운 앱들과 서비스에는 사생활보호와 익명성이 통용된다. 덕분에 당신은 마음 놓고 자신의 사사로운 생각들과 사진들을 공유할 수 있다. 빠르게 성장하는 이 분야의 초기 참가자들로는 스냅챗과 자동 파기되고 암호화되는 메시지 앱 위커와 익명으로 메시지를 주고받을 수 있게 해주는 앱 위스퍼 등이 있다. 위커는 900만 달러의 투자를 유치했고, 위스퍼는 기업가치를 2억 달러로 평가받고 추가로 3,000만 달러의 투자를 유치했다. 화제가 된 가장 최근의 익명화 앱은 시크릿이다. 그 앱은 새로운 글을 포스팅할 때 준準 익명성을 보장해준다. 시크릿은 앱으로 출시된 지 1주일 만에 860만 달러의 새로운 투자를 유치했다.

인터넷에 지나치게 많은 정보를 제공하던 10년의 세월을 경험하고 나서 이제는 익명의 저장되지 않는 대화의 가치를 높게 평가하기 시작했다. 사람들은 개인정보 보호를 중시하는 앱과 서비스를 찾고 있다. 덕분에 개인정보 보호 정책이 이제 영예의 휘장이 되어가는 상황이라, 기존 대기업들도 제대로 규정된 개인정보 보호 정책에 사활을 걸고 있다. 왓츠앱의 설립자 얀 코움Jan Koum은 회사 블로그를 통해 페이스북의 자사 인수를 옹호했다. "개인정보 보호에 대한 존중은 우리의 DNA에 새겨져 있습니다. 우리는 여러분에 대해 가능한 한 적게 알 목적으로 왓츠앱을 설립했습니다." "우리는 여러분의 선호나 검색 기록을 모르며, 여러분의 GPS 위치를 수집하지 않습니다. 왓츠앱은 그 데이터들 중 어떤 것도 수집하거나 저장하지 않습니다."

WUT, 소셜 넘버, 이크야크, Shrtwv, 블링크, 백챗, ask.fm 같이 익명성을 강화하고 보장하는 플랫폼들이 시장에 쏟아짐에 따라, 보안과 개인정보 보호라는 약속에 부응하기 위한 경쟁도 계속되고 있다. 나아가 이 서비스들까지도 주류로 편입되어 보안성이 약해질 징조가 나타나면, 아마도 소비자들은 이보다 더 안전한 조치를 취하는 앱이나 프로그램을 다시 찾을 것이다. 이처럼 익명화 시장의 성장은 무제한 전파를 속성으로 하는 디지털 환경에서 끊임없이 사적인 표현의 통로를 찾고자 하는 소비자의 욕구가 반영된 결과다. 따라서 익명화 플랫폼의 사용자 증가는 디지털 운명을 통제하려는 개인의 욕구를 보여주는 지표라고 할 수 있다.

이 앱들 덕분에 우리는 우리의 디지털 정체성도 아날로그적 사회 관계만큼 축소시킬 수 있다. 만약 페이스북이 동료들과 친척들과 자녀의 축구코치들을 끼워넣으며 제멋대로 뻗어나가는 교외 주택가와 비슷하다면, 익명화 앱은 20대 시절 4명의 룸메이트들과 함께 살던 작은 아파트와 유사하다. 그들은 당신이 파자마 바람으로 다니는 모습을 보았고, 당신이 가장 좋아하는 밴드를 알고 있으며, 음식을 함께 나눈 사람들이다. 우리는 이런 친구들에게는 페이스북 프로필 사진으로는 결코 사용하지 않을, 있는 그대로의 사진을 편안하게 보낼 수 있다. 이 새로운 세미시크릿 커뮤니티는 '소셜미디어'와는 다르다. 혹은 소셜미디어 중에서 솔직함과 진실성이 보장되는 영역이라고 할 수도 있다. 이제 문제는 이런 시크릿 커뮤니티들이 웹 문화를 선도하여 포스팅한 글의 분배를 통제할 수 있고 더 이상 스스로 검열할 필요를 느끼지 않도록 만들 수 있을까다.

그런데 사람들이 지나친 공유라는 골칫거리 없이 가장 의미 있는 사람들과 함께할 수 있는 디지털 소통채널인 이 앱들에 열광하는 이유는 더 강력한 사생활보호를 원해서가 아니다. 많은 사례들에서, 사람들의 동기는 더 많이 공유하기를 원해서(혹은 모든 것을 공유하기를 원해서)였다. 단 공유의 방법과 시기와 대상이 자신의 선택에서 벗어나지 않는다는 조건하에서.

따라서 일부 사람들의 오해와 달리 이 디지털 커뮤니티 채널들은 책임 회피용이 아니다. 그것들은 사생활에 대한 더 많은 통제권을 사용자들에게 부여함으로써, 개인의 온라인 정체성과 관련해서 개인의 손에 더 큰 권한을 부여하는 것을 목적으로 한다. 그리고 그 과정에서 완전히 새로운 유형의 대화와 상호작용의 통로가 되고 있다.

감정이입:
디지털 데이터와 정체성들이 융합될 때

최근 들어 나는 포드 익스플로러를 운전하면서 음성인식 내비게이션 시스템을 사용하기 시작했다. 그것은 기본적인 질문이 포함된 음성 프롬프트에 반응해 목적지를 인식한다. 6살짜리 내 아들 개빈이 함께 차를 타고 가던 중 물었다. "저건 시리예요, 아빠?" 나는 웃으며 아니라고 대답했다. 그런데 그의 다음 질문은 훨씬 흥미로웠다. "음, 그럼 저 여자 이름은 뭐예요?" 당신은 아이가 '**저것**의 이름은 뭐예요?'라고 질문하지 않았다는 것에 주목할 것이다. 개빈은 '**그녀**'라는 대명사를 사용했다. 순간 나는 내 아들이 컴퓨터와의 소통이 점점 더 인간과 비슷하게 이루어지는 환경에서 자라고 있다는 사실을 깨달았다. 우리는 지난 10년 동안 컴퓨터와 인간의 교류가 마치 인간과 인간의 교류처럼 변하는 과정이 아주 짧은 시간 안에 이루어지는 상황을 경험해왔다. 영화 〈그녀〉가 떠올랐다. 그러니 우리에게는 이상하게, 심지어 비약처럼 보이는 영화 〈그녀〉가 우리 아이들에게는 완전히 정상으로 보일 수도 있다는 사실을 알아두는 게 좋다.

우리 앞에 놓인 디지털 운명은 단순히 디지털 데이터와 관련된 것이 아니다. 아니, 그보다 훨씬 이상이다. 그것은 새로운 기기들에 관한 것도 아니고, 한때 아날로그였던 것이 지금은 디지털이 된 과정을 쓴 뉴스기사에 관한 것도 아니다. 우리의 디지털 운명은 말하고 살고 일하고 대화하는 방식 전부의 대변혁과 관련되어 있어서, 엄청난 문화적 충격을 우리에게 가져다줄 것이다.

아이들은 이러한 환경에서 자라고 있다. 그들에게는 이 환경이 새로운 표준이 될 것이다. 시간이 지나면 오늘날 우리가 품고 있는 여러 염려들은 많은 양의 데이터가 쏟아질 때 일어나는 일상적인 혼란의 일부로 남을 것이고, 사람들이 실물 삶과 디지털 삶의 경계가 사라진 세상에서 사는 법을 배우게 되면 새로운 질서가 우리의 염려를 잠재울 것이다. 이렇게 우리 삶 속에서 디지털 정보가 확장됨에 따라, 인터넷과 결부된 불쾌한 행위들(사이버 왕따, 외로움, 꾸며낸 관계) 역시 점차 줄어들리라고 바랄 수 있을지도 모른다. 그러나 수없이 많은 다른 사례들과 마찬가지로, 순환이 새로 시작되는 지점에서 혼란은 다시 반복해서 발생할 것이다.

13장

디지털 시대의
경제와 사업

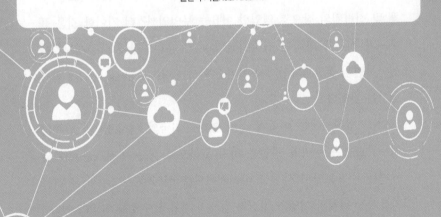

사람들은 눈으로 보고서야 혁신을 믿는다.
"오, 아니야. 이건 있을 수 없는 일이야.
지나치게 특이하다고"라고 중얼거리면서.

— 놀란 부시넬Nolan Bushnell

2014년 8월, 경제와 정치의 교차지점에서 기이한 일이 발생했다. 차량공유 회사인 우버가 데이비드 플루프David Plouffe를 정책 및 전략팀의 수석부사장으로 영입한다고 발표한 것이다. 플루프는 오바마 대통령의 백악관 입성을 위한 두 번의 선거운동을 총괄했던 사람이다. 2008년의 대통령선거가 플루프를 미국 최고의 정치 전략가 중 한 사람으로 만들었다면, 2012년 대통령선거는 데이터 주도 정치의 선구자로서 그의 위상을 확정지었다고 할 수 있다.

그렇다면 앱을 기반으로 한 차량공유 회사가 정치 컨설턴트를 정책 및 전략팀의 장으로 영입한 이유는 무엇일까? 더 기이한 것은 플루프가 최근에 공화당 전국위원회RNC가 온라인상에서 공개지지를 선언하면서 청원캠페인까지 벌여준 회사(우버를 말함-옮긴이)에 합류했다는 것이다.

RNC 청원서에는 이렇게 적혀 있다. "전국의 택시조합과 민주당 정부관료들은 우버가 영업을 하지 못하도록 막는 번거로운 절차와 규제를 주장하면서 사실상 바리케이드를 설치하고 있지만, 우리는 자유시장 원칙과 기업가 정신과 경제적 자유를 수호할 의무가 있다." 공화당의 그 청원서는 우버를 시장에서 몰아내거나 관례적인 택시 운행규정에 따르도록 하려는 많은 도시들의 노력에 대한 정면 반박이었다. 게다가 거의 대부분의 도시들은 민주당 시장과 민주당 의회에 의해 운영되고 있지 않은가?

플루프의 동기를 정확히 추측할 수는 없다. 그러나 우버의 동기는 쉽게 추측할 수 있다. 그 회사는 견고한 정치적인 이해관계 때문에 힘든 상황에 처해 있다. 이 힘든 시기를 헤쳐나가려니 노련한 정치전문가의 도움이 필요했을 것이다. 게다가 플루프는 디지털 데이터에 정통하고, 충실한 지지자 기반을 구축하는 법을 아는 사람이니만치 아마 그만한 적격자를 달리 구하기 어려웠을 것이다.

우버는 등장한 지 5년 만에 급성장하는 데이터 주도 경제분야의 최상층부로 올라섰다. 우버나 리프트, 사이트카 같은 차량공유 회사들은 승객과 운전자를 직접 연결함으로써 소비자가 원하는 더 단순하고 편리한 택시 서비스를 제공한다. 하지만 기존 산업과 그 정치적 후원자들은 우버의 이런 고속성장을 절대 보고만 있지 않았다.

전국의 택시회사들은 우버를 최대한 괴롭히기 위해 정치 네트워크에 로비를 하거나 압력을 행사했다. 예를 들어, 택시회사연합은 워싱턴 D.C.의 펜실베이니아 애버뉴 한복판에서 시위를 벌였다. 그들은 교통 흐름을 막고 호른을 울리며 우버와 리프트에 대한 불쾌감을 표시했다.

RNC의 탄원에도 불구하고, 그 전선이 정당을 기준으로 확연하게 구분된 것은 아니다. 민주당인 버지니아 주지사 테리 매콜리프는 국가기관에서 내려온 일시 정지명령을 해제하며 우버와 리프트 편에서 타협안을 찾았다. 비슷하게, 민주당이 13석 중 11석을 차지한(나머지 2석은 무소속) 컬럼비아 지방의회도 불필요한 절차 없이 차량공유 회사를 관대하게 환영했다. D.C.택시위원회는 또 다른 문제였다.

우버에 대항해 제휴한 세력들(택시회사, 노조, 입법자, 정치가들)

의 막강함을 전제로 하면 우버 등이 살아남았다는 것은 놀랍다. 하지만 전례 없는 일은 아니다. 몇몇 주목할 만한 예외가 있긴 하지만, 미국 시민들과 정치가들과 법원들은 거의 항상 기술과 진보의 편에 섰다. 그것이 미국 기술회사들이 세계의 자랑거리인 이유이고, 그들의 생산품이 전 세계에서 가치를 인정받는 이유다.

택시회사들과 그 협력자들은 승산 없는 싸움을 싸우고 있다. 물론 그들이 그 점을 알고 있는지는 알 수 없다. 오늘날의 첨단기술은 퍼스널컴퓨터가 타자기를 쓸모없게 만든 것처럼 택시산업의 낡은 방식을 거의 쓸모없게 만들었다. 그렇다고 택시산업이 더 이상 존속할 수 없다는 말은 아니지만, 특정 산업이 경쟁압력 없이 독점적으로 보호받던 시절은 지났다.

설령 현재의 택시산업이 우버와 유사업체들을 무너뜨린다 해도(그럴 것 같지는 않지만), 또 다른 우버는 계속해서 나타날 것이다. 우버를 경험한 소비자들은 택시의 구태의연한 비효율성을 더 이상 참아내지 않을 것이다. 또 기술 사업가들 또한 기존 택시의 증명된 대안이 사라지는 것을 지켜만 보고 있지는 않을 것이다. 이미 지니는 호리병 밖으로 나왔다.

그렇다고 내가 택시산업(혹은 디지털 데이터로 인해 무너질 그 모든 산업)의 무덤 위에서 춤추고 싶어 하는 사람은 아니다. 나는 경제학자로서 하나의 산업이 숫자 이상의 의미를 갖는 것을 매우 고맙게 생각한다. 산업은 곧 일자리다. 산업은 가족을 부양한다. 그러나 나는 경제학자로서 기술진보를 가로막는 시도는 언제나 경제에 나쁜 영향을 미쳤다는 것을 안다. 그럼에도 불구하고 택시기사에게 그가 일자리를 잃는 대가로 미래의 그의 가족은 번영할 것이라고 말해야 하는 건 아이러니다. 그러나 이런 게 경제적 현실인 것 또한 사실이다.

우리의 디지털 운명은 더 나은 삶에 대한 전망 이상이다. 그것은 개인정보 보호에 대한 염려나 무인자동차 이상이다. 그것은 새롭고 더 나은 무언가를 창조하기 위해서는 더 낡고 열등한 것이 폐기되어야 하는 경제적 필연성에 관한 것이다. 그것은 우리가 이미 경험한 격변으로 인해 대체될 노동자들과 그 가족들에 관한 것이다. 그러나 역사가 보여주었듯이, 그것이 전보다 더 많은 부와 자유와 번영을 약속하는 것 역시 현실이다.

대논쟁

디지털화의 광범위한 가속화와 그에 내포된 의미는 일부 선도적인 사상가들을 디지털화가 경제에 미치는 영향을 둘러싼 대논쟁 속으로 던져넣었다. 우리 모두는 어떤 면에서는 '가상현실'이라는 말을 만들어낸 컴퓨터 과학자이자 작가인 재론 래니어Jaron Lanier처럼 회의론자들이다.

사진회사인 코닥은 전성기일 때 140,000명 이상의 직원이 있었고 280억 달러 이상의 기업가치를 가졌다. 그들은 최초의 디지털 카메라까지 발명했다. 그러나 현재 코닥은 파산선고를 받았고, 인스타그램이 디지털 사진의 새로운 얼굴로 등장했다. 2012년 인스타그램이 10억 달러에 페이스북에 팔리던 당시, 그 회사의 직원은 13명에 불과했다. 그 많던 일자리는 어디로 사라졌을까? 그 중산층 일자리가 창출했던 부는 어떻게 됐을까? (⋯) 그 13명의 직원들이 엄청나게 비범해서 인스타그램이 10억 달러 가치가 나간 것이 아니다. 그 회사의 가치는 월급도 받지 않고 그 네트워크에 공헌한 수백만 명의 사용자들로부터 나온다. 사실 네트워크들이 높은 가치를 창출하기 위해서는 많은 수의 사람들이 필요하다. 하지만 정작 월급을 받는 사람들은 극소수다. 그 결과 부는 집중되고 전체 경제성장은 저해된다. 명부에 기재된 사람들이 더 많은 가치를 창출함으로써 경제 전체를 키우는 대신, 명부에 기재되지 않은 많은 사람들이 만든 가치를 이동시키는 디지털 네트워크의 성장은 상대적으로 소수만 부유하게 만들고 있다.

보다시피 래니어는 디지털이 지속적이고 분배적인 부를 창출할 수 있을지에 대해 무척 회의적이다. 미국과 서구세계에서 나타나는 소득불평등의 심화가 이런 회의론들을 뒷받침한다. 회의론자는 래니어 혼자만이 아니다. 앤드루 킨Andrew Keen의 최근작《인터넷이 답이 아니다》에서도 동일한 전망이 논해진다. 그리고 영향력 있는 책인《오픈소스 소프트웨어 개발》의 저자이자 소프트웨어 개발자인 칼 포겔Karl Fogel도 "우리는 장기간의 고용위기와 '잉여인력(도덕적 관점이 아니라 엄밀한 경제적 관점)'의 증가 문제와 싸워야 할 것"이라고 믿는다.

그러나 이러한 종말론적 관점을 모두가 공유하는 것은 아니다. 이 논쟁의 다른 쪽에는 버클리 캘리포니아대학 정보과학 및 사업과 교수이자 구글의 수석 경제학자인 할 베리언Hal Varian 같은 사람들도 있다. "식기세척기가 손설거지를 대체하고, 세탁기가 손세탁을 대체하고, 진공청소기가 빗자루를 대신해서 당신은 불행한가? 나는 이런 '직업 대체'들이 인간의 복지에 기여했듯이, 앞으로 10년 동안 이루어질 '직업 대체'도 마찬가지일 거라고 예상한다. 이것은 좋은 일이다. 사람은 누구나 더 다양한 직업을 원하는 동시에 더 적은 노동을 원한다."

조지메이슨대학의 경제학과 교수인 타일러 코웬Tylor Cowen은 좀더 균형 잡힌 시각을 제공한다. "비교우위의 법칙은 폐지되었다. 기계들은 더 많은 상품을 생산하는 동시에, 어떤 직업들은 없애고 어떤 직업들은 창조했다. (…) 맞다, 로봇이 취업률을 낮출지도 모른다. 하지만 '로봇이 일자리를 빼앗고 있다'라는 구호는 현재의 변화에 대해 오히려 오해를 불러일으키고 있다."

기술의 핵심은 계속해서 좋아진다는 것이다. 디지털화는 이 진보를 가속화한다. 디지털은 전보다 더 많은 것들에 영향을 주고 있고, 센서의 광범위한 통합은 이 트렌드를 심화시킨다. 모든 사람이 이 점을 안다.

이 변화가 우리 세대가 살아 있는 동안에 이루어지라는 것에는 이론의 여지가 없다. 하지만 영향을 받는 방식은 사람마다 다를 것이다. 경제학자들 사이에서는 '불황은 당신의 이웃이 실직한 때이고, 공황은 당신이 실직한 때다'라는 오래된 농담이 있다. 마찬가지로, 디지털 데이터도 우리 각자에게 다르게 영향을 미친다. 어떤 이들은 불황을 경험할 것이고, 어떤 이들은 공황을 경험할 것이다. 반면 다른 이들은 여전히 번영을 누릴 것이다. 어떤 직업들은 위태롭게 생존을 연장하는 반면, 시대흐름에 따른 전혀 새로운 직업들이 생길 것이다. 어떤 산업은 존속의 위기에 직면하는 반면, 다른 산업은 잠재력을 실현할 것이다.

사실 지금도 우리는 디지털 데이터라는 불도저가 무자비하게 밀고 들어갈 산업들의 목록을 쉽게 만들 수 있다. 그리고 이 목록에 10년 안에 사라질 특정 직업들도 더할 수 있다. 또한 가장 많은 것을 얻을 산업은 무엇이고, 가장 수요가 많을 직업은 무엇인지도 꽤 쉽게 추측할 수 있다.

하지만 10년 후 어떤 신생산업과 신생직업이 생길지는 제대로 예측할 수 없다. 어쩌면 당신은 이 책이 미래에 사용되거나 생산될 기기나 상품에 대한 구체적인 언급을 피한다는 사실을 눈치챘을지도 모르겠다. 내가 미래의 트렌드와 기술 잠재력을 보여주는 상품을 생산하는 몇몇 특정 회사들을 언급하긴 했지만, 누가 혹은 무엇이 미래의 스티브 잡스 혹은 구글이 될지를 완벽하게 예측할 수는 없다.

그러나 한 가지만큼은 자신 있게 예측할 수 있다.

2009년에 할 베리언이 말했던 것처럼, 앞으로 10년간 매력적인 직업은 통계전문가일 것이다. 이 논리를 좀더 발전시키면, 앞으로 10년간 데이터 과학자의 역할이 거의 모든 직업(매력적이든 아니든)을 재정립할 것이다. 우리는 오늘날 다양한 산업에서 그것을 볼 수 있다. 디지털로의 이행으로 가장 큰 타격을 입는 분야 중 하나인 신문산업을 보자. 《워싱턴포스트》는 최근 모험적 시도를 위한 작가와 편집자들 팀에 합류할 '데이터 저널리스트' 구인광고를 냈다(제프 베조스의 영향이 요망효과를 내고 있다). 이는 신문산업이 디지털의 약진으로 타격을 입는 데 그치지 않고, 데이터에 의해 재정의되고 있음을 말해준다. 다른 대부분 분야들의 트렌드도 비슷하다.

사실, 지금의 높은 실업률의 원인은 2008년의 시장붕괴와 그에 따른 2009년의 경기침체가 디지털의 불가피성이라는 시각으로 경제구조와 일자리의 재정립을 강제했기 때문이다. 경제상황이 좋을 때는 기업들이 낮은 생산성도 어느 정도 감내할 수 있다. 그러나 경제상황이 힘들어지면 고용주들은 가장 효율적인 기업경영 방식을 택하지 않을 수 없다. 그 과정에서 많은 직업들이 없어진다.

MIT출신의 경제학자들이자 《제2의 기계시대》의 저자들인 에릭 브린욜프슨과 앤드루 맥아피가 말했듯이, "디지털화의 가속화는 환경적인 혼란보다 오히려 경제적인 혼란을 초래하는 것 같다. 컴퓨터가 강력해지면서 회사들이 필요로 하는 노동력의 종류가 달라졌기 때문이다."

이로 인해 수백만 노동자들이 갈 곳을 잃었다. 그들이 미래의 새로운 디지털 직업을 소화할 만큼 훈련받았다 해도, 아직 그런 일자리들은 풍부하지 않다(적어도 2009년의 대규모 실업을 보상할 만큼 충분한 수준이 아닌 건 틀림없다). 하지만 시간이 지나면 새로운 세대의 노동자들을 위한 새로운 일자리가 창출되고, 디지털 데이터라는 렌즈로 직업들이 재규정되는 변화가 일어날 것임에 틀림없다.

그래서 나는 현재 진행되는 대논쟁에서 할 베리언과 타일러 코웬의 편이다. 비교우위의 법칙은 폐지되지 않았다. 국가 전체로서 실업문제의 장기화가 심각한 건 사실이지만, 그럼에도 우리는 결국 그 어려움을 헤쳐나갈 것이다. 그리고 그때의 경제적 지형은 2008년과 많이 다를 것이다.

고용과
디지털 확대

핵심은 인쇄기가 그랬던 것처럼 어떤 종류의 노동은 자본으로 대체되고 있다는 것이다. 물론 이런 트렌드는 전혀 새로운 게 아니다. 그건 수천 년 동안 계속되어온 경향이다. 다만 디지털화는 이 경향을 엄청나게 가속화시키고 강화시키고 있다. 없어지는 일자리가 낮은 디지털 요소를 가지고 있고, 더해지는 일자리는 높은 디지털 요소를 가지고 있는 게 사실이라면 우리가 차세대 인력을 훈련시키기 위해 해야 할 일은 많다. 우리는 모든 것을 디지털화해야 한다. 문제는 디지털이 고용에 끼치는 영향력이 어느 정도인가다.

디지털 기술은 반복적인 단순업무와 관련된 직업들을 가장 먼저 교체할 것이고, 정보 요소가 많은 직업에도 큰 영향을 미칠 것이다. 반면에 교체 불가능한 개성적 기술의 가격은 상승할 것이다. 기술과 직업의 관계를 둘러싼 논의의 많은 것이 '기술이 일자리를 뺏는다'라는 단순한 아이디어와 연관되어 있다. 그러나 정보의 디지털화는 교체보다는 확대와 연관되어 있다. 디지털 센서가 캡처한 정보에 의존하는 농부에서 디지털 도구를 기반으로 교육과정을 재정의하는 교사에 이르기까지, 미래의 직업들에는 전부 디지털 데이터가 관련되어 있다.

몇몇 산업에 걸친 사례를 살펴보는 것이 도움이 될 것이다. 괄호 속의 숫자는 미국의 각 산업에서 근로자의 비중을 나타낸다.

소매와 도매(14%): 오늘날에는 상품의 유통과정(공장에서 나오는 순간부터 가게의 선반에 진열될 때까지) 전체에 센서들이 사용된다. 기업들은 전 유통망에 걸친 재고관리를 돕는 예측분석 응용프로그램에 디지털 데이터를 사용함으로써 각 상품이 적정 수준의 재고를 유지하도록 돕는다.

애플의 아이비콘iBeacon은 소매상들이 근처에 있는 스마트폰을 '느끼도록' 만들어주고, 판매 가능한 상품에 대한 추가 정보를 제공하도록 해준다. 프록터 앤 갬블과 유니레버는 시선 추적 기술을 사용하여 포장 디자인 콘셉트를 측정하고 시험한다. 로스Lowe's는 센서를 이용해 철물점의 진열대를 찾아가는 전자동 로봇을 시험하기 시작했다. 오시봇OSHbot은 자연스러운 언어처리 기술을 통해 고객의 질문에 대답한다. 오시봇은 심지어 내장된 이미지센서로 물건을 3D 스캔해서, 고객들이 찾는 것이 무엇인지 아는 데 도움을 줄 수도 있다.

운송과 창고(3%): 페덱스FedEX와 유피에스UPS는 당신의 소포가 있는 위치를 알려주는 정교한 추적시스템으로 잘 알려져 있다. 그들은 트럭마다 달린 200개가 넘는 센서들을 이용해 운송경로를 추적한다. 이 기술이 출시되었을 때, UPS의 대변인인 도나 론지노Donna Longino는 말했다. "UPS에게는 텔레매틱스Telematics가 새로운 것이 아닙니다. 우리는 20년 이상 텔레매틱스를 사용해 트럭들의 효율성과 안전을 강화시켜왔습니다. 새로운 것은 우리가 개발한 정교한 알고리즘입니다. 이 알고리즘은 배달트럭에 장착된 200개 이상의 센서가 캡처한 수많은 데이터를 분석하지요." 이들은 단순히 데이터를 수집만 하는 게 아니라 그 데이터를 이용 가능하도록 만들고 있다.

유피에스는 트럭의 브레이크나 엔진상자 등에 센서를 장착해 위치 확인만이 아니라 낭비되는 시간이나 노선 효율성을 조절하고 향상시킨다. 예를 들어, 수집된 정보를 분석해 좌회전을 피하는 새로운 노선 개발로 낭비되는 시간을 최소화하고, 생산성과 효율성을 증가시키고, 가격을 절감하도록 돕는 것이다. 따라서 배송 운전자들은 운행시간을 줄일 수 있다. 디지털 데이터가 그들의 생산성을 향상시키기 때문이다. 그러나 그들은 여전히 일자리를 유지하고 있다(적어도 지금은).

우리는 무인 배송트럭이 인간 운전자들을 대체하는 미래를 쉽게 상상할 수 있다. 우리는 또한 아마존이 실험하듯이 드론이 트럭들을 완전히 대체한 날을 상상할 수도 있다. 하지만 현대화된 배송 혜택(더 효율적인 노선, 자율주행차의 사용, 드론의 사용)은 센서들의 광범위한 배치가 없으면 불가능하다.

여가와 접대(9%): 스타우드 계열의 쿠퍼티노 알로프트 호텔은 알로보틀르A.L.O.Botlr라고 불리는 3피트(약 90센티미터) 키의 로봇을 최첨단 지배인으로 도입했다. 7인치(약 18센티미터) 태블릿 스크린을 누르기만 하면 '지배인'이 엘리베이터를 눌러주고, 당신이 요청하는 물품을 문 앞에 가져다주고, 방에 전화를 해서 자신의 도착을 알린다. 보틀르는 센서들을 이용해 물리적인 환경을 디지털화하고 방향을 찾아간다. 또 시애틀의 호텔1000은 열 감지 센서가 달린 자외선 도어벨을 사용해 직원들이 방을 청소하기 전 방에 사람이 있는지를 탐지할 수 있도록 했다.

제조업(8%): 제조업은 오랫동안 센서를 산업적으로 응용해왔다. 그러나 지금까지는 주로 정해진 자동화공정에만 사용해왔다. 그러다가 2013년, 리싱크 로봇사는 평범한 기존 로봇과는 차별화된 박스터 Boxter를 출시했다. 인간의 다양한 작업을 수행하도록 설계된 박스터는 개발자가 미처 생각지도 못했던 다양한 일들도 수행할 수 있다. 덕분에 박스터는 고도로 복잡한 환경에 사용될 수 있고, 업무의 종류를 가리지 않고 재배치될 수 있다.

나아가 리싱크 로봇사는 박스터 같은 로봇을 위한 '유사 앱' 시장을 개설했다. 개발자들은 특정 산업에 특화된 프로그램을 개발해 박스터에 업로드할 수 있다. 박스터는 카메라와 역각 센서, 소나, 거리 측정기 같은 수많은 센서들을 이용해, 사람이 조절하는 것과 비슷하게 역동적인 환경의 미묘한 변화에 맞게 조정될 수 있다.

금융서비스(5%): 센서들과 디지털 정보가 금융서비스에 영향을 미친 건 이미 오래전부터다. 지금도 웹에서 개인 맞춤형 주식시세 목록이 만들어지고 있다. 게다가 스마트폰의 발달로 우리는 이 작은 기기를 은행 삼아 계좌 확인 같은 기초적인 활동을 수행할 수 있을 뿐 아니라, 스마트폰의 이미지센서를 이용해 실물 수표를 디지털화하고 입금할 수도 있다.

디지털 데이터는 보험회사들이 보험을 설계할 때만이 아니라 가변적인 보험금을 책정할 때도 이용된다. 프로그레시브사의 스냅샷 Snapshot 프로그램은 자동차의 ODB-Ⅱ 포트에서 회사로 전송되는 데이터에 기초해 보험료가 책정되는 사용 기반 보험 접근법이다. 어펌 같은 금융서비스 신생업체들은 신용도를 측정하기 위해 피코FICO 같은 엉성한 수단에만 의존하지 않고, 당신에 대한 사용 가능한 디지털 정보를 전부 사용해 신용도를 측정하고 있다(심지어 페이스북 프로필 같은 데이터까지 사용한다).

정부 서비스(8%): 야담 테크놀로지는 최근 몇몇 지방 경찰부서에서 시험적으로 사용되고 있는 센서열을 개발했다. 센서장치가 경찰의 총에 부착되어, 가속도계나 자이로스코프 같은 다양한 센서들을 통해 총이 권총집에서 벗어난 시간과 발사 여부를 포함한 광범위한 정보들을 디지털화한다. 이 정보는 실시간으로 경찰부서에 전달되어, 모든 경찰관의 총이 언제 어디서 사용되고 있는지 모니터할 수 있게 한다.

교육 서비스(9%): 대학과 전문대학들 역시 디지털 데이터가 엄청난 영향을 미치는 또 다른 산업분야다. 이미 등장한 온라인 무료공개강의MOOC는 학생들 수업방식의 거대한 변화를 암시하는 전조가 되었다. 지금까지 교육은, 특히 수준 높은 교육은 '자신만의 공간'에 갇혀 있었다(일정한 수의 사람들만이 특정 시간에 강의실에 들어갈 수 있었다). 그러나 인터넷을 통해 '자신만의 공간'이 제거되었다. 마치 소매업에서 선반 공간의 제약이 제거된 것처럼.

온라인 강좌라면 대학들은 더 이상 교실의 크기를 걱정하지 않아도 된다. 더욱이 온라인 강좌를 들을 수 있음으로 해서 학생들은 대학의 스케줄에 자신의 생활을 맞추지 않아도 된다. 이제 학생들은 원하는 시간에 온라인 강좌를 들을 수 있다.

물론 MOOC 시스템에는 결점들이 존재한다. 수강자 수가 수천 명에 이르면, 교수의 개인적인 관심을 받는 것은 거의 불가능해진다. 덴버의 웨스턴가브너스대학은 이런 결점을 보완하기 위해 실시간 강의

만을 진행한다. 이렇게 되면 교수들은 비디오 앱을 통해 학생들과 만날 수 있다. 웨스턴가브너스대학 강의의 인기가 최근 몇 년간 급등한 것에서 알 수 있듯이 이 방법은 절충안으로 호평을 얻고 있다.

MOOC 같은 온라인 강의들과 온라인 대학들은 일반적인 대학 모델에서 벗어난 배움의 방식을 가능하게 만들었다. 인문학이나 과학 같은 표준과목들을 포함하여 모든 사람이 더 높은 교육경험을 원하거나 필요로 하는 것은 아니다. 기술학교나 직업학교라면 학사학위 취득에 필요한 교수-학생의 일대일 동력이 반드시 필요한 건 아니다.

정보의 디지털화는 고등학교 이하 교실에 대한 전통적인 이해도 뒤집고 있다. 거꾸로 교실Flipped Classroom 운동은 전통적인 교실수업은 온라인 비디오를 통해 학생들이 집에서 볼 수 있게 하고, 교실에서는 과제를 받고 해결하게 하는 접근법을 취한다. 덕분에 교사와 학생이 직접 만나는 교실에서는 일방통행식 주입식 강의에 시간을 낭비하지 않고, 해결과제를 둘러싸고 학생들은 교사로부터 더 많은 상호작용과 개별 지도를 받을 수 있다. 또 칸 아카데미Kahn Academy 같은 몰입 서비스는 교사들이 학생들의 발전을 디지털로 모니터할 수 있게 해준다.

이처럼 디지털화는 수천 년간 내려온 배움의 과정을 변화시키고 있다. 교육 시스템 전체가 당신의 눈앞에서 변하고 있는 것이다.

다음 디지털 시대의
사업모델

클래이턴 크리스텐슨Clayton Christensen은 영향력 있는 책,《혁신기업의 딜레마: 왜 신기술을 도입한 위대한 기업들이 실패하는가》에서 크고 안정적인 시장 주도 기업들이 갑자기 등장한 신흥기업들에 의해 좌절을 겪는 현상을 설명한다. 그 이유는 견고한 위상으로 안정적인 기존 기업들이 새로운 시장 진입자들의 위협에 충분한 주의를 기울이지 않기 때문이다. 대신 기존의 대기업들은 비슷한 경쟁자들로부터 자신의 몫을 지키는 데 초점을 맞춘다. 반면에 신흥기업들이 그 시장에서 제공하는 품질은 그리 좋지 않지만(이것이 기존 기업들이 새로운 진입자들에 대해 염려하지 않는 이유다), 더 단순하고 더 적은 비용이라는 해법으로 기반을 다진다. 그들은 그 산업에서 낮은 이윤을 창출하는 분야가 아니라 더 높은 수익성을 내는 분야에 초점을 맞춘다. 그러다 보면 시장의 작은 분야로 시작했던 신흥기업이 성장해 산업에서 더 크고 넓은 분야를 차지하게 된다. 결국 신흥기업은 더 높은 이윤을 창출하게 되고 그 산업을 주도하는 위치에 서게 된다.

디트로이트 엣지 센터의 공동책임자인 존 하겔John Hagel은 이것을 잘 표현했다. 그는 조셉 슘페터Joseph Schumpeter(1883~1950, 오스트리아 태생의 경제학자. 현대 자본주의를 발전시키는 데 결정적 역할을 한 동인을 '신결합'이나 '창조적 파괴' 같은 기술혁신에서 구하는 경제이론을 주창했다-옮긴이)의 '창조적 파괴'라는 개념을 상기하면서 "시장은 '창조적 파괴'의 강력한 엔진이다. 다시 말해, 시장은 더 나은 아이디어나 더 나은 접근법을 가진 경쟁자들을 진입하도록 초청해 기존 참가자들에게 도전하게 한다"고 설명했다.

　지난 20년 동안, 붕괴의 양상에 대해 많은 관심이 쏠렸지만, 우리는 붕괴의 맥락을 통해 많은 것을 배우고 있다. 산업경제학에서 붕괴 분석의 원래 의도는 붕괴를 피하기 위해서였다. 하지만 지금은 붕괴가 경제의 주역이 되었다. 《비즈니스 위크》의 드레이크 베네트Drake Bennett는 현 상황을 이렇게 설명한다. "신흥기업들은 영웅이다. 기존 질서에 대한 그들의 최종적인 승리는 운명적으로 정해져 있으며, 지금은 그들의 파괴력이 곧 사회(적어도 기술 면에서는)를 발전시키는 원동력인 시대다. 회사를 창립하는 사람은 이윤을 창출하는 동시에 혁신가가 될 수 있다."

　많은 지표가 붕괴가 가속화되고 있음을 암시한다. 예를 들면, 하겔은 기업들이 자신들의 분야에서 얼마나 빠르게 주도적인 위치를 잃는지 측정하는 지표인 타도율를 언급했는데, 타도율은 1965년 이후 거의 40% 가량 증가했고, 기업이 S&P 500(미국의 상장회사들 중 가장 큰 500개 회사들의 대략적인 목록)에 머무르는 기간은 1937년의 75년에서 현재의 18년으로 감소했다.

새로운 디지털 시대의 붕괴

　우리는 붕괴가 미래인 새로운 디지털 시대로 들어가고 있다. 요약하면, 첫 번째 디지털 시대는 아날로그 기기들이 더 성능 좋은 디지털 기기들로 교체되는 시기였다면, 다음 디지털 시대는 실물공간의 광범위한 디지털화로 일어날 것이다. 다시 말해 두 번째 디지털 시대에는 주변의 더 많은 사물을 디지털화하는 데 멈추지 않고, 그 사물들이 조직적으로 연결될 것이다. 그리고 이러한 디지털화는 붕괴의 수문을 활짝 여는 결과를 불러올 것이다. 이 새로운 디지털 시대로의 입성이 오늘날 충격적인 붕괴의 가속화를 어느 정도 설명한다.

신흥기업들의 현실

결국 붕괴는 과정이다. 신흥기업들은 그 과정 속에 있었기 때문에 성공할 수 있었다. 처음에는 더 낮은 가격구조 덕분에 신흥기업이 자유로운 실험을 할 수 있었다. 이 실험들 중 많은 것이 지금은 흔적도 없이 사라졌지만, 어떤 실험은 엄청난 성공을 거두었다. 붕괴의 다른 열쇠는 산업기반을 다지고 현재의 기술토대 위에서 과정을 밟아 현 사업환경에 적용할 수 있는 고부가가치의 상품과 서비스를 창출해낸 신흥기업의 능력이다. 신흥기업들은 종종 거대한 기존 기업들과 비교했을 때 파괴적으로 보일 때가 많다. 그러나 신흥기업과 기존 대기업들과의 차이는 어느 정도는 조직구조 때문이다. 하겔에 따르면, "붕괴가 기존 기업들의 자산을 기업의 존속을 위협하는 골칫거리로 바꿔놓았다". 하지만 신흥기업들은 이런 골칫거리들을 짊어지지 않는다(적어도 처음에는).

붕괴의 (기본)경제학

단순 경제학 원리에 따르면, 경쟁시장에서 붕괴가 언제나 산업의 순성장을 초래하는 것은 아니다. 언제나 그렇듯이 신흥기업은 전통적으로 새로운 인력, 새로운 배치, 새롭고 더 생산적인 자본이라는 특징에서 유래하는 더 낮은 가격구조를 갖기 마련이다. 더 낮은 가격구조를 가지고 시장에 진입하면 그 산업의 한계비용이 낮아지고, 이는 경쟁시장에서 공급곡선을 변화시킨다. 경쟁시장에서 수요와 가격은 같이 움직이기 때문에 선호의 변화가 없더라도 더 저렴한 새로운 가격구조는 수요를 증가시키고, 그 결과 전체 시장이 성장한다. 따라서 신흥기업의 성공도 많은 부분 기본적인 경제학 원리가 작용한 결과다.

새로운 디지털 시대 붕괴의 특징

붕괴의 척도가 정확하고, 붕괴가 사실상 증가하고 있다면, 우리가 직면한 디지털 시대의 붕괴의 면면을 검토할 가치는 충분하다. 새로운 디지털 시대에 붕괴를 이끄는 인자들에는 혁신을 조정하는 능력, 디지털 환경이 준 네트워크 효과, 압축과 확장의 주기, 서비스로의 전환, 새로운 플랫폼들의 개발과 그 플랫폼들의 특성 등이 포함되어 있다.

조정: 사업의 조정은 언제나 성장의 핵심 요인이었다. 그러나 새로운 디지털 시대 들어서 조정의 속성과 비용, 직진 본능, 조정 규모는 크게 변했다. 디지털 시장에서는 전환비용이 낮다. 아날로그 세계에서는 소비자들이 새로운 시장을 발견하고 그것으로 이동하는 데 비용이 들었다. 그러나 모두가 실감하듯이 디지털 시장에서는 검색비용과 전환비용이 낮아진다. 이것은 소비자들이 번거로운 과정 없이도 쉽게 새로운 시장을 찾고 이동한다는 의미다. 더 낮은 전환비용은 사업의 빠른 조정(혹은 실패)을 불러오고, 예측가능성의 결여 역시 조정을 가속화한다. 더욱이 디지털 사업은 유형 자산들을 함께 조정하지 않고서도 자신들의 핵심 사업을 조정할 수 있다. 이는 디지털 사

업은 규모에 비례하여 수익을 얻을 수 있다는 것을 뜻한다.

디지털은 사업의 조정과 관련된 규모를 바꿀 수 있다. 아날로그 환경에서는 처음 5만 개의 상품을 파는 것이 그 시장의 성공 가능성을 가늠하는 기준점이었을 것이다. 하지만 오늘날 인터넷 사업의 조정은 전혀 다른 눈금으로 측정된다. 오늘날에는 누군가의 앱이 100만 번 다운로드되더라도 그것이 다음의 1000만 번 다운로드를 보장하지는 않는다.

네트워크 효과: 경제학에서 네트워크 효과는 상품이나 서비스 사용자들이 그 상품이나 서비스의 가치를 다른 사용자나 잠재적 사용자들에게 전하는 것이다. 네트워크 효과는 언제나 기술에 강력한 영향력을 지녀왔고, 전화기나 팩스기 같은 기기의 가치가 시간이 지남에 따라 증가하는(그리고 줄어드는) 이유를 설명한다. 예를 들면, 최초의 팩스기의 가치는 서류를 전송받거나 보내는 상대 팩스기가 없다면 0에 가깝다. 그러나 팩스기의 수가 꾸준히 증가함에 따라, 팩스기 사용자들은 서류를 보내거나 받을 수 있는 상대방을 더 많이 갖게 된다. 더 많은 사용자들이 네트워크에 합류할수록 네트워크의 가치는 올라간다.

팩스기 사용자들이 네트워크를 떠나는 경우도 마찬가지다. 예전에는 긍정적인 네트워크 효과였던 것이 두 번째 디지털 시대에는 해당 사업 붕괴의 주요 요인이 되고 있다. 반면에 오늘날의 인스타그램이나 핀터레스트, 스냅챗 같은 플랫폼들은 전부 긍정적인 네트워크 효과의 덕을 보고 있다.

압축과 확장의 주기: 새로운 디지털 시대의 특성 중 하나는 새로운 디지털 상품의 경쟁력 여부가 빠른 시간 안에 판가름 난다는 것이다. 과거에는 혁신이 느리고 질서정연하게 이루어질 수 있었지만, 이제는 더 이상 그렇지 않다. 디지털 관련 산업들은 압축과 확장 주기가 짧다. 이는 신흥기업들이 거의 순식간에 하나의 사업뿐 아니라 산업 분야까지도 만들어낼 수 있다는 의미다.

아날로그세상에서는 누군가가 특정한 시장(서비스 시장이라 할지라도)으로 진입하려면 자본을 준비해야 했다. 다시 말해 당장의 이익 창출이 동반되지 않는 투자가 필요했다. 그러나 규모의 확장에 따른 이익의 증가를 누리는 새로운 디지털 시대에는 기업들이 빠르게 확장할 수 있다. 동시에, 앞서 말했듯이 더 낮은 검색비용과 더 값싼 전환비용 덕분에 신규 수요자의 유입이 손쉬워진다. 이러한 힘들이 결합함으로써 새로운 사업의 급작스런 등장과 팽창이 가능해지는 것이다.

서비스 시장으로의 전환: 지난 50년에 걸쳐, 우리는 서비스 시장으로의 폭넓은 전환을 경험했다. 1960년대, 미국 소비자들은 전체 지출의 45%가량을 서비스 구입에 사용했다. 오늘날에는 그 비율이 66%까지 증가했다. 그리고 서비스에 동반되는 많은 기기들까지 감안하면 그 비율은 훨씬 높을 수 있다. 서비스와 더불어 디지털 관련 상품들과 기기들도 빠른 속도로 늘어날 뿐 아니라, 디지털 상품의 디자인 주기와 교체 주기도 빨라지고 있다.

게다가 같은 기기를 사용해도 그 내용물인 소프트웨어는 계속해서 업데이트되거나 업그레이드되면서 끊임없이 변하고 있다. 예전에는 자신의 기기를 최신 응용프로그램으로 업그레이드하려는 소비자들은 신형 하드웨어를 사야 했다. 하지만 지금은 기기 자체에 업그레이드 프로그램이 심어져 있다. 심지어는 소프트웨어 업그레이드가 기기의 하드웨어 용도마저 바꾸기도 한다.

다면 플랫폼: 붕괴 이론은 지난 15년 동안의 변화를 설명하는 지배적 이론이다. 그러나 다면 플랫폼 경제학(다면 플랫폼 이론을 주장한 대표적인 경제학자로는 2014년에 노벨경제학상을 수상한 장 티롤Jean Tirole이 있다. 장 티롤에 따르면, 20세기 제조업이 제품을 생산하여 시장에 판매하는 '단면시장'이었다면, 21세기 네트워크 산업의 플랫폼 시장은 콘텐츠 교통의 중심지로서 둘 이상이 고객집단을 연결하는 '양면시장' 혹은 '다면시장'이다 – 옮긴이)이 성립되면 붕괴 이론은 기업조직과 산업 역할의 핵심 이론 중 하나로 바뀔 수 있다.

디지털 환경의 조정과 네트워크 효과는 다면 플랫폼에 잘 맞는 분위기를, 혹은 경제학자들이 양면시장이라고 부르는 것을 만든다. 이 시장에는 분리된 두 개의 그룹이 있고, 각 그룹에 속한 개인들은 다른 쪽 개인들과의 상호작용으로부터 이익을 얻는다. 일반적으로 시장의 분리된 이 두 그룹은 서로에게 네트워크 이익을 제공한다. 임시채용 대행사(노동자와 고용주), 검색엔진(광고주와 사용자), 신용카드 네트워크(상인과 카드 소지자), 나아가 쇼핑몰(상인과 소비자)도 다면 플랫폼의 사례가 될 수 있다.

보다시피 예전에는 분리된 두 그룹을 이어주는 중개자가 있었다. 하지만 중개자가 사라지는 다면 플랫폼에서는 생산자와 소비자가 직접 만날 수 있다. 그리고 우버나 에어비앤비, 스퀘어, 크레이그리스트, 그리고 심지어 틴더나 위챗 같은 사이트에서 보듯이 성공적인 다면 플랫폼의 수도 갈수록 늘어나고 있다.

디지털 다면 플랫폼 사업의 예	하는 일
에어비앤비(Airbnb)	여행객들이 소유자에게 직접 주택이나 아파트, 방을 빌린다.
블라블라카(Bla Bla Car)	자동차 공유를 돕는다(블라블라카는 유럽에서 가장 큰 자동차 공유 서비스다).
보트바운드(Boatbound)	소유자에게 직접 보트를 대여할 수 있게 한다.
카고매틱(Cargomatic)	지역 화물주와 여유공간이 있는 트럭을 가진 운송회사를 연결한다.
서클업(Circle Up)	소비재와 소매회사들과 공인된 투자자들을 연결한다.
델리브(Deliv)	대규모 전국 다중채널 소매업자들을 위한 당일배송 서비스를 크라우드소싱한다.
이랜스(Elance)	프리랜서들과 회사들을 연결시키는 온라인 플랫폼.
헤일로(Hailo)	택시와 승객을 연결한다.
인스타카트(Instacart)	다양한 지역 가게들이 식료품과 생활필수품을 당일 배송한다.
렌딩클럽(Lending Club)	온라인 네트워크를 통해 개인 대 개인 금융 대출을 가능하게 한다.
리프트(Lyft)	운전자의 운행서비스를 찾는 승객들을 연결한다.
아워크라우드 (Our Crowd)	공인된 투자자 그룹을 위해 특별히 만들어진 자본투자 플랫폼을 통해 벤처자금을 모아 신생기업들을 크라우드펀딩 한다.
피봇데스크(Pivotdesk)	사무공간을 공유할 회사들을 연결한다.

포스트메이트 (Postmates)	전화기 앱을 통해 주문하는 상품을 한 시간 안에 배달한다.
프로스퍼(Prosper)	개인들이 사금융에 투자하거나 돈을 빌릴 수 있게 한다.
릴레이라이드 (Relay Ride)	자동차 소유자가 자신의 자동차를 대여할 수 있게 돕는다.
사이드카(Sidecar)	승객과 운전자를 연결한다.
사운드클라우드 (Soundcloud)	음악 제작자가 오디오 플랫폼을 통해 직접 업로드, 녹음, 홍보, 공유를 할 수 있게 한다.
스킬셰어(Skill Share)	온라인 학습 공동체를 이끈다.
스토어프론트(Storefront)	단기간 운영할 가게를 찾는 회사에게 단기 임대용 소매 공간을 제공한다.
트레이티(Traity)	개인의 온라인 프로필과 평판을 확인해준다.
우버(Uber)	대여와 탑승 공유 서비스를 위해 승객과 자동차 운전자를 연결한다.
왓패드(Wattpad)	집필 공동체 가입자들이 기사와 소설과 시를 포스팅한다.
옐들(Yerdle)	사람들이 기부하는 물품 목록을 매일 제공한다.
조파(Zopa)	영국에서 가장 큰 개인 대 개인 대출서비스를 통해 개인 대출자들과 대부자들을 연결한다.

하지만 다면시장의 네트워크 효과 때문에, 플랫폼 사업이 번성하는 곳이면 어디에서나 독점이 형성되는 경향이 있다. 다시 말해 개인 간 협력의 기회는 많아지지만, 오용의 위험 역시 높아질 수 있다.

대붕괴를
지나서

새로운 디지털 시대는 붕괴와 변화를 가속화하고 촉진하는 환경을 동반한다. 앞에서 본 것처럼 다면 플랫폼들은 기존 사업모델을 발전시키는 동시에 붕괴시키고 있으며, 그 결과 붕괴의 씨가 더 많이 뿌려지고 있다. 그리고 이것은 다시 기존의 다면사업들에 압력으로 작용할 것이다. 이렇게 본다면 디지털의 속성과 특징에서 기인하는 다양한 형태의 붕괴는 앞으로도 가속화될 것이다.

우리가 이 책 전체에 걸쳐 반복해서 다룬 주제는 혼란에서 질서가 창출된다는 아이디어였다. 기술 신생기업들에 대항하는 기존 기업들의 분투와 경제 대변동의 시대를 살고 있는 우리는 혼란의 한가운데에 있다고 말할 수 있다. 하지만 질서가 다시 나타나 우리를 둘러싼 혼란에 형태와 의미를 부여하리라는 것 또한 분명하다.

그럼에도 우리가 이해해야 하는 것은, 디지털은 건드리는 거의 모든 것을 가속화하고 심화시킬 뿐 아니라, 경제 사이클 역시 가속화하고 심화시키리란 점이다. 다른 말로 하면, 세계대전 후 선진국들이 누렸던 상대적으로 안정된 경제(기술과 사업모델, 소비자 행동이 한동안 안정적이었다)는 이제 두 번 다시 경험하지 못할 과거의 유물로만 남을 것이다.

디지털 데이터가 예상 밖으로 끈질기게 우리를 몰고 갈 미래에는 슘페터의 '창조적 파괴'가 계속되어 '기존 산업'이라는 개념이 전부 사라지고 말 것이다. 이렇게 되면 사실상 모든 산업, 모든 회사, 모든 직업이 끊임없는 변화와 갱신의 상태 속에 놓일 것이다. 혼란과 질서의 소용돌이가 우리를 둘러싸고, 창조와 파괴의 역동적 사이클은 삶의 요소가 될 것이다. 이런 전망이 무서운 이유는 우리 대다수에게는 이것이 완전히 새로운 경험이기 때문이다.

그러나 그때까지 우리의 디지털 경험이 우리에게 무언가를 가르친다면, 더 젊은 세대들은 그 새로운 세상에서 살고 일하고 번영할 능력도 갖게 될 것이다. 다시 말해 그들은 혼란과 질서의 소용돌이 한가운데에서도 꿋꿋하게 경쟁하고 성장할 능력을 갖출 것이다. 게다가 겉보기에 소용돌이 속 세상이 지금보다 더 자유롭고, 부유하고, 개성적인 세상이라면, 우리가 혼란을 이유로 이를 굳이 거부할 이유는 없을 것이다.

14장

디지털 데이터, 법,
그리고 공공정책의 평행 진화

"우리는 조금 앞선 미래를 볼 수 있을 뿐이지만,
해야 할 일이 많다는 건 분명하다."

−앨런 튜링Alan Turing

디지털화의 초기에 온라인 세계는 '대안현실'이라는 분리된 도메인으로서 조명되었다. 당시에는 사람들이 온라인으로 갔다. 그러나 앞서 본 것처럼 오늘날의 우리는 이미 온라인 상태다. 한때 병행하여 존재하던 것이 지금은 하나로 수렴된 것이다. 온라인과 오프라인 삶이 명백히 구분되던 당시에는 온라인에서의 자아가 현실 자아에 미치는 영향이 미미했다. 그러나 시간이 지나자 디지털화가 실물경제에 영향을 미쳤다. 우리가 채 인식하기도 전에 쇼핑이나 은행 업무를 실물세상과 디지털세상 양쪽 모두에서 하고 있었다. 더불어 디지털 자아가 현실 정체성에 미치는 영향과 반대로 현실 정체성이 디지털 자아에 미치는 영향이 커졌으며, 동시에 두 정체성 사이의 경계선도 흐릿해졌다.

지금 우리의 정체성은 설령 현실 정체성이라 해도 디지털 데이터와 불가분하게 섞여 있다. 신체적인 특징이나 스스로의 선택이 아니라 사용자의 행동패턴을 통해 트위터가 성을 규정하는 데서도 알 수 있듯이, 우리가 데이터를 규정하는 것만큼이나 데이터도 우리를 규정하고 있다. 이런 식으로 진행되면 우리가 데이터이고 데이터가 우리 자신이 되는 시기도 멀지 않은 셈이다. 지금 현재도 오프라인만이 아니라 온라인에서의 정체성이 우리 자신의 정체성 중 주요 부분을 차지한다. 디지털 자아는 비단 경제주체로서의 정체성만이 아니라 우리의 시민의식이나 권리의식에도 크게 영향을 미치고 있다.

이는 디지털 데이터가 공적 영역과 사적 영역을 포함하여 우리 일상의 많은 부분에 더 깊이 침투해 들어왔기 때문이다. 나아가 앞에서도 말했듯이, 디지털화는 프라이버시의 정의까지도 바꾸고 있다. 페이스북 같은 디지털 플랫폼을 통해 사람들은 전에는 공개되지 않았던 타인의 일상까지도 공유할 수 있게 되었다. 그렇다면 어디까지가 프라이버시 영역이고, 어디서부터가 타인에게 오픈된 영역인지가 불투명해진다.

법률의 진화

2009년 8월 22일, 경찰은 샌디에이고에서 차량검문을 하던 중, 장전된 무기를 소지한 데이비드 레온 릴리를 체포했다. 릴리를 수색하던 경찰은 휴대전화를 발견하고는 전화기에 저장되어 있던 비디오나 사진들을 증거자료로 채택해 차량검문과 무관한 총격사건으로 릴리를 기소했다. 릴리 사건은 대법원까지 올라갔다. 이렇게 우연히 발생한 일이 중요한 판결을 이끌어내고 새로운 틀을 만드는 경우가 종종 있다.

릴리 사건의 함의를 완전히 이해하기 위해서는 몇 걸음 뒤로 물러날 필요가 있다. 경찰은 릴리의 신체를 수색할 완전한 헌법상 권리를 가지고 있었다. 캘리포니아 주를 상대로 한 쉬멜사건(1969)에서, 대법원은 경찰이 영장 없이 체포된 용의자의 신체 및 신체와 밀접한 부분을 수색해도 된다는 판결을 내린 바 있다. 체포하는 경찰을 보호하기 위해서였다. 그러나 1969년에 체포된 용의자들은 많은 양의 개인적인(그리고 잠재적으로 유죄의 증거가 될 수 있는) 데이터가 담긴 기기를 소지하지 않았다. 따라서 경찰이 몸수색을 해도 특별히 용의자의 권리를 침해한다고 볼 수 없었다. 하지만 지금은 다르다. 경찰은 몸수색을 통해 애초의 수색 목적과 무관한 다른 사건의 증거를 확보할 가능성이 높아졌고, 이는 용의자의 권리를 침해할 소지가 있는 것이다.

릴리 사건이 대법원이 다룬 디지털 데이터 및 개인 사생활과 관련된 첫 번째 사건은 아니다. 2012년 대법원은 2002년에 처음 법원에 제소된, 연방정부를 상대로 한 존스 사건에서, 차에 GPS를 부착하고 이동경로를 감시하는 것은 수정헌법 제4조에 입각한 수색에 해당한다고 판결했다. 존스 사건의 경우에 한정된 판단이었지만, 이것은 개인정보 관련 사건(GPS를 통해 누군가의 이동경로를 추적하거나, 아니면 전화기에 담긴 정보를 추적하는 것 같은 사건)이 훨씬 더 흔해질 전조가 되었다.

존스 사건이 대법원까지 가는 데는 거의 10년이 걸렸다. 그리고 그 10년 동안 우리의 휴대전화는 더 발전하고 영리해졌다. 그리고 모바일 기술이 발달할수록 소비자의 요구도 발달했다. 오늘날, 미국인들의 90%는 모바일폰을 가지고 있고, 절반 이상이 스마트폰을 가지고 있다. 기기에 속박되지 않던 때를 기억조차 못하는 사람들도 많다.

2014년, 법원은 캘리포니아 주를 상대로 한 릴리 사건과 연방정부를 상대로 한 유리 사건에 대해 만장일치 의견으로 입장을 표명했다. 경찰에 체포된 개인이 소지한 휴대전화의 디지털 정보를 수색하려면 영장을 발부받아서만 가능하다는 판결이었다. 법원의 견해를 발표하면서 수석재판관 존 G. 로버츠 주니어는 오늘날 많은 미국인들의 스마트폰에는 '개인정보'가 포함되어 있다는 점과 미국독립혁명을 촉발시킨 요인 중 하나는 불법수색에 대한 반대라면서 판결의 근거를 설명했다.

이 발표에서 수석재판관 로버츠는 기술혁신에 추월당하지 않는 합법적인 판례를 만드는 것이 어렵다는 점도 강조했다. 그는 "릴리에게서 압수한 것 같은 스마트폰은 10년 전에는 존재하지 않았다"라고 말했다. 사실 지금은 하나의 사건을 통해 30년 후에도 적용 가능한 판례가 만들어지기엔 기술 발전이 지나치게 빠르다. 카세트테이프나 미니디스크(기억나는가?)에 관한 20년 전 판례를 디지털 다운로드된 노래와 관련된 오늘날의 사건에 적용한다고 상상해보라. 다시 30년 후에는 디지털 다운로드 또한 더 이상 사용되지 않을 것이다.

대다수 대법원 판결에서처럼, 이런 사건들에 대한 판결도 꽤 한정적으로 적용된다. 그럼에도 판례인 이상 장차 논쟁이 발생할 소지를 품고 있는 것도 사실이다. 수석재판관 로버츠는 과거의 실물 아이템에 관한 판결을 현재의 디지털 물건에 적용할 수 있을 정도로 둘 사이의 유사성을 찾기란 거의 불가능하다고 말했다. 이것이 우리가 앞서 소개한, 디지털과 아날로그는 사라지고 완전히 새로운 현실이 펼쳐질 미래다.

그렇다. 이 사건들은 디지털 개인정보 보호에 관한 판결이면서 동시에 기술 사용과 데이터의 디지털화에 영향받은 우리 일상에 법이 어떻게 접근해야 하는지를 암시하는 판결이기도 하다. 우리의 집과 잠재적인 수천 개의 연결 아이템들은 곧 극도로 개인적인 정보들(오늘날의 스마트폰에 포함된 정보들보다 훨씬 더 민감한 정보들)을 획득할 것이다. 그때 우리는 이 쟁점에 대한 법원의 혜안을 고마워할지 모른다.

그러나 미디어는 릴리 사건에 대한 법원의 판결에 대해 의무적인 보도만 했을 뿐이다. 미디어는 연방 건강관리규정을 위반한 하비로 비사의 법원 판결에 훨씬 더 큰 관심을 기울였다. 더 유명했던 그 사건이 의미가 없다는 건 아니지만, 문화의 향방을 고려한다면, 릴리 사건이 일반 미국인들에게 훨씬 더 큰 영향을 미칠 것임은 분명하다.

이 점에서 릴리 사건은 기초가 되는 판결이다. '경찰이 내 전화기를 수색할 수 없는 것은 당연하다'는 감정은 존재했지만, 릴리 사건 이전에는 이것이 법적 진실은 아니었다. 사실 디지털화와 연결이 계속될 향후 50년 동안 릴리 사건은 디지털 데이터와 인간, 인간과 인간의 상호작용에 대한 대논쟁이 시작된 날로 여겨질 것이다.

이 대논쟁은 법 집행력이나 개인정보 보호에 관한 질문에 한정되지 않는다. 거기에는 우리는 그것에 어떻게 접근하고, 누구에게 접근을 허용하며, 그것의 성장과 성숙을 어떻게 허용하고, 제공자들은 우리에게 이익이 되도록 어떻게 관리할 것인가에 관한 디지털 데이터 관련 기본 정책 질문들도 포함된다. 이런 것들이 우리가 이 장에서 살펴볼 쟁점들이다.

공공정책을 위한 기틀

우리가 한때 중요시했던 개인정보 보호 규정은 디지털세상의 발전에 따라 지금까지는 다른 방식의 적용을 요구받게 되었다. 단순히 '훔치지 마시오'이던 옛날 법규는 훔칠 수 있는 유일한 물건이 실물 재산에 국한되어 있던 세상에서는 의미가 있었다.

그러나 우리의 디지털 자산이라면 어떨까? 우리의 온라인 브라우징과 쇼핑목록, 그리고 페이스북 페이지가 우리 자신 외에는 누구도 접근하지 못하는 '재산'으로서의 가치가 있을까? 사적 소유의 원칙은 디지털 영역으로 어느 정도 확장될 수 있을까? 그리고 그것이 우리가 남긴 디지털 빵 부스러기까지 다 담을 수 있을까?

사실 오늘날의 새로운 디지털-실물 세상을 지배하는 것은 새로운 패러다임이다. 그리고 명백한 한 가지는 이 새로운 패러다임이 단순히 가변적인 것 이상일 것이라는 점이고, 따라서 훨씬 가변적인 공공정책적 접근을 요구할 것이라는 점이다.

2014년 대법원의 릴리 판결이 중요한 이유가 여기에 있다. 우선 9명의 대법원 판사들은 사유재산과 디지털 데이터의 교차지점에 대해 전면적인 결정을 내리기에는 시기상조라는 판단을 내렸다. 그것은 드문 만장일치 판결이었다. 일부 프라이버시 옹호자들은 법원이 엄격한 법적 기틀을 마련해야 한다고 주장할지 모르지만, 새로운 시대의 기본 현실 때문에 그것은 실행 불가능하다고 대법원 판사들은 판단한 것이다.

새로운 기본 현실은, 모든 것이 디지털일 때, 당신의 일부 역시 디지털이라는 것이다. 그리고 당신의 일부가 디지털일 때, 그것은 다른 사람들이 당신의 일부를 '볼' 수 있다는 의미다. 퓨 서베이의 조사에 따르면, 인터넷 사용자의 59%가 온라인의 완벽한 익명 가능성을 믿지 않는다.

당신에게 휴대전화가 있다면, 당신은 이미 익명이 아니다. 당신에게 이메일주소가 있다면, 당신은 이미 익명이 아니다. 당신이 상품이나 서비스를 사기 위해 신용카드를 사용한 적이 있다면, 당신은 이미 익명이 아니다.

사실 우리는 디지털 데이터가 우리에게 가져다줄 풍요롭고 편리한 세상이 완벽한 익명성의 포기를 그 대가로 요구한다는 사실을 받아들여야만 한다. 편리한 디지털세상을 손톱만큼이라도 즐기려면, 우리가 디지털 데이터의 일부가 되어야 하는 것이다. 그리고 아무리 작을지라도 디지털의 일부가 된다는 건 익명성을 포기하는 것이다.

균형을 찾을 수 없다는 말이 아니다. 대법원은 그 균형을 찾기 위해 끊임없이 노력하고 있다. 핵심은 변화가 새로운 현실을 창조하는데, 무엇이 디지털화되고 그렇게 디지털화된 데이터가 어떤 식으로 사용되는가는 유동적이라는 것이다. 그리고 공공정책적 관점에서 보면 유동성 문제를 해결하는 최적의 방식은 자기조정과 같은 적응형 메커니즘을 이행하는 것이다.

사람들은 이제야 우리가 디지털과 실물의 이중 세계에서 병존한다는 사실을 확실하게 인식하기 시작했다. 그리고 스노든의 폭로나 수많은 데이터 침해에 자극을 받아, 그 병존이 어떤 영향을 미치는지 이해하기 시작했다. 디지털 세상은 우리에게 다소 갑작스럽게 폭발했다. 게다가 그것은 빠른 속도로 확장되며, 한때 사적이었던 삶의 친밀한 공간 속으로 밀고 들어오고 있다.

디지털 데이터에 관한 가장 큰 정치적 이슈 중 하나이자, 모든 미국인들(도처에 있는 디지털 데이터 사용자 전부)이 어느 때보다 염려하고 있는 것이 개인정보 보호다. 디지털세상에서의 프라이버시는 기본적으로 디지털화된 정보에 대한 개인의 통제력이다.

정부의 감시, 민간부문의 데이터 수집, 최종 사용자들을 대표하는 집단이라는 다양한 개념들이 뒤섞이는 것을 방지하기 위해, 우리는 적응형 메커니즘이라는 기틀을 검토하면서 그것들을 각각 개별적으로 고려할 것이다.

사업과 데이터: 디지털화가 진행되어 점점 더 많은 산업들이 붕괴될수록, 데이터는 더 많이 디지털화될 것이고, 그 결과 더 많은 사업체들이 개인 관련 디지털 데이터를 소유하게 될 것이다. 기업들이 개인정보를 확보하려는 주된 이유는 그들이 제공하는 상품이나 서비스의 질을 향상시키는 데 있다.

넷플릭스는 당신의 시청 습관에 대해 더 많이 알수록 당신에게 더 적합한 영화를 추천할 수 있다. 핏빗이나 조본 같은 회사의 피트니스 트래커들은 개인정보를 이용해 더 적절한 피트니스를 제안할 수 있다. 애플과 구글, 그 밖의 다른 기업들도 당신에 대해 많이 알수록 더 나은 디지털 비서 서비스를 제공할 수 있다. 이와 비슷하게, 포스퀘어나 옐프 같은 서비스도 당신의 기호를 더 잘 알수록 더 유용한 추천을 해줄 수 있다.

이처럼 순탄한 거래가 이루어지도록 신용카드 정보를 보유하는 것에서부터 좀더 개별화된 경험을 제공하기 위해 다수의 개인 디지털 데이터를 저장하는 것에 이르기까지, 기업들은 오늘날 유례없이 많은 데이터를 보관하고 있다. 디지털 데이터를 가지고 할 수 있는 일이 많아질수록 더 많은 데이터가 디지털화되고, 사업체들은 더 많은 디지털 데이터를 저장하고 있는 것이다.

기업 역시 디지털화된 개인정보 이용과 결부된 위험성과 혜택을 잘 안다. 앞서 보았듯이 디지털화된 데이터와 아날로그 데이터는 크기와 규모 면에서 거의 비교가 불가능할 정도로 차이가 크다. 간단한 예를 하나 들면, 나는 최근에 지갑에 있던 신용카드 몇 장을 도난당했다. 즉시 카드를 취소하기 위해 발급 은행에 전화를 했지만, 이미 손해가 발생한 후였다. 근처 베스트바이와 애플스토어에서 수천 달러어치의 불법적인 상품구매가 이미 이루어진 것이다(적어도 도둑은 고급스런 취향을 가졌다). 이것은 지갑을 도난당한 사람에게 드문 경험이 아니다. 그러나 내 이야기의 핵심은 만일 디지털세상에서 유사한 일이 벌어졌다면, 1,000만 개의 지갑이 도난당한 것과 같다는 것이다. 즉, 디지털 데이터 침해는 훨씬 큰 규모로 이루어진다.

디지털 개인정보를 보유한 기업들은 최근 들어서야 행여 정보유출 같은 사고가 발생하면 믿기 어려울 만큼 많은 고객들에게 영향을 미친다는 사실을 인식하기 시작했다. 기업들은 앱이 데이터를 보호하지 못하고 데이터 사용 용도에 대해 효과적으로 이해시키지도 못할 때, 고객의 신뢰를 잃을 위험이 있다는 것을 알게 되었다.

하지만 정부가 규정하는 엄격한 개인정보 보호 관련 규정을 적용한다면 사용자의 고유한 경험을 개발하고 제공하는 기업의 능력을 방해하는 결과가 되고 말 것이다. 게다가 미디어가 부적절하거나 불분명한 데이터의 사용을 감지하는 순간을 놓치지 않고 달려들기 때문에 소비자들과 기업들 사이에는 더 깊은 골이 생길 위험이 있다. 따라서 기업들은 소비자와 정책 입안자 둘 다를 만족시킬 결과물(강력한 사생활 보호를 보장하는 혁신적인 해법과 서비스)을 생산해내겠다는 것을 강력한 자기 동기로 삼아야 한다.

단 한 번의 대규모 빅데이터 오용이 있어도 정치가들과 입법자들은 쏜살같이 카메라 앞으로 달려가 혁신을 억누르는 억압적인 법규 제정을 약속할 것이다. 그 결과 빅데이터 관련 최선의 관행을 촉진하는 산업 가이드라인을 추구할 책임이 기업에게 지워졌다. 이 면에서 보면 기업들이 투명성에 근거해서 신뢰할 만한 윤리강령을 추구하는 것이 어느 때보다 절실하다고 할 수 있다.

이와 동시에 데이터 침해 고지에 관한 국가 표준도 반드시 필요하다. 지금은 데이터 침해 고지 법률을 제정할 권한이 각 주州에 있다. 이 법규들에는 공통 요소도 있지만 차이점도 존재하기 때문에 전국적 기업체들은 행정적인 문제에 직면하게 된다. 포괄적인 하나의 연방 표준이 존재한다면, 데이터 침해가 발생했을 때 단 한 번의 고지계획을 세우는 것으로 충분할 것이다.

US-EU 세이프 하버 같은 국제조약은 EU와 미국 양쪽에서 영업하는 기업들이 양쪽의 국제시장 사이에서 개인정보를 주고받을 수 있도록 허용한다. 이런 조약이 없다면, 다국적기업들은 EU의 사생활 관련법을 지키기 위해 번거로운 과정을 거쳐야 할 것이다. 이런 조약들은 시장의 마찰을 줄여주고, 그 덕분에 기업들은 좀더 용이하게 국경을 넘나들며 영업할 수 있다.

우리는 소비자들을 위한 더 많은 주문제작과 더 가치 있는 경험을 제공할 가능성이 열리기 시작하는 지점에 있다. 그러나 개인 데이터 수집 및 저장과 관련된 위험은 현실이다. 기업들은 소비자에게 소비자의 개인정보와 안전을 보장할 강력하고 합리적이며 문맥상 적절한 옵션들을 제공해야 하고, 개인들은 데이터에 대한 최종 지배권과 발언권을 가져야 하며, 기업들은 개인 데이터에 관해 투명해야 한다. 결국 개인정보 보호를 위한 자율규제라는 접근법이 권장되고 수용되어야 할 것이다.

혁신과 개인정보, 안전은 상호배타적인 목표들이 아니다. 사실 잘 작동되는 디지털 시장 안에서는 그것들이 서로 조화를 이룰 수 있다.

정부와 데이터: 미국 국가안보국의 데이터 수집활동에 대한 에드워드 스노든의 폭로는 미국정부, 혹은 특정 정부가 국민에 관한 데이터를 수집할 권리가 있는가라는 국가적인 논쟁에 불을 붙였다. 우리가 사는 세상에서 테러리스트들도 디지털 데이터 도구에 접근할 수 있다는 걸 부정하는 사람은 없다. 또 이런 세상에서는 사람들이 정보요원들의 아날로그적 노력이 우리의 안전을 지킬 수 있다고 기대하지 않는다. 이 때문에 사람들은 국가안보에 중요한 정보국의 역할을 인정하면서도, 국민에 관한 정부의 데이터 수집은 명확하고 합리적인 법과 규칙으로 제한되어야 한다고 생각한다. 이와 함께 사법당국이 국민의 위치정보를 파악하는 데도 어떤 기준점이 제시될 필요가 있다.

1986년에 통과한 전자통신 개인정보 보호법ECPA은 연방정부가 국민의 전자통신정보를 확보할 수 있는 요건을 규정했다. 그러나 클라우드 컴퓨팅과 그 밖의 다른 인터넷 기술이 존재하기 전에 통과된 그 법의 개인정보 보호는 시대에 뒤처져 있다. 예를 들면 그 법은 이메일이 클라우드에 저장된 후 180일이 지나면, 사법기관이 영장 대신 법원소환장만 가지고서도 이메일 등의 대화기록을 확보할 수 있도록 허용한다. 많은 사람들이 ECPA의 여러 측면이 더 이상 합리적이지 않으며 더 강력한 개인정보 보호를 위해 개정되어야 한다는 데 동의한다. 또 그렇게 되어야 서비스 제공자들에 대한 소비자 신뢰지수가 높아질 것이다.

이것은 분명히 제기될 많은 새로운 질문들과 더불어 우리가 직면한 새로운 한계다. 하지만 분명한 사실은 디지털 데이터가 규정하는 시대에 야기되는 쟁점에 대한 정책적 대응의 기준은 우리가 기술 사용에서 멀어지도록 하는 것이 아니라, 기술에 대한 우리의 신뢰를 강화시키는 것이어야 한다는 것이다. 이상적으로는, 어떠한 정책적 대응이라도 기술적으로 중립이어야 한다. 특정한 해법에 다른 의무가 부과되거나, 기술생태계의 어떤 요소가 해법을 제공하거나 의무를 이행할 부담을 짊어져서는 안 된다.

증가된 망과 모바일 브로드밴드 사용

또 다른 정책적 쟁점은 비인가 망과 관련된 문제다. 약간의 배경을 설명하면, 미국 연방통신위원회는 공중파방송, 와이파이, 블루투스, 이동신호가 전송되는 무선주파수 망의 사용을 규제한다. 전파방해가 적절히 관리되고 비효율적인 망 사용이 방지되도록 하기 위해 사용자들은 데이터 전송 전에 허가를 얻어야 한다.

연방통신위원회는 인가와 비인가라는 두 개의 광범위한 카테고리를 사용해 상업적인 망을 관리한다. 모든 사람이 사용할 수 있게 열려 있는 비인가 망은 차고 문 개폐기부터 베이비 모니터나 원격검침기에 이르기까지 다양한 방식으로 사용된다. CEA 추산으로는, 비인가 망을 사용하는 기기의 판매라는 면에 관해서만 말하면, 비인가 망은 연간 620억 달러 이상의 부가가치를 창출했다. 디지털 데이터 보급과 수용을 위해 망에 의존하는 일반 소비재들 중 일부만이 현재 연간 3억 개 이상의 기기들을 선적한다. 비인가 망은 최근 혁신을 위한 노력에 박차를 가했다. 기술 신생기업들은 새 기기들을 테스트하고 연마하기 위해 비인가 망에 의존한다.

기업가들, 신생기업들, 소비자들이 비인가 망을 가지는 것을 보장하기 위해 우리는 현재 이용 가능한 많은 비인가 망을 보호해야 할 뿐 아니라, 더 효율적이고 새로운 사용법을 발견해야 한다. 망에 관한

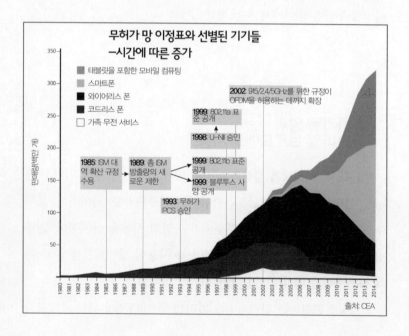

더 관대한 정책들, 망과 관련된 권리에 관한 더 많은 지식, 기존 시스템이 제공한 망의 용도변경 추진 등이 디지털 데이터가 좀더 자유롭게 이동할 수 있는 미래를 보장하는 데 도움이 될 것이다.

오픈 인터넷

통신기술의 많은 부분에 충격을 준 주제는 오픈 인터넷, 때때로 '망 중립성'으로 불리는 개념이다. 간단히 말하면, 망 중립성 제창자들은 인터넷 공급자들이 경제적 혜택을 얻기 위해서 자신이 제공하는 서비스와 경쟁하는 인터넷 트래픽에 대해 차단이나 차별을 감행하는 것을 두려워한다. 이 행동을 통해 망 중립성 제창자들은 모든 정보가 등가성을 지니는 인터넷의 '무료'라는 속성을 인터넷 제공자들이 파괴한다고 주장한다.

그러나 그들은 인터넷의 혁명적 성공의 근본 이유를 놓치고 있다. 즉, 인터넷이 모든 사용자들에게 상대적으로 대등한 활동의 장으로 유지될 수 있는 이유는 경쟁의 압력 때문이라는 사실을 말이다. 이 압력으로 인해 사용자들에게 다양한 선택을 보장하는 다양한 인터넷 공급자들이 존재할 수 있었다. 하지만 그게 다가 아니다. 소비자의 기대에 부합해, 미디어와 감시단체 역시 인터넷 제공자들이 인터넷 트래픽을 막거나 차별하는 것을 방지하는 일정 수준의 경쟁 압력을 제공한다. 사실, 이 자연적인 경쟁 압력은 혁신을 억압하는 규정이 아니면서도 연방법규들과 같은 방식으로 많은 역할을 감당한다.

규칙 제정자들은 인터넷의 승자와 패자를 가려내지 말아야 한다. 최선의 해법은 긴급하고 중대한 서비스에 더 많은 돈을 지불하는 문제에 대한 소비자들의 감내 수준을 시장이 결정하도록 하는 것이다. 또한 정부의 개입을 허용하는 것은 위험한 게임이다. 인터넷의 한 분야에 규제를 허용하는 것은 입법자들을 자극해 인터넷의 다른 분야에도 정부의 간섭을 증가시키는 결과가 될 것이다. 망 중립성 주창자들마저도 주저하는 공공연한 정부의 규정까지 포함해서 말이다. 건강하고 공개적인 경쟁은 혁신을 자극한다. 그것은 우리가 원하는 특성을 가진 환경을 만드는 데도 도움이 될 것이다.

규칙 제정자들은 더 많은 망을 배치하고 인터넷의 개방성을 유지하기 위한 하나의 접근법인 경쟁을 촉진하는 등 미래지향적인 노력에 초점을 맞추어야 한다. 오픈 인터넷은 브로드밴드에 대한 투자를 낳는다. 따라서 결과적으로 데이터가 가장 큰 가치를 창출하는 길을 찾아 좀더 자유롭게 이동할 수 있게 된다. 이를 통해 인터넷의 속성과 가장 큰 잠재력이 실현될 수 있는 것이다.

(이 책이 미국에서 출간된 이후인 2015년 3월에 미국 연방통신위원회는 오픈 인터넷의 규칙을 발표했는데, 이 규칙이 제시하는 망 중립성의 기준은 1. 차단금지, 2. 조절금지, 3. 지불에 따른 차별금지 세 가지였다 – 옮긴이)

먼저 해를
주지 마라

우리의 디지털 운명에 영향을 미칠 가장 큰 염려에 대한 정책

방안을 고려하면, 법률 입안자들과 규칙 제정자들은(기업들도 마찬가지로) '먼저 해를 주지 마라'는 히포크라테스 원칙을 따를 필요가 있다. 인터넷과 그 후손들(모바일폰, 태블릿, 미래의 사물인터넷)은 유기적인 성장이 허용되었기 때문에 세상이 지금까지 본 것처럼 부를 창출하는 가장 역동적인 엔진으로 발전해왔다.

인터넷과 그 성장이 우리 삶에 미치는 영향이 염려를(특히 보안과 개인정보의 문제) 가져오지 않는다는 말이 아니다. 인간에 창의력에 의해 추진된 모든 위대한 도약에는 어두운 측면이 존재했다. 디지털 운명도 예외가 아니다. 그러나 도전을 안겨주는 장애물들과 의문들 앞에서 공포에 휩싸이는 대신, 인터넷을 만들어낸 바로 그것이 인터넷을 지탱시킬 것이라는 냉철한 확신을 가지고 그에 직면해야 한다.

우리가 옛 아날로그세상에 남겨둔 것들이 있다. 그중 하나는 완전한 익명성이다. 익명성의 상실을 나쁜 일로 여기든 아니든 상관없이, 인터넷과 디지털 데이터가 지금까지 제공했고 앞으로 제공할 엄청난 선물들을 무시할 수 없는 것 또한 분명하다.

손익계산을 하면, 결국 인류는 이득을 볼 것이다.

15장

때는
1450년······

"우리는 정보 속에서 익사 중인 반면,
지혜에는 굶주리고 있다."
— 에드워드 O. 윌슨Edward O. Wilson, 《통섭: 지식의 대통합》 중에서

그리스 신화에서 타이탄 프로메테우스는 인류에게 주기 위해 신에게서 불을 훔친다. 이 이야기에는 다양한 버전이 있지만, 프로메테우스의 절도행위가 인류에게 문명을 시작할 핵심 요소를 제공했다고 보는 건 모두 동일하다. 프로메테우스가 전해준 기술은 기술도구라는 측면에 그치지 않고, 인류를 동물보다 나은 수준으로 끌어올렸다.

지혜는 또 다른 문제다. 플라톤은《프로타고라스》에서 기본 줄거리에서 더 나아가 하나의 논쟁을 촉발했다. 그는 "프로메테우스의 선물은 인간에게 생존에 필요한 지혜는 주었지만, 정치적인 지혜는 주지 못했다. 왜냐하면 그것은 제우스의 관리하에 있었는데, 프로메테우스의 힘은 하늘의 성채 안에는 미치지 못했기 때문이다"고 말했다.

이 경우 플라톤이 사용한 '정치적 지혜'라는 어구를 문자 그대로 이해해서는 안 된다. 그것은 입법권이나 투표권과는 무관하다. 플라톤의 말은 고대 아테네에서 정치적 이상으로 여겨진 덕목에 관한 것이다. 핵심은 프로메테우스가 인류에게 준 위대한 선물에는 정해진 매뉴얼이 없다는 것이다. 불은 집을 덥히고, 음식을 익히고, 금속을 녹여 도구를 만든다. 그러나 불은 태우고, 파괴하고, 무기를 제작하는데에도 사용될 수 있다. 불은 인간을 더 낮게 만들지 않았다. 우리는 '하늘의 성채'에 조금도 더 접근하지 못했다.

그와 비슷하게, 디지털 운명 또한 미덕을 보장하지는 않는다. 구텐베르크의 인쇄술이나 문자의 발명 역시 마찬가지였다. 데이터는 무엇이 옳고 그른지에 대한 질문에 침묵한다. 초기의 데이터 혁명과 마찬가지로, 디지털도 우리의 모든 문제를 해결하지는 못한다. 하지만 위대한 변화를 이끌리라는 것은 분명하다.

디지털은 진보와 효율성 앞에 놓인 장벽을 제거할 것이고, 고통과 질병을 완화할 것이며, 억압받는 자들에게 목소리를 부여할 것이고, 무지한 자들에게 지식을 제공할 것이다. 그리하여 불과 몇십 년 전에는 상상도 못했을 만큼 인류의 문명을 발전시킬 것이다.

하지만 디지털이 우리에게 어떻게 살아야 하는지를 말하지는 않을 것이다. 우리는 그 질문 앞에서 그리스인들보다 한 발자국도 더 나아가지 못했고, 프로메테우스 신화가 보여준 통찰력은 수천 년이 지난 지금도 여전히 진실이다.

우리는 디지털 데이터 형식으로 엄청난 선물을 받았다. 그에 필적할 만한 것은 다시 없을 것이다. 그러나 그 선물에는 설명서가 들어 있지 않았다. 우리가 그것을 어떻게 사용하는지에 따라 우리의 디지털 운명이 천국이 될지 지옥이 될지가 결정될 것이다.

필요한 것

기술은 우리의 결정에 영향을 주고, 결과적으로 인간의 권능에 영향을 준다. 우리는 디지털 데이터를 그냥 산출물이 아니라 다가올 삶의 활성제로 봐야 한다. 피터-폴 베어벡Peter-Paul Verbeek이《모럴

라이징 테그놀로지: 사물의 도덕성 이해와 설계》에서 쓴 것처럼, "고도의 기술이 없는 삶은 상상할 수 없게 되었다. 많은 사람들의 직감과는 반대로, 이 기술들은 우리 삶을 편하게 만드는 중립적인 도구가 아니다. 기술들은 주어진 기능을 수행하는 동안 그 이상의 일을 한다. 즉, 기술들은 우리가 하는 일과 우리가 세계를 경험하는 방식을 구체화하고, 그 과정에서 우리 삶의 방식에 능동적으로 기여한다."

핵에너지처럼 도덕적으로 애매모호한 기술들과 달리, 디지털 데이터는 보완하는 힘으로서 인간의 편에서 일한다. 그 기능은 인간의 필요와 비효율성, 장애물들에 달려 있다. 그것은 우리 세계의 다양한 측면들을 모두 드러내며, 그것을 통해 유용해질 가능성이 있는 면을 우리에게 깨우쳐준다.

기술과 디지털 데이터는 사회가 나아갈 길을 결정하지 않는다. 하지만 우리는 그것이 우리가 완전히 통제할 수 있는 도구 이상이라는 것을 이해해야 한다. 데이터(그리고 다양한 데이터 스트림의 복합적인 힘)는 우리가 쉽게 볼 수 없었던 것들을 드러낼 것이고, 결과적으로 그 드러난 것들은 우리가 행동을 취하는 데 영향을 줄 것이다. 이런 식으로 디지털 데이터는 우리가 그것을 통제하는 것 이상으로 우리를 통제할 것이다.

하지만 디지털 데이터가 드러낸 것들은 생각과 행동 사이에 존재하던 장벽을 제거할 것이고, 더 좋은 결과가 얻어지도록 사용될 것이다. 무기를 장착한 드론이 인간이 조종하는 제트기보다 훨씬 효율적인 살상무기가 될 수 있는 반면, 무인자동차는 데이터를 활용해 매년 수백만까지는 아니어도 수천 명의 생명을 살릴 수도 있다.

정부가 국민을 더 많이 통제하기 위해 디지털 데이터를 사용할 수도 있는 반면, 시민들이 국가의 통제를 좌절시키기 위해 소통하고 나누고 조직할 수도 있다. 우리가 디지털 기기에 더 많이 의존하는 것처럼 보이는 반면, 디지털 데이터는 가족이나 친구들과 더 많은 시간을 보내지 못하도록 막았던 과잉노동이나 집안일로부터 우리를 해방시키기도 한다. 사실 그것은 상호관계를 가로막던 거리라는 장벽을 제거함으로써 관계를 강화시키고 있다.

소설이나 엔터테인먼트는 진보라는 렌즈를 통해 미래를 보는 경우가 드물다. 우리는 보통 훨씬 암울하고 반이상향적인 뭔가를 상상하고, 인류가 기술을 이용해 파괴적인 결말을 맞아 암흑시대로 다시 돌아가거나 기술이 우리를 지배하는 미래를 상상한다.

어쩌면 현실이 즐겁지만은 않을지 모른다. 가능할 법한 미래는 디지털 데이터에 의해 힘을 부여받은 기술이 마치 퍼즐조각처럼 우리 삶에 꼭 맞아 들어가는 것이다. 모든 날이 행복하지만은 않을 것이다. 하지만 대체로, 우리는 디지털 데이터가 가장 필요한 곳에서 그것을 이용하고 디지털 데이터 또한 우리를 이용할 것이다.

필요는 강력한 힘이다. 제2차 세계대전이 핵폭탄의 발명을 초래했듯이, 필요는 파괴적인 결말을 초래할 수도 있다. 그러나 필요가 우리의 삶을 향상시킬 때도 많다. 필요는 구텐베르크로 하여금 문자를 복사하는 더 나은 방법을 발명하게 했다. 그리고 필요는 혼란에서 질서 찾기라는 현재의 혁신을 이끌고 있다. 필요는 우리를 자극해 굶주린 사람들에게 음식을 제공할 더 좋은 방법을 발견하게 하고, 건강관리에 존재하는 장애물을 볼 수 있게 도우며, 더 나은 방법을 찾는 우리에게 답을 준다.

우리의 형편이 더 나아질까? 우리의 형편이 더 악화될까? 이것은 여전히 대답되지 않은 질문이지만, 완전히 모호한 질문은 아니다. 우리는 분명 이미 진행된 디지털 전환에게서 혜택을 입었다. 그러나 우리는 그로부터 파생된 커다란 도전들(스팸에서부터 데이터 침해나 소셜네트워크상의 사이버 왕따에 이르기까지) 역시 경험했다.

게다가 실물 환경의 더 많은 영역들이 디지털화하면, 전에는 몰랐던 전적으로 새로운 도전들이 대두할 것이다. 이때 우리는 필요라는 엔진에 의지해 혼란을 뚫고 나갈 길을 찾아야 한다. 동시에, 우리는 결코 가능하리라고 상상하지 못했던 새로운 서비스의 혜택을 얻을 것이다. 미래는 밝아 보인다. 우리는 결국 상상할 수 없었던 혁신을 보게 될 것이고, 그것들 없이 어떻게 살았는지 상상도 못할 것이다.

우리는 계속해서 디지털 환경에 영향을 줄 것이고 디지털 데이터는 계속해서 우리에게, 우리의 삶과 대화방식에, 종국적으로는 우리의 정체성에 영향을 줄 것이다. 결국 우리는 이 새로운 패러다임 안에서 우리의 운명을 결정하게 될 것이다.

다음 단계

디지털 전환의 다음 단계는 어떤 모습일지 질문할 가치가 있다. 다음으로 디지털을 사용하기 위해 필요는 우리를 어디로 이끌까? 이것이 이 책 전체의 주제인지 당신이 묻는다면? 그렇다, 하지만 나는 몇 달이나 몇 년 후라는 가까운 미래에 대해 말하고 있다. 다음번 위대한 혁신이 일어나는 곳에서, 우리에게 또 하나의 장벽을 제거하도록 허용하는 데이터의 조직과 이동과 보배의 발견이 일어날 것이다.

에드워드 O. 윌슨이 1998년에 《통섭》에서 쓴 것처럼, "과학과 기술 덕분에, 단가는 떨어지고 있는 반면 사실에 입각한 모든 종류의 지식에의 접근은 기하급수적으로 증가하고 있다. 세계화와 민주화는 예정된 방향이다. 곧 그것은 텔레비전과 컴퓨터 스크린 위의 모든 곳에서 사용될 것이다. 다음은 무엇일까? 답은 명백하다. 통합. 우리는 정보 속에서 익사 중인 반면, 지혜에는 굶주리고 있다. 이제부터 세계는 통합하는 자들, 올바른 시간에 올바른 정보를 조합해서 비판적으로 분석하고 현명한 결정을 할 수 있는 사람들에 의해 운영될 것이다."

사실 디지털 데이터는 삶의 기초 기능들뿐 아니라 삶의 방식도 바꿀 것이다. 그것은 우리 일상생활의 모든 측면(살고, 일하고, 소통하는 방식)을 바꿀 것이다. 이 맥락에서 현대의 모바일폰을 예로 들 수 있다. 모바일폰은 새로운 형식의 대화를 만들어냈고, 심지어 문자메시지나 관련된 다른 메시지 서비스에서 새로운 '언어'의 개발에도 기여했다. 스마트폰은 지리적 공간도 재정립했다. 이제 당신은 몇 킬로미터 떨어진 곳에 있는 누군가와 '실시간으로' 대화를 나눌 수 있고, 물리적으로는 경쟁 상점의 영역에 갇혀 있을 때에도 특정한 소매상에게서 물건을 살 수 있다. 공간은 모바일폰의 크기로 축소되었다. 그리고 소음 가운데서 가치 있는 데이터를 분리해낼 수 있을 때, 디지털 데이터는 다양한 방식으로 거리를 더 축소시킬 것이다.

그리스인들이 밤하늘의 별들을 선으로 연결해 패턴과 형태와 사물들을 발견했듯이, 우리 역시 디지털 우주에서 별들을 보고 무無로부터 무언가를 창조할 것이다. 이것은 우리가 아직은 경험하지 못한 디지털 운명의 한 부분이다. 스마트폰에서 랩탑과 PC에 이르는 기기들은 우리가 원하는 것을 더 잘 이해한다는 의미에서 이미 '더 영리해지고' 있다. 그러나 우리가 오늘날 보고 있는 것들은 앞으로 보게 될 것들에 비하면 미미한 가치에 지나지 않을 것이다.

우리 대다수는 여전히 인터넷을 하나의 완전체(수천 개의 다양한 지점에서 들어오는 하나의 거대한 미로)로 이해하는 것이 사실이다. 우리는 거기서 시작해 어둠을 헤쳐나가 가치 있는 뭔가를 붙잡는다. 검색이 인터넷을 이해하기 위해 고안된 가장 발전된 방식이긴 하지만, 앞서 보았듯이, 디지털 우주가 확장될수록 검색은 우리의 기대를 충족하지 못하고 있다.

그러니 앞으로 검색을 이용해 이 심연을 헤쳐나가는 건 단순히 어려운 정도가 아니라, 문자 그대로 불가능할 것이다. 그러나 기기와 디지털 사물들이라면, 빛을 발견할 수 있다. 기기와 디지털 사물들이 우리 기분에 맞는 환경을 제공하는 맞춤 경험과, 우리의 필요에 맞는 추천과, 개인에게 완벽히 맞는 차별화된 경험을 제공할 것이기 때문이다. 이 맞춤은 앞서 언급한 디지털화된 데이터의 5개 기둥(컴퓨터 사용의 편재성, 디지털 기기의 폭발적 증가, 보편적 연결성, 디지털 데이터 저장, 센서들)을 통해서만 가능할 것이다.

만약 우리가 한 발 물러나거나 우리의 삶을 추상적으로 바라본다면, 우리는 모든 결정을 혼자 하는 것이 아니라, 우리가 사용하는 기술과 우리 사이의 상호작용에 의해 이루어진다는 것을 알 수 있을 것이다.

대부분의 최신 자동차들은 안전벨트를 채우지 않으면 시동이 걸리지 않거나, 출발 후에 안전벨트 미착용 신호(아주 성가실 때가 많다)

가 울린다. 우리는 안전벨트를 매서 끊임없이 울리는 삐 소리를 멈추게 하거나, 안전벨트를 매지 않은 채 삐 소리를 '참으며' 계속 달리는 것을 선택할 수 있다. 두 경우 모두 기술은 우리에게 영향을 준다.

오늘날의 기기들에서 보듯이, 인간에 대한 기술의 영향력은 점점 커지고 있다. 기기들은 한때는 불가능했던 선택과 결정권을 우리에게 부여했다. 예를 들면, 기술은 기술이 없었다면 접촉할 수 없었을 사람과의 접촉을 가능하게 해주었고, 그것은 우리의 결정에 영향을 미쳤다. 미래에는 이런 사례가 훨씬 더 많아질 것이고, 그만큼 디지털화의 영향은 강화될 것이다. 그런데 안전벨트의 경우와 달리 이런 영향력 중 많은 것이 덜 가시적일 것이다.

애초에 데이터의 디지털화는 보이지 않는 데이터를 드러내는 것에서 시작하여 비가시적인 것을 가시적으로 만들었다. 하지만 그것은 첫걸음이었을 뿐이다. 이 가시성을 획득한 데이터가 배경으로 사라져 우리를 대신해 결정을 내리기 시작하면 보이지 않는 상대에 대한 우리의 대항력은 갈수록 약화되고, 디지털 운명은 그만큼 훨씬 더 강력해질 것이다. 다시 말해, 데이터는 보이지 않는 것처럼 되겠지만, 디지털 데이터의 영향력은 어마어마해질 것이다.

디테일 속에 숨어 있는 악마

디지털 운명이 우리 일상에 의미 있는 진보를 가져오리란 건 분명하지만, 그것이 결코 완벽하지는 않으리란 것 또한 분명하다. 연구자들은 증상이 일어나기 4시간 전에 센서가 심장마비 환자들을 예측할 수 있지만 잘못된 예측인 위양성율도 20%에 달한다는 것도 밝혀냈다. 그렇다면 데이터 패러다임의 질문은 '우리는 어느 정도의 위양성율을 감수하고 행동을 취할 수 있는가'다. 20%? 10%? 5%? 이것은 우리가 디지털 운명으로 나아갈 때 우리 앞에 높인 중요한 결정이다.

데이터는 수 세기 동안 계속되어온 긴 박자에 맞춰서 계속 나아가고 있다. 우리는 흔히 스스로를 인형을 조종하는 사람들로 생각해왔다. 하지만 나는 우리가 데이터에 영향을 주는 만큼 디지털 데이터 역시 우리에게 영향을 주고 있다고 생각한다. 이 책에서 논의한 것들은 마술이 아니다. 그것들은 연속체의 일부다. 인간이 처음으로 생각을 표현하고 본 것을 묘사하려 했을 때부터 시작된 긴 혁신의 연속체 말이다. 결코 끝나지 않는 질서와 혼란의 순환은 역사가 시작될 때도 존재했고, 마지막 날까지 존재할 것이다.

데이터의 분명한 속성들로 인해, 이 순환은 앞으로도 계속될 것이다. 데이터는 언제나 발산과 해방을 요구한다. 그것은 우리를 독려해 자신을 시간과 공간의 물리적인 제약으로부터 해방시킬 더 좋은 방법을 찾게 한다. 그리고 데이터는 이따금 더 빠르고 더 분명하고 더 요란하게 분출된다. 이렇게 장벽을 무너뜨리고 쏟아져나온 데이터는 큰 혼란을 초래한다. 하지만 우리는 터져나온 데이터들을 수습하면서 질서를 발견한다. 우리는 거르고, 정리하고, 분류한다. 우리가 데이터를 따르기에, 질서가 우리에게 주어진다.

디지털은 데이터 신자유의 역사에서 최고의 진화물이다. 하지만 우리는 디지털이 그 역사의 목적지라고, 혹은 우리가 언젠가 목적지에 도달하리라고 생각하지는 않는다. 인류는 우주에 존재하는 모든 것을 알아야 할 정확한 시간에 결코 알 수 없다. 그래도 더 가까이 갈 수는 있다. 그리고 그 간극을 줄이려고 분투하는 과정에서 우리는 많은 장애물들을 만난다. 장애물들을 넘지 못하면 데이터에 대한 우리의 이해는 제한되고, 우리는 막다른 길에 다다를 것이다. 어떤 여행은 수포로 돌아갈 것이다.

운 좋게도, 우리는 디테일 속에서 뒹구는 것에 꽤 능숙해졌다. 디지털 데이터의 디테일은 때로는 거대한 산맥의 내부처럼 보인다. 그 산맥 안에서 우리가 목격하는 장면 중에는 개인정보들이 해커들의 타깃이 되고, 우리의 아이들이 온라인상에서 조롱과 가혹행위의 대상이 되며, 극심한 가난과 고통이 현존하는 나라의 센서 달린 소변기라는 부조화와 이제 막 기계에게 일자리를 뺏긴 사람들이 있다.

새로운 세계의 이 악마들은 누구에게도 단순한 디테일로 보이지 않지만, 특히 그것에 의해 가장 크게 영향을 받을 사람들이라면 더욱 더 그러하다. 하지만 비난한다고 디테일이 사라지지는 아니다. 그러니 우리가 그 악마 같은 디테일을 헤치고 길을 찾는 과정 역시 디지털 운명의 일부가 될 것이다. 그 여정에 장애물이나 고통이 없지 않을 것이다. 그것은 어려울 것이며, 많은 논란을 낳을 것이다. 어쩌면 갈등까지 불러올지도 모른다.

하지만 우리는 디지털 데이터를 원상태로 되돌릴 수 없기에 그 여행을 계속해야 한다. 우리의 선조가 불을 만드는 법을 포기할 수 없었던 것처럼(그들은 그것을 프로메테우스에게 돌려줄 수 없었다) 우리는 이 새로운 세상에서 사는 법을 배워야 한다. 우리는 어쩌면 인쇄술에 의해 야기된 엄청난 혼란을 경험했던 선조들보다는 조금 더 현명

할지 모른다. 어쩌면 우리의 축적된 지혜가 빛을 분간하는 데 도움을 줄지 모른다.

자아 실현

우리의 디지털 운명은 개인화와 맞춤제작에 관한 이야기다. 데이터는 우리의 잠재력을 깨닫게 해줌으로써 자신의 속성과 잠재력을 실현시키려 한다. 지금까지 디지털 데이터로 인한 가장 큰 성과는 개인이 전례 없을 정도로 자신의 필요와 욕구를 대폭 실현시킬 수 있게 된 것이다.

경제적인 용어로 말하면, 그것은 보통 사람들도 자동차를 살 수 있게 만든 헨리 포드의 능력에 맞먹는다. 우리는 모두 요즘 과학자들과 연구원들이 하고 있는 기적 같은 일들에 대해 듣는다. 하지만 그것들이 우리 삶에 어떤 영향을 미치는지 우리 눈으로 보게 될 때까지는 (추상적인 의미가 아니라, 말 그대로의 의미로) 우리는 전보다 나아졌다고 할 수 없다.

디지털이 약속한 많은 개인화와 맞춤제작은 아직 우리 앞에 있다. 사실 우리는 데이터 순환의 소용돌이 한가운데에 있다. 아마도 한동안은 질서를 찾지 못할 것이다. 하지만 그렇다고 해서 디지털 데이터의 영향을 받는 삶의 모퉁이를 좀더 돌아봤자 시각이 나아질 게 없다는 의미는 아니다. 집에서 쇼핑을 할 수 있는 능력, 재택근무를 할 수 있는 능력, 맞춤식 뉴스, 날씨, 스포츠 등의 정보를 얻을 수 있는 능력

등 우리가 이미 누리고 있는 그 모든 것은 디지털 데이터가 가져다줄 자아실현의 빙산의 일각에 불과하다.

멀지 않은 미래에 우리는 우리 삶을 세상에 맞추는 대신, 세상을 우리 삶에 맞출 것이다. 이 충격적인 발전은 그야말로 인간사의 완전한 혁명이라 할 수 있다. 수천 년 동안 인류는 환경에(상황, 즉 그들의 '운명'에) 순응해야만 했다. 하지만 앞으로는 '운명'이 점점 더 작아질 것이다. 다른 말로 하면, 우리의 통제 밖에 있는 일들이 점점 더 줄어들 것이다. 우리는 과거 왕이나 황제조차도 해내지 못한 식으로 우리 삶의 방향을 결정할 것이다.

경제적인 빈곤층조차 지식과 저렴한 물건들, 환경에 구애되지 않는 자유를 얻을 수 있을 것이고, 중산층들은 원하는 대로 삶의 모습을 결정할 수 있을 것이다.

지나친 낙관인가? 그럴지도 모른다. 사실 우리는 새로 발견한 자유에는 예측하지 못한 도전이 동반된다는 사실을 항상 염두에 둘 필요가 있다. 디지털 미래의 우리 모습이 지금과 같을 것이라고 기대할 수는 없다. 피터 폴 베어벡이 썼던 것처럼, "앰비언트 인텔리전스와 설득적 기술의 발전으로 기술은 우리의 행동에 공공연하게 개입하기 시작해, 정교한 방식으로 인간과 상호작용하고 행동을 변화시키도록 미묘하게 설득한다." 데이터의 디지털화는 이러한 정교한 상호작용과 행동 변화를 더 많이 더 빨리 가져다줄 것이다.

여기서의 핵심은 기술이 우리와 우리가 매일 하는 결정들에 끼치는 영향이다. 이 결정들 중 일부는 우리의 필요 및 욕구와 일치하겠지만, 어떤 것들은 그렇지 않을 것이다. 다시 말해 우리는 '조작'당할 수도 있다. 하지만 그 상황이 장미꽃다발은 아니라 해도, 많은 공상과학소설들이 얘기하는 암울한 디스토피아도 아닐 것이다. 아마도 대체로는 더 나아질 것이다. 물론 우리는 여전히 불완전한 인간으로 남아 있으면서.

때는 1450년……

《신호와 소음: 많은 예측들이 실패하는 이유-그러나 어떤 것은 실패하지 않는 이유》에서 네이트 실버Nate Silver는 디지털 데이터가 "종국에는 진보를 이룰 것이다. 얼마나 빨리 이루어질지, 그리고 그동안 우리가 퇴행할지 여부는 우리에게 달려 있을 것이다"라고 썼다. 차세대 데이터 과학의 선구자로서, 실버는 디지털 데이터의 거대한 잠재력을 여는 데 도움을 주었다. 사실 디지털 데이터는 실버를 대단히 성공한 사람으로 만들었다. 하지만 실버도 데이터의 한계를 안다.

나는 이 책에서 단호한 현실을 제시함으로써 디지털 미래에 대한 나의 진심어린 기쁨과 희망을 누그러뜨리려고 노력했다. 양 측면을 전부 모르고서는 미래를 논할 수 없기 때문이다. 그럼에도 대체적으로, 디지털 미래는 인류사의 위대한 시대(문제해결, 풍요로움, 창조성, 더 적은 고통의 시대)가 될 것이다. 물론 그 미래에도 문제와 부족, 고통의 순탄치 않은 여정은 여전히 남아 있을 테지만 말이다.

그런데 우리의 현재 모습을 비쳐볼 수 있는 역사적인 선례가 있다. 1450년, 구텐베르크의 인쇄술이 처음으로 등장했던 그때, 데이터가 전례 없이 많아지고, 세계에 대한 완전히 새로운 사고방식이 요구되는 새로운 패러다임 속으로 들어가던 그때 말이다.

1450년 당시에도 폭발적인 지식과 자아실현은 오래된 관습들을 깨뜨렸다. 그렇지 않아도 위태로웠던 그중 일부는 입김 한 번에 무너져내렸지만, 굳건히 버티고 서서 어떤 변화에도 영향을 받지 않을 것처럼 보이는 관습들도 있었다.

그러나 디지털의 운명에 변하지 않고 남는 것은 없을 것이다. 역사상 존재했던 다른 많은 것들처럼 구래의 것들은 무너질 것이고, 그것들의 붕괴는 엄청난 혼란과 고통을 가져오기도 하겠지만 지혜와 진실 역시 가져올 것이다.

어두운 협곡의 벼랑 위에 서 있던 1450년 당시에도 세상의 건너편에는 밝고 선명한 빛이 있었다. 디지털 운명 또한 올바른 길을 찾을 능력이 우리에게 있으니, 발을 앞으로 내밀라고 우리를 손짓해 부르고 있다.

그리하여 마침내 우리가 발을 떼고 나면, 과거에 그러했던 것처럼 모든 것이 달라졌다는 사실을 깨닫게 될 것이다.

감사의 글

2012년 10월, 나는 게리 샤피로와 함께 점심식사를 하며 2011년 1월부터 써왔던 원고에 관해 대화를 나눴다. 그는 원고를 보지도 않고, 그 프로젝트를 흔쾌히 받아들이며 지원을 약속했다. 그는 완전한 원고를 읽은 첫 번째 독자였다. 드물게 있는 가족여행에서 일부를 읽었는데, 나는 그의 열정과 격려, 약속과 지원에 대해 깊이 감사하고, 그가 이 책의 서문을 써준 것을 영광으로 생각한다.

나는 두 사람의 뛰어난 편집자들과 함께 작업하는 행운을 가졌다. 블레이크 드보락의 도움으로 나는 원고를 샅샅이 살펴볼 수 있었다. 그는 내가 거들먹거리며 이 책의 주제를 장황하게 설명하는 것을 늦은 밤까지 인내해준 수많은 날들에 대해서 감사 이상의 것을 받을 자격이 있다. 블레이크는 뛰어난 편집자일 뿐만 아니라, 나에게 평생토록 남을 귀중한 글쓰기 수업을 해준 선생님이었다. 엘리자베스 칸토는 내가 여러 번 수정한 부분에 대해 단 한 번의 손질로 단어의 나열에 불과했던 것을 문장으로 바꿔낸 절묘한 능력의 소유자다. 엘리자베스는 언제나 신중함과 정확함을 추구하도록 수고를 아끼지 않고 나를 이끌어주었다. 이 두 사람은 문학의 거장들이다.

나는 브라이언 마크월터와 션 파커, 션 머피, 크리스 엘리, 데이브 윌슨, 마이클 페트리콘, 제프 조셉, 그리고 대니얼 카사놀의 제안과 논평에 대해 감사한다. 특히 알렉스 레이톨드와 마이클 버그만에게서 소중한 논평을 받았다는 말을 하고 싶다. 마이클의 논평은 너무나 빈틈이 없었기에 나는 그의 말을 그대로 원고에 반영할 수 있었다. 내 생각과 글에 자극을 준 마이클에게 고마움을 전한다.

나는 CEA 리서치 센터를 운영하는 뛰어난 연구팀과 함께 일하는 축복을 누렸다. 연구팀은 산업정보와 시장정보를 위한 최고의 자료를 제공하는 부티크이자 기술 중심 도서관이었다. 그들은 내가 매우 의지하는 수준 높은 전문가 그룹이다. 나는 매일같이 그들에게 다가가 질문을 했다. 리처드 코왈스키, 안젤라 티톤, 그리고 캐서린 르코우스키. 그들이 해준 일에 대해 감사한다!

수전 리틀톤은 내가 그녀를 얼마나 좋아하고 고마워하는지 결코 모를 것이다. 그녀는 계획을 고안하고 실행하는 능력이 타의 추종을 불허한다. 그녀에게 시행을 맡기지 못할 일은 상상할 수 없다. 나는 속담에도 있듯이 원고를 책으로 만드는 데는 한 마을이 필요하다는 사실을 배웠다. 마이클 브라운은 스트레스와 마감시한을 실행 가능한 결과로 변화시키는 가장 노련한 수완가였다.

CEA에는 내가 지금까지 본 가장 재능 있고 창의적인 팀이 있다. 존 J.린지 II, 이안 쉴즈, 콜린 킹, 그리고 매트 패칫이 그 팀의 구성원들인데, 그들은 불분명한 아이디어를 실체로 바꿔내는 달인들이다. 제니 모이어, 빅토리아 벨레즈, 티나 앤서니, 돈 새퍼, 케이시 스탠턴, 라우라 허버드, 그리고 팸 골든에게도 감사한다. 조해너 오키프가 한 일에 대해서는 책 한 권도 쓸 수 있다. 그녀는 준비하고 효율적으로 조직하고 모든 일이 순조롭게 진행되도록 했다. 나는 그녀에게 감사를 다 표현하지 못할까 봐 두렵다.

책을 쓰는 내내 귀중한 안내를 해준 핑크스턴 그룹의 팀, 특히 크리스티안 핑크스턴과 데이비드 푸스에게도 감사를 드린다.

또 이 프로젝트를 진행하는 내내 끊임없는 지원과 조언을 해준 글렌다 맥멀린에게 감사한다. 그리고 내가 아는 가장 뛰어난 사상가이자 작가들인 타일러 슈터즈와 레이첼 호튼에게도 깊은 감사를 드린다.

끝으로, 책을 쓰는 동안 나의 생각에 도전을 주고 내 견해를 확고하게 갖도록 힘을 준 수백 명의 사람들에게 감사한다. 우리의 다음 토론을 기대한다.

책을 쓸 때면 재미있는 일이 발생한다. 당신은 완전히 홀로 고립된 첫 몇 년을 보낸다. 그러다 당신은 곧 첫 몇 년간 (제대로) 하지 못했던 모든 것을 고치기 위해 일하는 수십 명의 사람들에게 둘러싸여 수개월을 보내게 된다. 아마도 내 평생토록 그 빚을 다 갚지 못할 듯싶다. 여러분 고맙습니다!

옮긴이 **최유리**

경상남도 사천에서 태어났으며, 진주 제일여고를 나왔고,
서울대학교 미학과를 졸업했다.
아름드리미디어에서 출간된 《부처와 아침을》 교열자로 시작해,
《메타마우스》와 《첫번째 법칙》, 《달콤한 용서》,
《두번째 법칙》 등을 번역했다.

디지털은 운명이다
당신의 삶과 인류의 미래를 바꾸는 데이터 혁명!

1판 1쇄 2017년 9월 22일

지은이 숀 두브라박
옮긴이 최유리
펴낸이 조경숙
펴낸곳 아름드리미디어
출판등록 1998년 7월 6일 제10-1612호

주소 413-120 경기도 파주시 문발로 214-12
대표전화 031-955-3251
팩스 031-955-3271
이메일 arumdrimedia@gmail.com

ISBN 978-89-98515-38-6 03300

이 도서의 국립중앙도서관 출판예정도서목록(CIP)은 서지정보유통지원시스템 홈페이지(http://seoji.
nl.go.kr)와 국가자료공동목록시스템(http://www.nl.go.kr/kolisnet)에서 이용하실 수 있습니다. (CIP
제어번호: CIP2017022523)